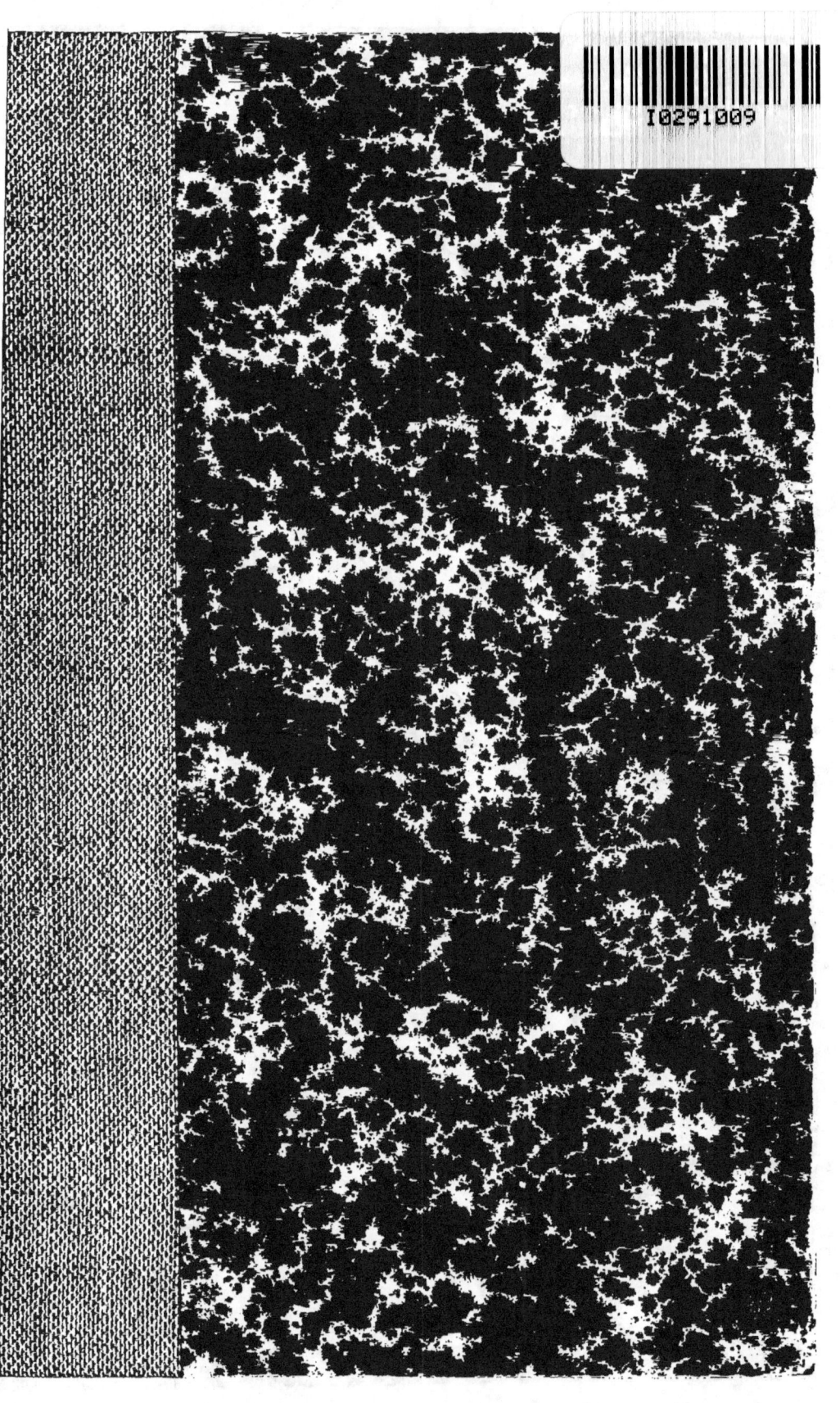

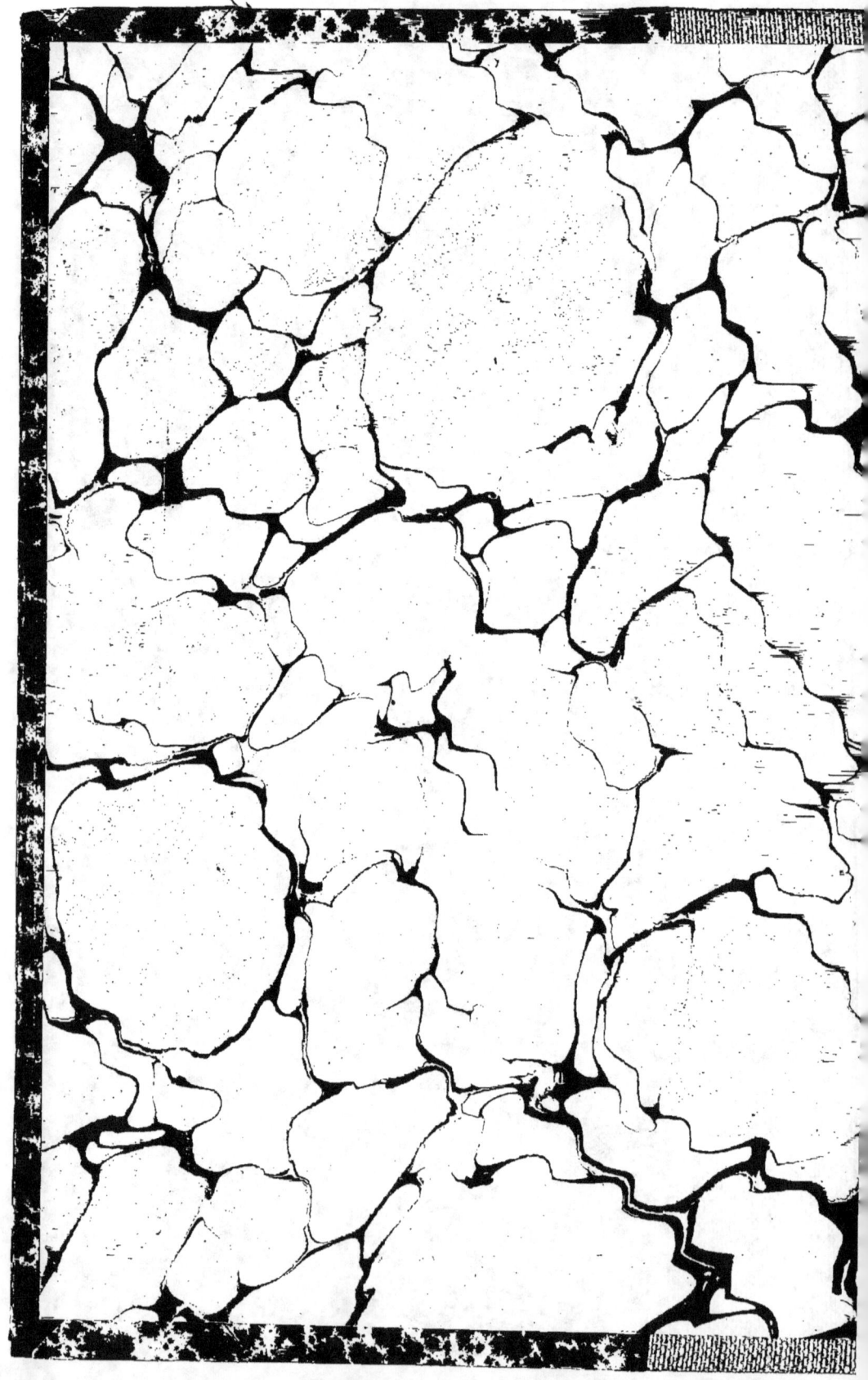

GUERRE DU CANADA

1756-1760

MONTCALM ET LÉVIS

PAR

L'ABBÉ H.-R. CASGRAIN

DOCTEUR ÈS-LETTRES, PROFESSEUR D'HISTOIRE A L'UNIVERSITÉ LAVAL DE
QUÉBEC, MEMBRE DE LA SOCIÉTÉ ROYALE DU CANADA, MEMBRE
CORRESPONDANT DE LA SOCIÉTÉ HISTORIQUE DE BOSTON
MEMBRE CORRESPONDANT DE LA SOCIÉTÉ DE
GÉOGRAPHIE DE PARIS, ETC., ETC.

TOME PREMIER

QUÉBEC
IMPRIMERIE DE L.-J. DEMERS & FRÈRE
30, Rue de la Fabrique, 30

1891

*Offert à la Bibliothèque Nationale
de France
par l'Auteur,
l'abbé H.R. Casgrain*

*Québec
le 1er nov, 1895*

GUERRE DU CANADA

1756—1760

MONTCALM ET LÉVIS

LE MARQUIS DE MONTCALM

GUERRE DU CANADA

1756–1760

MONTCALM ET LÉVIS

PAR

L'ABBÉ H.-R. CASGRAIN

DOCTEUR ÈS-LETTRES, PROFESSEUR D'HISTOIRE A L'UNIVERSITÉ LAVAL DE
QUÉBEC, MEMBRE DE LA SOCIÉTÉ ROYALE DU CANADA, MEMBRE
CORRESPONDANT DE LA SOCIÉTÉ HISTORIQUE DE BOSTON
MEMBRE CORRESPONDANT DE LA SOCIÉTÉ DE
GÉOGRAPHIE DE PARIS, ETC., ETC.

TOME PREMIER

QUÉBEC
IMPRIMERIE DE L.-J. DEMERS & FRÈRE
30, Rue de la Fabrique, 30

1891

Enregistré conformément à la loi du parlement du Canada, en l'année mil huit cent quatre-vingt-onze, par l'abbé H.-R. CASGRAIN, au ministère de l'Agriculture, à Ottawa.

AVANT-PROPOS

La découverte de manuscrits de la plus haute importance, échappés à toutes les recherches des historiens, m'a déterminé à écrire cette histoire. En 1888, pendant que je faisais copier, à Paris, la correspondance du général de Montcalm avec sa famille durant son séjour au Canada, j'appris de son arrière-petit-fils, M. le marquis Victor de Montcalm, que son parent, M. le comte Raimond de Nicolaï, avait en sa possession quelques écrits du général. Je me présentai chez lui avec la recommandation de M. le marquis. Il est difficile d'exprimer l'étonnement que j'éprouvai lorsque, au lieu de quelques lettres, M. le comte de Nicolaï étala devant moi onze volumes manuscrits, parmi lesquels se trouvaient le *Journal* même de Montcalm, celui du chevalier de Lévis, leur correspondance, celles de Vaudreuil, de Bourlamaque, de Bigot, et d'une foule d'autres officiers civils et militaires du Canada avec le chevalier de Lévis, les relations de plusieurs expéditions, les lettres et les pièces officielles de la cour de Versailles. Presque tous ces documents étaient inédits. Durant plus d'un siècle, ils sont restés ensevelis au fond d'une bibliothèque de province, et ont ainsi échappé à toutes les recherches.

Le général de Lévis, pendant son séjour au Canada, avait tenu un journal de ses campagnes, et entretenu une correspondance active, dont il avait l'habitude de garder une copie. Il devint, après la mort de Montcalm, le dépositaire de tous les papiers que ce général, au moment de mourir, avait donné ordre de lui remettre: De retour en France, le chevalier de Lévis occupa ses loisirs à mettre en ordre toute cette masse de documents. Il fit même transcrire avec grand soin son Journal et sa correspondance, rangea par date les lettres des principaux personnages avec qui il avait été en relations, pendant son séjour au Canada, et fit relier le tout avec un soin et même un luxe qui indiquent l'importance qu'il y attachait.

Cette précieuse collection est aujourd'hui la propriété de M. le comte de Nicolaï, arrière-petit-fils du maréchal de Lévis. Grâce à sa libéralité, la province de Québec en possède maintenant une copie, dont l'impression, commencée en 1889, doit se faire aux frais de notre gouvernement provincial. L'étude de ces manuscrits, dont j'ai été chargé de diriger la publication, m'a donné l'idée d'écrire l'histoire de l'époque qu'ils embrassent, et qui est, sans contredit, la plus intéressante de nos annales.

Le titre placé à la première page de cet ouvrage en explique le sujet. Tout ce qui s'est passé d'important pendant la lutte qui a mis fin à la domination française au Canada, se groupe autour de Montcalm et de Lévis. De tous les historiens qui ont traité cette période, M. Parkman est le seul qui l'ait décrite en détail. Il l'a fait avec une science et un talent que personne ne lui contestera ; mais il lui manquait des pièces de premier ordre, comme on peut le voir par la liste que je viens de donner. J'ai complété cette collection en faisant copier tous les documents relatifs à la même époque (1755-1760), qui se trouvent au ministère de la Marine et des Colonies, et à celui de la Guerre, à Paris. Cette série comprend à elle seule dix-neuf gros volumes in-folio. J'ai également dépouillé les Archives Nationales et les principales bibliothèques de Paris, outre certaines bibliothèques de provinces et plusieurs archives de familles. J'ai déjà mentionné celle de Montcalm ; je puis y ajouter celle de Bougainville. La copie des manuscrits du célèbre navigateur, qui ont trait au Canada, se compose de son Journal et de sa correspondance. Elle forme deux volumes grand in-folio de onze cent quatre-vingt-quatre pages d'écriture très serrée.

De fréquents séjours faits en France, depuis plus de trente ans, m'ont mis en rapport avec un bon nombre de familles descendantes d'officiers qui ont servi au Canada, lesquelles m'ont procuré des pièces très curieuses. La persistance dans les recherches est quelquefois récompensée par des découvertes inattendues. Tout récemment, il m'est venu du fond des Pyrénées, de la petite ville de Foye, dans l'Ariège, deux très longues lettres, formant seize pages in-folio, écrites du camp de Carillon, en 1757, par le lieutenant de Jaubert, du régiment de Béarn [1].

D'autres recherches ont été faites en Angleterre, principalement au British Museum et au Public Record Office, de Londres. La correspondance de Montcalm avec Bourlamaque, acquise il y a quelques années par le riche collectionneur anglais, sir Thomas Philipps, de Cheltenham, a été transcrite par les soins de M. Parkman, qui a eu l'obligeance de me permettre d'en faire faire une copie.

Aux Etats-Unis et au Canada, j'ai pris connaissance d'une multitude de lettres et autres pièces écrites à l'époque de la guerre de Sept Ans. A Québec, en particulier, les archives du séminaire, de l'archevêché et des communautés religieuses m'ont fourni des rensei-

---

[1] — Je dois la copie de ces lettres à M. Pasquier, ancien élève de l'école des Chartes, archiviste de l'Ariège.

gnements précieux. A cette masse de pièces manuscrites, il faut ajouter les nombreux imprimés, livres, brochures ou journaux, relatifs à la même époque, qui ont été étudiés avec soin. Je crois pouvoir dire qu'il n'y en a aucun, tant soit peu important, qui ait échappé à ma connaissance. Au nombre des ouvrages imprimés, je dois signaler tout particulièrement le Journal de Desandrouins et celui de Malartic : le premier publié en 1887 (in 8° de 416 pages), était tout à fait inconnu ; le second imprimé en 1890 (in 8° de 370 pages), ne l'était que par des fragments.

Je ne me suis épargné aucune peine pour donner à cette histoire toute la précision et l'exactitude possibles. La recherche des matériaux et leur examen consciencieux n'y suffisent pas, il faut y joindre la connaissance des lieux. J'ai pour cela parcouru le vaste territoire qui formait la Nouvelle-France, depuis le Cap-Breton jusqu'à Pittsburg, l'ancien fort Duquesne, depuis l'extrémité de l'Acadie jusqu'au lac George, afin de connaître les lieux où se sont passés les événements. Ce livre est le fruit d'études faites en plein air, autant que dans l'intérieur des bibliothèques et du cabinet.

Quant à la rédaction, j'ai tâché de la rendre aussi impersonnelle que possible, laissant parler les témoins ou les acteurs eux-mêmes, chaque fois que l'occasion s'en est présentée. C'est un travail ingrat pour l'écrivain, mais bien plus satisfaisant pour le lecteur, qui voit ainsi les choses à la lumière directe du passé.

La vaste collection de lettres particulières que j'ai sous les yeux, écrites pour la plupart entre amis qui se transmettaient leurs plus intimes secrets, m'a permis de pénétrer dans l'intérieur de la société où ils ont vécu. Je me suis appliqué à la faire revivre ; je n'ai eu pour cela qu'à laisser parler les personnages. Ils causent presque continuellement dans ces pages. On ne me le reprochera pas ; car ils révèlent le côté le moins connu de notre histoire, et peut-être le plus original.

Le portrait de Montcalm placé en tête du premier volume a été gravé d'après l'original appartenant au représentant actuel de sa famille, le marquis Victor de Montcalm. Celui de Lévis, mis en tête du second volume, a été fait d'après une photographie prise sur le portrait du maréchal que possède M. le comte de Nicolaï. Les plans de Chouaguen (Oswego), de William-Henry, de Carillon et de la bataille de Sainte-Foye, ont été gravés d'après les originaux qui font partie de la collection du maréchal de Lévis.

INTRODUCTION

La grande politique du dix-septième siècle, inaugurée par Henri IV, avait fondé la Nouvelle-France ; la politique mesquine du dix-huitième siècle, inaugurée par la Régence, l'a perdue. Louis XIV, par de sages modifications, avait fait servir le régime féodal à l'avantage de la colonisation ; Louis XV, par d'intolérables abus, le fit servir à sa ruine.

A l'ouverture de la guerre de Sept Ans, la monarchie française n'avait plus guère de fautes à commettre : elle était prête pour toutes les hontes. Quelques reflets de gloire militaire : voilà tout ce qui lui restait du grand siècle. Comment était-elle arrivée à ce degré d'abaissement ? L'ignominie a ses étapes comme la grandeur. Philippe d'Orléans, l'infâme régent, en avait été le précurseur et l'ouvrier. Après avoir poussé la France dans des aventures financières à la suite d'un rêveur, l'Ecossais Law, et l'avoir ensuite jetée dans la banqueroute, il avait trouvé un ministre digne de lui dans le cardinal Dubois. Le premier soin de ce ministre, vendu à l'étranger, fut de jeter la France entre les bras de son plus redoutable rival, l'Angleterre. La politique de Colbert n'était pas seulement reniée ; elle était trahie. La mort presque simultanée du régent et de son ministre (1723), amenée par les mêmes désordres, eût été une délivrance, si le sceptre de la France ne se fût trouvé aux mains d'un enfant de treize ans, guidé par un vieillard septuagénaire, sans énergie, et même sans ambition, quand il eût fallu celle d'un Richelieu. L'honnête cardinal Fleury était un de ces hommes d'Etat qui surgissent aux jours de décadence, comme si tout conspirait alors à la déterminer.

Effrayé par les désastres financiers qui avaient bouleversé les fortunes particulières en même temps que la fortune publique, le nouveau ministre n'y vit qu'un remède : l'économie. Il crut tout sauver en appliquant l'économie à toutes les branches de l'administration, et en forçant la France à se replier sur elle-même. C'était l'excès de la prudence après l'excès de l'audace. Une comparaison fera mieux ressortir cette faute politique. Le navire de l'Etat avait été désemparé par une tempête : on ne lui fournissait pas d'agrès, ni de voiles, faute de moyens.

La conséquence d'un tel système fut la stagnation du commerce, l'affaiblissement de la marine, et dans un avenir prochain, la perte des colonies.

Il ne manquait que le ridicule pour terme à cette administration sénile : la guerre de la succession d'Autriche, aussi injuste dans ses causes que désastreuse dans ses résultats, lui en fournit l'occasion. Le ministre vaincu se rendit la risée de l'Europe par ses dépêches écrites du ton d'un vieillard presque en enfance.

La France était cependant destinée à subir de plus grandes humiliations : ce fut le jour où l'on vit installer à Versailles et siéger au conseil des ministres une courtisane ! Et pour donner ce je ne sais quoi d'achevé à cet abaissement, la marquise de Pompadour se trouva à l'apogée de sa puissance, au moment où l'Angleterre s'apprêtait à disputer à la France l'empire de l'Inde et de l'Amérique, c'est-à-dire la première place parmi les nations civilisées.

L'Angleterre avait eu sa part dans les hontes de ce temps ; mais elle allait se relever sous la main d'un grand homme. L'Angleterre avait au reste un immense avantage sur la France ; c'est qu'elle n'était pas comme celle-ci une monarchie absolue, mais plutôt une république aristocratique, où l'opinion du peuple était souveraine. Cette opinion avait fini par l'emporter sur les répugnances personnelles du roi Georges II, qui avait dû accepter pour ministre le grand tribun dont la mâle éloquence avait soulevé le patriotisme anglais et dominé le parlement. Avec William Pitt au pouvoir, l'Angleterre pouvait prétendre à tout ce qu'elle a réalisé depuis. Il fut l'architecte de sa grandeur. En moins de dix ans, il lui donna l'empire des mers et la prépondérance dans l'Inde et dans l'Amérique.

Pitt avait pris la direction des affaires l'année même où avait été déclarée cette guerre de Sept Ans, qui devait changer la face de l'Amérique et dont, par un singulier pronostic le premier coup de canon fut tiré sur ses côtes.

Dans une guerre où la marine était appelée à jouer un si grand rôle, il était facile de prévoir quel serait le résultat définitif en considérant la force respective des deux flottes. Celle d'Angleterre se composait de cent vaisseaux de ligne et de soixante-quatorze frégates, tandis que celle de France ne comptait que soixante vaisseaux de ligne et trente et une frégates.

Cette énorme disproportion n'était cependant pas comparable à celle qui existait entre les colonies anglaises et la colonie française d'Amérique, cause première de la guerre. La Nouvelle-France, dont le territoire s'étendait du golfe Saint-Laurent au golfe du Mexique, des Alléghanys aux montagnes Rocheuses, ne comptait guère que quatre-vingt mille colons, tandis que les colonies anglaises, resserrées entre l'Atlantique et les montagnes qui lui servent de contreforts, avaient une population d'un million deux cent mille âmes. Les ressources des deux colonies étaient dans les mêmes proportions.

La raison principale de cette inégalité ne provenait pas, comme on l'a trop souvent répété, d'une politique plus prévoyante de la part de la Grande-Bretagne. A l'origine, celle-ci n'avait pas plus compris que la France l'importance de ces colonies transatlantiques. Cromwell, dont on ne contestera pas le génie, en avait si peu l'idée, qu'il proposa aux colons de la Nouvelle-Angleterre d'abandonner leur pays pour venir se fixer en Irlande, où il leur offrait les terres enlevées aux catholiques.

La grande cause de cette disproportion est dans le fait bien connu que la race française n'émigre pas

Habitant le plus beau et le plus riche pays du monde, elle s'y est si profondément enracinée que son génie est devenu réfractaire à l'idée d'expatriation.

On sait comment s'est faite la colonisation de la Nouvelle-France : il n'a fallu rien moins que l'impulsion de l'Eglise et de l'Etat, à une époque où ces deux puissances étaient souveraines, pour déterminer un courant d'émigration. Et quel en a été le résultat après un siècle d'efforts ? En 1700, le nombre des immigrants venus de France n'avait pas atteint le chiffre de six mille ; tandis que dans les colonies anglaises, à la même date, il dépassait celui de cent mille.

On a souvent reproché au gouvernement français de n'avoir pas, comme celui d'Angleterre, laissé ses colonies profiter des dissensions politiques et religieuses qui poussaient hors de son sein une partie de sa population. Mais on ne réfléchit pas que les circonstances étaient loin d'être les mêmes dans les deux pays. L'Angleterre, devenue toute protestante, ne s'était pas trouvée comme la France en face d'un dualisme religieux qui avait mis son existence en danger. Les protestants français, observe judicieusement M. Guizot, voulaient créer un Etat dans l'Etat, et ne craignaient pas, afin d'y réussir, de recourir à la trahison.

Pour ne parler que de la Nouvelle-France, n'a-t-elle pas été attaquée à trois reprises différentes par des huguenots français passés à l'ennemi, et chargés du commandement des troupes anglaises [1] ? C'est à la suite

---

[1] — L'expédition de Thomas Kerk contre Québec, celle de Claude de La Tour contre le fort Saint-Louis, celle de Charles de La Tour contre le fort de la rivière Saint-Jean.

de ces événements que le gouvernement français interdit aux huguenots l'entrée du Canada. Mais là où ce gouvernement commit une grave erreur, ce fut quand il refusa d'écouter la demande aussi juste que pacifique qu'ils firent d'aller se fixer dans les solitudes inhabitées de la Louisiane, n'exigeant d'autre privilège que celui d'y pratiquer librement leur religion à l'ombre du drapeau français. Pontchartrain, à qui avait été remise la requête des huguenots (1699), fit cette incroyable réponse : " Le roi n'a pas chassé les protestants de France pour les laisser se constituer en république dans le nouveau monde." Sans cette malheureuse politique, les protestants français, au lieu d'aller enrichir les contrées ennemies en s'y transportant avec leurs familles et leurs fortunes, auraient émigré en grand nombre dans la Louisiane, où ils auraient formé, en peu de temps, une florissante colonie, qui, à mesure que l'antagonisme religieux aurait disparu, se serait rattachée à la France, la patrie des ancêtres. Et, au moment de la crise suprême, quand la France et l'Angleterre se disputèrent la prépondérance en Amérique, ils auraient été probablement en état de faire une puissante diversion, qui eût pu complètement changer le sort des armes.

Quoi qu'il en soit de cette politique, elle avait eu pour résultat d'implanter sur les bords du Saint-Laurent une colonie indéracinable, et qui, après avoir passé à travers un siècle de formidables crises, allait présenter un des phénomènes les plus extraordinaires de vitalité et d'expansion dont l'histoire fasse mention.

En 1756, les Canadiens n'étaient qu'une poignée d'hommes comparés à leurs redoutables voisins, mais ils avaient sur eux un immense avantage, celui de l'unité. Formant une population homogène de race et de religion, ils étaient liés ensemble par une double hiérarchie civile et religieuse, aussi puissante l'une que l'autre, et se prêtant un mutuel concours. Ils présentaient aussi une masse compacte d'autant plus difficile à entamer qu'elle était protégée par un immense rempart de forêts et de solitudes inhabitées.

Les treize colonies voisines offraient une physionomie toute différente. Autant la colonie française était unie, autant celles-là étaient divisées. Fondées, à l'origine, sans lien commun, elles avaient grandi, l'une à côté de l'autre, sans se rapprocher ni se fondre ensemble. On reconnaissait bien en elles des traits généraux de ressemblance, les grandes lignes de la législation anglaise et du protestantisme, les mêmes tendances démocratiques découlant du gouvernement représentatif apporté de la mère patrie ; mais au delà, c'était l'image du chaos. La masse de la population était d'extraction saxonne, mais il s'y mêlait beaucoup d'éléments ayant d'autres origines. De là une variété presque infinie de caractère, de croyances, de lois, de mœurs, de coutumes. Cette masse énorme, exubérante de vie, était encore inconsciente de sa force, ne l'ayant jamais essayée. L'esprit public n'existait pas, ou, du moins, ne s'étendait pas au delà des frontières de chaque province. La plupart se jalousaient, souvent se querellaient pour des rivalités d'intérêt ou de secte. La cour de Londres, dont la main était aussi douce en politique que dure en affaires de commerce, se gardait bien d'intervenir, afin de dominer l'une par l'autre ces provinces, dont la puissance lui donnait déjà des inquiétudes.

Mais voici venir le jour où l'Angleterre elle-même va apprendre aux colons américains à s'unir, à connaître leurs forces, à s'inspirer du même souffle patriotique. Ce jour-là, ils essayeront leurs armes contre la France au Canada, mais le lendemain ils les tourneront contre leur mère patrie, et la déclaration d'indépendance des Etats-Unis, signée par le Congrès, recevra la ratification de l'Angleterre.

Il ne sera plus question alors de la petite colonie française abandonnée sur les bords du Saint-Laurent. La France, qui l'a perdue, achève de l'oublier. L'Angleterre, qui l'étreint, s'apprête à l'absorber. Va-t-elle disparaître ? Sans doute que son nom va être effacé de ces rivages. La France avait désespéré du Canada longtemps avant d'avoir signé le traité de Paris ; mais les Canadiens ne désespérèrent pas d'eux-mêmes. C'est alors que s'ouvre la plus belle page de leur histoire : cette lutte héroïque, dont la guerre de Sept Ans n'avait été que le prélude. Ils ont été décimés par les combats et la famine. Vaudreuil les a comptés avant de partir pour la France : ils ne sont plus que quatre-vingt mille, ruinés, dépouillés, désarmés [1]. Un grand nombre d'entre eux, dont les villages ont été brûlés par l'ennemi, n'ont d'autre abri que des huttes grossières qu'ils se sont construites avec des troncs d'arbres. Tous ceux des leurs dont la ruine n'était pas achevée ont pris le chemin de la France avec les débris de l'armée française. C'est

---

1 — Bougainville, *Considérations sur le Canada*.

dans ces conditions que s'est engagée la lutte suprême. La bataille a duré un siècle ; elle a été acharnée, sans relâche, mais les courages ont été plus grands que les dangers.

Aujourd'hui le triomphe est assuré. Ce que la France n'avait pu faire avec toute sa puissance, les quatre-vingt mille l'ont fait à eux seuls. Ils ont fondé une France en Amérique. Ils ont gardé intact tout ce que la mère patrie leur avait légué : sa langue, sa religion, ses lois, ses traditions. A l'heure présente, ils sont plus nombreux et plus unis que n'étaient les colonies anglaises lorsqu'elles ont proclamé leur indépendance.

GUERRE DU CANADA

1756-1760

MONTCALM ET LÉVIS

CHAPITRE PREMIER

1756

La famille de Montcalm. — Son origine. — Louis-Joseph de Montcalm. — Ses premières années. — Son mariage. — Ses campagnes. — Il est choisi pour commander en Amérique. — Préparatifs de départ. — Le chevalier de Lévis nommé pour commander en second. — Sa jeunesse. — Sa carrière militaire. — Caractère de Montcalm et de Lévis. — Embarquement à Brest. — La traversée. — Arrivée et réception à Québec. — Premières impressions de Montcalm.

Le 14 de mars 1756, le général marquis de Montcalm descendit les degrés du palais de Versailles, où il venait de recevoir les derniers ordres du roi Louis XV. Il partait pour le Canada, où il allait remplacer le baron de Dieskau, fait prisonnier l'année précédente, à la malheureuse affaire du lac Saint-Sacrement. Le prince, à qui le marquis de Montcalm avait été recommandé comme un des plus brillants officiers de son armée, l'avait élevé au grade de maréchal de camp, et nommé commandant des troupes qu'il envoyait soutenir la guerre dans cette colonie.

Le lendemain, le général partit de Versailles pour Brest, en compagnie de son premier aide de camp, M. de Bougainville, jeune homme alors peu connu, mais qui devait plus tard se rendre célèbre par ses voyages autour du monde.

Montcalm était plein d'espérance et de joie à son départ, car le roi avait mis le comble à ses bontés en nommant son fils, à peine âgé de dix-sept ans, colonel d'un régiment de cavalerie. L'heureux père s'était empressé de faire part de ce joyeux événement à sa femme et à sa mère, en leur annonçant qu'il était allé avec son fils remercier le roi et présenter le jeune colonel à toute la famille royale.

Avant même son départ de Versailles, Montcalm avait conçu la meilleure opinion de Bougainville : " C'est un homme d'esprit et de société aimable [1] ", écrivait-il à sa mère. Et un peu plus tard il disait dans son Journal : " C'est un jeune homme qui a de l'esprit et de belles-lettres, grand géomètre, connu par son ouvrage sur le calcul intégral ; il est de la Société Royale de Londres, aspire à être de l'Académie des sciences de Paris... Il sait très bien l'anglais, et a mis à profit un voyage qu'il a fait en Angleterre et en Hollande. Il m'est très recommandé par Mme de Pompadour [2] ".

---

1 — *Lettre à Mme la marquise de Saint-Véran,* Paris, 2 mars 1756.
2 — *Journal de Montcalm.*

De son côté, Bougainville avait été entièrement subjugué par les manières du marquis de Montcalm : " Je suis enchanté de mon général, écrit-il à son frère ; il est aimable, plein d'esprit, franc et ouvert. J'ai tout lieu de croire qu'il prend de l'amitié pour moi. Il ne me cache rien, me fait l'honneur de me consulter, honneur que je reconnais en ne conseillant pas. Il a envie de m'employer et de faire valoir mes faibles services, si je suis assez heureux pour en rendre. Que puis-je désirer de plus " ?

Montcalm continue dans son Journal : " Nous arrivâmes le 18 à Rennes, où M. de la Bourdonnaye, mon beau-frère, s'était rendu de sa terre pour me voir. Il nous fit on ne saurait mieux les honneurs de la ville, où il y a quelques beaux hôtels et deux places bien décorées. Le cours appelé *Mail* est un des plus beaux du royaume ".

Le voyage à travers la Bretagne fut assez agréable, grâce aux premiers beaux jours du printemps, qui commençaient à faire éclater les bourgeons et reverdir les coteaux.

Montcalm trouva à Brest toute sa maison qui l'y avait précédé, et son deuxième aide de camp, M. de la Rochebeaucour " homme de condition, natif du Poitou, lieutenant au régiment de cavalerie de Montcalm ". Il y fut rejoint peu après par son troisième aide de camp, M. Marcel, sergent au régiment de Flandres, promu au grade d'officier [1].

---

1 — Montcalm avait écrit de Paris à sa mère, le 6 mars : " Ma maison sera composée de trois aides de camp : M. de Bougainville, celui de la société et confiance ; M. de la Roche-

24   MONTCALM ET LÉVIS

" Nous eûmes le temps de voir la ville de Brest. Elle est vilaine et mal fortifiée du côté de la terre. La rade est belle et spacieuse : on y entre par un seul goulet d'une lieue de large. M. le comte de Conflans commandait dans la rade, et nous étions de son escadre [1] ".

" J'ai reçu à Brest, ajoute Montcalm, toutes sortes de politesses de MM. de la marine ; c'est un corps bien composé, presque tout entier de gens de condition plusieurs d'une naissance distinguée, beaucoup d'honneur et de probité, une franchise dans leur façon de penser et de dire, dont on ne trouve des exemples nulle part ailleurs que chez d'aussi braves militaires, que le commerce de la Cour et de Paris n'a pas pour l'ordinaire gâtés, en leur inspirant un fonds de flatterie que l'on confond avec celui de la politesse ".

A Brest vivait alors un des hommes les plus intègres qui eût exercé les fonctions d'intendant au Canada, M. Hocquart, qui fit grand accueil à Montcalm et aux officiers supérieurs qui le suivaient.

" M. et Mme Hocquart m'ont très bien reçu. C'est un couple bien assorti ; honnêtes gens, vertueux, bien intentionnés, tenant une bonne maison. Aussi M. Hocquart a-t-il été vingt ans intendant en Canada sans avoir augmenté sa fortune contre l'ordinaire des inten-

---

beaucour ; le sieur Marcel, aide de camp de peine et du secrétariat, un cuisinier, un aide, un demi-valet de chambre, Grison, Joseph, Dejean, premier laquais, deux autres hommes de livrée, un secrétaire, chirurgien, point. J'en amène un de premier ordre avec des garçons chirurgiens que le roi envoie "..

1 — *Journal de Bougainville.*

dants des colonies, qui n'y font que de trop grands profits aux dépens du pays ".

Dans le salon de Mme Hocquart se trouvait un homme avec qui Montcalm venait de nouer les premiers liens d'une amitié qui ne devait jamais se démentir : c'était le chevalier de Lévis, arrivé la veille à Brest, et qui avait été choisi pour commander en second sous ses ordres avec le grade de brigadier.

Personne depuis lors n'a possédé autant que Lévis la confiance de Montcalm. Il a été son ami le plus intime, son conseiller, le confident de tous ses secrets. Sa correspondance avec Lévis, découverte récemment révèle qu'il reconnaissait en lui un maître dans l'art militaire.

Ils ont été tous deux, avec des fortunes diverses, les derniers défenseurs d'une cause perdue, et ont concentré autour d'eux les dernières gloires des armes françaises en Amérique.

Louis-Joseph marquis de Montcalm, seigneur de Saint-Véran, était né le 29 février 1712, au château de Candiac, près de Nîmes. Il appartenait à une antique famille originaire du Rouergue. Ses ancêtres s'étaient illustrés de père en fils sur les champs de bataille. " La guerre, disait-on dans le pays, est le tombeau des Montcalm ".

La marquise de Saint-Véran, née Marie-Thérèse de Lauris de Castellane, mère de Louis-Joseph, était une femme d'un caractère éminent et d'une piété plus éminente encore. Elle avait converti au catholicisme son mari, né de parents huguenots, et avait exercé une influence extraordinaire sur son fils. Si les principes qu'elle lui inspira ne le préservèrent pas de tous les écarts, dans ce siècle de débordement et d'impiété, ils lui firent une impression qui ne s'effaça jamais et qui détermina les grandes lignes de sa vie.

Les premières années de son enfance s'écoulèrent à Roquemaure, auprès de son aïeule maternelle, Mme de Vaux, " laquelle, comme toutes les grand'mères, le gâta un peu " : " ce qui, dit-il, joint à ma santé délicate, fit qu'en 1718 je ne savais pas lire ".

Il fut alors confié aux soins de M. Louis Dumas, son oncle de la main gauche, esprit original, qui avait les qualités et les défauts d'un savant et d'un pédagogue. Il était l'inventeur d'un nouveau système d'enseignement, nommé bureau typographique, qu'il appliqua, dit-on, pour la première fois à son élève. Heureusement qu'il ne trouva pas en Louis-Joseph un disciple aussi docile qu'en son frère cadet, qu'il fit mourir, à l'âge de sept ans, d'un excès de travail. Il avait fait de cet enfant un petit prodige, qui, dès l'âge de six ans, savait l'hébreux, le grec et le latin, outre le gascon qu'il parlait si bien qu'il semblait ne connaître que cette langue. Il possédait aussi les éléments de l'histoire de France, l'arithmétique, la géographie et le blason.

Louis-Joseph, malgré de fréquentes révoltes contre le système de son rude maître, fit de rapides progrès dans l'étude du latin, du grec et de l'histoire, grâce à une intelligence vive et à une heureuse mémoire.

Le marquis de Saint-Véran, qui avait transporté dans sa nouvelle croyance l'âpreté du calvinisme, n'était pas moins sévère que M. Dumas pour le jeune Montcalm ; il l'obligeait à tenir un journal où il lui rendait compte de son temps et de ses progrès. L'enfant s'oubliait assez souvent ; il était si jeune ! Son père l'en gourmandait, et il est amusant de lire comment le fils plaidait sa propre cause.

A peine entré dans sa quatorzième année, il suivit les traditions de famille et joignit l'armée, mais sans abandonner son cours d'étude. M. Dumas voyait tant de différence entre ses progrès et ceux qu'il avait vu faire au petit prodige, dont il ne s'attribuait pas la mort, qu'il en était désespéré. Mais ce qui le désolait pour le moins autant, c'était l'écriture de son élève ; elle était désastreuse. C'était un défaut radical dont, malgré des efforts héroïques, Montcalm ne devait jamais se corriger, et qui était destiné à faire le désespoir de ses biographes après avoir fait celui de son précepteur. En présence de résultats si peu encourageants, le brave Dumas s'alarme ; il veut dégager sa responsabilité. " Quand je pense, au peu de dispositions et de talent de M. de Montcalm, écrit-il au père de celui-ci, je conclus une plus grande nécessité d'être docile, laborieux, et de suivre les avis donnés... Que deviendra-t-il " ?

Montcalm, sous les yeux de qui cet arrêt était rédigé, répond vaillamment à son père :

" Voici en peu de mots de quoi je me flatte : 1° d'être honnête homme, de bonnes mœurs, brave et bon chrétien ; 2° de lire médiocrement, de savoir les langues grecque et latine aussi bien que la plupart des gens du monde, de posséder les quatre règles d'arithmétique, d'avoir quelques connaissances de l'histoire, de la géographie et des belles-lettres françaises et latines, du moins l'amour de la justesse d'esprit, si je ne l'ai pas, et surtout du goût pour les sciences et les arts que j'ignore ; 3° ce que je mets au-dessus de tout : de l'obéissance, de la docilité et une grande soumission pour vos ordres, ceux de ma chère mère, et de la déférence pour les avis de M. Dumas ; 4° pour venir à ce qui regarde le corps, de faire des armes et monter à cheval autant que mon peu de disposition me le permet ".

La carrière de Montcalm l'appelait à être un homme d'action : il en avait les goûts et les aptitudes. Il fut un militaire à la façon antique, faisant toujours une large part à l'étude dans la vie des camps. Il écrivait de l'armée à son père en 1734 : " J'apprends l'allemand... et je lis plus de grec, grâce à la solitude, que je n'en avais lu depuis trois ou quatre ans ".

Montcalm reçut le baptême de feu sous les murs de Kehl (1733), et ne démentit pas la vaillance de ses aïeux. L'année suivante, il assistait à la prise de Philippsbourg, où il vit le vieux maréchal de Berwick, victorieux comme Turenne, emporté comme lui par un boulet.

La mort de son père ramena le jeune officier au château paternel, à son cher Candiac devenu sa propriété.

Il ne reste plus aujourd'hui que la moitié du château de Candiac ; mais sa masse sévère est encore imposante. Entourée d'arbres fruitiers, elle domine la campagne ondulée et solitaire qui lui sert d'horizon [1]. C'est

---

[1] — Lorsque je visitai le château de Candiac en 1873, il était devenu la propriété de la famille de Bernis.

là, sous le ciel ensoleillé de la Provence, parmi les plantations d'oliviers et d'amandiers qu'il cultivait, que le futur héros du Canada passa les quelques années de paix et de bonheur qui lui étaient réservées. C'est là qu'il conduisit sa jeune femme, dont, par une singulière coïncidence, la famille avait eu des rapports avec le Canada. Son grand-oncle, l'intendant Talon, y avait été le fondateur de l'administration royale.

Angélique-Louise Talon du Boulay, que Montcalm avait épousée en 1736, lui avait apporté quelques biens qui ne l'avaient pas rendu riche.

La marquise était plus à la hauteur de son mari par le cœur que par l'intelligence, mais elle était épouse aussi tendre que mère dévouée. Ils eurent dix enfants, dont six vécurent : deux garçons et quatre filles.

Montcalm avait à un haut degré l'esprit de famille, et il était profondément attaché à ce coin de la France, où il trouvait dans la compagnie de sa mère, de sa femme et de ses petits enfants tous les plaisirs qu'il aimait. De fait, il y jouissait de l'existence féodale avec tous ses charmes. Aussi, quand il sera exilé à quinze cents lieues de là, au fond des forêts d'Amérique, on l'entendra bien des fois soupirer : " Quand reverrai-je la patrie ? Quand reverrai-je mon cher Candiac " ?

Durant les fréquentes et longues absences auxquelles l'obligeait le service militaire, l'avenir de sa jeune famille le préoccupait. Alors, avec cet esprit de foi qu'il tenait de sa mère, il demandait à Dieu — c'est lui-même qui l'écrit — de les conserver tous et de les faire prospérer pour ce monde et pour l'autre. " On trouvera, ajoutait-il, que c'est beaucoup et surtout quatre filles pour une fortune médiocre, mais Dieu laissa-t-il jamais ses enfants au besoin ?

" Aux petits des oiseaux il donne la pâture,
Et sa bonté s'étend sur toute la nature ".

Pendant la guerre de la succession d'Autriche, Montcalm avait suivi son régiment en Bohême, et eut sa part des souffrances de l'armée française. Plus tard, au Canada, il rappellera à ses soldats la famine qu'ils eurent à endurer pendant cette terrible campagne ; et il écrira à Lévis (1757) : " Les temps vont être plus durs, à certains égards, qu'à Prague... Accoutumés à se prêter à tout et en ayant déjà donné des preuves à Prague, je n'attends pas moins d'eux dans les circonstances présentes ".

Une étroite amitié l'avait uni alors à l'intrépide Chevert, dont il sentait l'âme égale à la sienne. Il ne permettait jamais qu'on dît un mot contre lui. Peu de jours après la lettre que je viens de citer, il écrivait au même Lévis : " Comment, diable ! votre ami Roquemaure et le mien est-il toujours le même ?... J'ai eu beau lui rompre en visière, allant son train, il soutient que Chevert est un j... f... un homme sans talents et un pillard ".

Montcalm était colonel du régiment d'Auxerrois-infanterie durant la campagne d'Italie (1746), où il faillit terminer sa carrière. Fait prisonnier tout sanglant sur le champ de bataille, après la défaite des Français devant Plaisance, il écrivait à sa mère : " Nous avons eu hier une affaire des plus fâcheuses. Il y a eu nombre d'officiers, généraux et colonels tués ou blessés. Je suis des derniers avec cinq coups de sabre. Heureusement aucun n'est dangereux, à ce que l'on m'assure, et je le juge par les forces qui me restent, quoique j'aie perdu de mon sang en abondance, ayant une artère coupée. Mon régiment, que j'avais deux fois rallié, est anéanti ".

Promu au grade de brigadier à sa rentrée en France, il alla se faire écharper de nouveau dans une gorge des Alpes, où le frère du maréchal de Belle-Isle se fit tuer follement avec quatre mille Français. Les deux nouvelles blessures qu'il avait reçues à cette affaire lui valurent les félicitations du roi, le grade de mestre de camp, et le commandement d'un nouveau régiment de cavalerie, désigné sous le nom de Montcalm.

La paix d'Aix-la-Chapelle (1748) lui procura quelques années de repos, les dernières qu'il eût à passer au château de Candiac. Nous l'y trouvons en février 1756, lisant à sa mère et à sa femme la lettre suivante que venait de lui adresser le garde des sceaux :

" A Versailles, 25 janvier, à minuit.

" Peut-être ne vous attendiez-vous plus, Monsieur, à recevoir de mes nouvelles au sujet de la dernière conversation que j'ai eue avec vous le jour que vous m'êtes venu dire adieu à Paris. Je n'ai pas cependant perdu de vue, un instant, depuis ce temps-là, l'ouverture que je vous ai faite alors, et c'est avec le plus grand plaisir que je vous en annonce le succès. Le roi a donc déterminé sur vous son choix pour vous charger du commandement de ses troupes dans l'Amérique septentrionale, et il vous honorera à votre départ du grade de maréchal de camp.

" D'ARGENSON. "

La lecture de cette lettre jeta dans le désespoir la marquise de Montcalm, dont le caractère timide, un peu effacé, s'élevait difficilement au-dessus du cercle de famille. Elle ne put jamais consentir à laisser partir son mari pour cette expédition si lointaine. La marquise de Saint-Véran, au contraire, forte comme une Romaine, quoique brisée de douleur, conseilla à son fils d'accepter ce poste d'honneur et de confiance que lui offrait son souverain. La marquise de Montcalm ne pardonna jamais ce conseil à sa belle-mère, et lui reprocha plus tard la mort de son mari [1].

A Brest, Montcalm avait rencontré dans le chevalier de Lévis un compagnon d'armes qui s'était trouvé avec lui sur plus d'un champ de bataille. Gaston-François de Lévis, était comme Montcalm, originaire du Languedoc. Il était né le 23 août 1720, au château d'Azac, d'une des plus antiques maisons de France. Dès la troisième croisade, Philippe de Lévis accompagnait le roi Philippe-Auguste en Terre-Sainte. Deux membres de cette famille, Henri de Lévis, duc de Ventadour, et François-Christophe de Lévis, duc de Damville, avaient été vice-rois de la Nouvelle-France (1625 et 1644). Dès l'âge de quatorze ans, le chevalier de Lévis portait l'épée, et annonçait des talents aussi solides que brillants. Le

---

[1] — Je tiens cette tradition du marquis Victor de Montcalm.

régiment de la marine où il était lieutenant se battit à l'affaire de Clausen. Le jeune Lévis se fit remarquer par une bravoure et un sang-froid surprenants pour son âge ; il obtint une promotion. Ce fut, dit-on, pendant la campagne de Bohême que Montcalm et lui se virent pour la première fois. Lévis, blessé à la cuisse d'un éclat de bombe au siège de Prague, était probablement au nombre des invalides laissés dans cette ville à la garde de l'héroïque Chevert.

Il soutint un combat opiniâtre sur les bords du Mein, à la tête d'un détachement de cent hommes, et assista à la bataille de Dettinghen (27 juin 1743). Les pertes que le régiment de la marine essuya dans cette bataille ne lui permirent pas de rentrer en campagne. Le chevalier de Lévis revint en France.

Peu de temps après, il passa à l'armée de la Haute-Alsace, sous les ordres du maréchal de Coigny, qu'il suivit en Souabe, où il ne se distingua pas moins que dans les campagnes précédentes.

En 1745, il servit sous le prince de Conty et se trouvait au passage du Rhin. Il suivit, l'année suivante, son régiment dirigé sur Nice pour défendre les frontières de la Provence.

Nommé aide-major de l'armée d'Italie en 1747, il se signala aux sièges de Montalban, de Valence, de Cazal, de Villefranche et du château de Vintimille. A la désastreuse bataille de Plaisance, il eut un cheval tué sous lui, et fut blessé à la tête d'un coup de feu, près de Biéglis où il avait été détaché pour faire une reconnaissance.

Pendant cette campagne, le chevalier de Lévis avait fait admirer sa valeur, sa présence d'esprit et de rares qualités militaires. On cite de lui un brillant fait d'armes qui eut du retentissement. Le duc de Mirepoix, Gaston de Lévis, son cousin, commandant le régiment de la marine, l'avait choisi pour aide de camp à l'attaque de Montalban. Ils se trouvèrent tous deux sans escorte au débouché d'une gorge en présence d'un bataillon de Piémontais : " Bas les armes ! crient-ils à l'ennemi, vous êtes entourés." Le bataillon fut fait prisonnier [1].

Tels étaient les services militaires qui avaient mis en vue le chevalier de Lévis, et qui avaient déterminé le comte d'Argenson à l'adjoindre à Montcalm dans le commandement des troupes du Canada.

Ces deux hommes ont joué un si grand rôle à cette période de notre histoire, qu'il est nécessaire, avant d'aller plus loin, de bien définir leur caractère. Rarement deux commandants furent unis d'une si étroite amitié et s'entendirent si bien ensemble dans toutes leurs opérations ; et cependant leurs caractères présentaient des contrastes frappants. Autant l'un était ardent, autant l'autre était tempéré.

Montcalm était le véritable méridional ; son tempérament avait la chaleur du ciel de Provence ; il s'em-

---

1 — *Le Quartier de Lévis, à Arras*, par A. de Cardevacque. Plusieurs des renseignements qui précèdent m'ont été donnés par le marquis Gaston de Lévis, chef actuel de la famille.

portait facilement, mais redevenait maître de lui-même avec la même facilité. Un jour — c'était avant ses campagnes d'Amérique — il commandait à une grande revue dans une des villes du midi. Un de ses officiers, qu'il eut à réprimander pour sa tenue, hasarda quelques remarques un peu vives. Montcalm fut suffoqué de colère et accabla le malheureux officier d'un tel flot d'invectives que toute sa suite en fut consternée. Il s'en aperçut et resta confus de lui-même. Peu de temps après, dans une circonstance tout aussi solennelle, ayant vu venir le même officier, il courut à lui, l'embrassa en le serrant dans ses bras, et en lui disant : " Je vous aime comme mon fils, voilà pourquoi je vous reprends comme un père [1] ".

Ce trait peint Montcalm au naturel : caractère impétueux, irascible, mais bon enfant. C'est dans ces qualités et ces défauts qu'il faut chercher l'explication des succès et des revers du général.

Le chevalier de Lévis, quoique né dans le Midi comme Montcalm, n'avait rien de son impétuosité ni de sa loquacité. Il était calme, froid, sobre de paroles.

Tous deux étaient également ambitieux, rêvant toujours de l'avancement dans la carrière militaire et des honneurs, ayant les yeux sans cesse tournés vers la cour de Versailles pour demander ce que, dans le style du temps, on appelait des grâces. Mais Montcalm se créait facilement des obstacles, tandis que Lévis les évitait avec le plus grand soin, ne perdant jamais de vue le but qu'il poursuivait. Dans tout le cours de

---

1 — Cette anecdote est de tradition dans la famille du général, et m'a été racontée par le marquis Victor de Montcalm.

l'expédition, on verra apparaître ce grand mobile de leurs actions. Au reste, chefs et soldats sont animés du même esprit. L'avenir de la colonie qu'ils vont défendre les intéresse assez peu. C'est une contrée lointaine, affligée d'un climat rigoureux, peuplée d'une poignée de Français, dont on ne comprend plus guère l'importance, et que Voltaire, l'oracle du siècle, appelle *quelques arpents de neige*, en attendant que le ministre Choiseul se félicite d'en être débarrassé.

Si, pour les soldats de France, ce n'est pas une terre étrangère, elle va le devenir ; ils le sentent, ils le prévoient. D'ici là, c'est pour eux un champ de bataille où ils vont cueillir des lauriers et gagner des grades. Il ne faut pas perdre cela de vue dans l'étude des dernières années du régime français au Canada. Les intérêts de la colonie seront souvent en conflit avec ceux de l'armée, et il en résultera bien des erreurs et des fautes.

Dans la rade de Brest, une flottille de six voiles était prête à appareiller pour transporter le corps expéditionnaire placé sous les ordres de Montcalm. Ce corps se composait des seconds bataillons des régiments de la Sarre et de Royal-Roussillon, commandés le premier par M. de Senezergues, le second par le chevalier de Bernetz, et formant un effectif de onze cent quatre-vingt-neuf hommes.

L'arrivée de ces régiments avait fait sensation dans la ville, où les généraux [1], entourés de brillants états-

---

1 — Le marquis de Cursay était le commandant en chef. *Journal de Montcalm.*

majors, les avaient passés en revue au milieu d'une foule qui les avait suivis jusque sur les quais, en les accompagnant de ses acclamations.

Plusieurs officiers de la garnison s'étaient même pris d'enthousiasme pour l'expédition qui avait l'attrait d'une aventure, et avaient offert des sommes d'argent pour remplacer ceux qui partaient.

Les régiments vêtus et armés à neuf avaient une tenue superbe. L'uniforme de la Sarre était blanc, à revers et parements bleus, tandis que celui de Royal-Roussillon était de même, à revers et parements rouges [1].

" On ne peut rien ajouter, écrivait Montcalm au ministre, à la bonne grâce, à l'air de satisfaction et de gaieté avec lesquels l'officier et le soldat se sont embarqués ".

De son côté Bougainville ajoutait :

" Les soldats avant que d'aller à bord eurent à déjeuner, et tous s'embarquèrent sans confusion ni désordre avec une ardeur et une gaieté incroyables. Quelle nation que la nôtre ! Heureux qui la commande et qui en est digne... ".

Les trois frégates avaient été destinées aux chefs de l'expédition : Montcalm montait la *Licorne*, Lévis la *Sauvage*, et le colonel de Bourlamaque, troisième commandant, la *Sirène*. Les troupes avaient été réparties sur les trois vaisseaux, le *Héros*, l'*Illustre* et le *Léopard*.

Pendant les préparatifs du départ, Montcalm, accablé d'ouvrage, avait eu peu de temps à donner à sa corres-

---

[1] — *Costumes militaires français depuis l'organisation des premières troupes régulières en 1439 jusqu'en 1789*, par D. de Noirmont et A. de Marbot.

pondance ; mais dès qu'il se vit installé à bord de son navire, sa première pensée fut pour Candiac, et il se hâta d'y envoyer des nouvelles rassurantes.

" Ma frégate, la *Licorne*, disait-il, est neuve et bien propre à résister aux tempêtes ; et l'on me donne le sieur Pélegrin, capitaine de port de Québec, qui irait les yeux fermés dans le fleuve Saint-Laurent. Vous voyez que M. le garde des sceaux veut me conserver. M. de la Rigaudière (commandant de la *Licorne*) est un officier d'un grand mérite et très aimable. Souvenez-vous qu'un général d'armée n'écrit jamais des nouvelles de sa marche. Les voici cependant. Il ne paraît aucun Anglais sur la côte, mais ils peuvent paraître d'un moment à l'autre. Les troupes sont sur trois vaisseaux armés en flûtes... On partira, un vaisseau, une frégate, à douze heures, au 28, après-demain, pour marcher de conserve sans signaux, et si les brumes séparent et qu'on ne se retrouve plus à l'éclaircie, continuer sans se chercher [1] ".

Telle était, à cette date, la décadence de la marine française, qu'elle n'osait plus se mesurer avec celle d'Angleterre ; à tel point que le marquis de Conflans, marin aussi brave qu'expérimenté, ne se crut pas en état, faute d'équipage, d'envoyer deux vaisseaux à la découverte, avant la sortie du corps expéditionnaire.

Montcalm avait l'âme d'un soldat, mais il avait une mère, une femme, des enfants ; et il éprouvait un serrement de cœur en regardant les côtes de France

---

[1] — *A Madame la marquise de Saint-Véran*, à Montpellier, le 26 mars 1756.

qu'il ne devait plus jamais revoir. Il tâchait de se fortifier et de consoler les siens en se persuadant et les assurant qu'il reviendrait.

" J'espère, Madame, écrivait-il à sa belle-mère, la marquise du Boulay, que Dieu nous conservera l'un et l'autre, et me procurera la grâce la plus chère et la plus flatteuse pour moi, qui est celle de vous embrasser au retour de l'expédition du Canada. Heureusement je m'en crois sûr, et ce pressentiment me soutient. Si le vent est favorable, je mettrai à la voile le 27 ; mais il peut y avoir tant de contre-temps quand on dépend des vents, que je vous supplie, Madame, de vouloir bien encore hasarder une réponse à Brest [1]... "

Il disait encore à la marquise, le 31 du même mois :

" Les vents sont, Madame, totalement contraires, et j'entends dire à nos marins que cela peut être quelquefois long. Il ne nous manque plus rien, nous sommes prêts et en état de partir d'un moment à l'autre. Il est à souhaiter, puisque nous devons y aller, que ce soit le plus tôt, car le séjour à la rade est toujours le plus ennuyeux pour l'officier et le soldat. Pour moi, je trouve qu'il faut toujours tout prendre comme il vient, et je suis charmé de continuer à vous donner de mes nouvelles, en ayant le moyen. Je n'ai plus rien à faire. Je me tranquillise et j'achève un rhume qui a été assez considérable ; mais je l'ai guéri en n'y faisant rien [2]...'

---

1 — *A Madame la marquise du Boulay*, à l'abbaye de Port-Royal, le 28 mars 1756.
2 — *A la même*, le 31 mars 1756.

Enfin, il ajoute dans son Journal :

" Le 2 avril, comme les vents parurent décidés au nord-est, on résolut de partir le vendredi, et, comme il avait été réglé par la cour qu'au lieu de marcher en escadre on partirait séparément, un vaisseau et une frégate de conserve, savoir : le *Héros* et la *Licorne*, l'*Illustre* et la *Sauvage*, le *Léopard* et la *Sirène*, les deux bâtiments qui devaient partir les premiers se mirent en état. M. de la Rigaudière, commandant la *Licorne*, était en état de mettre à la voile sur le midi. Il eût été à souhaiter que M. de Beaussier, commandant le *Héros*, eût été prêt en même temps. On aurait profité des vents ; mais comme il ne put l'être que sur les cinq heures du soir, il jugea à propos de n'appareiller que sur les trois heures du matin, dans la crainte que le vent ne cessât, n'étant pas assez fait, ou qu'allant la nuit, il ne se trouvât au point du jour trop près des Anglais, qu'il n'aurait pu découvrir...."

La première semaine de la traversée fut fort agréable. Montcalm note dans son Journal :

" Il n'est pas possible d'avoir une continuation de temps plus favorable, et nous pouvons dire avoir eu une belle *partance*. La mer nous a peu incommodés. Les vents continuent nord-est. Nous allons toujours de conserve avec le *Héros*, et nous avons quelquefois conversation avec les officiers qui sont à bord au moyen du porte-voix ".

Puis il ajoute cette réflexion :

" ... Ceux qui liront ce Journal, qui n'a été fait que pour moi-même, seront peut-être ennuyés de l'attention scrupuleuse avec laquelle je parle de tous les bâtiments que l'on aperçoit, mais qu'ils se mettent à la place des gens qui, renfermés dans un espace étroit, ne voient que le ciel et l'eau, ils comprendront aisément que la vue d'un bâtiment fait un petit moment d'amusement. D'ailleurs, dans l'occurrence où nous craignons d'être pris par les Anglais, c'en est un de très grande attention... "

Le 12, vers les quatre heures du soir, le temps changea soudainement.

" Il y eut un grain de vent suivi d'une espèce de tempête qui nous a obligés de mettre à la cape et d'y rester toute la nuit ; ce gros temps nous a fort fatigués et rendus presque tous malades. Je ne conseille à personne de naviguer pour le plaisir...

" Je puis assurer que, soit que la mer soit tranquille ou agitée, ce n'est un beau coup d'œil que dans les décorations d'opéra. C'est le plus triste et le plus uniforme que je connaisse quand elle est calme, et le plus effroyable quand elle est agitée. Aussi, est-ce la voiture la moins à préférer, d'autant qu'on ne va pas toujours sur mer *via della posta*. On est souvent contrarié par les vents et incommodés par un roulis seul capable d'ôter l'envie de faire beaucoup de voyages par mer.

" Pendant les gros temps, on ne sait comment se tenir, comment manger, comment dormir ; on est obligé de faire amarrer toutes choses, et si on osait, on serait tenté de se faire amarrer soi-même. Ce roulis agite et fatigue le corps, et contribue beaucoup à la mauvaise disposition où l'on se trouve quasi toujours ; car les personnes qui paraissent se mieux porter sur mer ne sont pas dans leur assiette ordinaire. Aussi il n'y a que ceux qui n'y ont pas été qui s'imaginent qu'on peut s'occuper à des études suivies et sérieuses... "

Le coup de vent du 12 n'était que le prélude d'une épouvantable tempête qui dura quatre-vingt-dix heures, sépara les deux vaisseaux et les mit en danger.

" On croira que c'est un officier qui n'a jamais servi que sur terre qui exagère en parlant du coup de vent que nous avons eu, qui a duré près de trois jours et demi ; mais je n'écris rien qu'après ce que m'en ont dit nos officiers de mer, qui tous nous ont assuré n'en avoir jamais vu de pareil pour la durée, et que celui qui dispersa la flotte de M. d'Anville pour l'expédition de Chiboucton ne fut pas plus considérable et ne dura que vingt-quatre heures [1] ".

" Le jour de Pâques nous ramena un temps favorable, ce qui nous fit plaisir à tous. Nous eûmes la consolation d'entendre la messe, qui ne put se dire qu'avec beaucoup de précaution en faisant tenir le calice par un matelot assuré. Je n'oublierai pas de sitôt cette semaine sainte [2].

" On est sur les vaisseaux d'une manière édifiante ; on y prie Dieu trois fois par jour, le matin, le soir avant que l'équipage soupe, et on dit les litanies de la Vierge à l'entrée de la nuit. A chaque fois, on prie Dieu pour le roi, pour l'équipage, et on termine toujours les prières par des cris de *Vive le Roi*. Les dimanches et les fêtes,

---

1 — *Journal de Montcalm.*
2 — *A Madame la marquise de Saint-Véran.*

on dit les vêpres sur le pont, afin que tout l'équipage puisse y assister, même sans quitter les manœuvres ".

En somme, la traversée avait été heureuse. Avant même d'avoir mis pied à terre, Montcalm se hâta de rassurer sa famille en adressant à sa mère une lettre datée " du mouillage à dix lieues de Québec, le 11 mai ".

Après lui avoir fait le récit de son voyage à peu près dans les mêmes termes que ceux de son *Journal*, il ajoute : " Nous avons navigué depuis le 18 jusqu'au 27 à minuit pour retrouver le grand banc d'où nous n'étions qu'à quarante lieues. Le vendredi 16 et jusqu'au 27, nous avons navigué avec des brumes qui rendent toujours cette navigation très périlleuse, beaucoup de froid et une quantité étonnante de bancs de glace contre lesquels il est très dangereux de se briser. La journée du 30, qui fut heureusement sans brume, nous en comptâmes jusqu'à seize ; ce sont des masses énormes dont quelques-unes ont plus de cent cinquante pieds de haut. La veille, le 22, il en vint une considérable sous le beaupré, qui rasa et qui aurait pu nous briser, si l'officier de quart n'avait crié au lof ! c'est-à-dire de mettre le gouvernail pour venir au vent et éviter par là la glace. Le 4, nous étions très inquiets de notre navigation, craignant d'être trop proches de terre, et ne pouvant la reconnaître à cause de la brume. Sur les six heures et demie, il vint une éclaircie qui nous donna connaissance que nous étions à hauteur du cap de Raye. Les marins avaient peine à croire que, partant du cap à 6 heures et demie du soir, nous ayons pu venir mouiller le 6 au soir auprès de l'île du Bic ; aussi eûmes-nous un vent sud-est forcé [1] ".

Malgré tout ce que les officiers français avaient entendu dire du fleuve Saint-Laurent, ils furent frappés de son immensité, et de la majesté de ses rivages. L'époque était favorable pour faire ressortir ses sauvages beautés, car la saison était plus avancée que d'habitude, et la nature commençait à prendre l'aspect réjoui du printemps.

" La journée a été tempérée, observe Montcalm, le 8 mai ; il a même fait chaud comme en France dans le commencement de l'été ".

On l'entendra plus tard vanter le ciel éclatant du pays, la pureté de l'atmosphère. Les voyageurs oubliaient les longueurs de la route en contemplant les grands horizons, les larges découpures boisées des Laurentides au pied desquelles cinglait le navire.

" Depuis le cap Tourmente jusqu'à Québec, remarque le général, la côte présente le plus beau pays du monde, et elle est très cultivée et remplie d'habitations. Du côté du sud, elle commence à offrir un beau pays depuis Kamouraska, et il y a une paroisse de deux lieues en deux lieues ".

La *Licorne* était venue mouiller non loin du cap Tourmente, où elle attendit plusieurs jours le bon vent,

---

[1] — " L'île Saint-Barnabé, située un peu au-dessous du Bic, a une lieue et un quart de long, elle est de la dépendance de la seigneurie de Rimouski, et elle est habitée par un gentilhomme breton, des environs de Morlaix, qui, par singularité ou dévotion, mène la vie d'un ermite et se sauve même dans les bois, si on cherche à l'aborder lorsque les bâtiments y mouillent ". *Journal de Montcalm.*

qui ne s'élevait pas. Ces contre-temps, au terme du voyage, étaient une trop rude épreuve pour la nature vive de Montcalm. Il s'impatiente; les pieds lui brûlent dans cette prison flottante où il est enfermé depuis six semaines. Il veut débarquer. Le rivage de Saint-Joachim est si proche; la plage est belle, et il n'y a que dix lieues de là à Québec. On lui représente qu'à cette saison les chemins sont presque impraticables. N'importe, il essayera. Il ordonne de descendre le canot et se met en frais d'aller à terre.

Je cite son *Journal* :

" Du 10 may 1756. — … Le temps étant toujours contraire, j'ai voulu me rendre à Québec par terre en abordant en chaloupe à un endroit appelé la Petite-Ferme, où l'on m'avait assuré que je trouverais des calèches; mais, n'ayant pu y aborder, malgré les indications qu'on nous avait données, faute de connaître une petite rivière qui y mène, j'ai été jusqu'à la Grande-Ferme. Je n'y ai trouvé que des charrettes; on m'a assuré que je ne pourrais m'y rendre dans le jour, et qu'il y aurait du danger à passer le Sault de Montmorency, qui a grossi par la fonte des neiges. J'ai pris mon parti de rejoindre la frégate, qui avait appareillé sur les onze heures, pour, en louvoyant et profitant du flot, venir au pied de la traverse, où elle a mouillé sur les deux heures, après avoir fait trois lieues.

" Du 12 may 1756 —… Les vents continuant d'être toujours contraires, j'ai pris mon parti pour débarquer à la Petite-Ferme, et me rendre par terre à Québec avec des petites voitures du pays, charrettes et calèches, qui sont comme nos cabriolets, conduites par un seul cheval. L'espèce de chevaux est dans le goût de ceux des Ardennes pour la force, la fatigue, et même la tournure. Le chemin de la Petite-Ferme à Québec est beau ; on le fait dans la belle saison en six heures ; on change à chaque paroisse de voiture, ce qui retarde, à moins qu'on n'en ait fait prévenir. On paye ces voitures à un cheval à raison de vingt sols par lieue. Les lieues sont déterminées sur celles de l'Ile-de-France. Je fus obligé de coucher en chemin chez M. du Buron, curé de la paroisse du Château. Les cures sont ordinairement possédées par des gens de condition ou de bonne famille du pays ; ils sont plus considérés qu'en France, mieux logés, et comme ils ont la dîme de tous grains, les moindres cures valent douze cents livres et communément deux mille livres.

"Du 13 may 1756. —... Les vents étant hier devenus nord-est, le *Héros* est entré dans la rade de Québec et a débarqué ce matin neuf compagnies du régiment de la Sarre. La *Licorne* a profité du même vent pour entrer ce matin dans la rade, au moyen de quoi je ne suis arrivé que quelques heures après, et, en voulant me presser, j'y ai été pour de la pluie, de la fatigue et de la dépense".

En apercevant, des hauteurs de Montmorency, le promontoire escarpé de Québec, Montcalm ne put s'empêcher d'admirer sa position stratégique. Il examina, du même coup d'œil militaire, le vaste panorama qu'il avait sous les yeux, les hautes falaises de Lévis, l'immense rade, les côtes de Beauport où il devait, trois ans plus tard, remporter sa dernière victoire. En franchissant, d'un cœur léger, les murs de Québec, il était loin de soupçonner que la cime de ce rocher allait lui servir de tombeau.

Le général a consigné, dans son *Journal*, ses premières impressions en mettant pied à terre au Canada :

" ... La côte depuis l'endroit où j'ai débarqué jusqu'à Québec m'a paru bien cultivée, les paysans très à leur aise, vivant comme de petits gentilshommes de France, ayant chacun deux ou trois arpents de terre sur trente de profondeur. Les habitations ne sont pas contiguës, chaque habitant ayant voulu avoir son domaine à portée de sa maison.

" J'ai observé que les paysans canadiens parlent très bien français, et comme sans doute ils sont plus accoutumés à aller par eau que par terre, ils emploient volontiers les expressions prises de la marine.

" Le Canada doit être un bon pays pour y vivre à bon marché en temps de paix ; mais tout est hors de prix depuis la guerre. Les marchandises qu'on tire de France viennent difficilement ; et, comme tout habitant est milicien, et qu'on en tire beaucoup pour aller à la guerre, le peu qui reste ne suffit pas pour cultiver les terres, élever les bestiaux et aller à la chasse ; ce qui occasionne une grande rareté pour la vie.

" Le seul gouvernement de Québec a fait marcher depuis le premier de may trois mille miliciens, dont dix-neuf cents guerriers et onze cents hommes pour le service, et le Roi qui ne leur donne aucune solde est obligé de les nourrir.

" M. Bigot, intendant, m'a donné à dîner avec quarante personnes. La magnificence et la bonne chère annoncent que la place est bonne, qu'il s'en fait honneur, et un habitant de Paris aurait été surpris de la profusion de bonnes choses en tout genre.

" L'évêque, M. de Pontbriand, prélat respectable, voulut me donner à souper, ainsi que M. le chevalier de Longueuil, commandant la place en l'absence de M. de Vaudreuil, gouverneur général, que les opérations de la campagne retiennent à Montréal ".

CHAPITRE DEUXIÈME

1756

La ville de Québec. — Parallèle entre la Nouvelle-France et les colonies anglaises. — Les coureurs de bois. — La société canadienne. — Coup d'œil rétrospectif. — Expédition de M. de Léry.

Montcalm fut vivement intéressé en visitant la petite ville de Québec, qui occupait déjà une si grande place dans l'histoire de la Nouvelle-France. Tout était nouveau pour lui dans ce nouveau monde : cette société si jeune comparée à la société si vieille qu'il venait de quitter, cette nature immense et sauvage comparée à la gracieuse nature de France.

La petite enceinte de Québec regorgeait de soldats, de miliciens et de Peaux-Rouges, qu'on dirigeait rapidement vers les frontières où ils allaient rencontrer l'ennemi. C'était un assemblage aussi bizarre par les costumes que par les mœurs.

Avec son activité brûlante, le marquis eut bientôt parcouru la ville et les remparts. M. de Longueuil et l'intendant qui l'accompagnaient lui en avaient indiqué les principaux points : le château Saint-Louis, dont la masse sévère et imposante dominait la crête du cap; au pied, la ville basse, centre principal des affaires avec le mouvement de la navigation. Du sein des rues étroites et tortueuses surgissaient les clochers des églises de Notre-Dame, des jésuites, des récollets, le séminaire, le palais de l'évêque, le monastère des ursulines, les ruines de l'Hôtel-Dieu, incendié l'année précédente [1], et plus loin, dans la vallée du Saint-Charles, le monastère de l'Hôpital-Général ; enfin, tout au pied de la falaise, le palais de l'intendant. Il n'était pas besoin d'en voir davantage pour reconnaître que c'était bien là le cœur de la Nouvelle-France. Les trois palais du gouverneur, de l'intendant et de l'évêque étaient l'expression de la triple puissance qui rayonnait d'ici jusqu'aux extrémités de cet immense continent. Dans la seule enceinte des murs, cinq églises, trois monastères, un collège, un séminaire, révélaient quelle était la part qu'avait le catholicisme dans cette impulsion.

La colonie ne consistait qu'en deux lisières de paroisses échelonnées de chaque côté du Saint-Laurent. Au delà, dans toutes les directions, régnait la forêt primitive, la forêt interminable, couvrant de son vaste et uniforme manteau de verdure montagnes, plaines et ravins; la forêt avec ses lacs, ses savanes, ses rivières sans nombre, avec ses cataractes grondant nuit et jour, avec ses myriades de ruisseaux gazouillant sous la feuillée, avec ses rochers et ses caps dénudés ou

---

1 — Les hospitalières occupaient alors une aile du collège des jésuites.

moussus, dressant leur front immobile au vent ou à la neige, à la pluie ou au soleil, solitudes redoutables, servant de repaires aux bêtes féroces et aux tribus indigènes plus féroces encore. Ces tribus étaient disséminées un peu partout. A l'est vivaient les Etchemins, les Abénaquis, les Micmacs, éternels ennemis des Anglais; au sud, les cinq nations iroquoises, ennemies traditionnelles des Français, aujourd'hui indécises, cherchant une occasion pour se déclarer; plus loin c'étaient les Chaouenons, les Miamis, les Chéroquis; et vers le grand ouest, les Poutéotamis, les Outaouais, les Illinois, les Sakis, et une multitude d'autres tribus indigènes presque toutes sympathiques aux Français. J'ai indiqué ailleurs la raison de cette sympathie; il suffit de rappeler ici, en passant, que la colonisation anglaise était partie d'un tout autre principe que la colonisation française : l'égoïsme en avait été le mobile; et cette différence n'avait pas échappé à la sagacité indienne.

Le Canada n'était vulnérable que par trois points : les trois voies maritimes du Saint-Laurent, du lac Champlain et des grands lacs. La citadelle de Louisbourg gardait l'entrée du golfe; le fort Saint-Frédéric protégeait la tête du lac Champlain, et le fort Frontenac, la sortie des grands lacs.

Les pays d'en haut, qui s'étendaient à des distances indéterminées, étaient le vaste champ d'exploitation des coureurs de bois. C'est là que se formait cette race de hardis pionniers, d'où étaient sortis les plus illustres découvreurs : les Joliet, les Nicolas Perrot, les Nicolet, les La Vérendrye et tant d'autres. Race indomptable, indisciplinée, cruelle parfois à force d'être témoin de cruautés sans nom. Vêtus à l'indienne, accoutumés à toutes les fatigues, connaissant tous les sentiers aussi bien que les sauvages, alliés souvent à eux par des mariages plus ou moins réguliers, ayant parmi leurs tribus une grande influence, les coureurs de bois étaient d'une utilité inappréciable en temps de guerre.

A certaines époques de l'année, on les voyait arriver, accompagnés la plupart du temps de sauvages *pagayant* comme eux les canots d'écorce et fredonnant des chansons canadiennes. Ces enfants perdus de la civilisation avaient pris les allures de leurs hôtes habituels, fiers et nonchalants comme eux ; les bras, la poitrine et les mains tatoués, les muscles secs et durs, les yeux perçants, éclairant des traits et un teint de cuivre. Ils venaient de toutes les profondeurs du désert où ils avaient rempli leurs pirogues de paquets de fourrures achetées des sauvages.

Braves souvent jusqu'à la témérité, mais ne comprenant pas la bravoure comme les Européens, ils se battaient à la manière des sauvages, c'est-à-dire en guérillas. Pour eux, reculer n'était pas une fuite ni une honte, c'était une manière de prendre une meilleure position. Leur indiscipline était un danger pour les armées régulières, qu'elles exposaient à se débander ; aussi les employait-on de préférence dans les expéditions à la découverte et pour les coups de main.

Depuis le jour où le plus grand des découvreurs français, Champlain, avait pénétré le premier dans la vallée des grands lacs, ces vastes régions étaient devenues le domaine de la France. Elle y avait acquis un double droit, celui de premier occupant et celui de puissance civilisatrice, seul droit, en définitive, qui puisse justifier aux yeux de la raison l'envahissement d'un pays barbare.

En 1673, Joliet et Marquette s'étaient confiés aux eaux inconnues du Mississipi, et avaient suivi leurs gigantesques méandres jusqu'à l'Arkansas ; La Salle avait reconnu son embouchure et sondé son delta sous le ciel des tropiques (1682). C'étaient des Français qui, en apercevant du haut des Alleghanys le magnifique bras du Mississipi, qui étalait ses flots dorés en serpentant à travers la vallée de l'Ohio, avaient poussé cette exclamation : La Belle-Rivière ! qui fut son premier nom. La Vérendrye avait, le premier, fixé ses regards sur les cimes des Montagnes Rocheuses (1743).

Avant que les explorateurs eussent dressé les cartes de ce pays, les missionnaires l'avaient arrosé de leur sang. Dans les bourgades les plus lointaines et les plus farouches, on voyait souvent une petite croix surmonter une cabane d'écorce, et sur le seuil, apparaître la robe noire ou le manteau de bure de quelque moine.

A l'éternel honneur de la France, on peut dire avec un historien protestant : " Paisibles, bénignes et bienfaisantes furent les armes de sa conquête. La France cherchait à soumettre non par le sabre, mais par la croix ; elle aspirait non pas à écraser et à détruire les nations qu'elle envahissait, mais à les convertir, à les civiliser et à les embrasser dans son sein comme ses enfants [1] ".

Et ailleurs : " Les colons français agirent, à l'égard

---

[1] — Parkman, *Pioneers of France in the New World*, p. 417.

de l'inconstante et sanguinaire race qui réclamait la souveraineté de cette terre, dans un esprit de mansuétude bien propre à contraster d'une éclatante manière avec la cruauté rapace des Espagnols et la dureté des Anglais.

" Dans le plan de la colonisation anglaise, il n'était tenu nul compte des tribus ; dans le plan de la colonisation française, elles étaient tout ".

Ainsi, hostilité ou indifférence à l'égard des Indiens, tel était l'esprit dans lequel étaient nées et avaient grandi les colonies voisines. Elles s'étaient tenues confinées sur le versant oriental des montagnes qui les séparaient de nous, tant que l'intérêt et l'ambition n'avaient pas tourné leurs yeux et leurs pas vers le couchant. Il leur avait fallu plus d'un siècle pour les décider à s'y aventurer ; car leur conduite traditionnelle envers les indigènes avait rendu leur accès auprès d'eux aussi difficile qu'il était facile aux Français. Du moins, après un siècle, l'expérience les avait-elle instruits ? Apportaient-ils aux Indiens une idée élevée, un bienfait, la civilisation ? non ; rien de tout cela. Trafic et boissons, voilà tout ce qu'ils leur offraient. Mais ils étaient aussi riches de ces objets qu'ils étaient dépourvus de tout le reste.

On achèvera de comprendre l'esprit de démoralisation qui marchait avec ces nouveaux envahisseurs, quand on saura qu'ils se composaient de l'écume de la population [1].

---

1 — Dinwiddie, gouverneur de la Virginie, cité par M. Parkman, écrivait à Hamilton, gouverneur de la Pensylvanie, en parlant de ces trafiquants : " They appear to me to be in

Tels furent les premiers conquérants américains de l'Ouest.

En peu d'années, grâce à leurs moyens, ils firent une concurrence redoutable aux trafiquants français, et attirèrent un bon nombre de tribus à qui ils vendaient, à des conditions plus avantageuses, des armes, des munitions, des marchandises et tout ce qui pouvait les tenter.

En 1748, le Canada était gouverné par un officier de marine sans grâce extérieure, parce qu'il était bossu, mais extrêmement intelligent, instruit, actif, perspicace, et qui devait s'illustrer plus tard par une belle victoire sur les Anglais, devant l'île de Minorque. Le comte de la Galissonnière attira fortement l'attention de son gouvernement sur le danger qui menaçait la Nouvelle-France du côté des Alléghanys, et sur la nécessité de la protéger par un système de forts qui la rattachât en même temps à la Louisiane.

La Nouvelle-France était faite à l'image des deux grands fleuves qui la traversaient, et dont les sources se rapprochent et ne se touchent pas. A mesure qu'on s'éloignait des points d'appui qu'elle avait, l'un au nord, à l'entrée du Saint-Laurent, l'autre au midi, aux bouches du Mississipi, ses forces diminuaient et finissaient par disparaître avant de s'être rejointes. La colonie allait être coupée en deux si on ne se hâtait d'exécuter les plans de la Galissonnière. Ce fut la préoccupation des administrations qui suivirent.

---

general a set of abandoned wretches." Et Hamilton lui répondait: "I concur with you in opinion that they are a very 'licentious people".

Une chaîne de forts fut construite, à d'énormes frais, sur les principaux points par où l'ennemi pouvait déboucher : le fort Niagara, sur le lac Ontario, à l'embouchure de la rivière de la Chute ; le fort Duquesne, à la jonction de la rivière Alléghany avec l'Ohio ; les forts Machault, Le Bœuf et Presqu'île, qui établissaient la communication avec le lac Erié ; le fort Miamis, sur la rivière du même nom ; le fort Vincennes, sur le Ouabache ; enfin, sur le Mississipi, le fort de Chartres, le seul qui fût digne du nom de fort, bâti en pierre avec quatre bastions imprenables sans artillerie.

Avant la déclaration formelle de la guerre qui avait amené Montcalm au Canada, trois rencontres fameuses avaient eu lieu sur les frontières indécises qui séparaient les deux colonies : l'une au fort Nécessité, où avait été tué Jumonville ; l'autre près du fort Duquesne où le général Braddock avait payé de sa vie son orgueilleuse témérité ; la troisième à la tête du lac George, où le baron de Dieskau avait été battu, blessé et fait prisonnier.

Le Baron de Dieskau

L'explication détaillée de ces événements avait absorbé l'attention de Montcalm, dès ses premières conversations à Québec, parce qu'elle lui donnait la clef de la situation. Il avait entendu ce récit de la bouche même des officiers français et canadiens qui avaient pris part à l'une ou l'autre de ces actions. Le marquis n'avait pas observé avec un moindre intérêt la société coloniale dont on lui avait vanté l'originalité et l'agrément, et dont il se promettait bien de tirer parti pour tromper les ennuis de l'exil.

Montcalm n'aurait pas été un homme du dix-huitième siècle, s'il n'avait pas aimé le plaisir ; mais il savait le concilier avec le travail. La société de bon ton était pour lui un besoin. Avant même son départ pour le Canada, il s'était enquis de celle qu'il y rencontrerait. " Je lis avec grand plaisir, écrivait-il de Lyon, l'histoire de la Nouvelle-France par le P. de Charlevoix. Il fait une description agréable de Québec : compagnie choisie [1] ".

Montcalm ne fut pas désappointé. Accueilli avec empressement par toute la société, qui le recherchait à cause de sa haute position, mais aussi à cause des grâces de son esprit, de la gaieté et des charmes de sa conversation, il fut enchanté d'elle autant qu'elle le fut de lui.

Ce petit monde était une miniature de la société française, ayant comme elle ses stratifications, ses degrés hiérarchiques bien caractérisés. Au sommet, c'était la noblesse d'épée ou de robe : les seigneurs, les fonctionnaires publics, le haut clergé ; au second plan venaient les bourgeois, les commerçants, auxquels pouvait s'adjoindre le clergé des campagnes ; enfin au troisième rang était le peuple, ce qu'on appelait et ce qu'on appelle encore aujourd'hui les habitants, cette classe nombreuse de cultivateurs qui n'a rien de commun avec le paysan français, surtout celui d'autrefois, mais qui a la conscience de son importance et de

---

1 — *Madame de Saint-Véran*, Lyon, 8 mars 1756.

sa dignité, "vivant, selon l'expression de Montcalm, comme de petits gentilshommes de France".

Les privilèges des seigneurs étant moindres au Canada qu'en France, et les censitaires étant plus indépendants, il n'y avait pas entre eux la même distance ni les mêmes préjugés : toutes les classes vivant, en général, dans une parfaite harmonie. L'instruction se bornait à un petit nombre, mais elle était excellente ; elle embrassait ceux qui avaient suivi le cours classique du collège des jésuites de Québec, ou qui avaient étudié en Europe. Les femmes étaient plus instruites que les hommes, grâce à de plus amples moyens d'instructions, grâce aux couvents répandus dans les villes et les campagnes. Quoiqu'il y eût des écoles dans les paroisses, la masse du peuple ne savait ni lire ni écrire. On peut dire que son instruction se bornait en grande partie à l'enseignement qu'il recevait du haut de la chaire.

L'esprit de révolte contre toute loi divine et humaine, qui soufflait alors sur la France, n'était pas parvenu jusqu'ici. L'autorité civile et religieuse était acceptée sans conteste. Cette autorité était concentrée en trois mains : celle du gouverneur, celle de l'intendant et celle de l'évêque, qui, d'ordinaire, se prêtaient un mutuel appui. Il en résultait une forte unité d'action qui en temps de guerre était d'une valeur inappréciable, et qui explique la longue résistance du Canada à un ennemi infiniment supérieur en nombre et en ressources de tout genre, mais divisé.

Cet absolutisme si utile au dehors, était fatal au dedans ; il tuait toute initiative ; il tenait le peuple dans un perpétuel état d'enfance, et ouvrait la porte à tous les abus. Tandis qu'au delà de la frontière, l'esprit démocratique était poussé jusqu'à l'exagération ; ici le régime monarchique dégénérait en autocratie.

De tout temps, le peuple avait été soigneusement écarté des affaires publiques ; il ne comprenait pas ses droits ; il n'aspirait pas à conquérir sa liberté. Cependant tout esprit d'indépendance n'était pas étouffé au sein de cette rude et vaillante race. On ne saurait si bien comprimer la nature humaine qu'elle ne trouve une issue quelque part. L'issue, ici, c'était la forêt qui s'ouvrait de tous côtés avec ses mille sentiers mystérieux, avec ses tribus vagabondes, avec la délivrance de tout lien, avec l'attraction de ses aventures. Toute la jeunesse canadienne avait une tendance vers la forêt, nourrissait l'amour des voyages. Les natures les plus ardentes ne pouvaient y résister, et elles allaient grossir l'armée des coureurs de bois.

" On ne compte guère à Québec que sept mille âmes, écrivait Charlevoix en 1720 ; mais on y trouve un petit monde choisi, où il ne manque rien de ce qui peut former une société agréable... On y voit des cercles aussi brillants qu'il y en ait ailleurs... On joue, on fait des partis de promenades, l'été, en calèche ou en canot ; l'hiver, en traîne sur la neige ou en patins sur la glace. On chasse beaucoup ; quantité de gentilshommes n'ont guère que cette ressource pour vivre à leur aise. Les nouvelles courantes se réduisent à bien peu de choses, parce que le pays n'en fournit presque point, et que celles d'Europe arrivent tout à la fois ; mais elles occupent une bonne partie de l'année. On politique sur le passé, on conjecture sur l'avenir : les sciences et les beaux-arts ont leur tour, et la conversation ne tombe point. Les Canadiens, c'est-à-dire les Créoles du Canada, respirent en naissant un air de liberté qui les rend fort agréables dans le commerce de la vie, et nulle part ailleurs on ne parle plus purement le français. On ne remarque même ici aucun accent.

" On ne voit point en ce pays de personnes riches, et c'est bien dommage, car on y aime à s'y faire honneur de son bien ; et personne presque ne s'amuse à thésauriser. On fait bonne chère, si avec cela on peut avoir de quoi se bien mettre ; sinon on se retranche sur la table pour être bien vêtu. Aussi faut-il avouer que les ajustements font bien à nos Créoles. Tout est ici de belle taille et le plus beau sang du monde dans les deux sexes ; l'esprit enjoué, les manières douces et polies sont communs à tous ; et la rusticité, soit dans le langage soit dans les façons, n'est pas même connue dans les campagnes les plus écartées.

" Il n'en est pas de même, dit-on, des Anglais, nos voisins. Et qui ne connaîtrait les deux colonies que par la manière de vivre, d'agir et de parler des colons, ne balancerait pas à juger que la nôtre est plus florissante. Il règne dans la Nouvelle-Angleterre et dans les autres provinces du continent de l'Amérique soumises à l'empire britannique, une opulence dont il semble qu'on ne sait point profiter ; et dans la Nouvelle-France une pauvreté cachée par un air d'aisance qui ne paraît point étudié. Le commerce et la culture des plantations fortifient la première ; l'industrie des habitants soutient la seconde ; et le goût de la nation y répand un agrément infini. Le colon anglais amasse du bien, et ne fait aucune dépense superflue ; le Français jouit de ce qu'il a, et souvent fait parade de ce qu'il n'a point. Celui-là travaille pour ses héritiers ; celui-ci laisse les siens dans la nécessité, où il s'est trouvé lui-même, de se tirer d'affaire comme ils pourront [1] ".

L'étiquette jouait un grand rôle dans cette colonie où les amusements prenaient une si large place. Elle avait même certaines exigences inconnues en France. On sait que les questions de préséance avaient plus d'une fois pris la proportion d'événements [2].

Montcalm en fait la remarque dans sa correspondance ; il était cependant sensiblement flatté lorsqu'il écrivait : " On a tiré le canon à mon arrivée ; cet honneur ne m'était pas dû en France, mais en fait d'honneurs, il y a des usages particuliers dans les colonies.

" Au gouverneur général, comme à un maréchal de France, et les honneurs de l'Eglise comme au roi, l'encens et la paix ; pour l'évêque et l'intendant, prendre les armes et rappeler ; pour tout capitaine de vaisseau, se mettre en haie ".

Le sentiment de satisfaction exprimé ici par Montcalm respire dans la lettre suivante qu'il adressait, le 20 mai, à la marquise du Boulay, sa belle-mère :

" On n'espérait pas au Canada que les secours que le roi y destinait cette année y arrivassent d'aussi bonne heure....

---

1 — Charlevoix, *Journal historique*, t. III, pp. 79, 80.
2 — Notamment dans l'affaire des deux prie-dieu, dans l'église des récollets de Montréal ; il y a là un thème aussi comique que celui du *Lutrin* de Boileau.

" Hier, un officier, envoyé par le commandant de la *Sirène*, nous a appris qu'elle était mouillée à neuf lieues d'ici, et le *Léopard* à douze. Aujourd'hui, nous apprenons que l'*Illustre* et la *Sauvage* étaient mouillées du 15 à l'île du Bic : ainsi nous voilà assurés de l'entière arrivée du secours parti de Brest au premier vent de nord-est. La traversée a été courte, presque point de malades.

" Nous avons aussi dans la rade trois gros vaisseaux marchands et une goélette, partis de Bordeaux et de La Rochelle, frétés pour le compte du roi. Ils ont porté des provisions, des munitions et environ deux cents hommes de recrue. Nous espérons que tous les autres vaisseaux qui ont dû partir successivement dans le mois d'avril, arriveront aussi. Il y en a même suivant les nouvelles que nous avons eues aujourd'hui d'entrés dans notre rivière. C'est ainsi que l'on parle du fleuve Saint-Laurent.

" L'hiver n'a pas été rude, ce qui a été fort heureux pour la navigation. La saison est très avancée. M. le marquis de Vaudreuil a déjà tout mis en mouvement : milices, troupes de la colonie avec nos bataillons et nos sauvages pour entrer en campagne. M. le marquis de Montcalm part après-demain pour le joindre.

" Les opérations de l'hiver se bornent à beaucoup de courses de la part des sauvages d'en haut, qui ont réellement désolé une partie de la Pensylvanie et de la Virginie, et à un détachement que M. de Vaudreuil a fait faire par M. de Léry, lieutenant des troupes de la colonie qui, avec environ trois cents hommes [1], Cana-

---

1 — La lettre porte six cents, mais c'est une erreur.

diens et sauvages, et soixante soldats volontaires des bataillons français, a fait une marche d'un mois par des bois impraticables, et a emporté l'épée à la main, le 27 mars, un fort de pieux près de Chouaguen ".

L'expédition de M. de Léry, que Montcalm signale ici en quelques lignes, est un de ces hardis coups de main, comme on en trouve plusieurs exemples dans nos annales, et qui répandaient autant d'étonnement que de terreur parmi les ennemis. Cette expédition, entreprise en plein mois de février, ne dura pas moins de quarante-quatre jours, pendant lesquels le détachement parcourut plus de deux cents lieues.

On se rendra compte des difficultés et des fatigues qui accompagnaient ces sortes de courses par les extraits suivants du *Journal* tenu par M. de Charly, un des officiers français qui faisaient partie de l'expédition en qualité de major du détachement.

Le fort Oswego, appelé par les Français Chouaguen, était le point d'appui des Anglais du côté du lac Ontario. Ils avaient établi, sur la route qui reliait ce fort à Albany, deux autres forts : celui de Williams, sur la rivière Mohawk, et celui de Bull, une lieue et demie plus haut, où ils avaient accumulé une grande quantité de vivres et de munitions.

Vaudreuil, instruit par ses éclaireurs indiens que de grands mouvements se faisaient de ce côté, résolut d'y pousser une pointe audacieuse et d'arrêter les progrès de l'ennemi en détruisant les deux forts.

" On verra par la suite de ce Journal qu'il y avait une impossibilité apparente de pouvoir seconder ses vues par la longueur du chemin qu'il nous fallait faire à pied, les vivres sur le dos, l'inconstance des sauvages, qui chaque jour menaçaient de nous abandonner, et le mauvais temps de la saison d'hiver qui devait faire un très grand obstacle à notre marche. Malgré tout, le départ est fixé au 24 février.

" Le détachement s'étant rendu à Lachine, M. le marquis de Vaudreuil s'y rendit aussi avec plusieurs officiers qui lui firent compagnie. Il passa en revue, visita les armes et renvoya les soldats qui lui parurent trop faibles pour un voyage de cette nature, ou n'avoir pas assez de volonté. Il en revint le soir très satisfait de l'envie et du zèle de toute la troupe, des officiers surtout, qui se montrèrent déterminés à tout entreprendre.

" Le 25, il fit un si grand froid qu'il ne fut pas possible de prendre son parti sur l'embarras douteux d'aller à pied ou en bateau à la Présentation, où était marquée l'assemblée générale des sauvages qui devaient être des nôtres.

" Le froid ayant encore augmenté la nuit du 25 au 26, nous jugeâmes le matin qu'il était impossible de commencer la route autrement qu'à pied. Comme major du département, par ordre de M. de Léry, notre commandant, je fis charger les traînes. Nous partîmes et vinmes coucher à la Pointe-Claire, trois lieues au-dessus. Le soir, M. de Langy, officier des troupes de la marine, alla au sault Saint-Louis assister au festin de guerre que les sauvages de ce village faisaient avant que de partir. Il eut ordre de nous rejoindre le plus tôt qu'il pourrait. On envoya aussi un courrier au village des Deux-Montagnes pour avertir les sauvages que nous devions les attendre au fort de la Présentation, et qu'ils n'avaient qu'à s'y rendre ".

L'expédition continua sa pénible marche jusqu'au 29, où elle fut rejointe par M. de Langy. " Il nous conduisait vingt-cinq Iroquois du lac qui demandèrent à passer le jour pour se préparer au voyage. On ne les refusa pas, et nous sommes obligés d'attendre que le cérémonial soit fini pour achever le décampement. M. de Léry profite de ce retard pour leur faire dire par l'interprète, au moyen d'un collier, qu'il les attache immuablement à sa volonté, qui est celle de leur père, et qu'il attend d'eux qu'ils surmonteront avec lui tous les obstacles qu'ils rencontreront dans leur marche. Nous avons été très contents de leur réponse ; mais, à la première occasion, on va voir qu'ils oublièrent tout ".

Sur ces entrefaites, arriva un courrier, détaché par l'officier commandant la première division, qui annonça que les chemins étaient impraticables, et qu'il était absolument impossible d'aller plus loin. Malgré cela le détachement se mit en marche. " Chemin faisant, nous trouvions partout les débris des traînes cassées de la division qui nous précédait ".

Enfin, le 7 mars, on arriva à la Présentation, où M. de Léry fit la revue générale du détachement, et l'on se remit en route. La pluie, la neige, le froid, des chemins impossibles eurent bientôt découragé les sauvages.

" Ils voulaient renoncer à l'entreprise, mais on leur dit qu'on se passerait d'eux.

" Le 25 mars, jour de la Vierge, on entendit la messe solennelle et on marcha jusqu'à midi. M. de Léry n'ayant point de nouvelles des officiers découvreurs, fit partir l'interprète Perthuis avec cinq Iroquois, et leur donna des branches de porcelaine pour arrêter les sauvages étrangers. Les sauvages reconnurent la piste de deux chasseurs ; ce qui leur fit craindre d'être découverts. Un sauvage arriva à toutes jambes dire que l'on avait rencontré six Oneyouts. On les joignit, ainsi que les officiers découvreurs partis la veille, qui n'avaient pu faire leur découverte parce que les sauvages les avaient égarés.

" M. de Léry donna trois paroles aux Oneyouts en présence des chefs. Par deux branches de porcelaine, il essuya les larmes de leurs parents qui étaient morts ; par un collier de six pieds de haut, il les engagea à n'être pas surpris de sa marche, qui n'était que pour leur bien et pour leur rendre des terres que les Anglais avaient usurpées ; par un autre collier en forme de hache, il les invita à se venger de l'Anglais, et les assura du secours de leur père. Les Oneyouts acceptèrent les colliers, promirent de les rendre à leur village pour y parler des bonnes affaires ; ils dirent qu'ils étaient partis depuis deux jours des forts, et qu'on y attendait le colonel Johnson [1].

" Le 26, le détachement partit de bonne heure, et, après avoir fait quatre lieues, arriva sur le midi, à un quart de lieue du fort Bull. On envoya à la décou-

---

1 — " Il y avait dans ce détachement quelques guerriers des Cinq-Nations, ce qui n'est pas indifférent à observer. Jusqu'à présent elles n'ont promis que la neutralité : on se flatte toujours qu'elles pourront se déclarer. " *Lettre de Montcalm à la marquise du Boulay.*

verte MM. de Montigny et de Portneuf, qui rapportèrent qu'ils avaient vu les forts d'en haut et d'en bas en bon état, et qu'il passait à tous moments des chariots de vivres ; ce qui fit d'autant plus de plaisir que le détachement n'avait pas mangé depuis deux jours.... "

La nuit du 26 au 27, il neigea sans discontinuer jusqu'au jour. Les hommes affamés, sans abri, eurent à souffrir horriblement du froid durant toute cette nuit. A huit heures du matin, tout le détachement était en marche. A peine arrivé sur le bord du chemin, on aperçut une longue file de chariots qui se dirigeaient chargés de vivres vers le fort Bull. Les sauvages se glissèrent silencieusement à travers le bois, en avant et en arrière de la colonne, et s'en emparèrent sans bruit. On se hâta de faire la distribution des vivres pour satisfaire aux premiers besoins de la troupe qui mourait de faim. D'après la déposition des prisonniers, le fort Bull, construit en palissades, avait une garnison de cinquante hommes. Quinze autres, placés dans une maison, vis à-vis plusieurs bateaux, étaient chargés de leur garde. Dans le fort Williams, il y avait cent cinquante hommes de troupes ; cent autres étaient campés dans une île voisine.

Comme on achevait d'écouter la déposition des prisonniers, on vit venir neuf bateaux, traînés sur des chariots, dont on s'empara comme des premiers, avec leurs conducteurs. M. de Léry résolut d'attaquer le fort, sans délai, afin de le prendre par surprise. Il fit agenouiller toute sa troupe, à qui l'aumônier donna une absolution générale, puis on avança en bon ordre. Arrivé à deux arpents du fort, une partie du détachement se précipita sur les meurtrières, tandis que l'autre fusillait tout ce qui se montrait. Les sentinelles n'avaient eu que le temps de jeter le cri d'alarme et de fermer la porte derrière elles. Un combat acharné s'en suivit, durant lequel les assiégeants s'emparèrent des meurtrières, d'où ils faisaient feu à l'intérieur. Les palissades et la porte du fort furent attaquées à coups de hache, malgré les balles et les grenades que faisaient pleuvoir les assiégés. M. de Léry, qui se tenait à une des meurtrières, cria au commandant de se rendre ; mais celui-ci refusa, voulant se défendre jusqu'à la dernière extrémité. Après une heure de combat, la porte fut renversée et les assiégeants se précipitèrent dans la place. Le commandant voulut alors mettre bas les armes ; mais sa voix se perdit dans le tumulte, et toute la garnison fut passée avec lui au fil de l'épée, hormis trois hommes qui s'étaient cachés et qui ne furent découverts qu'après que le massacre fut fini.

On s'aperçut alors que le feu avait été mis à une maison et qu'il allait se communiquer à la poudrière. A peine avait-on eu le temps de se retirer à deux arpents, qu'une terrible explosion retentit ; le fort, avec tout ce qu'il contenait, vola en éclats et fut rasé jusqu'à terre.

M. de Léry jugea le fort Williams trop bien défendu pour oser l'attaquer, et ordonna la retraite. Une partie de la garnison accourut, sous les ordres du colonel Johnson, au secours du fort Bull, mais n'y trouva qu'un amas de ruines fumantes et désertes.

" La perte des ennemis a été grande, et par celle du fort et par celle de l'amas considérable de vivres et de munitions qu'ils avaient. Les prisonniers ou les chevelures ont été au nombre de quatre-vingts. Nous y avons eu un soldat de la marine tué, un sauvage tué, quatre blessés, trois Canadiens blessés, ainsi que deux soldats des troupes de terre... "

Le détachement faillit périr au retour, " faute de vivres et de souliers ", et rentra à Montréal triomphant, mais exténué [1].

En parlant de cette expédition, Montcalm fait cette réflexion : " Les soldats conviennent que les fatigues de Bohême n'approchaient pas de celles de ce détachement. Ils s'y sont distingués et ont supporté ces fatigues, l'incommodité de marcher en raquettes, de conduire ses vivres sur une traîne, comme les Canadiens qui y sont accoutumés [2] ".

Cet exploit avait eu le double avantage de causer des pertes considérables à l'ennemi, et d'arrêter ses projets d'attaque contre Frontenac et Niagara.

---

[1] — Montcalm dit qu'outre le fort qui fut détruit " on a brûlé un dépôt de vivres et noyé quarante-cinq milliers de poudre ".

[2] — *Lettre de Montcalm à la marquise du Boulay*, 20 mai 1756. *Journal de la campagne de M. de Léry*, tenu par M. de Charly, major du détachement. *Lettre de Vaudreuil au ministre*. Extrait d'une *lettre de Québec*, en date du 10 avril 1756.

CHAPITRE TROISIÈME

1756

Première entrevue entre Vaudreuil et Montcalm. — Intimité entre Montcalm et Lévis. — L'armée régulière. — Les troupes de la colonie. — Les milices. — Les sauvages auxiliaires. — L'ingénieur Desandrouins. — Bougainville. — Bourlamaque envoyé à Frontenac. — Arrivée de Montcalm et de Lévis à Carillon. — Description de ce fort. — Discipline établie par Montcalm. — Expédition de M. de Villiers. — Défaite du général Bradstreet. — L'intendant Bigot, son caractère.

Montcalm emporta de Québec l'impression la plus favorable, quoiqu'il n'y eût séjourné qu'une dizaine de jours.

Il avait dépêché un courrier à M. de Vaudreuil pour lui annoncer son arrivée ; et dès qu'il eut appris que le reste de la flotte était dans les eaux du fleuve, avant même l'arrivée du chevalier de Lévis, il se rendit à Montréal pour conférer avec le gouverneur sur le plan de campagne à suivre.

Rien ne fit pressentir dans cette première entrevue la terrible animosité qui devait bientôt surgir entre ces deux hommes, devenir si fatale à l'un et à l'autre, et encore plus fatale à la colonie. La réserve diplomatique qu'ils eurent à s'imposer durant cette conférence tout officielle disparut sous les formes courtoises, sous les grands airs de cour auxquels chacun d'eux était habitué.

Vaudreuil était un gentilhomme de belle taille, fier de sa personne, autant que de sa vieille origine. Plus d'une fois, au cours de l'entretien, il toisa des pieds à la tête, sans qu'il y parût, le petit homme allègre, au regard perçant, à la parole brève, véhémente, qui gesticulait devant lui avec une pétulance extraordinaire. Il le sentit grandir à mesure qu'il parlait, et il dut entrevoir dès lors ce qu'il y avait de dominateur dans cette volonté qui trouvait une expression si énergique. Il dut regretter aussi plus que jamais de n'avoir pu faire prévaloir l'avis qu'il avait donné au ministre, peu de mois auparavant, dans un mémoire où il disait qu'il n'était nullement nécessaire d'envoyer un officier général pour remplacer le baron de Dieskau[1].

Vaudreuil aurait eu raison de parler de la sorte, s'il avait été un Frontenac ; car le partage du commandement militaire, tel que entendu par la cour, était plein d'inconvénients. Mais Vaudreuil était loin d'avoir l'étoffe d'un Frontenac.

---

1 — *Lettre du marquis de Vaudreuil au ministre de la guerre, M. le comte d'Argenson*, 16 janvier 1756. Dans cette lettre, Vaudreuil se plaint amèrement de la hauteur avec laquelle le baron de Dieskau avait traité les milices canadiennes.

Montcalm, de son côté, n'ignorait probablement pas les démarches faites par Vaudreuil ; mais il se flattait que sa supériorité militaire ferait accepter ses services de bonne grâce.

La Cour avait cru éviter le dualisme dans le commandement en affirmant l'autorité du gouverneur. La lettre du roi à Vaudreuil disait formellement : " M. le marquis de Montcalm n'a pas le commandement des troupes de terre ; il ne peut l'avoir que sous votre autorité, et il doit être en tout et pour tout sous vos ordres [1] ".

Pierre-François Rigaud, marquis de Vaudreuil-Cavagnal, était le fils du gouverneur de ce nom qui avait administré la Nouvelle-France pendant vingt-deux ans (1703-1725), avec autant de sagesse que de fermeté. D'abord gouverneur de la Louisiane, il avait succédé au marquis Duquesne, en 1755. Comme son père, il était très aimé des Canadiens, qui étaient fiers d'avoir un des leurs à leur tête [2]. Au reste, ses défauts comme ses qualités étaient d'une nature à le rendre populaire.

Il était doux, affable et complètement dévoué aux colons, qu'il traitait comme ses enfants, et qui le regardaient, avec raison, comme leur père ; mais il était d'un caractère faible, irrésolu, peu éclairé, jaloux de son autorité, et exploité par un entourage corrompu, qu'il était incapable de dominer.

---

1 — *Lettre du ministre à M. de Vaudreuil*, 15 mars 1756.
2 — Vaudreuil était né à Québec, le 22 novembre 1698.

74   MONTCALM ET LÉVIS

Montcalm ne remarqua guère ces défauts au premier abord, et il parut très satisfait des préparatifs de campagne ordonnés par Vaudreuil. Celui-ci, de son côté, ne le fut pas moins du concours franc et efficace que lui offrit le général.

La première pensée de Montcalm, au sortir de cette entrevue, fut d'en écrire à son ami Lévis.

C'est à partir de ce moment que commence, entre lui et Montcalm, cette correspondance dont j'ai déjà parlé, et qui jette un jour nouveau sur ces deux hommes et sur les événements dont ils ont été les principaux acteurs. On voit dès lors quelle confiance Montcalm avait en Lévis, quel cas il faisait de ses avis, et quelle amitié les attachait l'un à l'autre.

Le 29 mai, il lui dépêchait M. Doreil, commissaire de la guerre, avec une lettre où il lui prescrivait le mouvement des troupes débarquées à Québec. Royal-Roussillon devait monter par terre, et la Sarre par eau, dans des bateaux conduits par des Canadiens. "Les soldats, ajoute-t-il, percheront, rameront et tireront à la cordelle, et porteront indistinctement avec les Canadiens, laissant cependant aux derniers la direction et la conduite des bateaux, et exécuteront ce qu'ils leur demanderont pour la manœuvre.

" Défense aux soldats et Canadiens d'avoir des disputes ensemble. Lorsqu'ils auront des démêlés, ils en rendront compte à celui qui commandera le bateau, et si le cas mérite attention, au commandant de division".

Puis Montcalm ajoute en terminant :

"... Si M. Doreil n'était pas porteur de ma lettre, je vous écrirais des volumes ; mais il suppléera à tout, et je n'ai pas besoin de lui recommander de parler au chevalier de Lévis avec vérité et confiance... Ne doutez pas de ma tendre amitié, mon cher chevalier ".

Nous venons de voir quels soins prenait Montcalm pour empêcher toute altercation entre les soldats et les Canadiens. C'est qu'il existait entre les troupes régulières et les miliciens un esprit d'antagonisme qui s'était envenimé depuis la défaite de Dieskau, que chacun des deux partis se reprochait amèrement l'un à l'autre. Les causes qui l'avaient amené étaient sur le point de faire éclater le même antagonisme entre les deux chefs de l'armée. On verra alors officiers et soldats de chaque corps suivre leur exemple, se montrer aussi injustes les uns envers les autres, et préparer ainsi le désastre final.

Les forces de la colonie se composaient de trois éléments distincts : les troupes de terre, les troupes de la marine et les milices. Les troupes de terre consistaient en divers détachements de l'armée régulière, venus de France. Ils formaient un effectif d'à peu près trois mille hommes, choisis parmi l'élite de l'armée et répartis entre les bataillons de la Reine, de Béarn, de Languedoc et de Guyenne, amenés par le baron de Dieskau, et ceux de la Sarre et de Royal-Roussillon qui venaient d'arriver. Dans ce chiffre ne sont pas compris les onze cents hommes de la garnison de Louisbourg, composée des bataillons de Bourgogne et d'Artois.

Les troupes de la marine étaient l'armée régulière de la colonie, chargée du maintien de l'ordre et de la défense des places. A la différence des troupes de terre qui étaient expédiées par le ministère de la Guerre, celles-là dépendaient du ministère de la Marine, de qui relevaient les colonies. Etablies depuis longtemps dans le pays, elles y avaient de fortes attaches, d'abord parce qu'une partie des officiers et des soldats étaient recrutés parmi la population ; ensuite parce que beaucoup d'autres avaient l'intention de s'y fixer, s'y étaient mariés ou se livraient, durant les loisirs de la vie de garnison, à certaines industries qui leur assuraient quelque avenir. Ce corps de troupes formait environ deux mille hommes, assez bien disciplinés, plus portés à sympathiser avec les miliciens qu'avec les troupes de ligne, dont elles n'avaient pas les états de services.

La milice embrassait toute la population mâle de la colonie, depuis seize jusqu'à soixante ans. Elle était sous les ordres du gouverneur et devait prendre les armes à son appel. C'était la conscription dans toute sa rigueur, avec cette aggravation que le service militaire n'était pas payé. Les hommes étaient seulement armés, équipés et nourris aux dépens du roi. Les premières levées avaient fourni un contingent d'une douzaine de mille hommes, mais ce chiffre s'accrut d'année en année, et atteignit celui de quinze mille au moment de la dernière crise.

Les milices de Montréal, plus exposées aux attaques, étaient plus aguerries que celles de Québec, surtout à l'ouverture des hostilités ; mais l'élite de ces troupes se recrutait parmi les coureurs de bois qui, eux-mêmes, se recrutaient dans toutes les paroisses, parmi la jeunesse hardie et aventurière, qu'ils venaient périodiquement embaucher.

Si on ajoute à ces différents corps d'armée, les renforts irréguliers qu'apportaient les sauvages alliés, on aura une idée des forces dont disposait le Canada.

Il faudrait avoir vu sur une place d'armes ou sur un champ de bataille ces diverses troupes, avec leur escorte d'Indiens, pour se rendre compte du coup d'œil pittoresque qu'elles présentaient.

L'uniforme des troupes de ligne était celui de l'infanterie française, c'est-à-dire blanc, liséré de diverses couleurs : rouge, bleu, violet ou nankin, avec chapeau tricorne noir, bordé comme l'habit, et guêtres ordinairement noires, montant jusqu'aux genoux. Le régiment de la Reine se distinguait des autres en ce que l'uniforme était tout blanc, avec col et parements rouges. L'uniforme des grenadiers était bleu, à revers et parements rouges, culotte blanche et bonnet d'oursin. La marine n'en différait guère que par la coiffure, qui était la même que celle de l'infanterie régulière. Enfin, la milice portait uniforme gris, à revers et parements rouges, tout comme les grenadiers, excepté le bonnet d'oursin remplacé par le chapeau tricorne noir, bordé de rouge.

Chaque bataillon avait trois drapeaux, dont un blanc colonel et deux autres d'ordonnance, de diverses couleurs : rouge et noir, avec croix blanches, pour la Sarre ; bleu, rouge et feuilles mortes, pour Royal-Roussillon ; vert et isabelle, avec croix blanches, pour Guyenne ; isabelle et rouge, avec croix blanches, pour Languedoc. Le régiment de la Reine, plus important que les autres, avait six drapeaux, un blanc colonel et cinq d'ordonnance, verts et noirs, et les croix blanches semées de fleurs de lys d'or, avec quatre couronnes d'or au milieu. Le drapeau colonel de Royal-Roussillon se distinguait des autres par sa croix blanche et ses fleurs de lys d'or [1].

La troupe indisciplinée des sauvages qui remuait autour de l'armée, était accoutrée selon le caprice de chaque guerrier. C'était un assemblage de loques et de peaux de bêtes, prises de partout, qui défiait toute description.

Les chefs étaient faciles à reconnaître aux hausse-cols et aux grandes médailles d'argent, dons du roi, qui brillaient sur leur poitrine, ainsi qu'aux horribles scalpes, tendus sur des cerceaux, qui flottaient, tout sanglants, à leur ceinture. Chaque sauvage, armé en guerre, avait la corne à poudre et le sac à plomb suspendus au cou, le tomahawk et le couteau à scalper accrochés à la ceinture, et le fusil sur l'épaule. Plusieurs de ces sauvages, venant des tribus les plus éloignées, portaient encore l'arc et le carquois, quelquefois la lance.

A Québec, le chevalier de Lévis avait tout mis en mouvement dès son arrivée. Au moment de partir pour Montréal, il écrivit au ministre de la Guerre, le comte d'Argenson (11 juin) :

" Je laisse ici beaucoup de malades, dont la plus grande partie étaient embarqués sur le *Léopard*. Il n'y en a presque pas de ceux qui étaient dans les autres

---

1 — *Costumes militaires français depuis l'organisation des troupes régulières, en 1439 jusqu'en 1789*, par D. de Noirmont et A. de Marbot. *Le maréchal de camp Desandrouins*, par l'abbé Gabriel.

vaisseaux, et malheureusement cela tombe sur les compagnies de grenadiers. J'espère cependant qu'il n'en mourra pas beaucoup. Nous devons cela à la bonté des hôpitaux et aux soins que tout le monde y prend, dont nous ne pouvons assez nous louer. M. l'évêque en montre l'exemple ; il va deux fois par jour en faire la visite et y porter tous les secours possibles à tous égards [1] ".

Le lendemain de l'arrivée du chevalier de Lévis à Montréal (15 juin), Montcalm écrivait à sa mère :

" Mon établissement, ici, me donne beaucoup de peine comme dans tous les commencements ; tout est d'une cherté horrible, et j'aurai bien de la peine à joindre les deux bouts de l'année ensemble avec les vingt-cinq mille francs que le roi me donne. M. le chevalier de Lévis ne m'a joint qu'hier en fort bonne santé. Je vais le faire partir d'ici à quelques jours pour un camp, et M. de Bourlamaque pour l'autre. Car nous avons trois camps, un à Carillon, du côté où M. de Dieskau eut son affaire l'année dernière, c'est à quatre-vingts lieues d'ici ; l'autre à Frontenac, à soixante lieues ; et le troisième à Niagara, à cent quarante. Je ne sais ni où ni quand je marcherai, cela dépend des mouvements des ennemis, et nous en sommes assez mal instruits. Il me paraît que tout se fait lentement dans ce nouveau monde. Mon activité a bien à s'y tempérer. En tout il n'y a que le service du roi et l'envie d'avoir fait la fortune de mon fils qui puissent m'empêcher de trop songer à mon expatriement, à mon éloignement de

---

[1] — *Lettre du chevalier de Lévis,* p. 13.

vous et à l'ennui qui serait encore plus grand dans ce pays-ci, si je ne conservais un peu de ma gaieté naturelle. Je serai bien content quand je pourrai recevoir de vos nouvelles. Je ne demande à Dieu que la paix pour cet hiver ; si jamais quelqu'un a dû la désirer, c'est moi, d'autant mieux que le succès en est toujours incertain. Les sauvages paraissent assez bien disposés pour nous. Ce sont de vilains messieurs, même en sortant de leur toilette, où ils passent leur vie. Vous ne le croiriez pas, mais les hommes portent toujours avec le casse-tête et le fusil un miroir à la guerre pour se bien barbouiller de diverses couleurs, arranger leurs plumes sur la tête, leurs pendeloques aux oreilles et aux narines ; une grande beauté chez eux, c'est de s'être fait déchiqueter de bonne heure l'aile des oreilles, l'avoir bien allongée pour la faire tomber sur les épaules ; souvent ils n'ont point de chemises, mais un habit galonné par dessus ; vous les prendriez pour des diables ou des mascarades. Il faut avoir avec eux une patience d'ange. Depuis que je suis ici, ce ne sont que visites, harangues et députations de ces messieurs. Les dames des Iroquois, qui ont toujours part chez eux au gouvernement, en ont été aussi, et ils m'ont fait l'honneur de m'apporter des colliers, ce qui m'engagera à les aller voir et chanter la guerre chez eux, avant que d'y aller. Ils ne sont qu'à cinq lieues d'ici. Hier, nous en avions quatre-vingt-trois qui sont partis pour la guerre. Au reste, ces messieurs font la guerre avec une cruauté étonnante ; ils enlèvent tout : femmes et enfants, et vous enlèvent la chevelure très proprement, opération dont on meurt à l'ordinaire.

" Au reste, Duché, le fils, peut vous prêter le cinquième et le sixième volume du P. Charlevoix. En général, tout ce qu'il dit est vrai, à l'exception de brûler les prisonniers ; cela a quasi passé de mode, cette année-ci. Ils en ont encore brûlé un vers la Belle-Rivière pour n'en point perdre l'habitude, et ils auraient brûlé une femme anglaise avec son fils, sans la générosité d'un soldat qui leur a donné cinq cents livres pour les racheter. Nous leur rachetons de temps en temps des prisonniers, qui, passant dans nos mains, sont traités suivant les lois de la guerre ".

Bougainville avait suivi de près Montcalm à Montréal. Embarqué sur le bateau qui transportait les équipages du général, il avait fait le voyage en compagnie d'un officier du génie, Jean-Nicolas Desandrouins, jeune homme âgé de vingt-huit ans, aussi modeste qu'intelligent, qui a laissé, comme je l'ai déjà dit, de précieux mémoires sur la guerre du Canada, et sur la guerre de l'indépendance américaine, à laquelle il prit part quelques années après.

Le *Journal* de Desandrouins est utile à consulter même après ceux de Montcalm, de Lévis et de Bougainville.

C'était la première fois que ces deux jeunes officiers faisaient l'épreuve du mode de voyager au Canada. Desandrouins, qui n'avait apporté avec lui " ni couvertures, ni matelas ", eut à passer les nuits froides du mois de mai couché à la belle étoile, sur le pont du bateau. Bougainville, dont les douleurs d'un asthme chronique avaient aigri le caractère et qui avait d'ailleurs de graves inquiétudes au sujet de sa famille, commença dès lors à prendre le Canada en grippe, et à mettre plus d'humeur que de raison dans ses jugements sur ce pays. " Je me dis tous les jours, écrivait-il à son frère (4 juin), que j'ai encore au moins un an à y rester. Cette perspective me rend presque fou ; je ne m'y accoutumerai jamais ". Il ajoute dans la même lettre : " Tout est ici en mouvement pour commencer la campagne. Je crois que nous y aurons pour objet de garnir toutes nos positions, de telle manière qu'on ne puisse nous entamer. Si les circonstances nous permettent de faire quelque entreprise, à la bonne heure ; mais on ne transporte ici les munitions de guerre et de bouche qu'avec des peines et des longueurs infinies. Ce ne sont pas les campagnes de Flandres " !

Bougainville ne se serait pas plaint si amèrement du sort qui l'avait amené au Canada, s'il avait prévu que cette expédition allait lui révéler sa vocation d'homme de mer. Durant la traversée, écrivait-il à son frère, il n'avait pas éprouvé la moindre attaque d'asthme, et s'était senti un homme nouveau. La mer était donc son élément : elle allait lui apporter la guérison, et avec elle la passion des voyages, et enfin faire de lui le grand navigateur connu du monde entier.

Dans l'impossibilité où l'on était de savoir si les Anglais dirigeraient leur attaque du côté du lac Champlain ou du côté du lac Ontario, le premier soin était de fortifier les avant-postes de Niagara, de Frontenac et de Carillon. Les ingénieurs français, accoutumés aux chefs-d'œuvre des fortifications européennes, levaient les épaules de pitié à la vue des travaux de défense faits sur nos frontières. Ils ne se rendaient pas compte des immenses difficultés qu'il y avait à transporter des matériaux et à travailler à ces énormes distances dans la forêt.

" La plupart de ces forts, écrivait Desandrouins, n'avaient pas le sens commun. On disait autrefois de M. de Vauban, que les premières fortifications qu'il avait vues, quoique bien éloignées de la perfection, l'avaient rendu ingénieur : il serait difficile que celles de ce pays en fissent autant ".

Pendant qu'un ingénieur canadien, M. de Lotbinière, fortifiait Carillon, et que le capitaine Pouchot, du régiment de Béarn, rebâtissait Niagara, Desandrouins était chargé de réparer Frontenac. Ce poste était en très mauvais état, et, comme il semblait en ce moment le point le plus menacé, le colonel Bourlamaque, qui se recommandait plus par le talent d'organisation que par le coup d'œil militaire, reçut ordre d'aller y préparer la défense. Il rencontra sur sa route les longues files de bateaux et de canots d'écorce, chargés de troupes et de munitions, qui remontaient le Saint-Laurent, tantôt à la rame ou à l'aviron, tantôt à la cordelle, tantôt en faisant portage le long des rapides, à travers des difficultés et des fatigues dont il ne s'était pas formé une juste idée. Malgré cela, dès les premiers jours de juillet, le bataillon de Béarn, avec un corps de Canadiens et de sauvages, avait franchi le lac Ontario, et dressé ses tentes sous les bastions restaurés de Niagara.

A Frontenac, où il s'était reposé en passant, il avait été remplacé par Guyenne et la Sarre, tandis que du côté du Richelieu, une flottille avait traversé le lac Champlain et débarqué à Carillon les bataillons de Languedoc et de la Reine, avec un détachement de Canadiens et de sauvages. Royal-Roussillon, cantonné à Montréal, formait la réserve, et se tenait prêt à voler au secours du poste le plus menacé.

Malgré les reproches d'irrésolution et de lenteur répétés contre Vaudreuil, il avait fait preuve d'activité et d'énergie depuis l'ouverture de la campagne. Avant l'arrivée des renforts de France, tous ses corps d'armée étaient en marche, et il n'était pas un point de la frontière, depuis la Virginie jusqu'à la Nouvelle-Ecosse, où ses partis de sauvages et de coureurs de bois n'eussent frappé coup et rapporté d'horribles trophées de chevelures, seul moyen qu'on avait de s'assurer des exploits dont se vantaient continuellement les Indiens.

" M. Dumas, qui commande au fort Duquesne, écrit Montcalm, a envoyé force chevelures et les commissions de trois officiers qui ont été tués, et par lesquelles on voit une désolation dans la Pensylvanie et la Virginie [1].

" Un parti de Népissings, revenu de la guerre, a ramené toute une famille anglaise prise auprès de Sarasto. Le chef, appelé Machiqua, a cru me faire un grand présent en me donnant la femme anglaise ; il a fallu, pour ne pas déplaire à ces messieurs, accepter ce présent, leur faire donner le prix convenu, qui est

---

1 — *Journal* du 4 au 11 juin.

de quarante écus, et leur faire une gratification extraordinaire, parce qu'ils avaient honoré le général des troupes de Sa Majesté d'un aussi beau présent [1]".

La neutralité qu'observaient les Iroquois avec une habileté qui a excité l'admiration des Européens, leur permettait de passer impunément d'un camp dans un autre. Caressés par les deux partis, ils leur servaient tour à tour d'espions ; mais les renseignements qu'ils fournissaient et qu'ils se faisaient chèrement payer, étaient aussi peu dignes de confiance que leurs protestations d'amitié. Toutefois, d'après l'ensemble de ces rapports, confirmés par les éclaireurs canadiens, il parut évident que les Anglais préparaient une attaque contre Carillon. Le plan de campagne adopté en conséquence fut de faire une démonstration offensive de ce côté, et de se rabattre ensuite à l'improviste sur Chouaguen pour en faire le siège. Le bataillon de Royal-Roussillon, appuyé d'un corps de miliciens et de sauvages, fut dirigé sur Carillon. Pendant ce temps, un détachement de six cents hommes de la colonie [2] et de quelques sauvages commandés par M. de Villiers, poussait une reconnaissance vers Chouaguen.

Montcalm et Lévis dirent adieu à M. de Vaudreuil, remontèrent en canot la rivière Richelieu, côtoyèrent la rive occidentale du lac Champlain, et après avoir séjourné quelque temps au fort Saint-Frédéric pour en examiner les travaux, et donné des ordres au comman-

---

1 — *Journal* du 18 juin.
2 — *Journal de Montcalm.* — *Journal de Coulon de Villiers.*

dant, M. de Lusignan, ils débarquèrent le 3 juillet à Carillon.

On montre aujourd'hui aux voyageurs, sur la pointe de Ticondéroga, quelques pans de murs en ruine qu'on désigne sous le nom de fort Carillon ou Ticondéroga. Ces ruines appartiennent à des fortifications plus récentes, élevées sur l'emplacement de l'ancien fort Carillon, qu'achevait de terminer M. de Lotbinière à l'arrivée de Montcalm. Le fort, placé " sur la montagne [1] " consistait en un parallélogramme, flanqué de quatre bastions, et entouré de fossés. L'enceinte, moitié en pierre, moitié en bois, était un assemblage de troncs d'arbres reliés ensemble par des pièces transversales, dont les interstices étaient remplis de cailloux et de graviers. Quelques travaux extérieurs en défendaient l'approche. Le plateau déboisé qui l'environnait, formait un triangle borné à droite par le lac Champlain, ou rivière Saint-Frédéric, à gauche par la rivière à la Chute, et en face par le rideau de la forêt. C'est là que s'élevait le camp avec les tentes des troupes régulières et les huttes de toute espèce, bâties par les miliciens ; car le gouvernement qui ne payait pas la milice ne la fournissait pas même de tentes.

Pendant que les salves d'artillerie, tirées du haut des remparts, annonçaient l'arrivée du général, les principaux officiers de l'armée étaient accourus à sa rencontre sur le bord du rivage. La plupart d'entre eux ne l'avaient jamais vu et n'étaient pas moins attirés par la

---

1 — *Bulletin adressé par M. de Montcalm au chevalier de Lévis.* Cette hauteur n'est qu'un plateau élevé.

curiosité que par le devoir. On remarquait surtout à leur tête l'excentrique commandant du bataillon de la Reine, M. de Roquemaure, qui, l'année précédente, avait habilement exécuté la retraite de l'armée après la défaite de Dieskau ; M. de Privas, commandant du bataillon de Languedoc ; le chevalier de Montreuil, officier plein de mérite, mais plus plein de lui-même ; le rude capitaine D'Hert, surnommé Bras-de-fer ; le vieux capitaine des grenadiers, D'Aiguebelle ; le spirituel mais inconsidéré chevalier Duchat; enfin, le " petit " Joannès, ce joueur effréné, à qui sera réservé le triste honneur de conclure la capitulation de Québec. Parmi les officiers de la colonie : M. de Lotbinière et les chefs de partisans déjà fameux, M. de Contrecœur, le chevalier de La Corne, M. de Florimond, de la Colombière.

Depuis la grève, décorée du nom de basse-ville, où s'étalaient quelques baraques et de longues files de canots d'écorce, jusqu'au fort, les troupes qui faisaient la haie, avaient peine à contenir la multitude désordonnée des sauvages qui faisaient brûler leur poudre en l'honneur du général. A l'arrivée au fort, il fallut subir les compliments des chefs avec tout le cérémonial, que le bouillant marquis supporta avec une patience héroïque.

Il se transporta de sa personne aux avant-postes pour se rendre compte par lui-même de la position. Il poussa des reconnaissances sur le lac Saint-Sacrement jusqu'à l'île à la Barque, et vers la tête du lac Champlain jusqu'aux Deux-Rochers.

Le lac Saint-Sacrement, appelé lac George par les Anglais, se décharge dans le lac Champlain par un cours d'eau, dont la navigation est interrompue par une cascade, qui a fait donner à cette décharge le nom de rivière à la Chute. Deux camps y furent établis, l'un de trois cents hommes, sous les ordres de M. de Contrecœur, pour garder la rive gauche du lac ; l'autre de cinq cents hommes, sous les ordres du chevalier de La Corne, pour garder la rive droite " avec un poste intermédiaire à la Chute, qui se relevait tous les quatre jours ".

Les travaux du fort Carillon, que M. de Lotbinière faisait avancer trop lentement au gré du général, furent poussés avec plus de vigueur [1]. Tout le service fut soumis à une sévère inspection. Montcalm s'appliqua surtout à établir plus d'économie et de régularité dans l'approvisionnement de l'armée et une discipline plus stricte dans le camp. Les milices, jusque là peu exercées, attirèrent toute son attention. Il inaugura un système qui eut dans la suite les meilleurs résultats, celui de les incorporer peu à peu dans l'armée régulière. Il versa dès lors six compagnies de miliciens dans les troupes de la marine.

Des patrouilles furent organisées pour veiller avec plus de soin à la garde du camp et des ouvriers, tandis que des détachements allaient s'assurer des forces et du mouvement des ennemis. Le chevalier de Lévis se mit en personne à la tête d'un parti de Canadiens pour

---

[1] — Dans le bulletin adressé à M. de Lévis, Montcalm indique en détail les travaux qu'il a surveillés en personne au fort Carillon. Le bastion de la Reine avait été porté " à treize pieds de haut, comptant le solage ; le bastion de Languedoc à sept pieds ; le bastion de Joannès à huit ; et le bastion de Germain également à huit ".

explorer, à l'ouest de Carillon, une issue, appelée le chemin des Agniers, par où l'on craignait que les Anglais ne vinssent à déboucher et à menacer les derrières de l'armée. Lévis étonna les coureurs de bois par son entrain et par sa résistance aux fatigues, les suivant à pied à travers les montagnes et les forêts, partageant leur nourriture et couchant comme eux à la belle étoile. Il avoua cependant que cette expédition avait été une de ses plus dures épreuves.

" Depuis que je suis ici, écrivait Montcalm à Bourlamaque, je me couche à minuit ; je me lève à quatre heures ; je donne à dîner à dix-huit ou vingt personnes, et je suis arrivé sans aucune provision. Je n'ai qu'un mouchoir, une pièce de drap, six chemises et une couverte.... Nous avons de toutes nations. Les sauvages, l'hôpital, le hameau, la police du camp, les petites misères m'excèdent et ne me donnent pas le temps de respirer ; beaucoup de malades.... J'ai passé la nuit à tenir des conseils de guerre avec les officiers généraux de mon armée (les sauvages). Cela n'a duré que cinq à six heures ; ils ont été s'enivrer en sortant de là.... [1] "

A la rentrée de Lévis au camp, Montcalm lui remit le commandement avec ses instructions, et quitta Carillon sans trop d'inquiétudes, car il ne pouvait confier l'armée à des mains plus vaillantes ni plus habiles.

Le 20 juillet il écrivit de Montréal à la marquise de Montcalm :

" J'ai été, on ne peut mieux, aidé par M. le chevalier de Lévis. J'ai reçu un courrier de M. de Vaudreuil, le

---

1 — Au camp de Carillon, le 10 juillet 1756.

13 au soir. Je suis parti le 16 et, venant jour et nuit, je suis arrivé hier. Je puis vous dire avec vérité que je n'ai de ma vie eu aussi peu de temps que dans ces trois semaines. Je laisse M. le chevalier de Lévis dans une position épineuse, mais dont il se tirera mieux qu'un autre, étant rempli de zèle, d'intelligence et de courage ; je lui ai laissé deux mille deux cents hommes, dont les régiments de la Reine, Royal-Roussillon et Languedoc.

"Je crois avoir déterminé M. le marquis de Vaudreuil à augmenter ce corps d'armée jusqu'à trois mille hommes, et il n'y aura rien de trop.

" M. le chevalier de Lévis, qui est plus jeune et plus vigoureux que moi, a fait un furieux détachement.

" Il a été trois jours dehors, marchant comme les Canadiens et couchant dans les bois au bivouac. Les autres courses, nous les avons faites ensemble.

" Ma santé n'a jamais été meilleure. J'ai jusqu'à présent réussi chez le Canadien et le sauvage : ils m'adorent ; et j'ai été obligé d'annoncer mon retour à Carillon pour empêcher la désertion des sauvages qui m'auraient suivi. J'ai pris leurs façons, et je suis toute la journée avec eux à tenir des conseils de guerre. C'est cependant ennuyeux, excédant".

Montcalm annonçait dans la même lettre qu'il partait le lendemain soir " pour se rendre avec toute la diligence possible à Frontenac ", afin de tenter le siège de Chouaguen. " Ma commission, ajoutait-il, est si hérissée de difficultés, dépend du concours de tant de choses, que je ne puis répondre que de beaucoup de zèle pour la bien remplir". C'est que Montcalm n'ignorait pas les grands préparatifs que l'Angleterre avait faits pour cette campagne. Le parlement britannique avait, en effet, accordé tous les secours qui lui avaient été demandés, en hommes et en argent, pour venger les deux désastres qui l'avaient si profondément humilié, l'année précédente : celui du général Braddock, à Monongahéla, et celui de l'amiral Byng, devant l'île de Minorque. Il avait voté en faveur des colonies une indemnité de cent quinze mille livres sterling ; expédié de Plymouth pour New-York deux régiments avec les généraux Abercromby et Webb, et de nombreux transports chargés de tentes, de munitions, d'artillerie et d'outils pour les travaux de fortifications ; enfin, nommé gouverneur de la Virginie et général en chef des armées de l'Amérique septentrionale, un vieil officier d'un tout autre esprit que Braddock, lord Loudon. De leur côté, les colonies avaient résolu de lever dix mille hommes pour attaquer le fort Saint-Frédéric, et se frayer un chemin jusqu'à Montréal ; six mille pour s'emparer de Niagara ; trois mille pour assiéger le fort Duquesne ; enfin, deux mille pour menacer Québec, en se jetant à travers les bois, dans la vallée de la rivière Chaudière. Toutes ces milices, réunies aux troupes régulières, devaient former une armée de plus de vingt-cinq mille hommes, c'est-à-dire le double de toutes les forces que pouvait réunir alors le Canada. C'était en présence d'un tel armement que Vaudreuil, de l'avis de Montcalm et de Lévis, osait prendre l'offensive ; l'entreprise eût été plus que téméraire, s'il avait eu affaire à des soldats aussi entreprenants et à des généraux aussi habiles que les siens.

Il n'avait pas attendu l'arrivée de Montcalm à Montréal pour expédier un corps d'observation du côté de Chouaguen, dont il méditait dès lors de faire le siège. Coulon de Villiers, à qui il avait confié les six cents Canadiens qui composaient ce corps, était le fameux chef de bande qui commandait au combat des Mines (1747), et à l'attaque du fort Nécessité, où il avait vengé la mort de son frère, Jumonville, en forçant le jeune et brave Virginien, qui le défendait, à lui remettre son épée [1].

Ce jeune officier se nommait George Washington.

Parti de Montréal le 18 mai, Villiers fut rejoint à la Présentation par un parti de sauvages que lui avait dépêché le gouverneur. Il y fut retenu un jour pour " leur faire festin et chanter la guerre avec eux ". Les guerriers, costumés à leur façon, les cheveux retroussés et attachés avec des plumes d'oiseaux, la figure peinte de toutes les couleurs imaginables, depuis le noir charbon jusqu'au jaune et au rouge feu, se livrèrent à des danses figurées, en brandissant leurs casse-tête, leurs fusils et leurs couteaux à scalper, en signe de menaces contre les ennemis. Ils parcoururent l'une après l'autre les maisons du village en sautant en cadence, au son du chichicoué, et poussant des hurlements et des cris de mort à faire trembler. Un parti d'Iroquois de la Présentation était arrivé à propos, avec deux prisonniers et deux chevelures, pour donner de l'entrain à cette fête, dont le vacarme infernal ne cessa qu'avec la nuit.

---

1 — Coulon de Villiers mourut à Québec, le 2 novembre 1757, à l'âge de 48 ans.

M. de Villiers les lia à son expédition par un collier de porcelaine, et lança de nouveau sa flottille de canots sur le Saint-Laurent. Le 5 juin, il débarqua à la baie de Niaouré, aujourd'hui Sackett's Harbor, et y dressa un camp volant, fortifié d'une ceinture de palissades, pour servir de dépôt à ses vivres et à ses munitions.

A la suite d'une escarmouche sous les murs de Chouaguen, pendant que ses découvreurs fouillaient la profondeur du bois et les bords du lac Ontario, il apprit qu'une barque canonnière et huit berges ennemies étaient ancrées le long de l'île aux Galots. Il se hâta de s'y transporter avec une partie de sa troupe et de dresser une embuscade.

A peine y était-il arrivé, qu'un de ses éclaireurs vint l'avertir que cette petite flotte remontait le long de l'île. La barque avançant hors de portée, il la laissa passer, mais ordonna un feu d'ensemble sur les berges qui furent criblées de balles. L'une d'elles fut complètement désemparée et prise avec le commandant et douze hommes qui la montaient ; les autres se rejetèrent en toute hâte du côté de la barque, emportant leurs morts et leurs blessés, qui ne purent être comptés.

Suivant leur coutume, après un succès, les sauvages voulurent s'en retourner à leurs villages. M. de Villiers n'en put retenir que deux, de la Présentation. Heureusement que sur les entrefaites, aborda au rivage un parti de soixante sauvages alliés : c'étaient des Folles-Avoines [1], venus de la rive occidentale du lac Michigan,

---

1 — Ce nom a été donné à ces sauvages, parce qu'ils faisaient leur principale nourriture d'une espèce de graine qui ressemble à l'avoine.

sous la conduite de l'intrépide Marin, le rival de Villiers en courses aventureuses. Il avait hiverné à la baie des Puants, aujourd'hui la baie Verte, et avait amené avec lui, jusqu'au fort de la Presqu'île, cinq cents sauvages de ces lointaines régions ; mais ces sauvages ayant ouï dire que la petite vérole régnait parmi les Français, ils avaient tous rebroussé chemin, hormis les soixante Folles-Avoines qui venaient de débarquer. Cette inconstance des sauvages qui se répétait à chaque expédition, et qui éclatait au moindre prétexte, pour un songe, pour un incident quelconque, faisait d'eux les alliés les plus incommodes et les plus dangereux. Ils exposaient sans cesse à des mécomptes, et souvent à des désastres.

Durant la veillée, lorsque les feux allumés pour le repas du soir commencèrent à s'éteindre, Villiers et Marin, assis sur des peaux d'ours étendues sur le sable de la grève, tinrent conseil. Autour d'eux étaient assis en rond le chevalier de Gannes, préposé à la garde du camp, MM. de Vilmomble, de l'Espervanche, de la Saussaye, quelques autres officiers et les chefs des Népissings, des Iroquois du Saut et des Folles-Avoines. La brise d'été qui soufflait sur le lac et sur la tête des arbres leur apportait, avec les âcres senteurs des bourgeons et des feuilles fraîches écloses, les murmures confus des voix humaines qui montaient du camp. Pour ces hommes dont la vie se passait dans les bois, le spectacle que présentait cet attroupement au fond d'une baie déserte, entourée de tous côtés d'immenses solitudes, n'avait rien que d'ordinaire ; mais c'était, en réalité, une vision étrange et fantastique qui rappelait les scènes d'Homère. Les pâles clartés des étoiles de cette nuit sereine, et les lueurs intermittentes des bûchers à demi éteints, laissaient vaguement entrevoir les costumes et les figures. Villiers, Marin et leurs compagnons portaient les vêtements habituels des coureurs de bois : la capote et la ceinture de diverses couleurs, avec guêtres et souliers de caribous et quelques signes de leurs grades. Les Folles-Avoines se distinguaient des autres Indiens par l'absence de vêtements ; ils étaient complètement nus, hormis un ceinturon de peau de bête ou d'étoffe attaché autour des hanches.

Il fut décidé dans le Conseil qu'on enverrait des découvreurs le long de la rivière Onontagué, par où descendaient les convois qui approvisionnaient le fort Chouaguen. Le 3 juillet, quatre sauvages apportèrent la nouvelle qu'ils avaient aperçu la queue d'un convoi arrivant au fort.

C'était une flottille de quatre ou cinq cents bateaux, manœuvrée par deux mille hommes, sous le commandement du lieutenant-colonel Bradstreet, qui apportait à Oswégo des vivres et des munitions de guerre. M. de Villiers mit aussitôt son détachement en marche pour intercepter ce convoi au retour.

Vers trois heures de l'après-midi, l'oreille exercée des sauvages discerna un bruit de rames en aval de la rivière : c'était l'avant-garde du convoi formée de cent bateaux, portant trois cents hommes, commandés par Bradstreet en personne. Ils s'avancèrent sans soupçonner le danger jusque vis-à-vis l'embuscade. Soudain, une violente fusillade éclata sur la lisière du bois, suivie d'une grêle de balles, qui s'abattirent sur les bateaux. Quoique les Folles-Avoines eussent tiré un peu trop vite, la décharge avait été meurtrière ; car, à peine la fumée de la poudre eut-elle été emportée par le vent, qu'on aperçut les bateaux, en partie désemparés, tournés vers le rivage opposé. Les équipages, frappés d'une terreur panique, faisaient force de rames pour y chercher un abri. Quelques Folles-Avoines se jetèrent à la nage et se précipitèrent sur les bateaux abandonnés, où gisaient les morts et les blessés dont ils enlevèrent les chevelures. Pendant qu'ils escarmouchaient avec les Anglais revenus de leur panique, un des leurs vint avertir M. de Villiers qu'ils allaient être cernés. Celui-ci prit alors soixante de ses plus braves soldats, avec les sauvages qui lui restaient, traversa à gué et réussit à les dégager. Ils lui montrèrent, avec des cris de triomphe, quinze chevelures.

Un bon nombre de bateliers anglais se trouvaient alors dans une île située un peu en amont. M. de Villiers leur ayant crié de se rendre, quarante se jetèrent dans des bateaux pour venir à lui, mais avant qu'ils eussent atteint la rive, les sauvages s'étaient jetés à la nage et s'en étaient emparés sans toutefois les scalper.

Il était six heures du soir, quand M. de Villiers, après avoir fait briser plusieurs bateaux, rejoignit son détachement qui venait d'échanger les derniers coups de fusil avec le reste du convoi. Il n'avait perdu que deux miliciens tués et deux soldats faits prisonniers pendant qu'ils se livraient au pillage. Une perte plus sensible fut celle du chevalier de Gannes, major des Trois-Rivières, blessé à mort par ses propres gens, qui l'avaient pris pour un ennemi, pendant qu'ils tiraient de la rive opposée.

Les prisonniers portèrent le nombre de leurs morts et de leurs blessés au chiffre exagéré de cinq cents. "Ce qu'il y a de sûr, ajoute M. de Villiers, c'est que nous avions quarante prisonniers [1]". Le colonel Bradstreet avoua qu'il avait eu soixante ou soixante-dix hommes tués, blessés ou pris, tandis qu'il n'avait fait que deux prisonniers; ce qui n'empêcha pas qu'il prétendît, à son arrivée à Albany, avoir remporté une victoire sur les Français. La raison qu'il donna pour s'excuser de ne les avoir point poursuivis, valait sa victoire : c'est que le lendemain il pleuvait. Ainsi, une journée de pluie du mois de juillet, voilà ce qui arrêtait deux mille hommes bien armés devant six ou sept cents Français et sauvages, qu'il se vantait d'avoir battus.

Villiers et son détachement, qui n'avaient point peur de la pluie, reprirent la route de la baie de Niaouré, où ils arrivèrent le surlendemain, sans avoir reçu une balle du parti de Bradstreet, qui ne songeait qu'à forcer de rames pour regagner Albany.

Quarante Folles-Avoines, avec Marin, allèrent porter à Montréal la nouvelle de la journée du 3 juillet. Bougainville, témoin de leur arrivée, a décrit dans son *Journal*, avec l'étonnement d'un nouveau venu, les cérémonies de leur réception :

" Ils étaient, dit-il, en cinq grands canots d'écorce, apportant six chevelures et amenant plusieurs prison-

---

1 — *Journal de Coulon de Villiers.*

niers. Arrivés vis-à-vis de Montréal, les canots se sont rangés sur plusieurs lignes et sont restés en panne quelque temps. Les sauvages ont salué par des décharges de fusil et de grands cris auxquels on a répondu par trois coups de canon de la place. Ensuite ils ont abordé et pris terre. Ils ont monté au château sur deux files, portant des baguettes ornées de plumes, les prisonniers au milieu des deux files. Ceux-ci n'ont point été maltraités comme c'est l'usage en entrant dans les bourgs et les villes. Entrés chez M. de Vaudreuil, les prisonniers s'assirent en rond à terre, et le chef des sauvages fit, avec une action et une force qui me surprirent, une harangue assez courte. Ils avaient, disaient-ils, suivant leur expression, fermé les yeux et jeté leurs corps au travers de la mort, en bravant la petite vérole, pour venir avec M. Marin, d'abord joindre M. de Villiers, avec lequel ils étaient à l'attaque des bateaux anglais, et ensuite descendre à Montréal. Les Folles-Avoines, différents des autres nations qui retenaient quelque chose de leurs prises, apportaient à leur Père toute la viande qu'ils avaient gagnée. Ensuite ils dansèrent en rond autour des prisonniers, au son d'une espèce de tambourin placé au milieu : spectacle singulier plus propre à effrayer qu'à réjouir, curieux cependant aux yeux même d'un philosophe qui cherche à étudier l'homme dans ceux surtout qui sont le plus près de la première nature. Ces hommes avaient le visage et le corps matachés, des plumes sur la tête, symbole et signal de la guerre, le casse-tête et la pique à la main. En général, ce sont des hommes nerveux, grands et de bonne mine ; presque tous sont fort gras. On ne peut avoir plus d'oreille que n'en ont ces peuples. Tous les mouvements de leurs corps marquent la cadence avec la plus grande justesse. Cette danse est la pyrrhique des Grecs. La danse finie, on leur fit distribuer de la viande et du vin. Les prisonniers furent envoyés en prison avec un détachement pour empêcher des Algonquins et Iroquois du Saut, qui sont à Montréal, de les assommer ; ces sauvages étant dans le deuil pour des hommes qu'ils ont perdus.

" Les Folles-Avoines placèrent d'eux-mêmes à la porte du château deux sauvages en faction avec ordre d'empêcher tout sauvage de leur nation d'y entrer pendant que le général serait à table ".

En partant, ils laissèrent au château leurs trophées de chevelures et leurs baguettes garnies de plumes.

Quatre jours après, ils vinrent les emporter en prenant congé du gouverneur, qui leur fit un discours pour louer leur zèle et leur courage, et les exhorter à suivre son frère, M. de Rigaud, qui partait pour relever M. de Villiers dans son commandement.

" Le gouverneur confirma son discours en présentant des colliers qui furent mis aux pieds des deux principaux chefs. Puis il offrit deux médailles, une plus grande et l'autre plus petite, et par conséquent l'une plus honorable que l'autre, à deux guerriers, et leur en a lui-même passé le ruban au cou ; il a aussi donné huit hausse-col. Les médailles portent d'un côté l'empreinte du roi avec la légende ordinaire, et de l'autre, un guerrier français et un sauvage qui se donnent la main [1]".

Cette cérémonie faite, M. Marin, en ramassant les colliers, a chanté sa chanson de guerre pour M. de Vaudreuil, les sauvages marquant la cadence par une inspiration gutturale. Puis il a remis les deux colliers aux deux principaux chefs qui ont aussi l'un après l'autre chanté une chanson de guerre.

Tous les guerriers se levèrent ensuite et sortirent en file, précédés de leurs sanglants trophées.

En entrant à Montréal, dans la matinée du 19 juillet, Montcalm fut satisfait d'y trouver l'intendant Bigot, arrivé de la veille, pour hâter par sa présence l'approvisionnement de l'armée. Il lui avait été en effet fort utile pour organiser le camp de Carillon.

François Bigot, dont le nom personnifie toutes les hontes de cette époque, de même que Montcalm en rappelle les gloires, appartenait à une famille distinguée du midi de la France. Son père et son grand-père avaient occupé un rang élevé dans la magistrature de Bordeaux. Il se poussa à la cour, grâce à des influences de famille, particulièrement à celle du maréchal d'Estrées, son proche parent, et obtint successivement l'intendance du Cap-Breton, puis celle de la Nouvelle-France (1748).

Au physique, Bigot était un homme petit de taille, avec des cheveux roux et une figure laide, couverte de

---

1 — *Journal de Bougainville.*

boutons. Il était punais, défaut qu'il dissimulait par un continuel usage de parfums et d'eaux de senteur.

Au moral, c'était le vice élégant et raffiné du XVIIIe siècle. Quoiqu'il fût d'une santé délicate, il était aussi infatigable au plaisir qu'au travail. Hautain avec ses inférieurs, impérieux dans le commandement, il était souple avec ses égaux, prodigue et joueur effréné. Il avait fait du palais de l'intendance, à Québec, un petit Versailles, où il reproduisait les mœurs du roi son maître.

Avec tous ces vices, il avait des qualités réelles, de l'habileté, de l'énergie et de l'expérience dans les affaires.

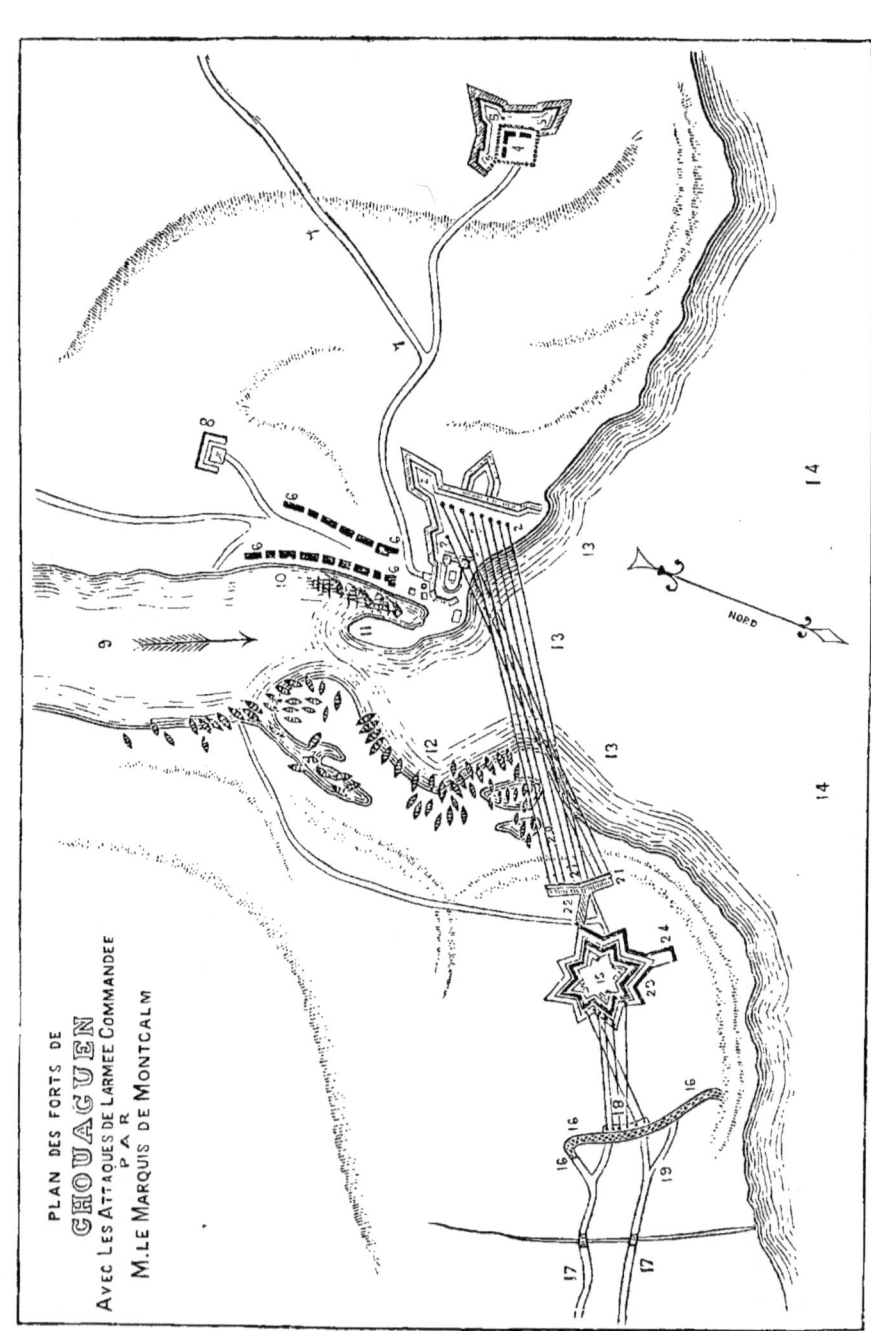

Plan des forts de Chouaguen avec les attaques
de l'armée commandée par M. le marquis
de Montcalm

LÉGENDE

1 Maison à machicoulis crénelée et entourée, à trois toises de distance, d'un mur flanqué de deux tours. Cette redoute était le vieux Chouaguen.
2 Camp retranché des ennemis.
3 Traverse faite depuis l'investissement avec des barriques de lard.
4 Fort George fait de mauvais pieux.
5 Retranchements imparfaits autour du fort George.
6 Maisons et magasins auxquels on a mis le feu lors de l'évacuation.
7 Chemin des Cinq-Nations iroquoises.
8 Corps de garde retranché.
9 Rivière de Chouaguen ou des Onontagués.
10 Port des barques.
11 Chantier de construction.
12 Port des berges ou petits bateaux.
13 Rade.
14 Lac Ontario.
15 Fort Ontario fait de pieux de 18 pouces de diamètre et sortant de terre de 8 à 9 pieds. Le fossé avait trois toises de largeur par le haut, sur huit pieds de profondeur; les terres en avaient été rejetées en glacis sur la contrescarpe et en talus sur la berme. Les créneaux et embrasures étaient percés à fleur de terre rejetée sur la berme, et l'on pouvait tirer par-dessus les pieux au moyen d'une galerie de charpente pratiquée tout autour. Ce fort, ainsi que les deux autres, a été démantelé et brûlé.
16 Parallèle ouverte la nuit du 12 au 13 août, à travers les souches et les troncs d'arbres sur la crête du coteau.
17 Dépôt de la tranchée.
18 Batterie de six pièces commencée dans la journée du 13.
19 Pente du coteau qui, n'étant point vue du fort, en a favorisé les approches.
20 Chemin par lequel les ennemis se sont retirés du fort Ontario, le 13, à 5 heures du soir.
21 Batterie à barbette de 9 pièces de canon faite dans la nuit du 13 au 14.
22 Communication du fossé à cette batterie.
23 Rampe faite pour descendre dans le fossé par le moyen duquel on allait jusqu'à la communication sans être vu.
24 Batterie de mortiers et d'obus commencée le 14.

Manuscrits du chevalier de Lévis.

CHAPITRE QUATRIÈME

1756

Expédition contre Chouaguen. — Montcalm à la Présentation et à Frontenac. — Marche de l'armée. — Prise du fort Ontario. — Chute de Chouaguen. — Retour de Montcalm à Montréal. — Réjouissances publiques.

Il était six heures et demie du matin (21 juillet), quand les cinq canots qui portaient Montcalm et son escorte quittèrent le rivage de Lachine. Tandis que les embarcations, montées chacune par dix hommes, glissaient rapidement sur les eaux du fleuve, que le soleil du matin faisait reluire de teintes d'azur et de nacre, le général échangeait avec son premier aide de camp, assis auprès de lui, des paroles d'admiration, à mesure qu'il découvrait de nouveaux horizons de chaque côté du rivage. Bougainville, le carnet à la main, notait, avec un soin minutieux, les noms des lieux, les observations des guides, tout ce qui le frappait. On fit halte à l'île Perrot, où l'on prit un dîner champêtre, achevé par un dessert de bluets cueillis par les bateliers dans des *cassots* d'écorce. A quatre heures et demie, on campait à la pointe à Coulonge, après avoir franchi pied à terre le rapide des Cascades. "Dans toute cette route, remarque Bougainville, on a les plus beaux points de vue du monde. La rivière est remplie d'îles bien boisées. Les arbres sont clairs et admirables. Quel dommage qu'un aussi beau terrain soit sans culture " !

Le lendemain, de rapide en rapide, tantôt à pied, tantôt en canot, on atteignit le lac Saint-François, où, grâce à un petit vent de nord-est, les bateliers purent serrer leurs rames et mettre à la voile. Il n'y eut plus, le reste du jour, qu'à charmer les heures de la route en chantant des airs de voyageurs : *La claire Fontaine*, *Vive la Canadienne*, et tout le répertoire des chansons populaires.

Le 26 au soir, on arriva à la Présentation, dont Bougainville a tracé en quelques lignes, l'origine et la physionomie. " M. l'abbé Piquet [1], missionnaire habile et connu par un voyage fait en France avec trois sauvages, a obtenu, au-dessus de la Galette, une concession de douze arpents ; il a établi, il y a cinq ans, en cet endroit, un fort de pieux carré, flanqué de quatre petits bastions, palissadé en dehors avec un retranchement et un fossé plein d'eau. A côté du fort est le village, habité par cent feux ou chefs d'Iroquois des Cinq-Nations, tous guerriers. Chacun de ces chefs coûte environ cent écus au roi. Ils ont fait un désert ; ont vaches, chevaux, cochons et poules. Ils sèment du blé-d'Inde, et l'année passée en ont vendu six cents minots. L'abbé Piquet

---

1 — Prêtre de Saint-Sulpice.

les instruit, les dresse aux exercices français pour la guerre.

" Il y a dans le fort un capitaine de la colonie commandant, mais le gouvernement pour la police intérieure et extérieure est ecclésiastique. On a dessein de transporter en cet endroit ceux des Cinq-Nations qu'on pourra gagner à la France ".

L'émoi causé dans le village par la présence du général, fut augmenté par l'arrivée d'une députation d'Iroquois Oneyouts et Onontagués, se rendant à Montréal sous prétexte de garantir leur neutralité. Montcalm n'eut pas de peine à discerner en eux des espions et les renvoya à M. de Vaudreuil, en l'avertissant de les garder auprès de lui, sous divers motifs, jusqu'après la prise de Chouaguen.

Le lendemain, 27, au départ, les sauvages du fort donnèrent le spectacle tout nouveau d'une troupe indienne formée aux exercices militaires. " Ils se rangèrent en haie, sous les armes à la française ; un d'eux battant au champ fort bien, et tous saluant le général par trois décharges de mousqueterie ".

Toute la journée du 28, la flottille circula au milieu des paysages enchanteurs des Mille-Iles, où elle fit halte pour la nuit, et entra, le matin, dans la rade de Frontenac.

Le capitaine Des Combles, premier ingénieur de l'armée que Montcalm avait dépêché en avant de lui pour reconnaître Chouaguen, était arrivé, la veille, au fort, " épuisé de fatigue, harassé et défait à en être méconnaissable, tant il avait souffert dans sa course ". Il soumit son rapport au général, avec un croquis de la côte du lac Ontario, depuis la baie de Niaouré jusqu'à l'anse aux Cabanes ; puis du chemin qui conduisait à travers les bois de l'anse aux Cabanes au fort Chouaguen, distance de trois lieues et demie. Les explications dont l'ingénieur en chef accompagna son rapport parurent faire connaître suffisamment la route à suivre et la force des travaux de l'ennemi, pour établir un projet d'attaque.

La célérité était la condition du succès. Montcalm n'eut pas trop de sa prodigieuse activité pour tout prévoir et tout préparer. Six jours seulement après son arrivée, il était prêt à partir de sa personne [1].

En mettant pied à terre, à Frontenac, il avait trouvé déjà en marche le régiment de la Sarre, dirigé sur la baie de Niaouré, où M. de Rigaud, qui venait de remplacer M. de Villiers, avait sous ses ordres " cinq cent quatre-vingt-neuf hommes, troupes de la colonie et miliciens ; cent vingt sauvages, trois piquets de la Sarre, Guyenne et Béarn [2] ".

Son premier soin fut de rassembler les cent cinquante bateaux destinés à l'expédition, afin de faire réparer et calfater ceux qui se trouveraient avariés, et de les tenir tous prêts à appareiller. Il divisa les milices par brigades, pour les mieux discipliner ; ordonna à chaque corps de l'armée de se tenir prêt à être passé en revue ; se fit donner un compte rendu exact et minutieux des dépôts d'armes, des munitions et des vivres.

Une partie de la journée du 30 fut employée à tenir un grand conseil avec les sauvages pour les lier de

1 — *Journal de Desandrouins.*
2 — *Journal de Bougainville.*

nouveau à l'expédition, particulièrement les Folles-Avoines, qui menaçaient de s'en retourner dans leur pays. " On leur donna dix-huit branches de porcelaine, dit Bougainville, vin, cochons, tabac, vermillon, ce qui coûte quarante pistoles, et ils finiront par s'en aller. L'après-midi, ils ont chanté la guerre et ont qualifié cette cérémonie de " prière au Maître de la vie ". Ils ont demandé un chien parce qu'ils ont, hier, rêvé que cela leur porterait bonheur à la guerre. Un enfant de six ans dansait sans braie, parce qu'on ne la donne qu'à dix ans. Après la déroute des barques (commandées par Bradstreet), ses parents lui ont donné un Anglais à tuer pour l'empêcher de pleurer. Il y a trois jours on fit une prisonnière anglaise. Sa réception fut d'être livrée aux femmes sauvages, qui la traitèrent assez humainement, ne lui donnant qu'une volée de coups de bâton ".

On ne taxera pas d'inhumanité Montcalm et les officiers français, témoins de ces horreurs : ils étaient impuissants à les réprimer. Bougainville, qui les raconte après les avoir vues, n'a pas l'idée d'en blâmer son général. On verra cependant plus tard, le même Bougainville, entraîné par ses antipathies, se répandre en reproches contre Vaudreuil, parce que, pas plus que Montcalm, il n'avait pu empêcher de semblables cruautés.

" Me voici, mon cher chevalier, écrivait le général à Lévis, à cent quarante lieues de vous, toujours au moment d'opérer. J'attends Béarn et les barques de Niagara ". Montcalm lui détaille ensuite son plan d'attaque ; puis il ajoute : " Si je ne fais rien de ce que je vous écris, n'en soyez pas surpris. Au reste, il faut être fort téméraire ou bon citoyen pour tenter cette besogne avec moins d'artillerie, moins de troupes que les assiégés, et un embarras horrible pour les vivres [1]".

Dans la soirée du 31, arrivèrent de Niagara les dernières compagnies du régiment de Béarn, dont le retard commençait à inspirer de l'inquiétude. Des vents contraires avaient obligé les bateaux qui les amenaient de se réfugier dans la baie de Toronto, puis de rebrousser chemin jusqu'à Niagara, d'où ils étaient repartis la veille. Les communications entre Frontenac et Niagara étaient maintenues au moyen d'une petite flotte, commandée par le capitaine Laforce, la *Marquise de Vaudreuil*, de vingt canons; la *Hurault*, de quatorze; la *Lionne*, de six; et le bateau *Saint-Victor*, armé de quatre pierriers. Une rencontre avait eu lieu, peu de temps auparavant, avec les six grosses barques armées que les Anglais avaient lancées sur le lac. A la suite d'un engagement assez vif, les Anglais s'étaient retirés après avoir perdu un voilier armé de quatre pierriers, et monté par quatorze hommes, dont les Français s'étaient emparés.

Le dernier renfort venu de Niagara, où il n'était resté qu'une garnison de cinquante hommes, portait les forces que Montcalm avait sous la main, à deux mille sept cent soixante-trois hommes, dont mille quatre cent quatre-vingt-six des régiments de la Sarre, Guyenne et Béarn; le reste était composé de canonniers de la

---

1 — *Lettre à Lévis*, 30 juillet 1756.

colonie, de Canadiens et de voyageurs des pays d'en haut. La réunion de ces forces avec celles de M. de Rigaud allait porter leur effectif à trois mille deux cents hommes [1].

A Frontenac, Montcalm rencontra pour la première fois un officier dans lequel il remarqua un talent supérieur : c'était M. de Lapause, aide-major au régiment de Guyenne, qui lui apporta un concours si efficace durant cette campagne, qu'il le qualifia " d'homme divin ". Là, aussi, se trouvait le docteur Arnoux, l'habile chirurgien en chef de l'armée, qui devait prendre place dans l'amitié de Montcalm.

Dans une note écrite à Lévis, le 2 août, le marquis lui disait ses perplexités :

" Pour prendre Chouaguen, il faut mener de l'artillerie ; où la débarquer ?...

" Je ne veux pas qu'il soit dit que j'ai marché à un siège pour le lever, que j'ai exposé l'artillerie. Je pars demain au soir ou le 5 au matin avec quatre pièces de canon de campagne, des munitions pour deux mille hommes, des vivres ; et, moins roi que pirate, je vais reconnaître avec mes deux yeux ce qu'il y a à faire.

" Je tâcherai de tenir la campagne audacieusement, si je ne puis faire un siège ".

1—*Journal de Montcalm.* D'après ces chiffres, M. de Rigaud n'aurait eu sous lui que quatre cent trente-sept soldats, c'est-à-dire cinquante-deux de moins que le chiffre indiqué plus haut par Bougainville. Cette diminution provenait sans doute de la maladie qui s'était mise parmi ces troupes, que les expéditions de M. de Villiers avaient exténuées. *Journal de Bougainville.*

Le chevalier de Lévis doutait pour le moins autant que son chef de la possibilité d'un succès. Il écrivait de Carillon au ministre de la guerre, le comte d'Argenson : " M. le marquis de Montcalm doit vraisemblablement aller tenter de faire le siég· de Chouaguen, ou ce qui est plus possible, une diversion qui dégage cette partie qui est menacée ; car je crains que les moyens ne lui manquent pour le siège. Toutes les entreprises sont dans ce pays très difficiles ; on en doit presque toujours le succès au hasard. Toutes les positions qu'on peut prendre sont critiques ; les attaques et les retraites sont difficiles à faire ; on ne voyage que dans les bois ou par les rivières ; il faut user des plus grandes précautions, et avoir la plus grande patience avec les sauvages qui ne font que leur volonté, à laquelle dans bien des circonstances il faut céder [1] ".

Afin que rien n'embarrassât la marche des troupes, le général enjoignit aux officiers de n'apporter aucune espèce d'équipage et de se contenter de la ration du soldat.

" Persuadé, dit-il dans son *Journal*, que dans les occasions l'exemple est plus décisif que l'ordre, il le leur a donné, et n'a eu lui-même d'autre habitation avec un de ses aides de camp qu'une canonnière de toile ".

Le lieu de rendez-vous convenu avec M. de Rigaud était la baie de Niaouré. Le 4 août au matin, tout étant prêt, Montcalm régla le départ de la manière suivante :

Lui, il partirait de sa personne à neuf heures du soir, emmenant les deux ingénieurs, Des Combles et

---

1 — *Lettre du chevalier de Lévis,* 17 juillet, p. 20.

Desandrouins, avec quelques sauvages, sous les ordres de M. de Montigny. Le 5 au matin, le colonel Bourlamaque, avec Guyenne, le capitaine d'artillerie, Le Mercier, et quatre pièces de canon légères prises sur les Anglais à Monongahéla. Le 7, Béarn, le lieutenant d'artillerie, Jacquot de Fiedmond, avec la poudre, les munitions de guerre et de bouche, et quarante-sept pièces de canon, obusiers et mortiers [1].

Les deux barques, la *Marquise de Vaudreuil* et la *Hurault*, croiseraient jusque vers Chouagen, pour protéger les convois et observer si l'ennemi ne faisait pas quelque tentative contre Niagara. Deux cents hommes avaient été détachés du corps expéditionnaire pour l'armement de ces deux vaisseaux, et cent quarante restaient à la garde de Frontenac.

Les canots d'écorce, qui portaient Montcalm et son escorte, traversèrent la baie de Cataracoui par une nuit d'orages sillonnés d'éclairs, qui retardèrent leur marche. Il fallut descendre vers minuit dans l'île aux Chevreuils, et y camper jusqu'au jour. Le reste du trajet se fit heureusement, et le général mit pied à terre, le 6 au matin, au camp de M. de Rigaud. Les autres divisions se succédèrent les jours suivants. Dans l'intervalle, l'éternelle inconstance des sauvages faillit encore compromettre le succès de l'entreprise, et Montcalm eut à déployer son éloquence dans un nouveau conseil, pour les attacher à lui.

---

1 — *Journal de Desandrouins*.

M. de la Rochebeaucour, second aide de camp, écrivit de la baie de Niaouré à Carillon :

" M. de Montcalm n'en peut plus de travail ; il n'a pas le temps de dormir, ce sera trop pour ne rien faire....

" Jusqu'à présent nous n'avons manqué de rien ; mais de demain la fine peau d'ours, la redingote, le prélart, lard, pois et biscuits. M. de Montcalm donne l'exemple....

" Ce camp-ci est beau, bien militaire par sa position et l'aisance. On y mange de l'ours ; c'est un morceau délicieux [1] ".

Divers détachements, sous les ordres de MM. de Langy et Richerville et autres officiers, furent envoyés en différentes directions pour savoir si l'ennemi faisait quelque mouvement, et intercepter les courriers qui pourraient être expédiés de Chouaguen. Rien jusque-là ne laissait croire qu'on y eût vent de l'entreprise.

L'avant-garde, composée de cinq cents Canadiens et des sauvages au nombre de deux cent cinquante, commandée par M. de Rigaud, alla prendre position le 8 août, après deux jours de marche, au fond de l'anse aux Cabanes, d'où le commandant de l'artillerie, M. Le Mercier, et l'ingénieur Desandrouins, venus en même temps, avaient ordre d'aller reconnaître une petite anse située à une demi-lieue de Chouaguen, afin d'examiner si on pouvait y faire un débarquement, et si de là on pouvait frayer un chemin pour l'artillerie. L'armée s'avançait avec une extrême précaution pour ne pas

---

1 — *M. de la Rochebeaucour à M. de Fontbrune, capitaine au régiment de la Marine, 8 août 1756.*

être découverte, ne marchant que la nuit, se cachant le jour au fond des anses ou à l'entrée des rivières, et couvrant les bateaux de branches d'arbres pour en dissimuler la présence. Les soldats au bivouac, ne faisaient que de petits feux dans l'épaisseur du bois.

" Le 9, à huit heures du matin, dit Desandrouins, dans le récit d'une de ses reconnaissances, nous nous remîmes en marche, M. de Villiers, Marin, Saint-Luc, Le Mercier et moi, après avoir passé la nuit au bivouac. Nous avions quinze Canadiens des plus ingambes et onze sauvages pour nous accompagner. Nous commençâmes par le chemin qu'avait indiqué M. Des Combles, et que nous jugeâmes, ainsi que lui, très difficile. Puis nous allâmes examiner la côte du lac, et trouvâmes à demi-lieue du fort Ontario, l'anse trouvée par Le Mercier, qui nous parut commode.

" Les deux pointes qui la bordent de chaque côté, étaient des rochers à pic ; mais la courbure en dedans était de sable, et en état de contenir environ deux cents bateaux. Nous jugeâmes tous unanimement que c'était le seul endroit propre à un débarquement de l'artillerie. L'anse aux Cabanes était si éloignée, qu'il eût fallu un temps infini, le chemin supposé fait, pour transporter devant Chouaguen l'artillerie et les munitions ; car elle en est distante de quatre lieues, et nous n'avions que vingt chevaux assez mauvais. Ainsi, il devait sembler bien avantageux de trouver une anse aussi voisine ; cependant la première impression dans l'armée ne lui fut pas favorable.

" Le chemin, depuis la dite anse jusqu'au fort Ontario, n'offrait aucune difficulté qu'on ne pût surmonter en deux jours au plus. Il y avait au milieu un ruisseau très facile à passer, et un autre plus faible au pied du coteau sur lequel est situé le fort.

" Notre reconnaissance faite, nous retournâmes à l'anse aux Cabanes, où nous arrivâmes à neuf heures du soir.

" J'étais si fatigué d'avoir marché treize à quatorze heures à travers les branches d'arbres, les chicots et les souches, que je pouvais à peine mettre une jambe devant l'autre. Après avoir satisfait, chez M. de Rigaud, la faim violente qui me pressait, mon premier soin fut de rendre compte par écrit à M. de Montcalm de mes remarques.

" M. de Rigaud dépêcha un canot d'écorce en diligence porter ma lettre. M. Le Mercier étant resté à demi-lieue du camp dans les bois, à cause de sa fatigue, ne put écrire de son côté. Mais comme nos deux sentiments se rapportaient, cela était égal.

" M. de Montcalm était parti le 9 de la baie de Niaouré avec la Sarre et Guyenne et les quatre pièces d'artillerie. Il reçut ma lettre chemin faisant, et elle lui fit grand plaisir. Il arriva le 10, à trois heures du matin, à l'anse aux Cabanes, ayant eu le soin de cacher durant le jour, les bateaux sous des feuillages, pour en dérober la vue aux berges que l'ennemi aurait pu envoyer à la découverte.

" M. de Montcalm fit partir le même jour, vers dix heures du matin, M. de Rigaud avec les sauvages et les Canadiens pour aller s'emparer de l'anse reconnue la veille, se réservant de partir lui-même vers six heures du soir avec tout son monde, pour y arriver de nuit en bateau. Il recommanda à M. de Rigaud de faire des feux sur le rivage pour indiquer le lieu du débarquement.

" Il dépêcha aussi vers M. de L'Hôpital, commandant de Béarn, et conduisant l'artillerie et les munitions, pour l'instruire de ses mouvements et dispositions.

" En effet, Montcalm quitta l'anse aux Cabanes, comme il était convenu, le 10, vers six heures du soir, accompagné des deux ingénieurs, Des Combles et Desandrouins qui l'avaient attendu, et de ses deux bataillons ; et on aborda, vers minuit, l'anse autour de laquelle était déjà M. de Rigaud.

" Malheureusement, les bateaux restèrent sur le sable à cinq ou six pas de la rive, et ne purent aborder. Alors, on s'imagina tout de suite que cette anse n'était pas sûre pour l'artillerie, les poudres et les vivres : on les croyait déjà voir mouillés, et les bateaux pleins d'eau ! L'anse étant remplie de cent cinquante bateaux que nous avions, on ne manqua pas de me faire reproche là-dessus, et de me demander s'il serait possible de faire aborder encore plus de cent bateaux que l'on attendait avec Béarn et l'artillerie.

" J'eus beau représenter que rien n'était plus aisé que de tirer nos bateaux sur le sable, après les avoir déchargés, pour faire place aux autres : on m'objecta la difficulté qu'il naîtrait de faire un embarquement précipité si nous avions le dessous. Je répondais que s'il y avait quelque chose de ce côté il fallait, de nécessité, renvoyer tous les bateaux à l'anse aux Cabanes, ne conserver que ceux de l'artillerie, des vivres, et faire ensuite retirer les troupes à travers bois, où l'ennemi n'oserait nous poursuivre à cause des Canadiens et des sauvages.

" Rien de tout cela ne parvint à dissiper une certaine consternation générale, occasionnée par notre prétendue mauvaise position.

" J'étais moi-même contrarié, au delà de toute expression, de voir si mal réussir ma première reconnaissance, et de me sentir la cause du découragement universel, et l'objet des reproches de toute l'armée, en cas du moindre accident. Mais ce qui avait achevé de me plonger dans le désespoir furent certaines paroles prononcées par M. de Bourlamaque, que j'entendis sans le vouloir, dans l'obscurité, à côté d'un cercle d'officiers, à qui il faisait la peinture de nos dangers : " Enfin, dit-il, voilà les gens à qui nous sommes obligés de nous rapporter ; ils exposent, sans en sentir les conséquences, le salut de toute la colonie ". Ces paroles me pénétrèrent jusqu'au fond de l'âme...

" Mais Le Mercier qui, le premier, avait découvert l'anse, cause de tant d'ennuis, Le Mercier, lui, ne doute de rien, et soutient sa pointe. Il fait immédiatement débarquer ses quatre pièces d'artillerie, qu'il étale sur le rivage, et cherche à rendre la sécurité à M. de Montcalm, et à lui prouver la bonté de notre poste.

" Il rendit, je crois, en cette occasion, un service signalé [1] ".

---

1 — Le chevalier François Le Mercier, l'un des officiers impliqués dans le procès de Bigot, était natif de Caudebec, en Normandie.

Les bateaux furent déchargés et tirés à sec sur le rivage, pour faire place à ceux de Béarn, qui approchaient avec l'artillerie.

Le 11, avant le lever du jour, Des Combles et Desandrouins étaient en marche, ayant pour escorte la compagnie des grenadiers de la Sarre et un piquet de sauvages et Canadiens, afin d'examiner Chouaguen de plus près et de disposer l'attaque. Ils arrivèrent bientôt sur la lisière d'une haute futaie, où, ayant laissé leur escorte de grenadiers à deux portées de fusil en arrière, ils attendirent jusqu'à ce que la clarté du jour leur permit de bien distinguer les objets. Alors, l'infortuné Des Combles qui, l'instant d'après, allait se faire tuer par une surprise de ses propres gens, et qui ne voulait point de la société des sauvages qu'il n'aimait pas, pria quelques officiers de la Sarre de venir avec lui, et frappant sur l'épaule de Desandrouins : " Vous restez là ", lui dit-il. Desandrouins fut surpris de cette parole, d'autant plus qu'ils étaient convenus d'aller ensemble. Cependant c'était son chef, il obéit sans mot dire. Des Combles disparut au milieu des grands arbres et des broussailles.

Desandrouins, le perdant de vue, résolut de faire seul sa reconnaissance. Il prit avec lui deux sauvages qu'il avait sous la main, s'avança dans la forêt et arriva sur la crête d'un coteau, d'où l'on apercevait les deux bords de la rivière [1].

Les défenses de Chouaguen, appelé Oswego par les Anglais, consistaient en trois forts distincts : le fort Ontario, le vieux Chouaguen et le fort George.

---

1 — *Le maréchal de camp Desandrouins,* par l'abbé Gabriel.

Le fort Ontario s'élevait sur la droite de la rivière, par où venaient les Français, au sommet d'un plateau fort élevé, terminé par des escarpements à pic du côté de la rivière et du lac, et du côté de la forêt, par une pente assez raide, qui commençait à cinq cent quarante pieds du fort, et formait un ravin traversé par un ruisseau. On pouvait ainsi arriver jusqu'à cette distance sans être aperçu. Le fort avait la forme d'une étoile, et était bâti de troncs d'arbres de dix-huit pouces de diamètre, équarris sur deux faces, solidement joints, et sortant de terre d'environ neuf pieds. Le fossé qui l'entourait avait dix-huit pieds de largeur au sommet, sur huit pieds de profondeur. Les terres en avaient été rejetées en glacis sur la contrescarpe, et en talus sur la berme. Les embrasures y étaient percées à fleur de terre, et l'on pouvait tirer par-dessus les pieux au moyen d'une galerie de charpente pratiquée tout autour [1]. Le fort était armé de huit pièces de canon, de quatre mortiers à double grenade, et défendu par trois cent soixante et dix hommes.

Le vieux Chouaguen, situé sur la rive gauche de la rivière, consistait en une redoute ou château à machicoulis, crénelée au rez-de-chaussée et au premier étage, dont les murs avaient trois pieds d'épaisseur. Autour de cette redoute, à dix-huit pieds de distance, régnait un mur de quatre pieds d'épaisseur et de dix de hauteur, flanqué de deux grosses tours carrées. C'était un véritable château fort du moyen âge. Il était de plus

---

1 — *Légende de la carte des forts de Chouaguen, Coll. Lévis.*

entouré de solides retranchements armés de dix-huit pièces de canon et de quinze mortiers.

Enfin, le fort George [1], situé à dix-huit cents pieds plus loin, sur une éminence du même côté de la rivière, n'était qu'une enceinte faite de mauvais pieux, qui n'était pas susceptible de défense. Tous ces ouvrages étaient protégés par seize cent cinquante-huit hommes, dont treize cents soldats de la vieille Angleterre.

Desandrouins, abrité derrière un tronc d'arbres qui lui servait en même temps d'appui pour écrire, complétait ses observations à mesure que le soleil levant inondait de ses rayons obliques les deux berges de la rivière, et faisait ressortir les saillies des fortifications où tout dormait dans un profond silence, quand, soudain, deux coups de canon furent tirés des remparts : c'était le signal du lever. Presque aussitôt, une décharge de coups de fusil éclata sur sa droite, suivie de cris. " Les sauvages qui m'accompagnaient, continue Desandrouins, me firent signe de revenir. Je crus que les coups de fusil venaient d'une patrouille ennemie sortie dès le matin de ses retranchements. Je me doutais qu'elle avait rencontré M. Des Combles et les officiers, et qu'elle les avait repoussés. Craignant qu'elle ne me coupât la retraite, je me retirai vers M. de Bourlamaque, venu aussi en curieux, et qui était resté avec les grenadiers.

" Mais j'avais à peine fait huit pas en arrière, que j'entendis M. de Saint-Luc, criant tout désolé, que notre pauvre ingénieur était blessé à mort. Je courus

---

[1] — Appelé également par les Anglais New-Oswego, et par dérision Fort Rascal.

de son côté pour lui porter secours si c'était possible. Je le trouvai expirant et étendu à terre, d'un coup de fusil, chargé d'une balle et d'une poignée de gros plomb, que lui avait tiré un sauvage nommé Hotchig.

"Ce malheureux l'avait pris pour un Anglais qui venait à la découverte [1]. Il le vit passer sous un tronc d'arbre, poussant sa canne devant lui. Il crut que c'était un fusil, entendit ou aperçut quelqu'un qui l'accompagnait, et ne balança pas de lâcher coup; mais son intention avait été de le faire prisonnier.

"Je fus assommé de ce récit et de l'état de mon pauvre camarade que j'embrassai, et fis transporter sur-le-champ dans sa tente, où il expira une demi-heure après, malgré les soins des chirurgiens.

"M. Des Combles avait reconnu le fort et avait dit aux officiers qui l'accompagnaient, qu'il était content de ce qu'il avait vu. Ce fut au moment où il faisait les premiers pas pour s'en retourner, qu'il reçut son coup de fusil, qui fut suivi de la décharge de toutes les sentinelles qui avaient cru qu'on tirait sur elles [2]".

A la nouvelle de cet accident, Montcalm accourut tout consterné. Des Combles était le seul de ses ingénieurs qui eût assisté à un siège en qualité d'officier du génie. Mais le temps n'était ni aux larmes, ni aux regrets. Les hésitations mêmes devenaient un danger. Les Anglais avaient l'éveil, et d'un moment à l'autre, on pouvait les avoir sur les bras.

---

1 — "A cause de sa veste à parements rouges". *Journal de Malartic*, p. 71.
2 — *Journal de Desandrouins*.

Après avoir rassuré les sauvages que cet accident avait démoralisés, et les avoir persuadés que c'était une méprise involontaire qui ne retarderait pas les opérations du siège, Montcalm fit prendre rapidement position aux troupes à mesure qu'elles débarquaient. " M. de Rigaud fut posté à un quart de lieue en avant pour faire l'investissement du fort Ontario par de petits détachements de Canadiens et de sauvages ". L'armée fut campée sur une hauteur voisine de l'anse du débarquement ; la droite appuyée sur le lac et couverte par une batterie établie sur la grève ; la gauche défendue par un marais impraticable. Quatre cents travailleurs des troupes de terre ou de la colonie furent employés à ouvrir un chemin pour l'artillerie, pendant que tout le reste de l'armée s'occupait à faire des amas de fascines, de gabions et de saucissons.

Vers midi, trois grosses barques anglaises sortirent de Chouaguen et vinrent s'embosser en face de l'anse. " Mais elles furent fort surprises de se voir vivement saluées à la suédoise, des quatre pièces de onze ; et elles s'en retournèrent après avoir fait quelques décharges de leur artillerie sans aucun effet, et avoir reçu quelques-uns de nos boulets dans leur bord [1] ".

" Comme elles avaient de la peine à rentrer dans leur rade, raconte Montcalm, tous nos sauvages nous donnèrent un spectacle amusant : ils fusillaient les barques qui leur répondaient à coups de canon, et avec une agilité singulière, ils étaient rentrés au moment que chaque décharge allait partir [2] ".

1 — *Journal de Desandrouins.*
2 — *Journal de Montcalm.*

Le 12, Béarn, avec l'artillerie et les vivres, arriva à la pointe du jour. Deux barques ennemies sortirent presque en même temps, mais trop tard pour leur couper chemin, grâce à la batterie de la grève augmentée de quelques pièces.

Dans la nuit du 11 au 12 et le jour suivant, l'élite des Canadiens et sauvages se glissèrent d'arbre en arbre, de souche en souche, d'où ils ne cessèrent de fusiller le fort Ontario. Cette manœuvre contribua beaucoup à contenir dans leurs retranchements les assiégés toujours craintifs pour leurs chevelures, et à inspirer de la confiance à l'armée.

Mais le fait important de la journée fut la capture de deux courriers iroquois, porteurs de lettres du colonel Mercer, commandant de Chouaguen, dans lesquelles il demandait d'expédier d'Albany, en toute hâte, un secours de deux mille hommes. Il s'exagérait la force des Français et la faiblesse de sa garnison. On peut se figurer la joie de Montcalm.

" Ces lettres, dit-il, étaient de quatre heures du matin, et le marquis de Montcalm les avait à neuf heures, avec deux états très exacts de la force de la garnison et des malades ".

A minuit, le chemin de l'artillerie étant terminé, Desandrouins, aidé du capitaine Pouchot, commença l'ouverture de la tranchée sur la crête du coteau. Trois cents travailleurs, soutenus par deux compagnies de grenadiers et trois piquets, y travaillèrent sans relâche, sous les ordres de Bourlamaque, chargé de la direction du siège. " C'était, dit Desandrouins, un rude officier, continuellement blessé au feu, mais toujours debout.

Il ne quitta plus la tranchée, quoiqu'il reçût une contusion dans la journée du 13.

Cent Canadiens avec les sauvages, commandés par Des Ligneris et de Villiers, avaient été embusqués en avant vers la gauche, sous le couvert d'un taillis, avec ordre de tirer à toute volée sur les assiégés, s'ils apercevaient les travaux et tentaient de les arrêter.

" Il faisait un magnifique clair de lune qui, en éclairant les travailleurs, facilitait leur besogne ; mais d'un autre côté ce demi-jour les exposait à être découverts et à être inquiétés par le feu de l'ennemi. Par bonheur, ils ne s'en aperçurent pas, et on fit trêve de part et d'autre. Ce qui, pour des sauvages, est peut-être le plus à admirer, ajoute Montcalm, c'est la tranquillité avec laquelle ils passèrent toute une nuit au même poste sans en tirer un coup de fusil ".

La surprise des sauvages fut aussi grande que celle des Anglais en apercevant, au point du jour, tout le travail qui avait été fait pendant la nuit. " Ils demandaient à venir, dit Montcalm, et on les plaçait derrière des espèces de créneaux faits avec des sacs de terre, d'où ils regardaient à loisir ".

Toute la journée du 13 fut employée à élargir la parallèle, à y faire un rempart de troncs d'arbres et de gabions, à ouvrir des chemins de communication, et à tracer l'emplacement d'une batterie de six pièces. " Mais cette journée fut chaude. Les ennemis firent sur nous un feu d'enfer. Aux canons, aux bombes, à la mousqueterie qu'ils tiraient des deux forts à la fois, nous n'avions à opposer que les coups de fusil de quelques grenadiers à travers les créneaux formés de sacs de terre, et de cinq ou six sauvages ivres qui, sautant par-dessus le parapet, allaient derrière une souche lâcher leur coup, puis revenaient encore plus vite, poussant des cris comme s'ils eussent remporté une victoire. Enfin, vers deux heures du soir, leur feu devint si violent, que ni sauvages, ni Français n'osèrent plus se montrer ; puis, tout à coup, vers quatre heures, il cessa tout à fait.

" Ce silence absolu du fort Ontario étonne : on croit à une feinte pour nous engager à quelque étourderie. Cependant, après une couple d'heures, un sauvage s'offre pour aller à la découverte. Enjambant le parapet, il se glisse de souche en souche jusqu'au pied du rempart, et écoute un instant ; puis, tout à coup, on le vit presque aussitôt sauter dans le fort et reparaître aux yeux de toute l'armée accourue dans la tranchée, qui battit des mains ".

On fit marcher la compagnie de grenadiers de Guyenne pour s'emparer de la place.

La hardiesse des Canadiens et des sauvages qui n'avaient cessé de tirer autour du fort, avait épouvanté la garnison. Elle avait craint d'être cernée pendant la nuit, séparée du vieux Chouaguen, prise et scalpée, ou bien assaillie par une brusque attaque et jetée à la rivière, sur laquelle il n'y avait point de pont. Alors ils avaient encloué leur canon, noyé leur poudre, et s'étaient retirés avec une telle précipitation, qu'ils avaient abandonné trois hommes malades ou blessés et tous leurs bagages.

" La joie et l'espérance, ajoute Desandrouins, éclatèrent alors comme on peut bien le penser sur tous les visages. On disait : " Eh bien ! quand nous ne ferions que cela, n'est-ce pas assez pour notre gloire ? Mais les Anglais sont des pleutres, ils se rendront bientôt ".

Le colonel Mercer ne pouvait commettre une plus grande faute que d'abandonner le fort Ontario : c'était livrer les clefs de Chouaguen. Il aurait dû, au contraire, y concentrer ses moyens de défense, et il aurait pu s'y maintenir jusqu'à l'arrivée du général Webb, qui s'avançait rapidement avec deux mille hommes de renfort.

Le système de fortifications d'Ontario était loin d'être aussi défectueux que l'ont prétendu certains historiens. Les énormes pièces de bois, fortement liées ensemble et enfoncées de cinq pieds en terre, qui formaient son enceinte, étaient protégées jusqu'aux trois quarts de leur hauteur par le talus de la contrescarpe, exhaussé, comme on l'a vu, par les terres rejetées du fossé. Ces palissades, dont la tête seule était accessible, pouvaient résister longtemps aux boulets qui les ébranlaient ou les entamaient, mais ne les renversaient que difficilement [1].

Les troupes de terre, avec cent Canadiens, furent immédiatement employées à transporter, à bras, vingt pièces de canon et des munitions au delà du fort, sur le bord de la falaise qui domine la rivière. Toute la

---

1 — Au siège de Dantzig (1807), les soldats de Napoléon furent arrêtés plusieurs jours par une rangée de palissades placée au fond d'un fossé. " La difficulté que nous rencontrions ici, dit M. Thiers, était une preuve des propriétés défensives du bois…. Le boulet fracassait la tête de quelques-unes de ces palissades, souvent les écorchait à peine, et n'en renversait aucune ". *Histoire du consulat et de l'empire*, vol. 7, p. 525.

nuit, on s'occupa à y monter une batterie à barbette, et à la relier par une tranchée avec les fossés du fort, où l'on pouvait arriver sans être vu.

" Si on n'employa pas un plus grand nombre de Canadiens, à ces diverses opérations, observe Montcalm, c'est qu'ils étaient destinés à faire un mouvement dès la petite pointe du jour ".

Le beau clair de lune qu'il faisait permettait à l'ennemi de diriger ses projectiles comme en plein jour. Il se contenta cependant de lancer une douzaine de bombes et quelques boulets. Les soldats, stimulés par la présence du général venu lui-même à la tranchée, travaillèrent avec tant d'ardeur, qu'à l'aurore neuf pièces de canon étaient en batterie et les chemins de communications établis. M. de Rigaud avec ses Canadiens et la plupart des sauvages traversèrent, les uns à gué, les autres à la nage, la rivière en amont du fort Chouaguen, et l'investirent de manière à lui couper toute communication. " Cette manœuvre, dit Montcalm, se fit d'une façon brillante et décisive, y ayant beaucoup d'eau qui n'arrêta personne ". Le résultat de ce mouvement fut l'abandon immédiat du fort George.

Montcalm avait gardé sous sa main cent Canadiens, dont il voulait se servir pour faire un autre débarquement durant la nuit, en aval du fort, et y transporter le régiment de Béarn avec quelques pièces de canon. " Cette dernière manœuvre, ajoute Montcalm, aurait sans doute achevé de leur faire perdre contenance ; mais la promptitude de nos travaux, dans un terrain qu'ils avaient jugé impraticable, la manœuvre du corps qui avait passé la rivière, leur fit juger que nous devions être six mille hommes ".

Cependant le feu, par lequel les ennemis répondaient à la batterie française, était très vif. Leur tir était plongeant : " Ils semblaient, dit Desandrouins, mettre à la main leurs bombes et leurs boulets dans nos tranchées, ou au moins sur leurs revers et leurs parapets qu'ils dominaient. Ils nous tuaient pas mal de monde ".

En ce moment le ciel qui s'était montré si favorable aux Français, semble se tourner contre eux. Le soleil qui s'était levé resplendissant se cache vers sept ou huit heures ; un violent orage éclate, accompagné d'une pluie torrentielle ; le sol se détrempe, et les canons qui n'avaient point de plate-forme se dérangent ; on a toutes les peines du monde à régler leur tir ; puis les munitions commencent à faire défaut, malgré l'activité des soldats, dont la pluie retarde la marche. Le feu devient moins vif du côté des Français, celui des Anglais redouble, au contraire ; et une des neuf pièces est démontée.

Montcalm, qui souvent venait à la batterie, commençait à s'inquiéter ; mais en ce moment-là même un grave événement se passait au fort Chouaguen : le brave Mercer, qui le commandait, était coupé en deux par un boulet, au moment où il se disposait à faire une vigoureuse sortie. Cette perte irréparable jeta le découragement parmi la garnison, déjà glacée de terreur par le mouvement des Canadiens et des sauvages, dont les lignes les enlaçaient comme d'affreux serpents, et leur fermaient toute issue. Elle se croyait déjà sous le couteau à scalper des Indiens, en entendant pousser des hurlements épouvantables pendant qu'ils brandissaient leurs armes. Une résistance opiniâtre ne pouvait qu'exciter davantage leur fureur, en ne retardant que de quelques jours la reddition de la place.

Montcalm, qui ne savait pas encore qu'un de ses boulets venait d'emporter le commandant de Chouaguen, fut ravi quoique peu surpris d'entendre, vers les onze heures, battre la chamade de l'autre côté de la rivière, et de voir arborer le drapeau parlementaire.

M. de Bougainville, sachant l'anglais, fut envoyé auprès du lieutenant-colonel Littlehales, qui venait de remplacer Mercer dans le commandement, pour lui proposer les articles de la capitulation et rester comme otage. Il fut suivi par M. de Lapause, qui en fit la rédaction.

D'après les termes de la capitulation, la garnison se constituait prisonnière de guerre, et tout le matériel des forts, munitions et vivres, appartenaient aux Français. Le nombre des prisonniers de guerre s'élevait à seize cent cinquante-huit hommes, savoir : les régiments de Shirley et de Pepperel, venus de la vieille Angleterre, lesquels s'étaient battus à Fontenoy [1], et un détachement du régiment de Schuyler, formé des milices du pays. Ces troupes étaient commandées par soixante-douze officiers, dont deux ingénieurs, deux officiers d'artillerie et douze officiers de marine. On prit cinq drapeaux, la caisse militaire, contenant dix-huit mille cinq cent quatre-vingt-quatorze livres, sept bâtiments de guerre, deux cents berges, cent vingt et un canons,

---

1 — *Journal de Bougainville.*

quarante-huit mortiers. Les munitions de guerre consistaient en vingt-trois milliers de poudre, huit caisses de balles, deux mille neuf cent quatre-vingts boulets de divers calibres, quatre cent cinquante bombes, mille huit cents fusils et autre matériel en abondance.

Les magasins étaient remplis d'une grande quantité de biscuits, de lard et de bœuf salé, de farine, de riz, de pois et de sel, qui servirent à ravitailler le camp français.

Le siège avait coûté aux vainqueurs une trentaine d'hommes tués ou blessés, et cent cinquante aux vaincus. Le colonel Bourlamaque, à la tête des trois compagnies de grenadiers, des piquets de tranchée, et de cent hommes de la colonie, alla prendre possession de Chouaguen, dont la démolition fut immédiatement commencée. Cette besogne fut poussée avec tant de vigueur, que des trois forts il ne restait pas pierre sur pierre le matin du 21 août, jour fixé pour le départ.

Le fort Ontario, où avaient été confinés les prisonniers anglais, fut le dernier qu'on fit sauter et consumer. En cas d'attaque de l'ennemi, l'armée était venue camper de ce côté, le 16, appuyant sa droite au fort Ontario, sa gauche en écharpe sur la lisière de la forêt.

Les prisonniers furent dirigés sur Montréal, d'où ils devaient être transférés à Québec en attendant d'être échangés.

Montcalm, qui connaissait le cœur du soldat, voulut célébrer son triomphe par une manifestation religieuse et patriotique qui soulevât l'enthousiasme de l'armée. Dans la matinée du 20 août, il fit planter une grande croix portant ces mots : *In hoc signo vincunt.* " C'est par ce signe qu'ils triomphent." Et près de cette croix, un mai sur lequel étaient attachées les armes de France, avec cette devise, où se révélaient les goûts classiques du général : *Manibus date lilia plenis.* " Apportez des lis à pleines mains ".

L'armée fut appelée sous les armes, et l'abbé Piquet qui avait rejoint l'expédition, bénit le pieux trophée, au milieu du roulement des tambours et des décharges réitérées du canon et de la mousqueterie.

Le lendemain, la flottille française prit le large, après avoir salué une dernière fois l'éphémère monument de sa victoire. Quand les derniers bateaux eurent disparu derrière l'angle de la falaise, le silence de la nature primitive, ce silence immense des solitudes infinies, à peine troublé par le passage de la brise ou par le murmure des flots, avait déjà envahi les ruines de Chouaguen.

L'embarquement des prisonniers avait été marqué par un incident regrettable, qui aurait pu être évité si les commandants français, trop dédaigneux des Canadiens et de l'expérience de nos officiers, n'avaient pas méprisé leurs sages avis.

" Nous ne pouvions avoir, dit Desandrouins, l'idée de gouverner des troupes légères avec tant de cérémonie ".

Ce fut en vain qu'on les avertit que les sauvages ne se regarderaient pas comme liés par la capitulation tant qu'ils ne l'auraient pas ratifiée eux-mêmes, dans un conseil par l'acceptation d'un collier. Cette précaution parut superflue.

Une trentaine de soldats anglais, qui, selon la version de Bougainville " avaient voulu se sauver à travers les bois ", furent pris et massacrés par les sauvages. Ce n'était que le prélude d'un plus grand malheur qui devait arriver, l'année suivante, après la prise de William-Henry.

Le massacre de Chouaguen ne fit pas grand bruit, probablement parce que les malheureuses victimes s'étaient mises elles-mêmes dans le tort en cherchant à s'enfuir, ensuite parce qu'elles ne se composaient que d'obscurs soldats.

" On ne saurait, remarque Desandrouins en terminant son récit du siège de Chouaguen, donner trop d'éloges à l'ardeur et au zèle de chaque officier en particulier. Chacun s'est porté au progrès et à l'avancement de l'ouvrage commun, sans délibérer ni sur les fatigues déjà essuyées, ni sur aucune autre considération. La plupart des soldats ne descendaient la garde que pour prendre des outils, et travaillaient néanmoins avec une activité qui n'a pas d'exemple.

" Les Canadiens et les sauvages n'en méritent pas moins par la bonne contenance qu'ils ont tenue vis-à-vis de l'ennemi.

" Il est vrai que la présence de M. de Bourlamaque, colonel, commandant particulier du siège qui, quoique blessé dès le second jour d'une balle à la tête, n'en discontinua pas d'un instant de porter ses soins par toute la tranchée ; la confiance que M. de Rigaud inspira aux Canadiens et aux sauvages ; et le zèle infatigable de M. le marquis de Montcalm qui, à travers les bombes et les boulets, arrivait d'heure en heure, au milieu des travaux les plus avancés, malgré les cris des soldats et les représentations de chaque officier; il est vrai, dis-je, que rien ne doit surprendre de la part de troupes conduites par de semblables généraux ".

Pendant que les fortifications de Chouaguen croulaient sous la poudre et les flammes, Montcalm avait annoncé à son ami Lévis le brillant succès qu'il venait d'obtenir. Il lui donne en confidence son jugement sur quelques-uns des officiers français et canadiens C'est une boutade originale et satirique :

" ... Bourlamaque s'est très bien conduit, et, pour vous le prouver, Bougainville en convient. Je ne saurais trop me louer de mes aides de camp : de Lapause, de Malartic. J'eusse succombé à la besogne sans eux, et Lapause est un homme divin qui m'a bien soulagé. Cela n'empêche pas que je sois excédé. Dites à votre camp que j'ai été très content de Messieurs de la colonie. Souvenez-vous que Le Mercier est un ignorant et un homme faible ; Saint-Luc, un fanfaron et un bavard ; Montigny, admirable, mais un pillard ; Ligneris, Villiers, Léry, bons ; Langy, excellent ; Marin, brave, mais sot ; tout le reste ne vaut pas la peine d'en parler, même mon premier lieutenant-général Rigaud [1] ".

Le 28 d'août, toutes les troupes étaient rentrées à Montréal pour de là être dirigées sur Carillon, à l'exception des milices qu'on dut renvoyer dans leurs familles pour faire la moisson ; il n'avait été laissé que

---

1 — *Au chevalier de Lévis, au camp de Chouaguen*, 17 août 1756.

cent hommes de garnison à Frontenac et cent cinquante à Niagara.

Le lendemain, qui était un dimanche, deux des drapeaux anglais furent remis solennellement par M. de Vaudreuil au colonel Bourlamaque, en présence des troupes sous les armes, et portés en procession à travers toute la ville, au milieu des acclamations d'une foule enthousiaste. Arrivé sous le portique de l'église paroissiale, où s'était réuni le clergé, M. de Bourlamaque, portant les deux drapeaux, s'avança vers l'abbé de Tonancour, représentant de l'évêque de Québec, et les remit entre ses mains, en lui adressant cette allocution, rapportée textuellement par Montcalm :

" Monsieur,

" Nous vous présentons, de la part de M. le marquis de Vaudreuil, ces drapeaux, pris à Chouaguen sur les ennemis du roi. Il les consacre à Dieu par vos mains et les dépose en cette église, comme un monument de sa piété et de sa reconnaissance envers le Seigneur, qui bénit la justice de nos armes et protège visiblement cette colonie ".

L'abbé de Tonancour remercia en quelques mots le colonel Bourlamaque, en l'invitant à venir avec sa brave armée rendre grâce à Dieu dans l'église, où un *Te Deum* solennel fut chanté.

Deux autres drapeaux apportés à Québec furent suspendus avec de semblables démonstrations aux voûtes de la cathédrale, et le cinquième dans l'église des Trois-Rivières.

" Voilà une jolie aventure, écrivit Montcalm à sa femme, en lui racontant son exploit; je vous prie d'en remercier Dieu dans ma chapelle [1] ".

Cette jolie aventure, menée avec autant d'audace que de promptitude et d'habileté, n'apportait pas seulement des lauriers à pleines mains, mais des fruits plus abondants encore. Par l'anéantissement de Chouaguen, la France, devenue maîtresse du lac Ontario, n'avait plus besoin que de faibles garnisons à Frontenac et à Niagara pour maintenir ses communications avec l'Ouest. L'ennemi était refoulé jusqu'à ses anciennes frontières, et il n'y avait plus rien à craindre de ce côté jusqu'à la fin de la campagne. Vaudreuil pouvait donc concentrer toutes ses forces sur Carillon, les masser à la tête du lac Saint-Sacrement, et refouler jusque sous les murs d'Albany les colonnes anglaises ébranlées par la défaite.

La chute de Chouaguen, aussi prompte qu'inattendue, avait été en effet un coup de foudre pour les colonies voisines. Le général Webb, qui marchait au secours de cette place, s'était même imaginé que Montcalm s'avançait de là contre lui ; dans sa frayeur il avait fait brûler les dépôts de munitions établis sur la route, et avait obstrué, à mesure qu'il retraitait, la rivière qui servait de voie de communication, en y renversant une grande quantité d'arbres.

Lord Loudon ordonna à Winslow, qui commandait à la tête du lac Saint-Sacrement, d'abandonner tout projet d'offensive et de se retrancher fortement pour tenir les

---

1 — *A madame la marquise de Montcalm*, 30 août 1756.

Français en échec. Le contre-coup de cet événement se fit sentir en Angleterre, où l'on comprit que la France avait au Canada un habile général [1].

---

1 — Voici, d'après le *Journal* de Montcalm, l'état des prisonniers de Chouaguen, tel que constaté lors de la capitulation :

Régiment de Shirley	584
Régiment de Pepperel	465
Régiment de Schuyler	183
Officiers et matelots des bâtiments	102
Charpentiers et ouvriers	135
Artillerie	20
Génie	4
Marchands	11
Employés	2
Femmes	84
Tués	152
Total	1,742

Ces chiffres officiels mettent à néant les assertions de certains auteurs anglais, qui ont prétendu que la garnison de Chouaguen se réduisait à mille cinquante hommes.

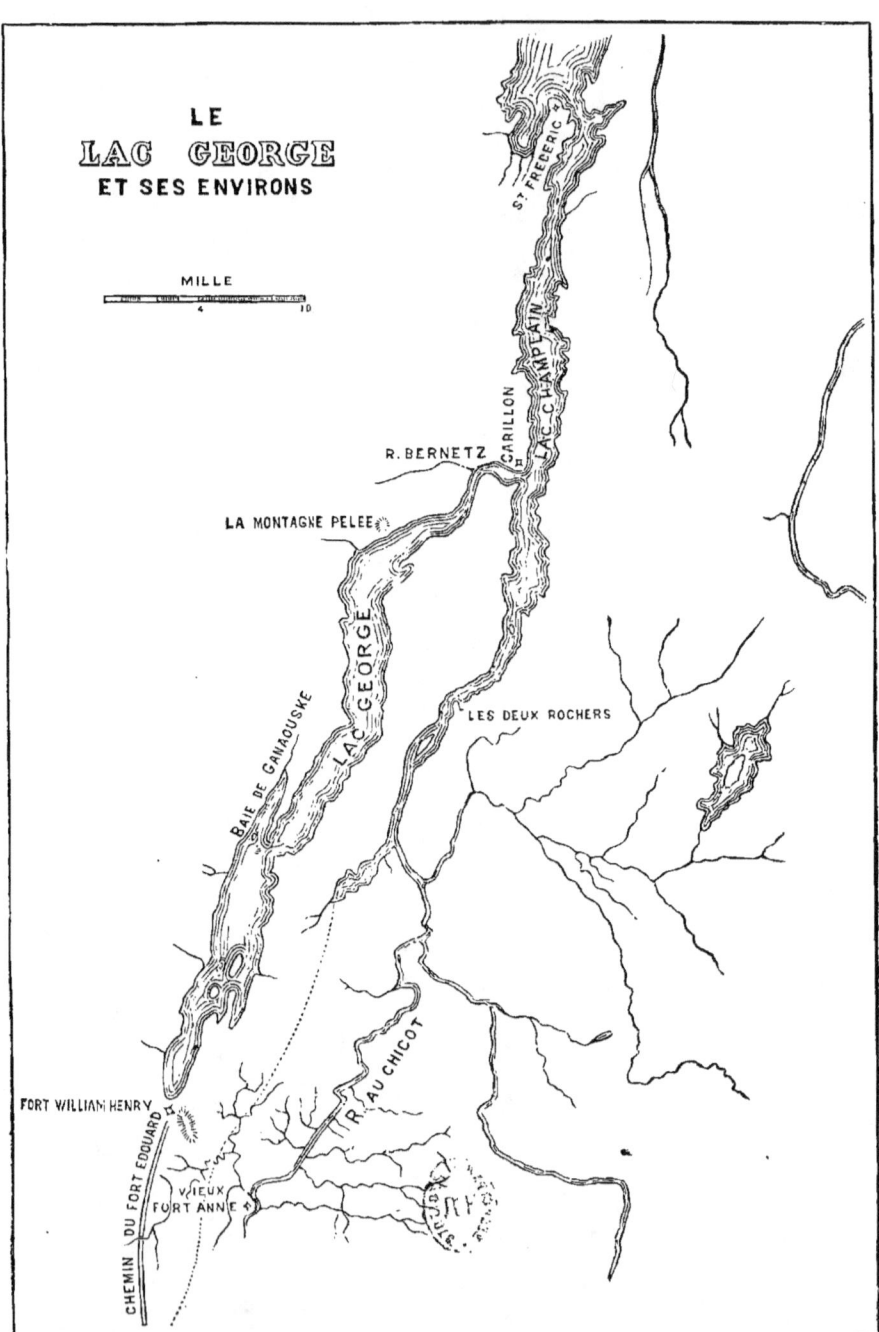

CHAPITRE CINQUIÈME

1756

Premiers indices de mésintelligence entre Montcalm et Vaudreuil. — Habiles manœuvres du chevalier de Lévis. — La vie militaire à Carillon. — Montcalm y tient un grand conseil de sauvages. — Expédition à la découverte et capture de prisonniers. — Cruautés des sauvages. — Exploit de M. de Villiers. — Levée du camp de Carillon.

Il n'y a guère de triomphe qui ne soit mêlé de quelque amertume, et il n'est besoin souvent de chercher hors de soi pour la trouver. Montcalm ne tarda pas à en faire l'expérience. En entrant à Montréal, il avait été étonné d'entendre associer le nom de Vaudreuil au sien dans le concert de louanges qu'on lui décernait; mais quand il entendit le gouverneur lui-même s'attribuer une part de la victoire, il eut peine à se contenir. Il ne répondit d'abord que par de fines railleries, mais emporté par son tempérament, il se répandit bientôt en sarcasmes amers, et finit par se montrer injuste à force d'être acerbe. Sans doute que la vanité de Vaudreuil était puérile, mais il n'en était pas moins vrai que c'était lui qui avait conçu et préparé le plan de campagne si admirablement exécuté par Montcalm. Telle est l'origine de la fameuse querelle entre ces deux hommes, qui a été une des causes de la perte du Canada.

" Votre ami, l'évêque, écrivait Montcalm à Lévis, vient de donner le plus ridicule mandement du monde ; mais gardez-vous bien de le dire, car c'est l'admiration du Canada [1] ".

Ce blâme, par lequel Montcalm déchargeait sa mauvaise humeur, n'avait d'autre motif que les louanges que Mgr de Pontbriand avait distribuées, avec une rare impartialité, entre les chefs et les soldats français et canadiens. Ce mandement d'action de grâces, était, du reste, un modèle du genre ; il n'avait d'autre ridicule que celui de ne pas réserver tout l'encens pour un seul [2].

C'est dans cette disposition d'esprit que le général victorieux quitta Montréal pour Carillon ; il emportait avec lui une blessure, dont il ne devait pas guérir, celle de l'orgueil froissé.

Le trajet jusqu'au fort Saint-Jean se fit, partie à cheval, partie à pied, partie en calèche ; car la route, percée à travers une plaine fertile, mais peu déboisée, était presque impraticable. Une escorte de quinze miliciens et de trente sauvages outaouais accompagnait le général, parce que cette route paraissait en ce moment peu sûre. La veille, un parti ennemi s'était montré à Laprairie, où il avait enlevé une chevelure.

---

1 — *Lettre à Lévis*, 27 août 1756.
2 — *Mandement des évêques de Québec*, vol. II, p. 110. *Mandement de Mgr de Pontbriand, publié en action de grâces de la prise de Chouaguen*, 20 août 1756.

Bougainville qui, pour la première fois, parcourait cette partie du pays, y portait comme toujours son esprit d'observation. " Le fort Saint-Jean, dit-il, placé sur la rivière de Sorel, est une enceinte carrée à quatre bastions. Bâti en pieux, il est fort mal fait, quoiqu'il ait coûté quatre-vingt-seize mille francs.

" Celui de Saint-Frédéric est en pierre, avec une grosse redoute, également en pierre, située dans l'intérieur du fort ; il est très mal placé, ayant plusieurs hauteurs qui le commandent à portée du fusil. Sur ces hauteurs on a fait une redoute et un retranchement de pièces sur pièces, ouvrages mal faits et plutôt nuisibles qu'utiles à la place ".

Le fort Saint-Frédéric était alors commandé par M. de Lusignan, vieil officier d'expérience, et qui avait de beaux états de service. " J'ai beaucoup raisonné avec M. de Lusignan, écrit le marquis "... Il me paraît qu'il connaît les choses possibles et dangereuses [1] ".

" C'est un très bon officier à tous égards, ajoutait de son côté le chevalier de Lévis [2].

Une note jetée en passant par Montcalm révèle la simple et austère vie de soldat que le général s'imposait pour donner l'exemple à son armée. " Ne quittez pas votre maison, écrit-il à Lévis, car vous me nourrirez et je mettrai mon matelas avec Fontbrune [3] dans la grande pièce ". Puis il ajoute : " Heureux, si vous avez

---

1 — *Lettre à M. de Lévis*, le 26 octobre 1756.
2 — *Lettres du chevalier de Lévis*, p. 37.
3 — M. de Fontbrune, lieutenant de grenadiers du régiment de la marine, et protégé de M. de Lévis. *Journal de Montcalm*.

le temps de recevoir le renfort que je vous envoie, car les ennemis, suivant mon calcul militaire, doivent vous attaquer d'ici au 20 septembre ou jamais ".

Lorsque dans la journée du 10 septembre, le chevalier accourut au pied de la falaise de Carillon, à la rencontre de Montcalm, il l'embrassa en le félicitant de sa victoire. Il n'y avait pas deux mois qu'il lui avait dit adieu en ce même endroit, et dans ce court intervalle le général avait fait trois cents lieues de marche, assiégé, pris et rasé un fort. Plus d'un flatteur dut lui rappeler, non sans quelque vérité, le mot de César : *Veni, vidi, vici.*

Il nous reste à voir quelle avait été l'attitude de Lévis durant cette expédition, et comment il y avait coopéré par ses habiles manœuvres et par ses démonstrations agressives. " Votre ordre de bataille est si bien, lui écrivait de Chouaguen le marquis de Montcalm, que si vous n'en avez point, je veux au moins que le ministre le lise [1] ". Et peu après : " Je ne vous ai point oublié dans mes relations aux ministres, et pour ce que vous avez très bien fait à Carillon, et pour la part que vous avez eue à notre expédition en faisant une diversion par vos détachements... Vous croyez bien que je suis éloquent quand j'ai occasion de parler de quelqu'un que j'estime autant que vous ".

M. de Lévis n'avait pas attendu ces marques d'approbation pour rendre justice aux talents du marquis de Montcalm. Il écrivait au ministre de la guerre, le comte d'Argenson : " Je ne sais si M. le marquis de

---

1 — *Au camp de Chouaguen*, le 17 août 1756.

Montcalm est content de moi ; ce qu'il y a de certain, c'est que je le suis beaucoup de lui.... Ce n'est pas à moi à vous parler de son mérite ni de ses talents ; vous les connaissez mieux que moi ; mais je puis avoir l'honneur de vous assurer qu'il a généralement plu dans cette colonie, et qu'il traite très bien avec les sauvages. Il a aussi établi la discipline parmi nos troupes [1]".

Le chevalier de Lévis n'avait cessé d'entretenir des partis de Canadiens et de sauvages qui allaient ravager les établissements, faire des prisonniers et enlever des chevelures jusqu'aux portes d'Albany. Instruit par eux que les Anglais s'apprêtaient à l'attaquer, il fit les dispositions suivantes auxquelles il exerça les troupes. Au premier signal donné par deux boîtes à détonations dans le camp du chevalier de La Corne, placé en avant-garde, et répété par le poste de la Chute, le fort de Carillon devait répondre par deux coups de canon. Alors toute l'armée prendrait les armes à la tête du camp ; elle recevrait une distribution de poudre et de balles, et des vivres pour deux jours. Un détachement de la milice et de la marine, appuyé de cent cinquante hommes de la ligne, sous le commandement de M. de Roquemaure [2], resterait à la garde du camp, du fort et des bateaux. Ce corps devait être composé des hommes les moins en état de marcher. Sept compagnies, dont une de la marine et six de Royal-Roussillon, aux

---

1 — *Lettres du chevalier de Lévis*, p. 21.
2 — Lieutenant-colonel commandant le régiment de la Reine.

ordres de M. de Poulhariez [1], se jetteraient dans des bateaux, débarqueraient à la droite de la rivière à la Chute et iraient rejoindre aux avant-postes M. de La Corne, pour lui aider à combattre l'ennemi, s'il le trouvait débarqué ou en disposition de le faire.

Les sept autres compagnies de Royal-Roussillon, fortifiées d'une compagnie de la marine, commandées par M. de Bernetz [2], remonteraient par terre la rive gauche de la rivière à la Chute jusqu'au camp de M. de Contrecœur, pour empêcher une descente de ce côté.

Le régiment de Languedoc avec deux compagnies de la marine et de la colonie, sous M. de Privas [3], se rendrait au poste de la Chute, pour y rester sous la main du chevalier de Lévis, afin d'être porté aux points les plus menacés.

Le régiment de la Reine avec deux compagnies des troupes légères, aux ordres du chevalier de Montreuil [4], se porterait sur la droite, à travers les bois, jusqu'à la hauteur du poste de la Chute.

" Les commandants de ces corps, ordonnait Lévis, feront faire des découvertes bien avant dans les bois, et se porteront aux endroits où ils apprendront que l'ennemi paraîtra, pour le combattre avec tout le zèle et le courage dont ils seront capables.

---

1 — Capitaine des grenadiers au régiment de Royal-Roussillon.
2 — Lieutenant-colonel commandant le régiment de Royal-Roussillon.
3 — Lieutenant-colonel commandant le régiment de Languedoc.
4 — Premier capitaine du régiment de la Reine.

" Les troupes de la marine et celles de la colonie combattront à leur façon sur les ailes des troupes de terre. M. de Montreuil détachera aussi tous les bons tireurs de son régiment, mais le gros de ses troupes restera en ordre de bataille, afin que dans le cas où les tirailleurs fussent obligés de se replier, ils pussent le faire avec sûreté derrière le régiment qui fera tête à l'ennemi, et donnera le temps à ceux qui auront combattu à la légère, de se rallier et de recommencer le combat. Il aura la plus grande attention de ne se pas laisser couper la retraite par l'ennemi, et dans le cas où il serait obligé de se retirer, il le fera par le chemin qu'il aura suivi, et tiendra ferme à la tête des abatis pour favoriser la retraite aux troupes qui auront combattu aux camps avancés et à la Chute.

" Il y aura un officier, un sergent et un caporal de chaque corps auprès de M. le chevalier de Lévis, qui se tiendra à la Chute. Il faut qu'ils soient bons marcheurs et en état de porter des ordres. M. de Roquemaure accélèrera les défenses du fort, afin qu'en cas d'accident, tout soit en état pour assurer la retraite à toutes les troupes qui viendront camper entre le fort et la redoute ".

Tel est cet ordre de bataille admiré à bon droit par le marquis de Montcalm, et qui fait pressentir d'avance le vainqueur de Sainte-Foye. On y remarque particulièrement la prudence de Lévis dans le soin qu'il prend de diviser les troupes légères pour en tirer tout l'avantage possible. Excellentes dans l'escarmouche, mais peu solides, elles sont placées sur les ailes des troupes de ligne, derrière lesquelles elles peuvent toujours venir se rallier.

La hardiesse des mouvements de M. de Lévis, l'augmentation de ses postes avancés, qui poussaient des pointes de chaque côté du lac Saint-Sacrement, le nombre et la force des partis qu'il tenait constamment en campagne, et qui revenaient avec des prises et des chevelures après des coups audacieux, en imposèrent à ce point aux Anglais, qu'ils crurent toujours à une marche offensive jusqu'au moment de la prise de Chouaguen.

" J'ai été faire une tournée aux deux camps avancés, écrivait Lévis à Vaudreuil, en lui rendant compte de ses opérations. Je me suis rendu au camp de M. de Contrecœur, par terre, en suivant le bord de la rivière du côté du nord, où j'ai traversé le lac Saint-Sacrement pour me rendre aux postes avancés du camp de M. le chevalier de La Corne. J'ai visité avec attention tous les endroits où l'ennemi pourrait débarquer. Je suis convenu avec M. de Contrecœur et M. le chevalier de La Corne qu'ils les feraient tous embarrasser avec des arbres. Ces messieurs sont de très bons officiers, et j'ai été très content de la façon dont j'ai trouvé leurs postes [1]. J'ai dîné chez M. le chevalier de La Corne, et je suis revenu au camp par le côté du sud jusqu'à la Chute, où je me suis embarqué. J'avais amené avec moi un officier major, deux sergents et deux soldats de

---

1 — M. de Contrecœur s'était distingué au fort Duquesne, dont il venait de quitter le commandement. Il avait organisé le corps de troupes avec lequel MM. de Beaujeu et Dumas avaient remporté la victoire de Monongahéla.

chaque corps, pour qu'en cas de besoin, ils puissent y conduire les troupes que j'y enverrais [1]".

Au cours de cette correspondance, on voit les noms des chefs de bande qui se distinguèrent le plus dans cette campagne: MM. de Contrecœur, père et fils, de Beaujeu [2], de Saint-Martin, de Florimond. " Je ne saurais vous rendre assez bon témoignage de M. de Beaujeu. Tous les officiers qu'il avait avec lui dans son détachement (du 2 août), se louent beaucoup de sa conduite. Vous connaissez mieux que moi son mérite ; je ne puis vous parler que de son zèle et de sa bonne volonté.

" M. de Saint-Martin est un officier très intelligent et sur lequel on peut compter.

" Le parti que commandait M. de Pecaudy avec M. Clapier est rentré ; il était composé de quarante-six sauvages et de vingt Canadiens. Ils ont frappé tout auprès du fort George ; ils ont vu ce fort et une partie du camp qui y est, où ils ont donné l'alarme. Ils ont surpris un détachement sur le bord du lac, qui faisait du bois ; ils disent en avoir tué plusieurs. Ils ont apporté quatre chevelures et fait deux prisonniers. Les sauvages, soldats et Canadiens sont très contents de M. de Pecaudy (de Contrecœur) ; il les a fort bien conduits et s'est distingué à leur tête [3]".

Une mort prématurée allait bientôt terminer la carrière de ce brillant officier.

---

1 — *Lettre du chevalier de Lévis*, p. 24.
2 — Frère du héros de la Monongahéla.
3 — *Lettres de Lévis*, p. 22.

" M. de Contrecœur, écrivait Lévis à l'intendant Bigot, est dans la plus grande affliction de la mort de son fils aîné, qui a eu le malheur de se tuer par son fusil qui a parti, et sur lequel il était appuyé. Tout le monde regrette beaucoup cet officier ; il venait de se signaler au détachement de M. de la Colombière. L'état du père est très touchant. Je l'ai été voir hier ; je lui ai proposé d'aller passer quelques jours à Montréal ; il m'a dit qu'il n'irait que quand il croirait qu'il n'y aurait plus rien à craindre dans cette partie ".

De temps en temps, l'apparition de quelques voiles sur le lac Saint Sacrement, ou l'échange de coups de fusil entre des patrouilles faisaient croire à l'approche des Anglais. Les deux coups de canon du fort Carillon répondaient aux boîtes à détonations, et tous les corps de troupe couraient aux armes ; mais on apprenait bientôt que c'était une fausse alerte.

Il y avait d'amples loisirs au camp de Carillon, seul point animé de toute cette région, où l'œil n'apercevait que montagnes et forêts à perte de vue. La nourriture aux pois et au lard, que partageaient l'officier et le soldat, n'était pas de nature à charmer la monotonie des jours. Heureusement que la chasse et la pêche étaient d'une extrême abondance : les canards, les sarcelles, les *tourtes* surtout s'abattaient aux alentours par bandes innombrables. L'ours, le chevreuil, le castor n'étaient point rares. La chasse et la pêche avaient donc le double avantage de faire oublier les heures d'ennui, et d'apporter quelques bons plats sur la table ; mais personne ne pouvait se livrer sans danger à ces plaisirs, car il n'y avait pas une anse, pas un rocher, pas un taillis d'où ne pouvait partir une balle lancée par quelques sauvages ou coureurs de bois ennemis, venus là pour guetter une proie.

Malgré les défenses réitérées de s'éloigner du camp, l'attrait d'un plaisir délicat faisait commettre des infractions qui eurent quelquefois de fâcheuses suites.

" Il nous est arrivé, hier, écrivait M. de Lévis au marquis de Vaudreuil, un événement dont je suis très fâché : ce sont deux officiers du régiment de la Reine qui avaient été à la chasse aux canards, avec une pirogue, dans une anse qui est de l'autre côté de la rivière au Pendu, vis-à-vis la redoute. Il y avait un parti ennemi, qui y était embusqué, et qui a fait sa décharge sur ces deux officiers, qui sont MM. de Biville et de Tarsac, tous deux lieutenants ; ils ont été tués. On a trouvé la pirogue chavirée et percée de plusieurs coups, et au bord du rivage où le coup s'est fait, la tête de M. de Tarsac avec la chevelure levée. C'est un accident très triste et très désagréable. Je n'ai cependant rien à me reprocher à cet égard, ayant défendu à MM. les officiers d'aller à la pêche et à la chasse, et notamment sur cette partie. Je suis toujours très fâché que cet accident soit arrivé, d'autant plus que cela a tombé sur deux bons sujets. M. de Roquemaure regrette beaucoup M. de Tarsac, qu'il aimait et qui lui était recommandé [1] ".

Dans l'intérieur du camp, la principale distraction était les sauvages, avec leurs coutumes bizarres, leurs jongleries, leurs tours d'adresse, leurs danses, leurs

---

[1] — *Lettres du chevalier de Lévis*, p. 86.

jeux ; celui de la crosse surtout, qui offrait le spectacle le plus animé. Un des témoins de ces scènes, le chevalier Duchat, capitaine au régiment de Languedoc [1], en écrivait des relations étonnées à sa famille ; mais il s'étonnait bien davantage des incroyables cruautés de ces barbares et du nombre de scalpes qu'ils rapportaient de leurs courses.

Notre civilisation réprouve ces atrocités auxquelles les deux partis étaient fatalement entraînés en recherchant l'alliance des indigènes. Le chevalier de Lévis en avouait la triste nécessité dans sa correspondance au ministre de la guerre.

" M. du Sablé, officier des troupes de la colonie, que j'avais envoyé avec des sauvages entre le fort Lydius [2] et Albany, est revenu hier avec tout son monde ; j'en étais fort en peine, parce qu'il n'avait pris des vivres que pour dix jours, et qu'il a été vingt-trois jours dehors. Les sauvages n'ayant pas pu faire de prisonniers, ni lever de chevelures du côté du fort Lydius, ont demandé à M. du Sablé d'aller dans la Nouvelle-Angleterre. Ils ont été dans le comté de Massachussetts, à Haldfield (Hartford), sur la rivière de Connecticut, qui est à plus de deux cents milles d'ici, et à cinquante milles de Boston, où ils ont tué une dizaine de personnes, dont ils n'ont eu le temps que de lever quatre chevelures, et m'ont amené un prisonnier, qui est un habitant qui ne sait rien de ce qui se passe à l'armée. Il

---

1 — " C'est un ancien officier ", écrivait de lui M. de Lévis au ministre, en demandant une pension en sa faveur. *Lettres du chevalier de Lévis*, p. 418.

2 — Appelé par les Anglais fort Edouard.

m'a dit que, dans sa contrée, on y avait grande peur des sauvages, et que les habitants n'osaient pas faire la récolte. M. du Sablé m'a dit aussi que les grains n'étaient pas coupés, et qu'ils se perdaient par trop de maturité.

" Il prétend que l'alarme a été grande dans la Nouvelle-Angleterre, et que tous les forts ont tiré du canon. Il est revenu ici, de même que tous les sauvages, excédé de fatigue et mourant de faim. De pareils partis sont très nécessaires pour mettre l'épouvante parmi les habitants [1] ".

La mauvaise qualité des vivres, les viandes salées, qui faisaient la principale nourriture de l'armée, ne tardèrent pas à engendrer des maladies, particulièrement le scorbut. L'hôpital de Saint-Frédéric, où la plupart des malades étaient dirigés, en avait reçu dès la fin d'août, près de six cents, presque tous Canadiens. " Cela vient, écrivait Lévis, du peu de soin qu'ils ont d'eux, malgré toutes les précautions que l'on prend, et que ce sont presque tous des jeunes gens et des enfants qui ne peuvent pas supporter les fatigues [2] ". Ces fatigues et les intempéries auxquelles étaient exposés l'élite des miliciens et les coureurs de bois, que l'on choisissait de préférence pour accompagner les sauvages dans leurs courses, en amenaient également un bon nombre à l'hôpital.

Toutes les milices en général, avaient été jusque-là mal disciplinées ; les meilleures n'ayant jamais connu

---

1 — *A M. le comte d'Argenson*, p. 80.
2 — *Lettre du chevalier de Lévis à M. Bigot*, le 2 août 1756, p. 39.

que les guerres de partisans avec les sauvages, dont elles avaient pris les habitudes d'incurie et d'indépendance. Mais sous la main de leurs nouveaux chefs, et grâce à la belle tenue des troupes de ligne qu'elles avaient sous les yeux, elles se réformaient rapidement. Le chevalier en témoignait sa satisfaction au gouverneur.

" Il y a longtemps que je me donne des soins pour la propreté du camp des miliciens et pour qu'ils fassent un ordinaire réglé, ce qui s'exécute aussi bien qu'il est possible ; et c'est au soin particulier que M. de Sabrevoix y donne que cela est dû. Je suis extrêmement content de tout ce qu'il fait, et il tient les troupes de la colonie dans le meilleur ordre. Je vous serais bien obligé de vouloir bien lui écrire une lettre de satisfaction à cet égard ; c'est un officier très zélé et de beaucoup de mérite [1] ".

Dans les premiers jours de septembre, les Anglais avaient massé plus de dix mille hommes entre le fort Edouard et le fort William-Henry, leur point d'appui à la tête du lac Saint-Sacrement, c'est-à-dire, des forces triples de celles dont disposait le chevalier de Lévis. Leurs avant-postes occupaient fortement les îles du lac, à trois ou quatre lieues du fort. M. de Florimond, qui avait osé s'en approcher de très près, avait aperçu d'une hauteur voisine le camp ennemi, disposé de chaque côté du fort. Il y avait compté sept rangs de tentes de cent trente chacun, et un grand nombre de bateaux. Nos sauvages alliés, intimidés par les partis d'éclaireurs

---

1 — *A M. le marquis de Vaudreuil*, p. 63.

anglais qui venaient tirailler jusqu'aux avant-postes, n'osaient plus s'aventurer au loin.

M. de Lévis s'attendait d'être attaqué de jour en jour, quand éclata la nouvelle de la prise de Chouaguen. Elle lui garantissait l'issue de la campagne.

" C'est une victoire des plus complètes, écrit-il au marquis de Vaudreuil, et qui est due aux justes et sages précautions que vous avez prises. J'ai l'honneur de vous en faire mon très humble compliment.

"Je ferai chanter le *Te Deum* aujourd'hui, à six heures du soir, et je ferai faire une réjouissance générale. Je compte que milord Loudon entendra l'artillerie de ce fort [1] ".

Le retour du marquis de Montcalm avec son corps d'armée avait porté le camp de Carillon à quatre mille neuf cents combattants, y compris les sauvages. Les régiments de Béarn et de Guyenne furent cantonnés à une demi-lieue sur la droite de la rivière à la Chute. Cent vingt hommes des troupes de la marine, sous M. de Saint-Martin, avaient été placés en avant, à mi-distance entre M. de La Corne et M. de Contrecœur, avec ordre d'appuyer l'un ou l'autre au premier signal.

Les sauvages, enhardis par la victoire, ne craignaient plus de faire des reconnaissances. On résolut d'en profiter pour les entraîner tous dans une grande expédition

---

[1] — *A M. le marquis de Vaudreuil*, p. 82.
" Pendant que j'étais à table, lui écrivait Vaudreuil dans sa dépêche, on m'a dit qu'il paraissait cinq drapeaux anglais déployés sur la rivière. C'était M. de Villiers qui avait été détaché avec les sauvages pour me porter ces drapeaux. Il me les a remis avec une nouvelle dépêche qui me combla de joie ".

confiée à un officier de la colonie, M. de la Perrière, suivi de cent Canadiens et de vingt officiers ou cadets de la colonie, formant un effectif de sept cent vingt hommes. Les deux aides de camp de Montcalm : Bougainville et la Rochebeaucour, avec l'ingénieur Desandrouins et Le Mercier, y furent attachés avec ordre de reconnaître les positions des Anglais dans les îles, et d'aller observer le camp du fort George d'aussi près que possible. Mais ce n'était pas une mince besogne que de faire prendre une résolution unanime à six cents guerriers de différentes tribus, "opération longue et fastidieuse, observe Bougainville. Il en coûte force eau-de-vie, équipements, vivres, etc. C'est un détail qui ne finit pas".

Dès l'aurore du 13 septembre, un grand conseil, annoncé la veille, était en séance sur le plateau qui s'étendait entre les tentes et les glacis du fort. Jamais le camp de Carillon n'avait présenté un coup d'œil aussi animé, aussi extraordinaire. Du haut des remparts, où flottaient les couleurs de France, le canon venait d'annoncer l'heure du réveil.

Les différents corps d'armée, drapeaux en tête, émergeaient du camp et du fort au seul cri des officiers ; car les trompettes et les tambours étaient interdits. Entre les rangées des tentes, dont les toitures blanches se dessinaient en vives arêtes sur la verdure du gazon et des bois, les feux allumés par les cantiniers, laissaient échapper de légères colonnes de fumée, qui flottaient en nuages à la cime des arbres. Tous les guerriers indiens fraîchement tatoués, groupés par tribus et assis sur l'herbe, formaient un immense cercle, où les chefs se passaient de main en main le calumet après en avoir tiré quelques bouffées. En arrière d'eux, étincelaient au soleil levant les sabres et les baïonnettes des régiments français, disposés en un vaste carré. Le marquis de Montcalm, debout au centre du conseil, et tenant en main un collier de porcelaine, haranguait son étrange auditoire. A mesure que M. Marin, l'interprète du jour, traduisait les paroles de l'orateur, les chefs répondaient par des inspirations gutturales répétées en chœur par la foule des guerriers. Singulière rencontre des deux extrêmes de la civilisation et de la barbarie.

L'éloquence du général parut convaincre toute l'assemblée, et le départ de l'expédition fut fixé au lendemain soir. Mais d'ici là un incident quelconque pouvait changer toutes les résolutions. En effet, quelques Iroquois, revenant d'une découverte, rapportèrent sept chevreuils qu'ils avaient tués, et invitèrent leurs frères à leur festin. Force fut donc de remettre l'expédition jusqu'au matin du 15.

Enfin on se mit en marche. Il était décidé qu'une partie du détachement irait frapper à gauche vers le fort Edouard, en remontant le lac Champlain et la rivière au Chicot, qui s'y décharge, tandis que l'autre suivrait la route du lac Saint-Sacrement.

" Nous nous sommes rendus à six heures du soir au camp avancé de M. de Contrecœur.

" Les sauvages qui devaient partir ce soir ne partent plus. La destination même du détachement est changée. Ils veulent aller tous ensemble par le lac Saint-Sacrement.

" On dit que le départ est fixé à cette nuit, mais c'est un " on dit ", et le caprice sauvage est bien de tous les caprices possibles le plus capricieux [1] ".

La décharge du lac " est un pays de montagnes, de précipices ", fait exprès pour les embuscades " et pour les coups fourrés ".

" Les sauvages sont enfin déterminés à partir, et quittent le camp de M. de Contrecœur vers six heures du soir.

" Les canots, au nombre de trente-quatre, ont attendu en ligne, derrière une pointe, que le jour fût tout à fait tombé ".

Ce sont " les sauvages qui décident la marche, les haltes, les découvertes, l'expédition à faire ; et dans cette espèce de guerre, il faut s'en rapporter à eux ".

Ils étaient soi-disant aux ordres de l'intrépide Marin, dont Montcalm reconnaissait la bravoure, mais qu'il jugeait sot, parce qu'il était vantard, comme presque tous les coureurs de bois.

La lune se levait à l'horizon, et achevait de disperser de légères vapeurs à la cime des montagnes pittoresques qui bordent les deux rives du lac, l'un des plus beaux de tout ce pays. La flottille s'avança dans un profond silence, en longeant la côte du nord, jusqu'au delà de l'île à la Barque. Le reste de la nuit fut passé au bivouac, à la tête des bateaux tirés sur le rivage. Un canot d'écorce avait été dépêché en avant à la découverte. " Ce canot rencontra dans le chenal des îles un petit bateau anglais qui était en croisière. Comme il

---

1 — *Journal de Bougainville.*

faisait clair de lune, notre canot s'est plongé dans la partie où les arbres faisaient ombre, et a observé les mouvements du canot ennemi, qui presque aussitôt s'en est retourné, sans nous avoir découverts ".

A la pointe du jour, tout le détachement se retira dans l'épaisseur du bois pour y attendre le retour de deux partis d'éclaireurs, dont l'un devait s'avancer le long du rivage, et l'autre, côtoyer le versant de la montagne. Ils revinrent à la tombée du jour, après s'être approchés jusqu'en vue du fort George ; mais sans avoir remarqué autre chose que de vieilles pistes et quelques feux dans les îles.

Sur ce rapport, " un héraut s'est avancé le long de la grève, et a appelé au conseil les chefs des nations. Tous se sont rendus au camp des Iroquois qui, comme supérieurs en nombre dans ce parti, donnaient le ton, sans même l'avis du commandant français. Les chefs, la couverte sur le corps, la lance à la main, se sont avancés gravement, ont pris leur place et fumé la pipe du conseil. Le harangueur a exposé l'objet du détachement, les rapports des découvreurs, et sur cet exposé, on a longuement délibéré en présence toutefois d'un interprète français. Le résultat a été qu'on enverrait deux canots avec ordre de fouiller les îles ; qu'à l'entrée de la nuit la flotte partirait et camperait à deux lieues au-dessus, vers la côte du sud, ce qui a été exécuté.

" Au reste, les sauvages nous traitent impérieusement, font des lois pour nous, auxquelles ils ne s'assujettissent pas ; et l'on soupçonne les Iroquois de n'être pas de bonne foi....

" Après avoir marché une partie de la nuit suivante, on alla camper vers deux heures du matin, à quatre lieues du fort George.

" Les défenses de faire du feu, ni le moindre bruit ont été réitérées ; les sauvages font l'un et l'autre ".

A onze heures du soir, sur le rapport d'un canot d'éclaireurs qui prétendaient avoir découvert quelques tentes sur une pointe de la côte nord du lac, " on le traversa dans le plus grand silence pour aller frapper.... Nous marchions dans le bois sur plusieurs files, les sauvages presque nus, matachés de noir et de rouge ".

Arrivé sur la pointe, on la trouva déserte. Alors tous les sauvages de s'écrier que les Iroquois les trahissaient ; ce qui força ceux-ci à remettre le commandement aux autres nations.

De retour au point du départ, " on choisit d'un commun accord cent dix sauvages, et les meilleures jambes de tout le détachement, qui partent avec une trentaine de Canadiens, les plus lestes, aux ordres de Marin, dans l'intention d'aller jusqu'au fort, et de ne revenir qu'après avoir fait coup ".

Sur les deux heures, ils arrivèrent à l'improviste sur un détachement de cinquante-trois Anglais, dont trois officiers, qui s'étaient avancés à une lieue et demie environ du fort, le cernèrent de tous côtés, en tuèrent une partie, et firent le reste prisonnier, à l'exception d'un seul qui alla porter la terrible nouvelle dans le camp et le fort George. La panique y fut si grande que Lord London crut à une attaque générale des Français, et mit en marche toute son armée.

" Les Iroquois ont eu deux morts et deux blessés. Les sauvages ont fait sur le champ de bataille des cruautés, dont le récit même est horrible ".

Le même jour, Bougainville, Le Mercier et Desandrouins gravirent avec une escorte la cime d'une montagne, d'où ils aperçurent le camp et le fort anglais, mais de trop loin, pour en juger ; et à la tombée de la nuit, ils étaient de retour à Carillon.

Dans la soirée du lendemain, des décharges de mousqueterie annoncèrent l'arrivée des sauvages au poste de M. de Contrecœur. " Parvenus à la hauteur du camp, raconte Bougainville, ils se sont mis en panne et ont fait des cris de perte ; un canot venu au-devant leur a demandé le sujet de leur douleur.—Marin est mort, ont-ils dit (car, lorsqu'ils ont quelques morts, le chef du parti est censé mort) ; nous sommes tués. Quelques mots de consolation. Ensuite ils ont fait les cris de mort et ont débarqué en fusillant [1] ".

Dans la matinée, le marquis de Montcalm, venu pour passer en revue les troupes de M. de Contrecœur, harangua les guerriers, et selon la coutume couvrit leurs morts par des présents.

Une escouade de trente soldats, aux ordres d'un lieutenant, fut détachée pour assister aux funérailles.

" Les sauvages, dit Bougainville en terminant ce récit, ont avec eux dix-sept prisonniers. Ils en ont déjà assommé quelques-uns.... Les cruautés et l'insolence de ces barbares font horreur et répandent du noir dans l'âme. C'est une abominable façon de faire la guerre ;

---

1 — *Journal de Bougainville. Cf. Journal de Malartic*, p. 83.

la représaille est effrayante, et l'air qu'on respire ici est contagieux pour l'accoutumance à l'insensibilité [1]".

Montcalm n'avait pu tirer qu'un seul prisonnier des mains de ces monstres. Tous se débandèrent immédiatement et reprirent, avec leurs malheureuses victimes, le chemin de leurs villages. Trente-six seulement se laissèrent persuader de rester à force de présents et de promesses. Ces sauvages appartenaient à la nation des Poutéotamis, encore païenne et livrée aux pratiques de la jonglerie, dont ils donnèrent souvent le spectacle sur le plateau de Carillon. " Leurs vieillards qui sont restés ici, raconte Bougainville, ont fait, hier, la médecine, pour savoir des nouvelles du détachement de leurs frères. La cabane a tremblé, les jongleurs ont sué des gouttes de sang, et le diable est enfin venu, qui leur a dit que leurs frères reviendraient incessamment avec des chevelures et des prisonniers. Un jongleur dans la cabane de médecine est exactement la pythonisse sur le trépied, ou Canidie évoquant les ombres ".

Deux jours après, Bougainville ajoutait dans son *Journal :* " Le jongleur poutéotamis a fait encore une fois la médecine. Il est venu, ce matin, trouver M. le marquis de Montcalm, il lui a apporté un bâton marqué de seize crans avec quatre croix aux derniers, ce qui voulait dire que ses frères, partis il y a seize jours, ont fait coup depuis quatre jours, et qu'ils reviendront aujourd'hui avec chevelures et prisonniers. Notre prophète était hâve et défait ; il jeûnait depuis deux fois

---

1 — *Journal de Bougainville.*

vingt-quatre heures, aussi a-t-il dévoré ce qu'on lui a donné à manger ".

Le jongleur se trouva, pour cette fois, avoir deviné assez juste. Les Poutéotamis revinrent le même jour avec un prisonnier fait aux environs d'Albany.

A la fin d'octobre, Montcalm, persuadé que l'ennemi n'entreprendrait rien d'important le reste de la campagne, repartit pour Montréal, abandonnant à Lévis le soin d'acheminer les régiments vers leurs cantonnements d'hiver.

C'était la première fois, depuis son arrivée au Canada, que le général pouvait se donner quelques moments de relâche. En redescendant le lac Champlain, il se plut à admirer les beautés pittoresques et primitives de ce lac, qui lui apparaissait sous un aspect qu'il n'avait pas encore vu.

Montcalm avait remarqué, comme tout le monde, la grandeur des paysages du Canada; il les avait vus dans tout l'éclat du printemps, dans toute la richesse de l'été, mais alors ils étalaient leur brillante parure d'automne, quand les premières gelées ont coloré le feuillage de nuances si vives et si variées, depuis le rouge vermillon jusqu'au jaune paille le plus délicat. L'œil reste ébloui en présence du panorama qui se déroule de tous côtés, et devant lequel Titien aurait brisé son pinceau.

Le 15 novembre, les dernières tentes du camp de Carillon étaient levées. Le régiment de la Reine prit ses quartiers d'hiver à la côte de Beaupré; Guyenne, à Québec, sous les ordres de Bourlamaque; la Sarre, dans l'île de Montréal; Languedoc, à Montréal même, avec

Montcalm et Lévis; Royal-Roussillon, sur la rivière Chambly; Béarn, à Laprairie et aux environs. Dix compagnies des troupes de la marine stationnèrent à Québec; quatre, aux Trois-Rivières; et seize, à Montréal. M. de Lusignan commanda à Carillon une garnison de trois cent quinze hommes, et eut sous ses ordres, à Saint-Frédéric, le capitaine de Gaspé, avec un détachement de la marine.

Sur la rivière Saint-Jean, M. de Boishébert avait sous son commandement quelques débris des malheureux Acadiens, dispersés l'année précédente.

M. de la Valtrie commandait à Frontenac; M. Pouchot, à Niagara; et M. Des Ligneris, au fort Duquesne, où il venait de remplacer M. Dumas.

Cet officier, qui s'était immortalisé, l'année précédente, à la bataille de la Monongahéla, avait rassemblé, au cours de l'été, un grand nombre de sauvages pour faire une diversion pendant le siège de Chouaguen; mais la brusque attaque et la chute de cette place, ayant rendu ce mouvement inutile, " il avait, selon l'expression de Bougainville, lâché cette meute [1] " sur les frontières de la Pensylvanie et de la Virginie. Leurs ravages et leurs cruautés furent d'autant plus épouvantables qu'ils avaient à se venger d'une agression toute récente.

Un parti de trois cents Anglais, commandé par le colonel John Armstrong, s'était approché, à la faveur de la nuit, de la bourgade d'Attigué, habitée par les

---

1 — *Journal de Bougainville.*

Loups ou Mohicans [1], et située entre le fort Duquesne et le fort Machault. Il l'avait assaillie à l'improviste, à l'aube du jour, et mis en fuite ses habitants. Heureusement qu'un officier canadien, M. de Normandville [2], avec quelques autres Canadiens, venus là pour recruter des guerriers, s'y trouvaient encore en ce moment. Ils firent face à l'ennemi avec intrépidité, jusqu'à ce que les sauvages eussent eu le temps d'aller mettre à l'abri leurs femmes et leurs enfants. Une lutte acharnée s'engagea ensuite, durant laquelle les assaillants mirent le feu à quelques cabanes, où se trouvait le dépôt des munitions, consistant en deux barils de poudre qui sautèrent ; ce qui empêcha les Mohicans de poursuivre leurs ennemis, dont ils tuèrent ou blessèrent plusieurs autour du village. Les cris de vengeance des habitants d'Attigué trouvèrent un terrible écho parmi les tribus de l'Ohio [3].

Plus de soixante lieues de frontières furent dévastées par ces hordes farouches : les maisons incendiées ; les moissons et les bestiaux détruits ; des familles entières massacrées ou enlevées. La population éperdue s'enfuit

---

1 — Mohicans ou Mahingans. *Voyage au Canada de 1751 à 1761.*
2 — *Journal de Montcalm.*
3 — Dumas crut que le parti anglais était commandé par Washington.
" Les sauvages ont fait vingt-deux chevelures et deux prisonniers, dont leurs femmes en ont brûlé un ". *Collection Moreau de Saint-Méry. Bigot au ministre,* 6 octobre 1756.
" Les Anglais ont tué sept personnes et ont perdu dix-huit des leurs, dont deux prisonniers. Les sauvages n'ont pas tardé à partir pour se venger ; la revanche sera prompte et sanglante ". *Journal de Bougainville.*

de toutes parts au delà des montagnes, ne se croyant en sûreté que dans les villes.

M. de Villiers, à la tête de cinquante-cinq hommes seulement, s'avança jusqu'à vingt lieues de Philadelphie, et prit le fort Granville, bâti sur le bord de la rivière Juniata. Ce fort de cinq cents pieds carrés, flanqué de quatre bastions, muni d'artillerie, avait une garnison de soixante-quatre soldats. M. de Villiers surprit les sentinelles ; pénétra à travers les portes, l'épée à la main ; tua une partie de la garnison avec son commandant, le lieutenant Bradford ; fit le reste prisonnier, et brûla le fort [1].

Le colonel Washington, forcé de reculer devant ce torrent dévastateur, s'écriait dans son désespoir : " Je déclare solennellement que je m'offrirais volontiers en sacrifice à nos barbares ennemis, si, en donnant ma vie, je pouvais contribuer au soulagement du peuple ".

Cependant, quelque sanglantes que fussent ces incursions, elles auraient été plus cruelles encore, si les commandants français n'eussent sans cesse recommandé aux chefs d'expédition d'empêcher, par tous les moyens possibles, les sauvages de commettre des cruautés sur les prisonniers. Les commissions données par écrit à ces officiers, sont remplies de ces recommandations [2].

---

1 — " M. le chevalier de Villiers a fait, cette année-ci, une campagne très brillante ". *Montcalm à M. de La Bourdonnaye*, 20 septembre 1756.

2 — J'en ai cité quelques-unes adressées aux frères Baby, officiers dans les milices canadiennes. Voir *Un Pèlerinage au Pays d'Evangéline*, p. 224.

Les frères Baby s'étaient fait un nom par la hardiesse de leurs expéditions. Il est dit dans une attestation, signée par

Le prestige de la France dans les pays d'en haut était en ce moment à son apogée. Les deux victoires consécutives de Monongahéla et de Chouaguen avaient rallié toutes les tribus autour de son drapeau. On va les voir, dans la campagne suivante, accourir de toutes les profondeurs de l'Ouest, et venir pousser leur terrible cri de guerre jusque sous les murs de William-Henry.

Vaudreuil, " que les sieurs Baby frères se sont distingués par leur bravoure et leurs talents... qu'en dix occasions, on leur a confié des détachements qu'ils commandaient en chef pour aller frapper sur l'ennemi et toujours avec succès, entre autres, en 1758, avec trente hommes, ayant fait dans la Virginie et amené au fort Duquesne vingt-neuf prisonniers ". L'un des trois frères, Jacques-Duperon Baby, est le bisaïeul de l'auteur.

CHAPITRE SIXIÈME

1756-1757

Bougainville et sa correspondance. — Animosités entre Canadiens et Français. — Mœurs canadiennes. — Les villes et les campagnes. — Disette à Québec. — Divertissements chez l'intendant Bigot. — Excursion de Montcalm et de Vaudreuil à Québec. — Jeux à l'intendance. — Maladie de Vaudreuil. — Robert Rogers, son embuscade, sa défaite. — Expédition de M. de Rigaud contre le fort William-Henry. — Son brillant succès.

Montcalm avait consenti à se séparer pour l'hiver de son premier aide de camp, dont la santé avait été altérée par la dernière campagne. Il lui avait permis d'aller loger chez un de ses parents, M. de Vienne, pour qui Bougainville avait obtenu de l'intendant Bigot une place de garde-magasin, à Québec.

On était au mois de novembre. La descente de Montréal, soit par terre, soit par eau, était à cette saison aussi pénible qu'ennuyeuse. Les chemins défoncés par les pluies, et ensuite durcis par la gelée, étaient presque impraticables. La route par eau, sous un ciel bas, humide et froid, n'était guère plus agréable.

Pendant que l'embarcation qui emportait Bougainville, glissait lentement sur les eaux du fleuve, au-dessus de sa tête passaient de nombreuses bandes de barnaches et d'outardes qui se renvoyaient, par intervalle, leurs cris rauques et stridents. Tout dans la nature, à cette heure désolée de l'automne, portait à la tristesse et à l'ennui.

Bougainville, souffrant et brisé de lassitude, était obsédé par les noires pensées de l'exil, que rendait plus vif encore le désœuvrement du voyage. C'est dans cet état d'esprit qu'il descendit, un soir, dans l'île à la Bague, non loin des Trois-Rivières, où un brave habitant lui offrit l'hospitalité sous son humble toit. Il y passa une partie de la nuit à rédiger son *Journal*, et à écrire à son frère une longue lettre (7 novembre), où il donnait libre cours à son humeur, et lui révélait la guerre intestine qui existait ici entre Français et Canadiens.

" Je suis fatigué de la campagne, dit-il. Depuis mon arrivée en Canada, j'ai fait près de cinq cents lieues. Ces voyages continuels, la mauvaise nourriture, les veilles fréquentes, les nuits passées dans les bois à la belle étoile, les courses avec les sauvages, ont un peu altéré ma poitrine. J'ai même craché du sang à la fin du mois dernier, et cette nuit encore que j'ai passée au fond de l'eau, dans le chemin de Montréal à Québec. J'ai eu une attaque d'asthme. Le régime et le repos me rétabliront et me mettront en état de recommencer au printemps. Au reste, je n'ai pas souffert seul de la rudesse de cette campagne. Nous avons eu beaucoup de malades, et M. de Montcalm a sa santé fort dérangée. Il faudrait, en effet, un corps de fer pour ne pas se ressentir de ces fatigues. Je continue à bien vivre avec mon général. Il me comble de bontés. Je fais aussi tout mon possible pour le satisfaire ; il doit être content de sa campagne. Elle a été heureuse et même brillante, puisque partout, très inférieurs en nombre, nous avons enlevé aux Anglais une des places les plus importantes de ce pays, et qu'ils n'ont pu nous entamer en aucune partie. Puissent cette campagne et les succès que nous avons eus en Europe nous valoir la paix. Nous la désirons ici plus vivement que personne. Quel pays, mon cher frère, et qu'il faut de patience pour supporter les dégoûts qu'on s'attache à nous y donner. Il semble que nous soyons d'une nation différente, ennemie même. Mais il faut être prudent, et j'admire la manière dont se conduit notre général. Tout ce que je puis vous dire, c'est qu'en quittant ce pays nous chanterons de bon cœur l'*In exitu Israël* ".

Deux jours après, Bougainville ajoutait (9 novembre) : " J'arrive enfin à Québec, sur eau, à pied, en cahotant, et j'ai fait mon entrée dans la capitale en charrette. C'est ainsi qu'on voyage dans ce pays-ci....

" Qu'il va se passer de temps avant que j'entende parler de vous ! C'est un désagrément de ce malheureux pays auquel je ne m'accoutumerai jamais ".

Sans doute, c'était une rude épreuve pour les militaires français d'être relégués si loin de leur pays, et séquestrés du reste du monde pendant la plus grande partie de l'année. Mais s'ils avaient comparé, avec moins d'égoïsme, leur sort avec celui des Canadiens, ils auraient compris que les sacrifices que la guerre imposait aux Français étaient loin d'être aussi pénibles que ceux qu'elle infligeait aux colons. Ils les avaient vus dès le printemps arrachés en masse de leurs foyers par une conscription qui n'épargnait pas même les enfants trop faibles pour supporter la guerre. Ils avaient vu leurs terres abandonnées, presque sans culture, faute de bras. S'il y avait un poste dangereux à garder, un parti d'éclaireurs à former, une expédition à envoyer au loin dans les bois, pour aller frapper avec les sauvages contre l'ennemi, c'était presque uniquement les Canadiens qui en étaient chargés.

Dans l'intérieur du camp, les préférences pour la nourriture et pour le logement étaient aux soldats français. Tandis que ceux-ci étaient logés sous des tentes, les Canadiens s'abritaient comme ils le pouvaient. Quand la rareté des vivres se faisait sentir, c'était par les Canadiens qu'on commençait les retranchements.

Maintenant que la campagne était terminée, presque toute l'armée était distribuée dans les paroisses où l'habitant, à peine arrivé de cette campagne, durant laquelle il n'avait pas reçu de solde, était forcé de recevoir dans sa maison, de chauffer et de nourrir le nombre de militaires qu'on lui imposait. Tout cela pour dix sous par jour par personne, payés presque toujours en papier-monnaie déprécié, qui devait à la fin être en grande partie renié par le roi. Ajoutons à cela la corruption administrative dont le peuple était la première victime, et dont les militaires étaient les premiers à se plaindre.

Si du moins en compensation de tant de sacrifices, les Canadiens avaient senti leurs services reconnus et appréciés ; mais, au contraire, ils se voyaient traités avec hauteur, quelquefois avec dureté, trop souvent avec mépris. De là les récriminations, les antipathies qui dégénéraient en haines mutuelles.

Chaque partie devenait injuste l'une envers l'autre. Les Canadiens, trop confiants en eux-mêmes, n'ayant jamais connu la grande guerre, n'estimaient pas à leur juste valeur ces régiments français, rompus à la discipline, éprouvés au feu, seuls capables de tenir tête aux masses européennes qui menaçaient le Canada. De leur côté, les soldats de France blessaient profondément l'orgueil des miliciens en se moquant de leur manière de combattre et en les taxant de lâcheté. La vérité est que ces deux corps de troupes avaient chacun des qualités particulières, également précieuses, dont la réunion, sous une main habile, formait l'armée la mieux adaptée au genre de guerre qui se faisait en Amérique. La campagne qui venait de s'achever glorieusement en était une preuve éclatante [1].

Le véritable mot de la situation avait été prononcé par Lévis avec une sûreté de jugement, qui ne se démentit pas un seul jour depuis le commencement jusqu'à la fin de cette guerre. Il écrivait de Carillon au maréchal de Belle-Isle, 9 octobre :

" Malgré le succès de cette campagne, où, s'il y a eu

---

1 — Il faut dire que ces animosités sortaient assez peu du cercle de la haute classe civile et militaire. Montcalm notait dans son *Journal*, le 23 novembre 1756 : " Le Canadien et le soldat s'accommodent très bien ensemble ". Ils s'accommodaient si bien que, malgré les obstacles qu'y mettaient les commandants, un grand nombre de mariages se firent entre les soldats, les officiers et les Canadiennes.

du bien joué, il y a eu aussi du bonheur. La paix est à désirer partout, et surtout dans un pays où il y a des obstacles inconnus en Europe ".

Lévis était incontestablement l'homme le plus complet, le caractère le plus remarquable qu'il y eût alors dans la colonie. On va le voir grandir avec les événements ; et, à la fin de cette guerre, quand après la défaite d'Abraham, tout semblera perdu, on le verra rassembler les débris de l'armée, et venir sur le même champ de bataille gagner une dernière victoire, qui aurait probablement sauvé la colonie, si le roi Louis XV ne l'avait pas trahie par un lâche abandon.

Lévis se tint toujours au-dessus des mesquines querelles qui l'entouraient. Il chercha sans cesse à les apaiser ; il n'en parle dans sa correspondance que pour tâcher d'y apporter remède.

Dans les scènes de cette guerre, qui souvent rappellent celles de l'Iliade, Lévis, à côté de Montcalm, représente le sage Ulysse auprès du bouillant Achilles.

Le général écrivait à sa femme (3 novembre) :

" Je passerai mon hiver avec le chevalier de Lévis, qui est bien mon ami. Dites à M. de Mirepoix qu'il fait toute ma douceur, et il n'y a nul compliment à cela. Je ne suis pas sans sujets d'humeur, mais je n'en écris pas. Embrassez ma mère, mes filles ; aimez-moi tendrement. Au lieu d'un baril d'anchois et un d'olives, doublez cette provision. Je vous adore, ma très chère, et je serai au comble de mes vœux de vous rejoindre en octobre 1757. Ainsi soit.

" Tous les enfants de Montpellier, au nombre de quatre-vingts, en bonne santé ".

Six jours après, il ajoutait à sa mère : " Je vais donc être, ma mère, six à sept mois sans vous écrire. Aussi, quoiqu'il n'y ait que quelques jours que j'aie écrit à Mme de Montcalm, je veux aussi vous renouveler les assurances de ma respectueuse tendresse. Ma santé est bonne, et j'espère que le repos de l'hiver dont j'avais grand besoin me fera grand bien. Tout ce qui est avec moi est en bonne santé. Je compte passer mon hiver ici, sauf un mois que j'irai passer à Québec lorsque nous pourrons voyager sur les glaces. J'embrasse tendrement la très chère, ma fille et notre cher Massillan.

" M. de La Corne envoie six belles queues de martre à Mme de Montcalm. Si elles arrivent à bon port, à Paris, la très chère aura un manchon. Une autre année, je songerai à en envoyer un à ma fille ; mais j'aimerais mieux lui porter ".

Le 15 novembre, deux coups de canon tirés des remparts de Québec, répondirent au signal d'adieu de la frégate l'*Abénaquise*, qui venait de mettre à la voile, emportant les dernières dépêches du Canada. Désormais, toute communication avec la France était interrompue jusqu'au mois de mai suivant. Parmi les citoyens et les militaires qui la suivirent de l'œil jusqu'à ce qu'elle eût disparu derrière la falaise de Lévis, se trouvait probablement Bougainville, le plus attristé de tous, quoiqu'il fût un des mieux partagés.

La société de Québec, accoutumée à cet isolement, n'en perdait pas une heure de sa gaieté habituelle.

Le célèbre botaniste suédois, Pierre Kalm, qui a visité le Canada en 1749, et y a séjourné plusieurs mois, a tracé une peinture aussi curieuse qu'exacte de cette société :

" La différence, dit-il, entre les manières et les coutumes des Français au Canada, et celles des Anglais dans les colonies américaines, est la même qui existe entre ces deux nations en Europe. Ici, les femmes en général sont belles ; elles sont bien élevées et vertueuses, et ont un laisser-aller qui charme par son innocence même, et prévient en leur faveur ; elles s'habillent beaucoup le dimanche, mais les autres jours elles s'occupent assez peu de leur toilette, sauf leur coiffure qu'elles soignent extrêmement, ayant toujours les cheveux frisés et poudrés, ornés d'aiguilles brillantes et d'aigrettes. Chaque jour de la semaine, le dimanche excepté, elles portent un mantelet petit et élégant, sur un court jupon, qui va à peine à la moitié de la jambe ; et dans ce détail de leur ajustement, elles paraissent imiter les femmes indiennes. Les talons de leurs souliers sont élevés et très étroits ; je m'étonne qu'ainsi chaussées, elles puissent marcher à l'aise. En fait d'économie domestique, elles surpassent grandement les Anglaises des plantations, qui ne se gênent pas de jeter tout le fardeau du ménage sur leurs maris, tandis qu'elles se prélassent toute la journée, assises, les bras croisés. Les femmes en Canada, au contraire, sont dures au travail et à la peine, surtout parmi le bas peuple ; on les voit toujours aux champs, dans les prairies, aux étables, ne répugnant à aucune espèce d'ouvrage. Cependant elles se relâchent un peu à l'égard de la propreté des ustensiles et des appartements.... En général, cependant, les dames ne refusent pas de prendre leur part des soins du ménage ; et j'ai vu avec plaisir les filles du meilleur monde, voire même celles du gouverneur, habillées pour l'occasion, aller dans les cuisines et les celliers pour s'assurer que tout y était en ordre.

" Les hommes sont extrêmement polis, et saluent, en ôtant leurs chapeaux, chaque personne indistinctement qu'ils rencontrent dans les rues. Il est d'usage de remettre une visite le lendemain même, en eût-on des vingtaines à faire dans la journée....

" La politesse des habitants, ici, est bien plus raffinée que celle des Hollandais et des Anglais des colonies appartenant à la Grande-Bretagne ; mais, en revanche, ces derniers ne donnent pas autant de temps à leur toilette que les Français. Les dames, surtout, ornent et poudrent leurs cheveux chaque jour et se papillotent chaque nuit. Cette coutume frivole n'est pas introduite dans les colonies anglaises. Les gentilshommes portent généralement leurs propres cheveux, mais il y en a qui font usage de perruques. Les gens de condition mettent du linge garni de dentelles ; tous les officiers de la couronne ont l'épée. Les gentilshommes, même ceux d'un rang élevé, le gouverneur général excepté, lorsqu'ils vont en ville par un jour qui menace d'être pluvieux, portent leurs manteaux sur le bras gauche. Les amis de l'un et l'autre sexe, qui ne se sont pas vus depuis quelque temps, se saluent en s'embrassant mutuellement, lorsqu'ils viennent à se rencontrer....

" Chose curieuse ! tandis que beaucoup de nations imitent les coutumes françaises, je remarque qu'ici ce sont les Français qui, à maints égards, suivent les coutumes des Indiens, avec lesquels ils ont des rapports journaliers. Ils fument dans des pipes indiennes, un tabac préparé à l'indienne, se chaussent à l'indienne et portent jarretières et ceintures comme les Indiens. Sur le sentier de guerre, ils imitent la circonspection des Indiens ; de plus, ils leur empruntent leurs canots d'écorce et les conduisent à l'indienne ; ils s'enveloppent les pieds avec des morceaux d'étoffe carrés au lieu de bas, et ont adopté beaucoup d'autres façons indiennes. Un étranger entre-t-il dans la maison d'un paysan ou cultivateur canadien, aussitôt il se lève, salue le visiteur d'un coup de chapeau et se rassied lui-même. Ici, tout le monde est Monsieur ou Madame, le paysan aussi bien que le gentilhomme, la paysanne comme la plus grande dame. Les gens de la campagne, les femmes surtout, portent des chaussures de bois faites toutes d'une pièce et creusées en forme de pantoufle. Les jeunes gens, et même les vieux paysans tiennent leurs cheveux noués en tresse par derrière, et beaucoup d'entre eux passent la journée à la maison la tête couverte d'un bonnet de laine rouge ; il y en a même qui font des voyages ainsi coiffés….

" Il y a une distinction à faire entre les dames canadiennes, et il ne faut pas confondre celles qui viennent de France avec les natives. Chez les premières, on trouve la politesse qui est particulière à la nation française. Quant aux secondes, il faut encore faire une distinction entre les dames de Québec et celles de Montréal. La Québecoise est une vraie dame française par l'éducation et les manières ; elle a l'avantage de pouvoir causer souvent avec des personnes appartenant à la noblesse, qui viennent, chaque année de France à bord des vaisseaux du roi, passer plusieurs semaines à Québec. A Montréal, au contraire, on ne reçoit que rarement la visite d'hôtes aussi distingués. Les Français eux-mêmes reprochent aux dames de cette dernière ville, d'avoir beaucoup trop de l'orgueil des Indiens, et de manquer d'éducation. Cependant, ce que j'ai dit plus haut de l'attention excessive qu'elles donnent à leur coiffure, s'applique à toutes les femmes du Canada. Les jours de réception, elles s'habillent avec tant de magnificence, qu'on serait porté à croire que leurs parents sont revêtus des plus grandes dignités de l'Etat. Les Français, considérant les choses sous leur véritable aspect, s'alarment beaucoup de l'amour extravagant de la toilette qui s'est emparé d'une grande partie des dames en Canada, qui éloigne d'elles toute idée de faire des épargnes en prévision des besoins à venir, qui cause le gaspillage de fortunes et pousse à la ruine des familles. Elles ne portent pas moins d'attention aux modes nouvelles, et se moquent les unes des autres, chacune critiquant le goût de sa voisine. Mais ce qu'elles reçoivent comme nouvelles façons est déjà passé de mode, et mis au rebut en France. Les vaisseaux ne venant au Canada qu'une fois tous les douze mois, on considère comme de mode, pendant toute l'année, ce que les passagers ont apporté avec eux, ou ce qu'il leur plaît d'imposer comme étant du dernier goût. Les dames canadiennes, celles de Montréal surtout, sont très portées à rire des fautes de langage des étrangers ; mais elles sont excusables jusqu'à un certain point, parce qu'on est enclin à rire de ce qui paraît inusité et cocasse, et au Canada on n'entend presque jamais parler le français que par des Français, les étrangers n'y venant que rarement. Quant aux sauvages, ils sont trop fiers pour s'exprimer dans une autre langue que la leur, et les Français sont bien obligés de l'apprendre. Il suit de là que les belles dames du Canada ne peuvent entendre aucun barbarisme ou expression inusitée sans rire. La première question qu'elles font à un étranger est pour savoir s'il est marié ; la seconde, comment il trouve les femmes du pays, et si elles sont plus jolies que celles de son propre pays ; et la troisième (quand l'étranger a répondu qu'il n'est pas marié), s'il ne fera pas choix d'une compagne avant de retourner chez lui. Pour continuer la comparaison entre les dames de Québec et celles de Montréal, j'ajouterai que celles-ci sont généralement plus belles que les premières. Les manières m'ont semblé quelque peu trop libres dans la société de Québec. J'ai remarqué à Montréal plus de cette modestie qui va si bien au beau sexe. Les dames de Québec, surtout celles qui ne sont pas sous puissance de mari, mènent une vie passablement oisive et frivole. A Montréal, les filles sont plus adonnées au travail ; on les voit toujours occupées à coudre quand elles n'ont point d'autre devoir à remplir. Cela ne les empêche pas d'être gaies et contentes ; personne, non plus, ne peut les accuser de manquer d'esprit ni d'attraits. Leur seul défaut, c'est d'avoir trop bonne opinion d'elles-mêmes. Notons à leur louange que les filles de tout rang, sans exception, vont au marché, et rapportent avec elles les provisions qu'elles y ont achetées. Elles se lèvent aussi de bonne heure, et se couchent aussi tard que qui que ce soit dans la maison ".

Telles étaient, au témoignage d'un savant étranger protestant, dont on ne saurait suspecter l'impartialité, les mœurs du peuple canadien sous l'ancien régime. Kalm a complété ce tableau si vrai, en décrivant avec non moins d'exactitude l'aspect des campagnes. Voici ce qu'il dit des environs de Montréal et de Québec :

" Une population dense habite les bords de l'île de Montréal, lesquels sont en pur terreau, très unis et ne s'élèvent guère à plus de trois verges de hauteur. Les bois ont été abattus le long de la rivière sur une profondeur d'un mille anglais. Les maisons sont bâties en bois ou en pierre, et blanchies à l'extérieur. Les dépendances, telles que granges, étables, etc., sont toutes en bois. Le terrain dans le voisinage de la rivière est converti en champs de blé ou en prairies. Çà et là, nous apercevons des églises qui se font face sur chaque côté du fleuve....

" Les fermes en Canada sont séparées les unes des autres, de manière que chaque propriétaire a son bien distinct de celui de son voisin. Chaque église, il est vrai, est entourée d'un petit village ; mais il est formé principalement du presbytère, d'une école pour les garçons et les filles, et des demeures des commerçants et artisans, rarement d'habitations de fermiers ; et quand il y en a, les terres sont séparées. Les maisons des paysans sont généralement bâties sur les bords de la rivière, à une distance plus ou moins grande de l'eau, et à trois ou quatre arpents les unes des autres. Quelques cultivateurs ont des vergers, c'est le petit nombre ; mais chacun a son jardin potager....

"Les maisons des fermiers contiennent trois ou quatre chambres ; les fenêtres sont rarement garnies de vitres, le plus souvent des carreaux de papier remplacent le verre ; un poêle en fonte chauffe toute la maison ; les toits sont couverts en bardeau ; on calfeutre les fentes et les lézardes avec de la terre glaise ; les dépendances sont couvertes en chaume.

"De distance en distance, on voit des croix plantées le long du chemin qui court parallèlement au rivage. Cet emblème est multiplié au Canada, sans doute afin d'exciter la foi du voyageur....

"Le paysage de chaque côté de la rivière est charmant, et l'état avancé de la culture des terres ajoute grandement à la beauté de la scène. On dirait un village continu, commençant à Montréal et finissant à Québec, sur une ligne de plus de cent quatre-vingts milles.... La vue est très belle, surtout lorsque la rivière court en droite ligne l'espace de quelques milles ; alors les habitations paraissent plus rapprochées les unes des autres, et offrent davantage l'aspect d'un village bâti sur une seule rue, se prolongeant indéfiniment.

"Toutes les femmes du pays, sans exception, portent le bonnet. Leur toilette consiste en un court mantelet sur un court jupon, qui leur va à peine au milieu du genou ; une croix d'argent est suspendue à leur cou. Lorsqu'elles travaillent en dedans de leurs maisons, elles fredonnent toujours, les filles surtout, quelques chansons, dans lesquelles les mots amour et cœur reviennent souvent. A la campagne, lorsque le mari reçoit la visite d'une personne de distinction et l'invite à dîner avec la famille, sa femme ne se met pas à table, mais elle se tient derrière l'hôte et le sert. Dans les villes, cependant, les dames ont meilleur ton, et sont plutôt portées à se mettre sur un pied d'égalité que d'infériorité avec leurs maris. Lorsqu'elles sortent, elles s'enveloppent d'un long manteau gris, brun ou bleu, qui couvre tous les autres vêtements. Les hommes en portent un aussi les jours de pluie. Ce manteau offre aux femmes l'avantage de sortir en déshabillé sans que personne s'en aperçoive....

La pente des bords de la rivière s'accroît davantage à mesure que l'on approche de Québec. Vers le nord, l'horizon est borné par une haute rangée de montagnes. A environ deux lieues et demie de la ville, la rivière est très étroite, ses rives n'étant qu'à une portée de mousquet l'une de l'autre. Le pays de chaque côté est montagneux, accidenté, couvert d'arbres et parsemé de petites roches....

"Autour de Québec, toutes les collines sont cultivées : sur le sommet de plusieurs, on distingue des villages pittoresquement groupés autour de belles églises"....
Des hauteurs de Beauport, " on jouit de la plus belle perspective possible. Le regard embrasse, comme dans un vaste panorama, Québec, qu'on voit distinctement au sud, la rivière Saint-Laurent à l'est, et la multitude de vaisseaux à voiles de toutes grandeurs, qui en montent ou descendent le cours; et à l'ouest, un long amphithéâtre de montagnes s'abaissant graduellement depuis celles dont la masse imposante borne l'horizon, jusqu'aux collines dont le pied forme la berge du fleuve. Toute

la contrée est en état de culture et divisée en champs et en prairies ou pâturages. La plupart des terres sont couvertes de riches moissons de blé, d'avoine blanche et de pois. La campagne est parsemée de fermes et d'habitations, dont quelques-unes fort belles ; il n'y en a pas deux qui se touchent. Les maisons sont généralement bâties en pierre à chaux noire, et blanchies à l'extérieur. Beaucoup de ruisseaux et de cours d'eau descendent des éminences des montagnes qui les dominent "….

A la date où nous sommes, il y avait à peine sept ans que le savant botaniste de Stockholm avait tracé ce tableau si riant, et pourtant si vrai. Le Canada alors, sous l'administration d'un gouverneur éminent [1], était réellement prospère ; et rien ne fait mieux voir combien la guerre, jointe à la malversation, pesait lourdement sur les Canadiens, que le changement qui s'était opéré depuis. Une grande partie des terres, comme on l'a vu, n'avaient pu être ensemencées, et pour comble de malheur, la récolte avait été mauvaise.

La neige avait à peine couvert le sol que déjà la disette se faisait sentir. On était réduit à mêler de la farine d'avoine et de pois à celle de blé, et le peuple se disputait le pain à la porte des boulangeries.

Ecoutons un témoin oculaire : " Par une ordonnance de police, il a été réglé qu'on ne distribuerait le pain au public que l'après-midi. J'ai été voir cette distribution : elle présente l'image d'une famine. On se bat à qui approchera du guichet, par lequel on passe le pain.

---

1 — M. de la Galissonière.

Ceux qui n'en peuvent approcher tendent leur ordonnance au bout d'un bâton. C'est un spectacle dont il faudrait éloigner surtout les prisonniers anglais, qui viennent tous les jours y assister, et qui ne manquent pas d'en tirer des conséquences [1] ".

Ces scènes avaient lieu à quelques pas de l'intendance. Et quand les malheureux affamés, qui revenaient avec un morceau de pain sous le bras, après avoir attendu au guichet jusqu'à la nuit fermée, passaient devant la façade du palais, ils entendaient le bruit des fêtes auxquelles présidait l'intendant Bigot. Car, si on souffrait à Québec, on s'amusait aussi ; surtout au palais de l'intendant, dont les salons étaient devenus le rendez-vous du monde élégant et frivole de la capitale. A cette heure de la soirée, on voyait affluer dans la cour, que formaient les deux pavillons avec le corps principal du palais, les plus beaux équipages de la ville et des environs. Ces équipages d'hiver étaient d'élégantes carrioles, dont les sièges capitonnés étaient revêtus de riches fourrures, dont la plus belle flottait au vent, à l'arrière de la voiture. Ces équipages s'annonçaient de loin par le tintement argentin des clochettes ou des petits grelots suspendus au cou des chevaux. Ils se succédaient au pied de l'escalier, à double rampe, qui conduisait à la grande porte d'entrée, où les laquais en livrée enlevaient les vêtements de fourrures des invités. Parmi ceux-ci figuraient un trop grand nombre de représentants de la noblesse canadienne, la riche bourgeoisie, et beaucoup d'officiers de l'armée, entre autres

---

1 — *Journal de Bougainville.*

M. de Roquemaure, commandant du régiment de la Reine ; le chevalier de Montreuil, MM. de Pascalis, de Germain, d'Hébécourt, d'Hert, Marin, De Laas, du même régiment ; M. de Launay, commandant du régiment de Guyenne, avec MM. de Manneville, Deblau, de Chassignolles, de Chabert, de Montanier, du même régiment.

Les fastueux banquets, les danses et les jeux de hasard se partageaient ces nuits scandaleuses contre lesquelles protestaient en vain l'évêque et son clergé. La cour, en miniature, que tenait l'intendant au pied du cap de Québec, avait, comme à Versailles, sa Pompadour en Mme Péan, née Davennes des Meloises, qui s'est rendue tristement célèbre par ses liaisons avec Bigot. On est étonné de voir l'austère et misanthrope Bougainville courir à toutes ces parties de plaisirs, et se montrer l'un des plus âpres au jeu. Le 27 novembre, on le surprend aux pieds de " la sultane [1] ", Mme Péan, la priant d'être marraine avec lui au baptême d'un des enfants de son cousin de Vienne. Un autre jour, on le trouve en promenade à Sainte-Foye, en compagnie fort mondaine. " Tel est, dit-il, le plaisir des femmes de ce pays d'aller en carriole l'hiver sur les neiges ou sur les glaces, dans des temps où il semble qu'on ne devrait pas même sortir par nécessité ". Il faisait, en effet, en ce moment, un fort vent de nord-est, " que les gens du pays appellent le coup de la Sainte-Catherine, qu'ils ont observé être régulier ce jour-là ou dans les jours qui le précèdent ou le suivent. La Sainte-Catherine est un jour de fête et de danse ici ".

---

1 — C'est ainsi que Montcalm, dans son *Journal*, désigne la maîtresse de Bigot.

Quelques jours après, autre excursion à la bourgade huronne de Lorette, où l'on assiste à l'office du dimanche. " Les femmes dans l'église sont séparées des hommes.... Elles chantent à l'unisson. On les prendrait pour un chœur de nos religieuses, à l'exception que presque toutes les sauvagesses ont la voix singulièrement mélodieuse. Ce qui m'a le plus frappé, c'est un sauvage qui servait la messe avec un surplis. J'ai cru voir le loup berger ".

A Montréal, la vie rangée, honorable et vertueuse que menaient le gouverneur et la marquise de Vaudreuil, était une éclatante protestation contre les scandales de l'intendance.

Les réceptions se faisaient au château avec une dignité et une simplicité qui seyaient aux malheurs des temps. Malgré les dissentiments qui régnaient entre Vaudreuil et Montcalm, et qui commençaient à percer dans le public, leurs rapports de société en souffraient peu, et l'on voyait assez souvent Montcalm et son état-major assis à la table du gouverneur, qui à son tour agréait les invitations du général.

" M. le chevalier de Lévis, écrivait Montcalm, a donné un très beau bal à toutes les dames de la ville de Montréal ; il doit en donner encore un le lundi gras. Il y a eu beaucoup de profusion dans les rafraîchissements, et beaucoup d'attention dans les politesses. Les commandants des troupes de terre ont cherché à vivre honorablement dans leurs quartiers, et ont fait plus de dépenses que leurs appointements ne leur permettaient ; ils auraient même encore plus fait, si le goût de M. et Mme la marquise de Vaudreuil n'était tourné vers la dévotion, et s'il n'avait fallu ménager le ton d'un pays où il y a un mélange de dévotion italienne qui n'exclut pas la galanterie ".

Montcalm ajoutait dans une lettre à Bourlamaque :

" M. le chevalier de Lévis s'amuse fort ici. Il passe sa vie chez Mme Pénisseault. Il a été d'un grand souper chez M. Martel. Pour moi, je joue un trictrac, et je fais un tri chez mon général, Mme Varin, rarement Mme Deschambault... Vous voyez que je n'ai pas étendu mes connaissances [1].

" Je vous prie, Monsieur, de dire à M. de Solvignac que M. l'intendant paraît craindre que le séjour de l'hiver, à Québec, ne fût dispendieux. Ainsi, quand lui et M. de La Mothe auront passé le temps des plaisirs à Québec, il faudra bien songer à venir faire le carême dans ce triste gouvernement de Montréal, pour, suivant les règles, faire Pâques avec son curé [2]".

Les Iroquois avaient ressenti plus qu'aucune autre nation le coup frappé sur Chouaguen, et depuis lors ils avaient cherché toutes les occasions de se rapprocher des Français. Au mois de décembre, une ambassade de cent quatre-vingts de leurs guerriers étaient arrivés à Montréal. Le gouverneur les reçut au château au milieu d'une brillante cour d'officiers civils et militaires, et leur présenta le général qui les avait étonnés par la rapidité de ses conquêtes.

" Les députés des Iroquois du Saut et du lac y étaient présents, raconte Montcalm dans son *Journal*. Les Outaouais et les Poutéotamis y ont aussi assisté,

---

1 — 24 novembre 1756.
2 — 25 novembre 1756.

et tous ces sauvages étaient extrêmement parés et matachés. Ils s'étaient rendus à la salle d'audience avant l'arrivée des Cinq-Nations.

" Les Cinq-Nations se sont assemblés à la salle du séminaire, d'où ils sont partis pour venir chez M. le marquis de Vaudreuil. Le grand chef, à leur tête, est entré dans la salle en chantant, en dansant et en pleurant. Ils ont porté dix-huit paroles, et donné pour cet effet quatorze colliers et plusieurs branches de porcelaine.

" Le premier collier a été offert pour couvrir la mort du baron de Longueuil, gouverneur de Montréal, et de son fils, le chevalier de Longueuil, tué l'année dernière à l'affaire du lac Saint-Sacrement ; un autre, pour sécher les larmes d'Ononthio ; un troisième, pour allumer à Montréal un feu qui ne s'éteindra jamais ; un quatrième, pour relever l'arbre de paix dont les feuilles étaient prêtes à sécher ; un cinquième, pour présenter un balai avec lequel on pût enlever la poussière qui s'était amassée chez eux depuis qu'on ne tenait plus les anciens conseils, etc. A chaque collier présenté par les Oneyouts, pendait une chevelure anglaise. Ils ont foulé aux pieds les médailles qui leur avaient été données par le roi d'Angleterre. L'orateur a fini par appeler à haute voix chaque nation par son rang, et à mesure qu'il l'appelait, le chef faisait le cri de remercîment, qui était repris musicalement par tous les sauvages.

" Toutes les paroles des Cinq-Nations ont été recueillies par le secrétaire du gouverneur, et les colliers reçus, en les numérotant ".

Personne, les astucieux Iroquois moins que les autres, ne se laissait prendre à ces protestations d'amitié ; mais elles assuraient pour le moins une plus stricte neutralité de la part des Cinq-Nations durant la prochaine campagne.

On était à la fin de décembre. Vaudreuil se hâta de congédier l'ambassade, pour se trouver à Québec à l'occasion de la nouvelle année. Il y fut suivi par Montcalm et Lévis.

" M. l'intendant y a tenu un très grand état, et a donné deux très beaux bals, où j'ai vu plus de quatre-vingts dames ou demoiselles très aimables et très bien mises. Québec m'a paru une ville d'un fort bon ton ; je ne crois pas que dans la France, il y en ait plus d'une douzaine au-dessus de Québec pour la société ; car, d'ailleurs, il n'y a pas plus de douze mille âmes [1] ".

Le marquis fut témoin, pour la première fois, du jeu effroyable dont Bigot donnait l'exemple, et eut des scrupules de s'y voir mêler. Il en rejette la faute sur " le goût décidé de M. l'intendant pour les jeux de hasard, et sur la complaisance outrée de M. le marquis de Vaudreuil ".

" On a joué indécemment, dit-il, les jeux de hasard, et même les plus désavantageux, comme le pharaon. Plusieurs officiers s'en repentiront pendant longtemps, comme M. Marin, lieutenant en second dans le bataillon de la Reine, qui, outre beaucoup d'argent comptant, a perdu cinq cents louis. La générosité française n'a pas permis que cet officier fût en peine vis-à-vis ceux

---

1 — *Journal de Montcalm.*

de la colonie qui les lui avaient gagnés ; et M. de Roquemaure a eu le bon procédé de faire prêter l'argent et d'en répondre ".

On voit paraître ici une des malheureuses conséquences des divisions qui régnaient entre les deux commandants. Avec l'autorité absolue qu'ils avaient sur leurs troupes respectives, il eût suffi d'une ordonnance pour arrêter ces désordres ; mais au lieu de se concerter pour agir avec vigueur, ils fléchissaient, de crainte de perdre une popularité qu'ils commençaient à se disputer.

Sur ces entrefaites, un incident qui fit éclater l'attachement des Canadiens pour le gouverneur, rendit la position encore plus tendue. Vaudreuil venait de partir pour Montréal, lorsqu'on apprit tout à coup qu'une violente attaque de pleurésie l'avait arrêté aux Trois-Rivières, et menaçait ses jours. L'alarme fut grande dans la colonie, et Mgr de Pontbriand ordonna des prières publiques avec procession et exposition du Saint-Sacrement. On se demanda, avec ironie, dans les cercles militaires, si sa mort ferait un aussi grand vide qu'on paraissait le craindre. L'alarme fut passagère, car le gouverneur se rétablit promptement.

Le 31 janvier, Montcalm, accompagné de son premier aide de camp, était sur le chemin de Montréal, où l'appelaient les préparatifs d'une prochaine expédition. Les deux voyageurs, enveloppés d'épaisses fourrures, jouissaient de cette promenade à laquelle ils étaient peu habitués. La carriole attelée de deux chevaux, glissait, tantôt sur la neige durcie du chemin, tantôt sur la glace du fleuve, avec une rapidité qui les émerveillait. Autour d'eux s'étendait, éclairée par les rayons obliques d'un pâle soleil, l'immense nappe blanche, sur laquelle courait une poudrerie fine, emportée par un vent sec et glacé.

Le silence morne de la nature n'était interrompu que dans le voisinage des maisons par le jappement de quelque roquet, qui courait après la voiture, ou par le bruit cadencé des fléaux, dans les granges où l'on battait le grain.

La nuit vient vite à cette saison de l'année: la scène changeait alors d'aspect. Les étoiles s'allumaient au ciel, et dans cette atmosphère pure et limpide comme le cristal, elles étincelaient par myriades dans l'azur immaculé. L'horizon s'approfondissait au loin dans un clair obscur indéfini aux lueurs vacillantes de l'aurore boréale. De distance en distance, une petite lumière, scintillant à travers une fenêtre, indiquait la chaumière d'un habitant. Çà et là, au bord de la route, des bouquets d'épinettes et de mélèzes, avec leurs branches chargées de neige, ressemblaient à des fantômes qui s'avançaient en se balançant vers les voyageurs.

En contemplant cette nature hyperboréenne, si différente des climats tempérés, ils songeaient combien ils étaient loin de la France, et se demandaient quand finirait cette dure expédition.

A l'un des relais, ils furent rejoints par un courrier de Carillon, qui leur apporta la nouvelle d'une alerte causée dans ce fort par un parti de francs-tireurs ou rangers américains. Ce parti de soixante-quatorze hommes, avait pour chef un aventurier du New-Hampshire, le capitaine Robert Rogers, qui, avant la guerre, avait fait la contrebande sur les frontières du Canada et de la Nouvelle-Angleterre. Ce commerce interlope lui avait fourni l'occasion d'apprendre un peu de français, et de s'endurcir aux courses dans les bois. Il s'était déjà rendu célèbre par des coups d'audace qui avaient fait de lui le rival de nos plus hardis chefs de bandes, mais aussi par des actes d'atrocités qui lui avaient acquis la réputation d'un brigand. Son portrait a été conservé : à ses lèvres minces, sous un nez énorme, à ses yeux de lynx, on reconnaît un homme aux instincts sanguinaires. Il avait été accusé comme faussaire ; il fut plus tard soupçonné de trahison ; mais les services signalés qu'il rendit avec ses partis d'éclaireurs, firent fermer les yeux sur ses crimes, augmentèrent d'année en année son crédit dans l'armée anglaise, et le firent placer à la tête de corps considérables.

Rogers, avec sa troupe, était sorti, le 16 janvier, du fort William-Henry, et après avoir franchi le lac George sur la glace, il avait suivi, en raquettes, un sentier dans la montagne, nommé le chemin des Agniers, qui l'avait conduit, sans être aperçu, jusqu'au bord du lac Champlain, à mi-chemin entre Carillon et Saint-Frédéric.

Le 21 janvier, une escouade de quinze soldats et d'un sergent aux ordres d'un officier canadien, M. de Rouilly, était sortie du fort Carillon, avait descendu la falaise et pris le chemin tracé sur la glace du lac. Ils emmenaient avec eux plusieurs traînes sur lesquelles ils devaient charger des provisions, que M. de Lusignan envoyait chercher à Saint-Frédéric. Au moment où, sans soupçonner le danger, ils passaient en face de l'embuscade dressée par Rogers, ils virent déboucher du rivage sa troupe sur quatre colonnes, qui s'avança sur eux au pas de course. Sept soldats furent pris avec trois traînes, le reste s'enfuit et arriva hors d'haleine au fort Carillon, où il répandit l'alarme.

M. de Lusignan fit partir immédiatement cent hommes de troupes de terre et de la colonie, avec quelques volontaires canadiens et sauvages, ceux-ci presque tous Outaouais, sous le commandement de M. de Basserode [1], pour aller couper la retraite aux maraudeurs. Parmi les Canadiens qui faisaient partie de cette expédition se trouvait un fameux " officier partisan ", très populaire parmi les tribus des grands lacs, Charles de Langlade [2]. C'était lui qui avait dirigé les principales attaques des sauvages à la bataille de la Monongahéla. La troupe alla s'embusquer, à environ une lieue du fort, de chaque côté d'un ravin, où l'on arrivait par une montée que devaient gravir les rangers pour aller regagner la glace du lac George.

Le temps était au dégel, et il faisait une pluie battante. Les soldats sans raquettes, enfonçant jusqu'aux genoux dans la neige, se voyaient dans une position très désavantageuse pour combattre.

Il était trois heures de l'après-midi quand parut la colonne des rangers, qui s'avançait en raquettes sur une seule file, marchant à grands pas ; car dès que Rogers avait vu que l'alarme allait être donnée à

---

1 — Capitaine au régiment de Languedoc.

2 — Vaudreuil, prévoyant que l'ennemi ne passerait pas l'hiver sans faire quelque tentative, avait envoyé M. de Langlade à Carillon, à la fin de décembre, avec " quatre-vingt-dix hommes, Canadiens et sauvages de bonne volonté ". *Vaudreuil au ministre*, 19 avril 1757.

Carillon, il s'était hâté de rebrousser chemin. A son tour, il allait être surpris, car il vint donner en plein dans l'embuscade, sans rien apercevoir. Ce ne fut qu'à l'instant où le bruit sec de plusieurs fusils qu'on bande se fit entendre derrière le fourré, que son avant-garde fut mise en éveil ; mais avant qu'ils eussent le temps de se mettre en défense, une décharge de balles s'abattit sur eux. Le lieutenant Kennedy et plusieurs rangers furent tués sur le coup. Une balle raya le crâne de Rogers. Dans le moment de confusion qui s'ensuivit, les sept prisonniers se précipitèrent vers les Français; quatre les rejoignirent, les trois autres furent tués par les Anglais. La décharge, cependant, n'avait pas été aussi meurtrière qu'on aurait pu le supposer, car un bon nombre de fusils, mouillés par la pluie, ne partirent pas. Les Français s'élancèrent, la baïonnette baissée, sur la tête de la colonne qu'ils culbutèrent ; mais celle-ci avait l'avantage que donne la raquette sur une neige molle. Une partie s'échappa et parvint à rejoindre l'arrière-garde, qui s'était ralliée autour de Rogers, sur une éminence qui dominait les Français. Là, abrités derrière les troncs d'arbres et les rochers, entourés d'une neige épaisse, qu'on ne pouvait escalader sans raquettes, les rangers étaient presque inattaquables.

On se fusilla de part et d'autre jusqu'à la tombée de la nuit. Les deux partis, qui se trouvaient à la portée de la voix, échangeaient des paroles de menaces ou de pacification.

— Rendez-vous, cria à plusieurs reprises M. de Basserode, à Rogers, qui avait été reconnu ; nous vous traiterons bien. Pourquoi verser plus de sang, et sacrifier inutilement vos braves ? Nous allons recevoir des renforts, et vous allez tous être pris ou scalpés par nos sauvages.

Les Outaouais appuyaient ces paroles en faisant trembler la forêt par leur épouvantable cri de guerre : le *war-whoop*, si redouté des Anglais. Rogers entra, en effet, en pourparlers ; mais c'était par feinte, en vue de gagner du temps, et il profita de l'obscurité de la nuit pour battre précipitamment en retraite, abandonnant sur le champ de bataille, vivres, armes, raquettes et quarante hommes dont trois officiers, sans compter huit prisonniers [1].

Son expédition avait été aussi désastreuse qu'inutile ; il avait perdu plus de la moitié de ses rangers, et ne ramenait pas un seul des prisonniers qu'il avait faits.

Du côté des Français, la perte avait été de neuf hommes tués, dont un volontaire canadien, le brave

---

1 — *Journal de Montcalm*. Vaudreuil, dans sa lettre au ministre (19 avril 1757), donne le même chiffre, et porte le nombre des morts, du côté des Français, à onze, avec vingt-six blessés. Bougainville dit quarante-deux morts, dont trois officiers ; et Montcalm répète le même chiffre dans une de ses lettres (1er avril 1757). Tous deux disent même qu'il n'y eut que trois Anglais qui se sauvèrent. Ce serait alors Bougainville et Montcalm qui auraient exagéré la perte des Anglais, et non Vaudreuil. comme le prétend M. Parkman, qui ne manque jamais une occasion d'attaquer ce gouverneur. C'est le tort de vouloir faire de la fantaisie historique. M. Parkman, dans son *Montcalm and Wolfe*, a fait un tableau à effet : il a mis ses deux héros en grande lumière. Tout le reste est plus ou moins accessoire. Vaudreuil sert de repoussoir ; Lévis est placé trop dans l'ombre. Ainsi de suite. Cela est joli à voir, intéressant à lire comme un roman ; mais que devient l'impartiale histoire ?

Sanguinet, commis au magasin de Carillon [1], qui s'était distingué dans l'action, un sauvage et vingt et un blessés, parmi lesquels était le capitaine de Basserode.

Dans la soirée, arriva de Carillon un renfort de vingt-cinq hommes, avec un chirurgien, un aumônier, et des munitions que dans la précipitation du départ on n'avait pas apportées en quantité suffisante; mais il était trop tard, les derniers coups de fusil avaient été tirés.

L'excitation causée à Carillon par cet événement rompit pour quelques jours l'ennuyeuse monotonie de l'hivernement. C'était là, en effet, un des côtés les plus pénibles de la vie de garnison dans ces petits forts isolés le long des frontières, où il n'y avait d'autre société que celle des casernes [2]. Quand la neige avait à moitié enseveli les baraques, et que le froid confinait chacun à l'intérieur, le fort devenait un tombeau vivant. Les sentinelles qui veillaient aux remparts toutes transies de froid, la barbe blanchie par le frimas, n'apercevaient autour d'elles que le même manteau uniforme, couvrant le lac et les montagnes, encombrant

---

[1] — " Cinq commis des magasins qui avaient voulu aller à l'action s'y sont conduits à merveille; l'un d'eux a reçu un coup de fusil à la gorge, dont il est mort le lendemain. En Canada, tout le monde est soldat, mais tout soldat n'est pas également brave ". *Journal de Bougainville.*

[2] — Le chevalier de Jaubert, du régiment de Béarn, disait, en parlant du séjour de l'armée française à Carillon et de l'ennui qu'elle y éprouvait: " Pour toute vue, nous avons des montagnes, de l'eau et du bois; la perspective n'est pas bien agréable, et nous sommes éloignés de Montréal de soixante lieues.... J'attends avec impatience de pouvoir repasser en France; car il est bien malheureux de devoir manger notre bien dans les bois comme des ours ". *Le chevalier de Jaubert à son père*, 15 juillet et 25 août 1757.

la forêt, avec ses cimes grises dépouillées de feuilles, et les cônes verts de ses sapins. Elles n'entendaient d'autre bruit que le craquement des troncs d'arbres se fendant à la gelée, ou le hurlement lointain de quelque loup-cervier. De temps en temps, quelques chasseurs indiens poussaient le cri de reconnaissance sur la lisière du bois, et s'avançaient en raquettes, à travers les troncs d'arbres, avec leurs traînes d'éclisse chargées de venaison, qu'ils apportaient au fort. C'était une ressource ménagée par le gouverneur pour épargner les vivres qui se faisaient de plus en plus rares, et pour procurer aux troupes une meilleure nourriture. Plût au ciel que Vaudreuil eût apporté le même soin et plus d'énergie dans toutes les parties de son gouvernement !

L'administration coloniale avait toujours été plus ou moins entachée de péculat, par suite de l'insuffisance des traitements accordés aux fonctionnaires publics ; mais le gouverneur La Jonquière avait inauguré un système de concussion inconnu avant lui, et Bigot venait d'y mettre le comble.

La cour de Versailles, effrayée des dépenses qu'entraînait le Canada, crut faire de l'économie en abandonnant la régie des vivres, et en confiant l'approvisionnement de la colonie à une compagnie, dont le chef, sous le nom de munitionnaire général, était un enrichi de la veille, le sieur Cadet, fils d'un boucher de Québec.

Le nouveau système fut mis en force le premier janvier 1757. On verra par la suite que loin de remédier au mal, il ouvrit la porte à des abus plus criants que jamais.

Depuis le commencement de l'hiver, le marquis de Vaudreuil songeait à frapper un coup imprévu sur le fort William-Henry, où les Anglais avaient toute une flotte de bateaux prête à être lancée dès l'ouverture de la navigation, pour jeter une armée sous les murs de Carillon. La maladie grave qui avait retenu le gouverneur aux Trois-Rivières, avait retardé ses préparatifs, qui n'avaient pu être terminés qu'à la fin de février. Il s'agissait de faire marcher quinze cents hommes en plein hiver, à soixante lieues de distance, pour aller tout incendier autour de William-Henry, peut-être même pour prendre le fort. Cette dernière partie du plan n'était guère réalisable, mais le succès de la première suffisait pour justifier amplement les risques et les frais de l'entreprise ; car elle paralysait l'ennemi en lui enlevant le moyen de prendre l'offensive au printemps. Un pareil projet aurait été téméraire, si le gouverneur n'avait eu à sa disposition des troupes aussi capables d'endurer la misère que d'affronter le danger.

Le corps expéditionnaire, dont le rendez-vous était au fort Saint-Jean, était commandé par M. de Rigaud, et se composait de cinquante grenadiers, tirés des compagnies de la Sarre, Royal-Roussillon, Languedoc et Béarn ; de deux cents volontaires des mêmes régiments ; de deux cent soixante-dix-neuf soldats des troupes coloniales ; de six cents Canadiens et de trois cent cinquante sauvages, formant un effectif de mille quatre cent soixante-dix-neuf hommes [1]. Les princi-

---

1 — Ces chiffres exacts sont tirés du *Journal* d'un officier du détachement de M. de Poulhariez, intitulé : *Expédition sur le fort George, en février et mars* 1757. Coll. Lévis.

paux officiers, commandant sous M. de Rigaud, étaient M. de Longueuil, lieutenant de roi, à Québec, et à ce titre ayant le rang de lieutenant-colonel ; le capitaine Dumas, faisant fonctions de major général; M. de Poulhariez, capitaine des grenadiers, commandant les troupes régulières ; le chef d'artillerie Le Mercier, et un ingénieur, M. de Lotbinière.

La composition de ce détachement s'était ressentie de l'esprit de rivalité qui régnait entre les troupes : les milices et la marine, désireuses de se distinguer, avaient voulu être largement représentées, et tous les officiers supérieurs, à l'exception de M. de Poulhariez, appartenaient à la colonie. Ces préférences avaient piqué au vif les officiers français qui n'épargnèrent aux expéditionnaires ni les critiques ni les railleries. Ils se récriaient contre les dépenses de vivres et d'argent que cela entraînait, peut-être pour n'aboutir à rien. N'est-ce pas, disait l'un d'eux, la montagne qui va accoucher d'une souris ? Pour tout dire, ils n'auraient pas été fâchés si l'expédition avait failli. Il en résultait un antagonisme plus violent que jamais, mais aussi une émulation entre les deux corps d'armée à qui se distinguerait davantage.

Le marquis de Montcalm alla passer en revue, à Laprairie, le détachement de M. de Poulhariez, et donna, dit-il, un grand dîner de trente-six couverts aux officiers et aux cadets de ce détachement. Montcalm écrivait à cette occasion avec complaisance à Bourlamaque, que, s'il se fût agi d'un autre que lui, il eût dit que ce dîner était une grande affaire.

L'équipement des troupes, qui allaient être exposées à toutes les rigueurs et à toutes les variations du temps, avait attiré l'attention particulière de Vaudreuil. Chaque soldat reçut une capote, une couverte, un bonnet de laine, deux chemises de coton, une paire de mittasses, une culotte et un caleçon, deux écheveaux de fil, six aiguilles, une alène, un batte-feu, six pierres à fusil, un couteau bûcheron, un peigne, un tire-bourre, un casse-tête, deux paires de chaussons, deux couteaux siamois, une paire de mitaines, un gilet, une demi-couverte à berceau, des nippes pour les souliers, deux paires de souliers en peau de chevreuil, une peau de chevreuil passée, deux colliers de portage et une paire de raquettes.

Une traîne d'éclisse était allouée à chaque officier, et de deux en deux aux soldats ; un prélart à chaque officier, et de quatre en quatre aux soldats ; une peau d'ours à chaque officier.

On distribua deux jours de vivres, c'est-à-dire, deux livres de pain, une demi-livre de lard et un quarteron de pois. Chaque officier reçut un pot et une pinte d'eau-de-vie, avec deux livres de chocolat.

Dans ces expéditions d'hiver, les chiens étaient en grande réquisition pour traîner le bagage. On en élevait et dressait dans le pays une race de haute taille qui, attelés sur une traîne, pouvaient porter jusqu'à cent cinquante et deux cents livres. Le roi en accordait un à chaque officier, il lui allouait pour cela trente livres ; " et, remarque Montcalm, lorsqu'il doit y avoir des partis d'hiver, ces chiens deviennent hors de prix.

Il s'en est vendu jusqu'à soixante et quatre-vingts livres pièce [1]".

La petite armée se mit en marche sur quatre divisions : les trois premières partirent successivement le 20, 21, 22 ; la première division, sous M. de Saint-Martin, avec six compagnies des troupes de la colonie ; la deuxième, aux ordres du capitaine Duchat, avec les piquets de la Sarre et de Languedoc, et trois compagnies des troupes coloniales ; la troisième, sous le capitaine Du Coin [2], avec les piquets de Royal-Roussillon et trois compagnies des troupes de la colonie ; la quatrième division fut retardée par un dégel suivi de violents orages, qui occasionnèrent la débacle d'une partie du lac Champlain. On craignit un moment pour le succès de l'expédition.

Les trois divisions en marche eurent beaucoup à souffrir. Il fallut renvoyer chiens et chevaux, avec une partie des provisions, s'atteler sur les traînes et marcher péniblement, mouillés jusqu'aux os, dans une neige fondante, où l'on enfonçait à chaque pas. Quelques soldats et officiers tombèrent malades, et furent renvoyés. Le 24, la première division n'était encore qu'à six lieues de Saint-Jean ; la deuxième, à trois ; la troisième, à une lieue et demie.

Heureusement que, durant la nuit, un fort vent de nord-ouest ramena la température d'hiver, rendit l'air sec et serein, et couvrit la neige durcie d'une couche de verglas.

---

1 — *Journal de Montcalm.*
2 — Du régiment de Royal-Roussillon, un des braves qui devaient se faire tuer à Carillon.

Dans la journée du 25, la quatrième division, formée de la compagnie des grenadiers et de cinq compagnies de la colonie avec M. de Rigaud et son état-major, suivi des sauvages, se mit en marche et alla camper à deux lieues du fort Saint-Jean. Le 26, dès la pointe du jour, elle fut sur pied, et fit six lieues dans la journée, marchant sur deux colonnes : l'une au bord du bois, l'autre sur les bordages du lac. Le lendemain, une tempête de neige retint la division dans ses campements, mais les deux jours suivants elle put faire quinze ou seize lieues. Les trois autres jours furent extrêmement pénibles ; on en perdit un par le vent et la poudrerie, et les deux autres, le dégel ayant repris, on eut à marcher dans l'eau et la neige, dont la glace du lac était couverte. Enfin, on arriva exténué à Saint-Frédéric, où les troupes eurent deux jours à se reposer. Les Canadiens, habiles à toute espèce d'ouvrage, y furent occupés à raccommoder les chaussures, les traînes d'éclisses, et à préparer les traîneaux pour le transport du bagage. On avait commencé, dès le 3 mars, à marcher avec précaution, et à mettre chaque soir des sentinelles autour du camp.

Tout le corps expéditionnaire se trouva réuni le 9 mars à Carillon, où il fut arrêté jusqu'au 15, pour y attendre des vivres, malgré les assurances de Le Mercier, qui avait annoncé que rien n'y manquait. On profita de ce retard pour réparer les armes, dont M. de Poulhariez fut chargé de faire l'inspection.

M. de Longueuil avait été envoyé en éclaireur avec un parti de sauvages. Les quatre divisions, munies de douze jours de vivres, sortirent de Carillon sur une même file, traversèrent la rivière à la Chute, et atteignirent la rive droite du lac Saint-Sacrement. Les trois cents échelles préparées en cas d'assaut étaient distribuées de quatre en quatre soldats. On s'abrita pour la nuit au fond d'une anse. Un froid vif avait rendu la glace du lac très solide ; on s'y mit en marche sur trois colonnes : M. de Poulhariez au centre, avec la ligne ; M. de Saint-Martin à droite, avec une division de la colonie ; M. de Saint-Ours à gauche, avec une autre division ; les sauvages sur les deux ailes. Cent sauvages étaient allés en observation sur le sommet d'un promontoire. Après quatre lieues de marche, on campa sur la glace, au pied d'une haute montagne, appelée le Pain-de-Sucre, qui baigne ses pieds dans le lac, en face d'un groupe d'îles : endroit charmant durant les mois d'été, mais d'un rude aspect en hiver.

La nuit était le temps le plus pénible dans de semblables expéditions. Les chasseurs canadiens, dont il y avait un grand nombre parmi les milices, avaient appris aux militaires français la manière de s'abriter pour dormir. Dès que les feux étaient allumés pour le repas du soir, on allait couper au bord du bois des branches de sapin, dont on faisait un lit épais sur la neige ; on piquait ensuite ses raquettes du côté par où venait le vent ; on y ajoutait quelques rangées de branches ; ou bien, on étendait à la place une toile ou un prélart. Le repas pris, le soldat s'enveloppait dans sa couverte, l'officier dans sa peau d'ours, et on se couchait sur le lit de sapin, les uns près des autres, pour se réchauffer mutuellement. On passait ainsi la nuit tant bien que mal, les pieds au feu, qu'on avait le soin d'entretenir de temps en temps. Autour du camp, les sentinelles arpentaient la neige à grands pas pour se réchauffer, prêtant l'oreille à tous les bruits nocturnes jusqu'à ce que l'aurore eût annoncé l'heure du réveil.

Le détachement circula une partie du jour suivant à travers les îles, s'avançant sur une même colonne, et vint s'abriter au fond d'une anse pour y attendre la tombée de la nuit, afin de n'être pas aperçu. A huit heures, il reprit sa route et fit halte à onze heures, sur une pointe qui n'était qu'à deux lieues de William-Henry. On y passa la nuit sans feu.

Dès l'aube du jour, cette pointe était franchie, et lorsqu'on fut arrivé à une lieue et demie du fort, MM. de Poulhariez, Dumas, Le Mercier et deux autres officiers, MM. de Raymond et de Savournin, avec une escorte de cinquante sauvages, vingt-cinq Canadiens et quatre grenadiers conduisant un prisonnier anglais, furent détachés pour aller reconnaître, du sommet d'une montagne, la position du fort et le mouvement de la garnison.

M. de Poulhariez, homme de guerre consommé, fit, avec sa suite, un examen long et minutieux. Le fort solidement construit lui parut en très bon état, et le mouvement des troupes considérable. Ce fort couronnait une petite éminence au fond du lac, et avait la forme d'un carré irrégulier, à quatre bastions, avec un fossé. Tout auprès, un fortin en palissades protégeait des hangars et autres constructions. On distinguait le long de la grève une énorme quantité de bateaux, à moitié ensevelis dans la neige, et sous les canons du fort, quatre navires ou barques sur le chantier.

Dumas et Le Mercier furent d'opinion que le côté du fort qui faisait face à un marais était attaquable, vu le peu de hauteur qu'il semblait avoir; mais M. de Poulhariez, déployant devant eux un plan du fort, leur fit voir l'impossibilité d'un tel projet, sans toutefois les convaincre.

Il était trois heures du soir quand ils furent de retour au camp. A cinq heures, M. de Rigaud fit mander M. de Poulhariez et lui fit part d'un plan d'escalade.

— Commandant, lui répondit M. de Poulhariez avec fermeté, je suis prêt à marcher à votre premier ordre, partout où vous le jugerez à propos; mais mon expérience dans le métier m'engage à vous représenter l'impossibilité de cette opération; l'ennemi, qu'on ne peut espérer surprendre, n'aura à défendre qu'une face de son fort, qui est en bon état [1].

L'escalade fut cependant ordonnée. Vers minuit, trois colonnes devaient s'avancer sur le même côté du fort, tandis que de petits pelotons feraient des démonstrations sur les autres : la colonne de droite, formée de la ligne, sous M. de Poulhariez; les deux autres, aux ordres de MM. de Saint-Ours et Saint-Martin, toutes trois ayant en tête un piquet de grenadiers. A onze heures, elles étaient à deux portées de fusil des remparts, lorsque M. de Rigaud fit annoncer que l'assaut n'aurait pas lieu. MM. Dumas, Le Mercier et Savournin,

---

1 — Cette réponse est tirée textuellement du *Journal de l'Expédition sur le fort George, en février et mars* 1757.

escortés de deux sauvages et de huit grenadiers, avaient poussé une reconnaissance tout auprès du fort, et avaient constaté qu'il n'y avait aucune probabilité de succès.

Jusqu'à ce moment, la garnison de William-Henry n'avait eu aucun soupçon de l'approche des Français ; mais le craquement des pas sur la neige, à une petite distance des glacis, donna l'éveil aux sentinelles, et plusieurs coups de canon tirés des remparts répondirent à leurs cris d'alarme. La garnison était composée de quatre cent cinquante à cinq cents hommes.

On ne songea plus dans le camp de M. de Rigaud qu'à incendier les environs du fort, et on en fit l'essai, cette nuit-là même, mais sans succès, car les fagots dont on se servit étaient d'un bois trop humide.

Toute la journée du lendemain (19 mars), les francs-tireurs canadiens et les sauvages tiraillèrent autour des remparts, soutenus par les compagnies de la ligne. Durant la nuit, les volontaires canadiens, sous la conduite de MM. de Langy, de Saint-Simon et d'Albergatti, allèrent, sous le canon et la mousqueterie de la place, mettre le feu au fortin, à l'hôpital, aux bateaux et à de grands amas de bois. Le fort fut, en quelques instants, enveloppé d'immenses tourbillons de flammes, et n'aurait certainement pas échappé à la destruction, si le vent se fût élevé. Pour donner moins de prise aux étincelles, le major Eyre, commandant du fort, avait fait enlever les toitures de tous les hangars.

M. de Rigaud jugea le moment propice pour faire une démonstration et sommer la garnison de se rendre. Dès le matin, tout le détachement, portant les échelles comme pour un assaut, sortit du camp sur une longue colonne, traversa le lac, et alla prendre position dans une petite anse de la rive nord dont la berge mettait à l'abri du canon. M. Le Mercier, suivi de M. de Florimond et d'un interprète, gravit alors la berge, en arborant un pavillon rouge. A cent pas de lui marchaient douze grenadiers guidés par un sergent.

— Qui vive ! cria-t-on, dès qu'il fut à la portée de la voix. — J'ai à parler au commandant, répondit M. Le Mercier. Le major Eyre parut sur le bord du bastion. Après quelques pourparlers, il fit dire à M. Le Mercier d'avancer seul, et il détacha un de ses officiers pour aller servir d'ôtage. M. Le Mercier fut conduit, les yeux bandés, dans la chambre du commandant.

Il était venu, dit-il, au nom du marquis de Vaudreuil, le sommer de rendre la place, sinon que l'assaut allait être donné immédiatement par des forces auxquelles il ne pourrait résister ; qu'alors il serait impossible de retenir le grand nombre de sauvages qui les accompagnaient, et que tout serait mis à feu et à sang. Il venait l'avertir au nom de l'humanité, afin d'épargner un carnage inutile.

Le major Eyre lui demanda le temps de consulter ses officiers. On le laissa, dit le *Journal* déjà cité, en compagnie de quatre officiers, qui furent remplacés par quatre autres quand leur tour fut venu de donner leur avis. Ils lui firent beaucoup de politesses, lui parlèrent de M. de Dieskau, encore prisonnier à New-York, lui dirent qu'il était rétabli, et qu'il allait bientôt passer en Europe. Ils lui demandèrent même des nouvelles du marquis de Montcalm.

Le major Eyre rentra après un assez long conseil, et répondit que lui et sa garnison étaient décidés à se défendre en braves, et qu'ils étaient prêts à courir les chances d'un assaut.

M. Le Mercier fut conduit hors de la place comme il y était entré, et alla communiquer sa réponse à M. de Rigaud. La nuit suivante fut employée à brûler les magasins, un moulin à scie et les derniers bateaux. Restait une barque en chantier, percée pour quatorze ou seize pièces de canon, placée à quinze pas du fort, et qu'on avait vainement essayé par trois fois de brûler. Un des officiers partisans, destiné à jouer un rôle brillant durant cette guerre, M. Wolff, réclama l'honneur de cette dangereuse mission [1]. Il partit, à la nuit, avec vingt volontaires, soutenus de deux cents Canadiens et de soixante soldats de la ligne et grenadiers. " A son approche, dit le *Journal* cité, M. Wolff reçut une bordée de coups de fusil ; cela ne l'empêcha pas de se rendre à la barque avec un volontaire qui lui portait une échelle de douze pieds. Il s'en fallait même de six pieds qu'elle fût assez élevée. M. Wolff descendit dans la cale, et fit mettre des fagots du côté du vent, avec une corde de bois qu'il arrangea lui-même. Lorsqu'il trouvait des bûches trop grosses, il les partageait avec une hache. Il fit ensuite replier son détachement, et avec des allumettes de sa façon, il mit le feu. La barque fut entièrement consumée. Nous y perdîmes deux soldats de Languedoc, et il y en eut un blessé du même régiment ".

---

1 — Ancien officier au régiment de Bentheim.

Une neige abondante avait commencé à tomber et dura toute la nuit, mais le lendemain un soleil éblouissant se leva sur cette neige toute fraîche. La garnison de William-Henry qui, jusqu'au dernier moment, avait craint un assaut, respira à l'aise, lorsqu'elle vit le détachement de M. de Rigaud descendre en raquettes sur le lac, et tourner vers le nord sa longue colonne noire, qui disparut enfin à l'horizon. L'éclat du soleil de mars affecta la vue de plusieurs, qui furent pris du mal de neige, et obligés de se laisser conduire par leurs compagnons.

Les piquets de la ligne restèrent en garnison à Carillon ; les compagnies de la marine à Saint-Frédéric et les Canadiens, " qui sont ici laboureurs et soldats [1] " furent renvoyés sur leurs terres pour les semences.

L'expédition de M. de Rigaud avait réussi autant qu'on pouvait l'espérer, et faisait honneur à celui qui l'avait conçue comme à ceux qui l'avaient exécutée [2].

---

[1] — *Lettre de Montcalm*, 1er avril 1757.
[2] — Vaudreuil, dans une lettre au ministre (22 avril 1757), donne le détail de la destruction faite autour du fort William-Henry :

" 1. Quatre corsaires pareils à ceux que les Anglais avaient sur le lac Ontario ;
2. Un nombre de galères à 50 rames ;
3. Environ 350 bateaux de transports ;
4. Tout le bois de construction. Il y avait pour faire au moins deux fois autant de corsaires, galères et bateaux ;
5. Beaucoup d'affûts de campagne ;
6. Un fort de pieux qui entourait les hangars de l'ennemi, dans lesquels il y avait au moins quatre mille quarts de farine, et proportionnellement des vivres de toutes espèces, les fusils, sabres, l'habillement de l'armée et généralement tous les ustensiles de campagne ;
7. Un moulin à planches ;
8. Les hôpitaux ;

Outre les grandes pertes qu'elle avait infligées à l'armée anglaise, elle l'avait arrêtée dans son mouvement offensif, en détruisant ses moyens d'attaques, et elle avait préparé la brillante campagne qui allait s'ouvrir.

---

9. Un nombre de maisons dans le fort de pieux ;
10. D'autres maisons qui étaient sous le fort George, et qui formaient une espèce de basse-ville ;
11. Enfin, tout le bois de chauffage ".
Les Français n'avaient eu dans cette expédition que cinq hommes tués et six blessés. *Lettre de Montcalm*, 1er avril 1759. *Journal de Bougainville. Mandement de l'évêque de Québec*. Les Anglais accusaient sept blessés.
Montcalm, qui avait beaucoup critiqué le projet de l'expédition, était revenu de ses préventions. Il écrivit à la marquise de Montcalm (16 avril 1757) : " M. le chevalier de Lévis s'en fut chargé ou M. de B... (Bourlamaque), cependant ça été bien et en bonnes mains, celles du frère du gouverneur général qui me comble de politesses : il l'a cru accoutumé aux marches d'hiver ".
Et dans une autre lettre : " Ce succès est d'autant plus important pour la colonie, que les ennemis étaient en état de se mettre en campagne avant nous. Il faut espérer que leurs opérations en seront retardées.... Ce détachement a servi de plus à s'assurer exactement de la position du fort George ". 1er avril 1757.
De son côté, le chevalier de Lévis écrivait : " Je n'aurais pu faire mieux qu'il (M. de Rigaud) n'a fait. Cette entreprise a eu tout le succès qu'on pouvait en attendre ". *Lettre du chevalier de Lévis au comte d'Argenson*, 15 avril 1757.

CHAPITRE SEPTIÈME

1757

Soulèvement des tribus sauvages en faveur de la Nouvelle-France. — Affluence de leurs guerriers à Montréal. — Projet d'attaque contre William-Henry. — Montcalm va chanter la guerre au lac des Deux-Montagnes. — Lévis organise le camp de Carillon. — Expédition de Marin au fort Edouard. — Montcalm au camp de Carillon. — Les sauvages et leurs missionnaires. — L'embuscade du Pain-de-Sucre. — Succès et cruautés des sauvages. — Grand conseil au camp de la Chute. — Marche de l'expédition. — Arrivée devant William-Henry.

Avril était venu avec ce soleil intense et ces subites chaleurs qui ne sont connus que dans les hautes latitudes. La terre, réveillée alors comme en sursaut après six mois de léthargie, fait éclater l'écorce de glace et de neige qui l'enveloppe : toutes les plantes tressaillent sous l'action des puissances souterraines qui poussent la sève vers leurs cimes, et gonflent les bourgeons qui, dans quelques jours, briseront leurs corsages pour s'épanouir en feuilles et en fleurs. La fonte rapide des neiges précipite des torrents d'eau des montagnes, noie les forêts et les champs. Les cascades et les rapides bondissent sous les murs de glaçons qui les emprisonnent, les soulèvent, les morcellent, les emportent dans leur course, avec un cri de délivrance, et recommencent au grand jour leurs murmurantes chansons. Les oiseaux reviennent de leurs lointaines migrations, s'abattent par bandes sur la terre ou sur les eaux, et répandent la vie avec leurs notes joyeuses dans les airs. Quand les premiers de ces visiteurs ailés s'annoncent par leurs croassements, les habitants se répètent gaîment les uns aux autres : " Les corneilles sont arrivées, voilà le printemps ". C'est aussi l'époque où l'on entaille les érables. Les *sucriers* (on désigne ainsi ceux qui vont faire le sucre d'érable) parcourent en raquettes les érablières, recueillent l'eau qui tombe des *goudrilles* et la rapportent à la cabane à sucre, où de grands feux, entretenus nuit et jour, font bouillir et condensent la sève. En ce temps-là, comme aujourd'hui, ce travail était l'occasion de promenades et de festins champêtres dans les sucreries.

Montcalm et ses compagnons d'armes se donnèrent plus d'une fois cette distraction.

La débacle du Saint-Laurent, l'ouverture de la navigation et l'arrivée des vaisseaux de France, étaient alors le thème général de la conversation.

" Depuis la nouvelle du 29 juin, écrivait le marquis à la marquise du Boulay, sous la date du 15 avril, nous ne savons rien de ce qui se passe en France ; cette privation est cruelle. L'approche des lettres fait toujours autant trembler qu'espérer. Quinze cents lieues ne font qu'augmenter les sentiments de tendresse et de respect que je vous ai voués, et que je vous dois par tant de raisons....

" Ma santé a repris cet hiver, quoique je n'aie pas été sans peines, sans occupation et sans course, ayant fait cent vingt lieues sur les glaces pour aller et revenir de Québec, où j'ai resté un mois.

" M. le chevalier de Lévis se porte à merveille ; je ne saurais trop me louer de l'avoir pour second, ainsi que M. de Bourlamaque. Ma commission exigerait plus de talents ; je ne néglige rien pour la bien remplir à tous égards. Une grande dépense nécessaire, la cherté des vivres, me met dans le cas de devoir au lieu d'épargnes ; mais pourvu que l'on soit content de moi en France, je n'ai regret ni à la dépense ni même à ma santé, et pour me servir d'une expression sauvage : *J'ai jeté mon corps, et je ne trouve rien de valeur, quand il s'agit du service d'Ononthio-Goa* ; c'est ainsi qu'ils appellent le roi. Ce qui me peine le plus est la privation de nouvelles de personnes qui me sont aussi chères que vous, Madame ".

Le lendemain, Montcalm écrivait à sa femme :

" Si je pouvais, ma très chère et bien aimée, recevoir de vos nouvelles et de celles de ma mère, je trouverais moins affligeant mon éloignement ; mais d'imaginer que depuis une lettre du 5 mai, je n'en ai reçu et que je n'en aurai que du 10 au 15 du prochain, est dur. Cette lettre est destinée à passer à la première navigation par Louisbourg. Si elle vous arrive avant celles que je vous écrirai directement, je vous prie la communiquer à mes trois sœurs....

" Je n'écris qu'à vous, à votre mère, à Molé, à Chevert et aux trois ministres à qui je dois écrire. Ma santé assez bonne, malgré beaucoup de travail, surtout d'écriture. Estève, mon secrétaire, se marie : beau caractère, bon orthographe, écrivant vite. Je lui procure un bon emploi, et le moyen de faire fortune, s'il veut. Il fait un meilleur mariage qu'il ne lui appartient. Malgré cela, je crains qu'il ne le fasse pas comme un autre : fat, frivole, joueur, glorieux, petit maître, dépensier. J'ai toujours Marcel, des soldats, copistes dans le besoin. Je voudrais faire quelque chose de Plantin, qui se porte bien, ainsi que Reboul, que j'ai tenu un mois au cachot : c'est le protégé de M. de Quinson. Tous les soldats de Montpellier se portent bien, hors le fils de Pierre, mort chez moi. Tout est hors de prix. Il faut vivre honorablement, et je le fais tous les jours. Seize personnes une fois tous les quinze jours chez le gouverneur général, et M. le chevalier de Lévis qui vit aussi très bien. Il a donné trois beaux bals [1]. Pour

---

1. — Montcalm écrivit, à cette occasion, à Bourlamaque : " Jeudi, un bal chez le chevalier de Lévis, qui avait prié soixante-cinq dames ou demoiselles ; il y en avait trente — autant d'hommes qu'à la guerre. La salle, bien éclairée, aussi grande que celle de l'intendance, beaucoup d'ordre, beaucoup d'attentions ; des rafraichissements en abondance toute la nuit, de tout genre, de toute espèce, et on ne se retira qu'à sept heures du matin. Pour moi, qui ai quitté le séjour de Québec, je me couchai à bonne heure. J'avais cependant ce jour-là huit dames à souper, et ce souper était dédié à Mme Varin. Demain, j'en aurai une demi-douzaine ; je ne sais encore à qui il est dédié, je suis tenté de croire que c'est à la Rochebeaucour. Le galant chevalier nous donne encore un bal. Le public prétendait que mes aides de camp voulaient en donner un mardi. Je leur ai conseillé d'attendre après Pâques ". *Montcalm à Bourlamarque*, 20 février 1757.

moi, jusqu'au carême, outre les dîners, de grands soupers de dames trois fois la semaine. Le jour des dévotes prudes, des concerts. Les jours des jeunes, des violons d'hasard, parce qu'on me le demandait ; cela ne menait que jusqu'à deux heures après minuit, et il se joignait l'après souper compagnie dansante, sans être priée, mais sûre d'être bien reçue à celle qui avait soupé. Fort cher, peu amusant et souvent ennuyeux. A Québec, où nous avons passé un mois, ma maison m'y avait suivi sur les glaces, et j'y ai vécu cependant souvent chez l'intendant, en des fêtes. Vous connaissez ma maison : je l'ai augmentée d'un cocher, un frotteur, un garçon de cuisine, et j'ai marié mon aide de cuisine, car je travaille à peupler la colonie. Quatre-vingts mariages de soldats, cet hiver, et deux d'officiers. Germain a perdu sa fille, il a épousé mieux que lui : bonne femme, mais sans bien, comme toutes. J'aime beaucoup mon galant chevalier de Lévis. Le choix de Bourlamaque est bon : homme froid, de l'esprit. Bougainville : du talent, la tête et le cœur chauds, cela mûrira. Je suis bien avec les troupes de terre et de la colonie, que je traite également par les politesses. Nous avons ici force Languedociens, surtout de Béziers. En voici les noms ; vous pouvez répondre de leur santé : Estor, Mazerac, d'Aureillan, Servies, Beaumavielle, Bernard, etc. M. de Brassac verra que je n'oublie pas mes amis.

"Ecrivez à Mme Cornier, à Saint-Hippolyte, que j'aime fort son mari ; qu'il a passé l'hiver avec moi, quoique son régiment fût à Québec ; qu'il se porte à merveille et qu'il attend la paix avec autant d'impatience que moi. J'embrasse mes filles, et j'assure ma mère de toute ma tendresse et de mon respect. Je ne vis que par l'espoir de vous rejoindre tous....

" Si je n'étais pas une espèce de général, quoique très subordonné au gouverneur général qui a, comme de raison, la voix décisive et prépondérante, je pourrais vous bavarder des projets de campagne, qui commencera vraisemblablement à s'ouvrir du 10 au 15 mai, dans la frontière du lac Saint-Sacrement; mais les généraux apprennent ce qu'ils ont fait, et jamais ce qu'ils projettent, d'autant qu'ils sont incertains....

" Adieu, mon cœur, je vous adore et vous aime. J'embrasse mes filles, ma mère "....

Le secret des peines dont se plaignait Montcalm, est indiqué à la fin de cette lettre : c'est le dualisme dans le commandement que la France avait eu le tort d'imposer. Montcalm ne se comparait pas à César, mais ambitieux comme lui, il avait, comme lui, pour axiôme : le premier dans une bicoque plutôt que le second à Rome.

Sa mauvaise humeur contre Mgr de Pontbriand s'était accrue depuis que ce prélat, par un mandement adressé à ses diocésains (24 février 1757), avait demandé des prières pour le succès de l'expédition organisée par le marquis de Vaudreuil et commandée par son frère. " Ce prélat, disait-il, saint homme d'ailleurs et de bonnes mœurs, a tous les préjugés d'un Canadien, quoique né en France ".

Et, quelques semaines plus tard, le général ne pardonnait pas à Mgr de Pontbriand d'avoir fait chanter un *Te Deum* en action de grâces du succès de M. de

Rigaud, malgré les éloges que, dans ce même mandement, l'évêque de Québec adressait à Montcalm [1].

Cela ne nuisait pas cependant aux bons rapports que le marquis entretenait avec le clergé. Il écrivait à Bourlamaque : " Bougainville a passé la journée du lundi délicieusement à l'île Sainte-Hélène ; celle du mardi, dévotement à la Montagne [2]. J'y fus à quatre heures, et j'eus la complaisance d'y souper en réfectoire, à cinq heures trois-quarts [3] ".

Plus tard, il insistait : " Je suis d'autant mieux avec Saint-Sulpice, que je les comble de politesses, et qu'entre nous, je les crois peu contents du général suprême ".

De son côté, Bougainville parlait en ces termes de ses relations avec le clergé du Canada :

" Je deviens dévot ; je suis très bien avec tous les prêtres et jésuites de ce continent. Je suis de leurs parties de campagne, et je parle théologie tout comme un autre. Il est vrai que de temps en temps, il me faut au moins entendre quelques invectives contre Jansénius, mais alors je tousse, je crache et je proteste en secret contre ces propos [4] ".

L'ouverture de la campagne occupa bientôt l'attention du marquis de Montcalm.

---

1 — *Mandement pour des prières publiques* (24 février 1757). *Mandement pour faire chanter un Te Deum* (2 avril 1757). Quand on lit aujourd'hui ces mandements, où ne respirent que la piété et l'amour du bien public, on ne peut expliquer comment ils ont pu être l'objet de la critique.
2 — Résidence des prêtres de Saint-Sulpice.
3 — *Montcalm à Bourlamaque*, 27 mai 1757.
4 — *Bougainville à son frère*, 21 avril 1758.

Les Canadiens, mis les premiers en réquisition, furent expédiés de Lachine, au nombre de deux cent quarante (30 avril), sur soixante bateaux chargés de vivres et de marchandises de traite pour les pays d'en haut. Quatre cents autres miliciens les suivirent de près pour aller fortifier les postes de la Belle-Rivière. L'affluence des sauvages, surtout à Niagara et à Frontenac, avait été extraordinaire durant tout l'hiver. " On y a vu renaître ces temps heureux, où l'on faisait en Canada la meilleure chère pour rien. Les perdrix y ont coûté cinq sous, le quartier de chevreuil vingt sous, ainsi que les outardes et les dindes sauvages. A la vérité, dans le même temps, les perdrix coûtaient à Montréal quatre livres la couple, les dindes quinze livres la paire, et les chevreuils trente à trente-cinq livres [1] ".

Jamais l'étoile de la France n'avait brillé d'un aussi vif éclat dans les solitudes américaines ; jamais on ne vit une telle variété de tribus accourir sous ses drapeaux : depuis les Sakis, assis sur leurs nattes, au bord du Wisconsin, et les Illinois, chasseurs de buffles, jusqu'aux Abénakis et aux Micmacs, habitués à poursuivre le saumon au flambeau, et à le darder avec le *nigog* ; depuis les Kikapous du lac Michigan, encore païens et anthropophages, jusqu'aux Mohicans et aux Chaouenons des Montagnes-Bleues.

Les émissaires d'Ononthio, envoyés dans toutes les directions, depuis l'automne, pour chanter la guerre, avaient été partout bien reçus, même chez les Cinq-

---

1 — *Journal de Montcalm.*

Nations. Les guerriers, tatoués de noir et de vermillon, avaient allumé le feu du conseil, fumé avec eux le calumet, et accepté les branches de porcelaine. Le chichikoué, accompagnant les rondes guerrières, avait été entendu d'un village à l'autre, et les jongleurs, accroupis dans leurs cabanes, avaient vu dans leurs rêves quantité de chevelures et de prisonniers.

Des escadrilles de canots, venant de tous les points de l'horizon, convergeaient vers Montréal qui, à la fin du printemps, présentait un des coups d'œil les plus étranges et les plus pittoresques qui se puissent imaginer. On voyait des dames, vêtues à la mode de Paris, se coudoyer dans la rue, ou se croiser dans les antichambres du gouverneur avec des matrones outagamises ou huronnes, enveloppées des pieds à la tête de leur couverte blanche, chaussées de mocassins, ayant sur le dos un petit bambin emmailloté dans sa *nâgane*. Des fonctionnaires, en habits de cour, portant la perruque et l'épée, étaient accostés sur la place publique par de fiers Iroquois ou de féroces Poutéotamis, la lance au poing, des chevelures anglaises à la ceinture.

Autour des tentes dressées sur la place ou dans les terrains vagues joignant les murs de la ville, grouillait tout un peuple de Peaux-Rouges, d'interprètes, de coureurs de bois, de trafiquants de fourrures, où chaque groupe parlait un dialecte différent. On voyait les guerriers de certaines nations, comme celles des Iowas des Prairies [1], dont on n'entendait pas la langue et qu'on n'avait jamais vus à Montréal. Le palais du

---

1 — Ces sauvages ont légué leur nom à l'Etat de l'Iowa.

gouverneur, assiégé du matin au soir par les députations, était le théâtre de cérémonies et de pantomimes aussi originales qu'interminables.

Au sortir d'une de ces audiences, trois cents Outaouais, de Michilimakinac, demandèrent à voir le grand général dont la renommée les avait amenés de si loin jusqu'ici.

"Tous ces sauvages, dit Bougainville, sont faits à peindre, presque tous de la plus grande taille. Ils sont nus, à l'exception du brayet, se matachent de noir, de rouge, de bleu, etc. Leur tête est rasée : des plumes en font l'ornement ; leur marche est noble et fière. Je leur trouve cependant l'air moins féroce qu'aux Iroquois, même domiciliés [1]".

En apercevant Montcalm, leur chef parut étonné.

" Nous avons voulu voir, dit-il, ce fameux chef qui, en mettant pied à terre, a foulé aux pieds l'Anglais. Nous pensions que sa tête se perdait dans les nues. Tu es petit, mon Père, mais nous voyons dans tes yeux la grandeur des pins et le vol de l'aigle."

Le flot de ces barbares allait toujours grossissant, et au mois de juin, leur nombre s'était élevé à plus de mille, " qui passait la journée à chanter, danser et boire [2] ". Les citoyens de Montréal, en proie à ces hordes sans frein, étaient témoins de bacchanales aussi

---

1 — Bougainville ajoute plus loin dans son *Journal :* "Dans leurs oreilles allongées sont des anneaux de fil de laiton. Ils ont pour couvertes des peaux de castors et de bœufs illinois. Ils portent des lances, des flèches et des carquois, faits de peaux de bêtes. Chaque bande va danser à son tour devant les maisons des principaux de la ville."

2 — *Journal de Montcalm.*

impossibles à décrire qu'elles étaient impossibles à réprimer.

Les Mohicans, dont il y avait plusieurs venus de la Belle-Rivière, avaient passé l'hiver à dévaster les frontières de la Virginie. " Un de leurs partis, rapporte Montcalm, a fait prisonnier un officier anglais qu'ils ont mangé, leur ayant paru bien gras. Quoiqu'ils n'exercent plus guère ces sortes de cruautés, il n'y a point d'années que dans de certains moments, ils ne brûlent quelques prisonniers. En général, tous les sauvages domiciliés, depuis qu'ils sont de la prière, ont renoncé à ces sortes de cruautés. Dans les premiers moments, après le combat, ils tuent assez volontiers leurs prisonniers ; mais, s'ils les conservent, ils se contentent de leur donner la bastonnade [1] ".

La difficulté, pour le moment, était de nourrir tous ces guerriers, qui faisaient une consommation énorme de vivres. La disette, particulièrement à Québec, était extrême : " Le pain y manque, écrivait Bougainville, et le peu que l'on en a est de la plus mauvaise qualité. L'intendant a été obligé de faire distribuer aux habitants deux mille minots de grains pour faire les semences. Cette quantité n'est pas à beaucoup près suffisante, et une partie des terres demeurera non ensemencée. On sera même obligé de faire descendre des vivres des entrepôts destinés à la subsistance des troupes, pour nourrir la capitale ".

---

1 — *Journal de Montcalm.* — *Lettres de Montcalm à Bourlamaque*, 13 juin 1757.

La pénurie n'était pas aussi grande dans les paroisses de Montréal ; mais les dépôts de l'armée étaient presque vides. Montcalm proposa au gouverneur de faire une levée de vivres dans les campagnes pour nourrir trente hommes par compagnie, pendant un mois. " On ne sait, ajoute ironiquement le marquis, s'il acceptera cette sage proposition, qui n'est pas partie de sa minerve ".

Montcalm se trompait : Vaudreuil consentit. Si ce gouverneur avait un tort, c'est qu'il aimait trop les Canadiens ; et s'il hésitait à les pressurer, c'est qu'il connaissait leur dévouement. Il savait que ceux-ci ne lui refuseraient rien. " Prenez tout ce que nous avons, disaient-ils, pourvu que le Canada soit sauvé ".

" A peine, remarque Lévis, avions-nous des vivres pour tenir un mois ; mais, comptant sur les secours de France, on forma les préparatifs pour faire le siège du fort George [1] ".

Dès le 8 mai, M. de Bourlamaque était en marche pour Carillon, avec les bataillons de Royal-Roussillon et de Béarn. Son corps d'armée allait être porté à treize cents hommes, et avait ordre de camper entre le fort et la redoute construite sur le bord de la falaise, et de s'y retrancher par des abatis.

Avant de l'aller rejoindre, la Sarre et Guyenne avaient été arrêtés sur le Richelieu pour réparer le fort Saint-Jean et le chemin de Chambly. La Reine, ramené de la côte de Beaupré, stationnait à Québec, où ce régiment pouvait être secouru en peu de jours, si une flotte anglaise paraissait dans les eaux du fleuve.

1 — *Journal du chevalier de Lévis*, p. 81.

Ce danger, toutefois, n'était guère à craindre pour le moment ; car la France tenait encore à Louisbourg les clefs du Saint-Laurent.

Aucune escadre anglaise n'oserait s'aventurer dans les détroits du golfe, tant qu'on verrait le drapeau blanc flotter au-dessus de la forteresse qui dressait là-bas ses fiers bastions dans les brumes du nord. C'était à l'abri de ses canons que venaient se réfugier les corsaires français qui croisaient dans ces mers, et qui déjà avaient fait sur les Anglais des prises estimées à cent mille écus [1].

D'après les rapports des prisonniers faits récemment, on s'était convaincu au Canada que c'était de ce côté que l'Angleterre concentrait ses forces, lorsque arrivèrent enfin de France les nouvelles si impatiemment attendues. Elles ranimèrent tous les courages. La France avait, en effet, noblement répondu, (hélas ! c'était pour la dernière fois), aux appels que lui avait faits le marquis de Vaudreuil. Elle envoyait à peu près tous les secours en hommes, vivres et munitions qui lui avaient été demandés. Les premiers navires arrivés en rade avaient amené des vivres et cent soixante-dix hommes d'un corps de volontaires étrangers, nouvellement formé en France, aux ordres du maréchal de Belle-Isle. Ce corps, dit Montcalm, avait pour uniforme : habit blanc, parements verts et veste verte.

Quelques jours après, deux vaisseaux apportant quatre cents hommes de recrues, six officiers d'artillerie

---

1 — *Journal de Montcalm.*

et vingt canonniers, annoncèrent l'arrivée, à Louisbourg, de l'escadre de M. Dubois de La Mothe, avec le régiment de Berry, en destination de Québec.

Désormais sans crainte de ce côté, Montcalm ne songea plus qu'à pousser ses troupes en avant. Le régiment de la Reine avait eu ordre de partir de Saint-Jean, le 1er juillet ; celui de la Sarre, le 2 ; celui de Languedoc, le 4 ; celui de Guyenne, le 6 ; les troupes de la marine, les milices et les sauvages, du 8 au 14. Outre les régiments de la ligne, l'armée se composait de mille hommes de la marine, deux mille cinq cents Canadiens, dix-huit cents sauvages, deux compagnies de canonniers avec un parc, et une compagnie d'ouvriers.

" Je vais, le 9, chanter la guerre au lac des Deux-Montagnes, écrivait le marquis à sa femme ; le 10, au Saut-Saint-Louis. Grande et ennuyeuse cérémonie. Je pars le 12, et je compte que nous aurons événement tout à la fin du mois ou les premiers jours du prochain [1] ".

Une triple décharge de mousqueterie avait accueilli le général à sa descente au village des Deux-Montagnes [2]. Les trois tribus qui formaient ce village : les Iroquois, les Népissings et les Algonquins, rangés sur la grève, sous la conduite de leur missionnaire, l'escortèrent jusqu'à l'église, et de là au presbytère, où les chefs lui firent les compliments d'usage. Dans la soirée, tous les guerriers, séparés par tribus, étaient assis en rang, sur la natte, dans la grande salle du conseil, vaste

---

1 — *A Mme la marquise de Montcalm*, le 6 juillet 1757.
2 — A dix lieues de Montréal.

cabane de trois cents pieds de longueur, éclairée par quelques chandelles qui jetaient des lueurs blafardes sur les faces cuivrées de cette multitude. De distance en distance, étaient suspendues des chaudières remplies de la viande du festin, c'est-à-dire de trois bœufs, dont le marquis avait fait présent à ses hôtes. On eût dit une réunion de sorciers, observe Bougainville, qui était invité à y jouer un des principaux rôles.

Après les discours des trois chefs et la réponse du général Hotchig, ce fameux chef népissing qui avait tué par accident l'ingénieur Des Combles, et qui depuis lors n'avait pas quitté le sentier de la guerre pour se faire tuer ou venger cette mort, prit une tête de bœuf par les cornes, et la promena le long de la cabane, en dansant et en hurlant sa chanson de guerre. " Les autres chefs des trois nations, ajoute Bougainville, ont fait la même cérémonie, et je l'ai chantée au nom du marquis de Montcalm, ce qui a été fort applaudi. Ma chanson n'était autre chose que les mots : foulons les Anglais aux pieds, cadencés sur le mouvement des airs sauvages. Ils ont ensuite présenté au marquis de Montcalm le premier morceau, et le festin de guerre ayant commencé, nous nous sommes retirés.

" Le lendemain, 10, nous avons été au Saut-Saint-Louis. Deux canots, montés chacun de dix sauvages nus, les plus beaux hommes de tout le village, matachés de rouge et de bleu, ornés de bracelets d'argent et de porcelaine, sont venus au-devant de nous, sur le fleuve, à un quart de lieue du Saut....

" Ces deux canotées formaient en vérité un coup d'œil charmant, et qui eût fixé les regards de tous les Européens.

" Même cérémonie qu'au lac des Deux-Montagnes ; de plus, les Iroquois m'ont adopté dans leur tribu.... Me voilà donc chef de guerre iroquois. Ma famille est celle de la Tortue, la première pour l'éloquence et les conseils, la deuxième pour la guerre, celle de l'Ours étant la première ".

Pendant que le général parcourait le village du Saut-Saint-Louis, et présentait son aide de camp à sa tribu, qui le saluait de son nouveau titre : *Garoniatsigoa*, c'est-à-dire *le grand ciel en courroux*, le chevalier de Lévis, arrivé le 7, à Carillon, où il venait de remplacer le froid et méthodique Bourlamaque, hâtait le mouvement de l'armée. Il avait laissé ce colonel au fort avec deux bataillons, pour y faire continuer les travaux et faire avancer l'artillerie et les munitions. Lui-même s'était établi à la Chute avec quatre bataillons, et en trois jours il avait ouvert un chemin entre Carillon et le lac Saint-Sacrement. Pour ne pas retarder la marche de l'artillerie, il faisait passer, de nuit, les divisions et les bateaux, tirés à bras, à mesure qu'ils arrivaient.

Il était important de dérober ces opérations aux Anglais, d'autant qu'ils étaient plus alertes que l'année précédente, et que leurs éclaireurs avaient eu des escarmouches avec nos patrouilles. Néanmoins la supériorité de nos troupes dans ce genre de guerre, qui leur donnait la plupart du temps l'avantage, augmentait leur confiance et leur audace.

M. de Langy fut chargé d'aller, avec cent Canadiens et sauvages, explorer la côte occidentale du lac Saint-Sacrement jusqu'au fort George, afin de s'assurer s'il y avait possibilité d'y faire passer un corps d'armée. A peine avait-il fait cinq lieues de marche, qu'il tomba sur un parti de trente éclaireurs anglais. Quatre seulement de ces malheureux échappèrent ; dix-huit furent tués, les huit autres faits prisonniers [1].

Sur ces entrefaites arriva à Carillon l'intrépide Marin, avec quatre cents Outaouais, Folles-Avoines, Sauteux, et autres sauvages des pays d'en haut. M. de Lévis ne lui laissa que deux jours pour se préparer, adjoignit cent cinquante Canadiens à trois cents de ses sauvages, et le dépêcha du côté oriental du lac Saint-Sacrement, pour masquer nos mouvements sur la gauche, et pousser une reconnaissance jusqu'au fort Edouard. Il suivit la grande voie qui menait de ce côté, c'est-à-dire la tête du lac Champlain, appelée alors la Baie, et la rivière au Chicot, qui s'y décharge. A cinq lieues du fort Edouard, la navigation de cette rivière est interrompue par une cascade auprès de laquelle avait été bâti l'ancien fort Anne, alors abandonné. Marin y laissa ses canots. Lorsqu'il arriva en vue du fort Edouard, plus de la moitié de ses sauvages, cédant à leurs caprices ou à leurs superstitions, l'avaient quitté.

Il s'approcha cependant et tomba à l'improviste sur une patrouille de cent hommes qu'il dispersa et poursuivit jusqu'auprès des remparts. Au bruit de la fusillade, une partie de la garnison sortit de ses retranchements. Elle s'avança " en bataille jusqu'à l'entrée

---

1 — *Journal de Lévis*, p. 83.

du bois, en faisant, sans aucun effet, des décharges régulières. Les sauvages, à l'abri de gros arbres, tiraient à coup sûr, et ils disent en avoir beaucoup tué. La fusillade a duré quelque temps, après quoi ils ont fait leur retraite, poursuivis pendant plus d'une lieue ; mais qui pourrait atteindre un sauvage qui fuit [1] " ?

Marin n'avait eu qu'un seul de ses hommes tué, et cinq sauvages blessés légèrement. Les sauvages avaient fait quatre prisonniers [2] et levé trente-deux chevelures ; mais, observe Bougainville, ils savent avec une en faire deux et même trois.

Montcalm reconnut la main puissante de Lévis, en examinant les travaux faits aux camps de Carillon. Le parc d'artillerie et les bateaux étaient transportés ; il ne restait plus en arrière que quelques munitions de guerre et les munitions de bouche [3].

Le général, arrivé avec les dernières troupes de la marine et le reste des sauvages (18 juillet), se fixa à Carillon, et envoya M. de Rigaud, venu avec lui, commander au Portage et aux postes avancés, tandis que " les sauvages se plaçaient où il leur plaisait ". M. Dumas fut chargé d'organiser les milices par brigades, et de former un bataillon des troupes de la marine, en choisissant pour officiers ceux qui étaient moins propres à marcher avec les sauvages et à faire la guerre de partisans.

L'inspection des postes avancés, que fit Montcalm dans la journée du 21, fut accompagnée d'une scène

---

1 — *Journal de Montcalm.*
2 — *Journal de Lévis*, p. 84.
3 — *Idem.*

caractéristique que le marquis s'est plu à retracer. Il s'était embarqué pour se rendre à la Chute, dans un canot pagayé par plusieurs sauvages des pays d'en haut. Durant tout le trajet, un jeune guerrier se tenait debout dans le canot et chantait en s'accompagnant du tambourinet indien. Derrière lui était assis le plus vieux sauvage de l'expédition, Pennahouel, le Nestor de la forêt. Dans son récitatif, modulé sur un ton qui ne manquait pas de grâce, le jeune guerrier disait ses derniers rêves : " Le manitou m'est apparu ; il m'a dit : de tous ces jeunes gens qui te suivent à la guerre, tu n'en perdras aucun ; ils réussiront, se couvriront de gloire, et tu les ramèneras tous sur leur natte ". Des cris d'applaudissements l'interrompaient de temps en temps. Le vieux chef prit à la fin la parole, et lui dit d'un ton solennel : — " Mon fils, avais-je tort de t'exhorter à jeûner ? Si, semblable aux autres, tu eusses passé le temps à manger, à sacrifier à ton appétit, tu ne te serais pas rendu le manitou favorable ; et voilà qu'il t'a envoyé des rêves heureux, et qui font la joie de tes guerriers ".

Le camp de ces sauvages retentissait jour et nuit de semblables jongleries. Ils piquaient en terre une perche au bout de laquelle était suspendu leur manitou : c'était un équipement, une peau de bête ou un chien mort, auquel ils offraient en sacrifice des bouts de tabac, quelques bouffées de leur pipe, ou des morceaux de viandes qu'ils jetaient au feu. Le reste du temps se passait à danser, à se divertir ou à se baigner. Leur habileté à nager et à plonger faisait l'étonnement des blancs.

Les mœurs des sauvages chrétiens formaient un contraste avec celles de ces païens. Vêtus en général avec plus de décence, ils se montraient plus traitables, étaient munis de mousquets dont ils se servaient avec une rare habileté, tandis que la plupart des autres n'étaient armés que de flèches, de lances ou d'espontons. Leurs missionnaires, qui les avaient suivis, exerçaient sur eux une grande influence : c'était l'abbé Piquet, de la Présentation ; l'abbé Matavet, du lac des Deux-Montagnes, tous deux sulpiciens ; et le P. Roubaud, jésuite de la mission des Abénakis de Saint-François. Ces missionnaires les réunissaient matin et soir pour la prière, les prêchaient, les confessaient et leur disaient chaque jour la messe, qu'ils entendaient avec un recueillement qui était une leçon pour l'armée. Ils étaient cependant bien encore les enfants de la nature, avec des instincts grossiers et de violentes passions. Ils avaient leurs jeux, leurs danses et leurs festins de guerre, dont le P. Roubaud a fait une très curieuse description.

" Figurez-vous, dit-il, une grande assemblée de sauvages, parés de tous les ornements les plus capables de défigurer une physionomie à des yeux européens. Le vermillon, le blanc, le vert, le jaune, le noir, faits avec de la suie ou de la raclure des marmites ; un seul visage sauvage réunit toutes ces différentes couleurs, méthodiquement appliquées à l'aide d'un peu de suif qui sert de pommade. Voilà le fard qui se met en œuvre dans ces occasions d'appareil, pour embellir non seulement le visage, mais encore la tête, presque tout à fait rasée, à un petit flocon de cheveux près, réservé sur le sommet pour y attacher des plumes d'oiseaux, ou quelques morceaux de porcelaine, ou quelque autre colifichet. Chaque partie de la tête a ses ornements marqués : le nez a son pendant. Il y en a aussi pour les oreilles, qui sont fendues dès le bas âge, et tellement allongées par les poids dont elles ont été surchargées, qu'elles viennent flotter et battre sur les épaules. Le reste de l'équipement répond à cette bizarre décoration : une chemise barbouillée de vermillon, des colliers de porcelaine, des bracelets d'argent, un grand couteau suspendu sur la poitrine, une ceinture de couleurs variées, mais toujours burlesquement assorties, des souliers de peau d'orignal ; voilà quel est l'accoutrement sauvage. Les chefs et les capitaines ne sont distingués de ceux-ci que par le hausse-col, et de ceux-là que par un médaillon, qui représente d'un côté le portrait du roi, et au revers Mars et Bellone, qui se donnent la main, avec cette devise : *Virtus et honor*.

" Figurez-vous donc une assemblée de gens ainsi parés et rangés en haie. Au milieu sont placées de grandes chaudières remplies de viandes cuites et coupées par morceaux, pour être plus en état d'être distribuées aux spectateurs. Après un respectueux silence, qui annonce la majesté de l'assemblée, quelques capitaines, députés par les différentes nations qui assistent à la fête, se mettent à chanter successivement. Vous vous persuaderez sans peine ce que peut être cette musique sauvage, en comparaison de la délicatesse et du goût de l'européenne. Ce sont des sons formés, je dirai presque au hasard, et qui quelquefois ne ressemblent pas mal à des cris et à des hurlements de loups. Ce n'est pas là l'ouverture de la séance, ce n'en est que l'annonce et le prélude, pour inviter les sauvages dispersés à se porter au rendez-vous général. L'assemblée, une fois formée, l'orateur de la nation prend la parole, et harangue solennellement les conviés....

" La harangue finie, on procède à la nomination des capitaines qui doivent commander dans le parti. Dès que quelqu'un est nommé, il se lève de sa place et vient se saisir de la tête d'un des animaux qui doivent faire le fond du festin. Il l'élève assez haut pour être aperçu de toute l'assemblée, en criant : *Voilà la tête de l'ennemi.* Des cris de joie et d'applaudissements s'élèvent alors de toutes parts et annoncent la satisfaction de l'assemblée. Le capitaine, toujours la tête de l'animal en main, parcourt tous les rangs en chantant sa chanson de guerre, dans laquelle il s'épuise en fanfaronnades, en défis insultants pour l'ennemi, et en éloges outrés qu'il se prodigue.

" A les entendre se prôner dans ces moments d'un enthousiasme militaire, ce sont tous des héros à tout emporter, à tout écraser, à tout vaincre. A mesure qu'il passe en revue devant les sauvages, ceux-ci répondent à ces chants par des cris sourds, entrecoupés et tirés du fond de l'estomac, et accompagnés de mouvements de corps si plaisants, qu'il faut y être fait pour les voir de sang-froid. Dans le cours de la chanson, il a soin d'insérer de temps en temps quelques plaisanteries grotesques. Il s'arrête alors comme pour s'applaudir, ou plutôt pour recevoir les applaudissements sauvages, que mille cris confus font retentir à ses oreilles. Il prolonge sa promenade guerrière aussi longtemps que le jeu lui plaît. Cesse-t-il de lui plaire, il la termine en jetant avec dédain la tête qu'il avait entre les mains, pour désigner par ce mépris affecté, que c'est une viande de toute autre espèce qu'il lui faut pour contenter son appétit militaire....

" Enfin, la fête s'achève par la distribution et la consommation des viandes [1] ".

De Carillon au pied de la Chute, où était débarqué Montcalm, il n'y a guère plus d'une demi-lieue navigable. La cascade qui forme la rivière à cet endroit, bondissant sur un lit de rochers, faisait mouvoir un moulin à scie, d'où on tirait le bois nécessaire aux constructions. Au delà, la rivière se fraye un lit sinueux et bruyant, en se précipitant de rapide en rapide jusqu'à la Chute. C'est là, au milieu d'une vaste clairière, fortifiée par des abatis et une redoute, que se dressaient les tentes du chevalier de Lévis, avec ses quatre régiments de la Reine, Languedoc, Guyenne et la Sarre. Après avoir accompagné Montcalm autour de son camp, le chevalier lui fit visiter la demi-lieue de chemin qu'il venait d'ouvrir, et qui aboutissait au Portage, où étaient lancés les bateaux en eau calme, pour entrer de là dans le lac George, à un quart de lieue plus haut. Le charroyage des munitions se faisait toujours avec une extrême activité, malgré les pluies fréquentes qui, en détrempant le chemin, avaient rendu les transports difficiles. La tête de ce chemin était gardée par le camp de M. de Rigaud, fortifié comme celui de la Chute. Après avoir passé en revue le

---

1 — *Lettres édifiantes et curieuses*, tome VI, p. 192.

bataillon de la marine et les brigades canadiennes, les deux commandants se rendirent aux postes avancés, et ils éprouvèrent une vive satisfaction en y voyant massés la plus grande partie des sauvages, qu'ils s'étaient donné des peines infinies à faire avancer jusque là, afin d'éclairer la marche de l'armée, dès qu'elle s'ébranlerait. " C'est que, dit Montcalm, au milieu des bois de l'Amérique, on ne peut pas plus se passer d'eux que de la cavalerie en plaine ".

Le cordon de sentinelles établi autour du camp rendait presque impossible l'approche des espions. Tandis que les patrouilles faisaient la ronde aux environs, fouillaient les taillis et les ravins, les vigies montées sur des canots avaient l'œil sur le lac George. Malgré toutes ces précautions, quelques sauvages agniers parvinrent à se glisser à cent cinquante pas du camp, s'y tinrent cachés toute la nuit dans un fourré, d'où ils tirèrent sur un piquet de grenadiers qui se rendaient à la Chute, et levèrent deux chevelures [1]. M. de Villiers se lança à leur poursuite avec ses limiers; mais inutilement, car " ceux qui avaient fait le coup étaient sûrs de leurs jambes [2] ".

Chaque jour, une berge montée par neuf Canadiens et un officier, sous le commandement de M. de Saint-Ours, allait à la découverte jusqu'aux environs des îles qui parsèment le milieu du lac. Le 20 juillet, elle revint après avoir eu une rencontre, durant laquelle l'officier, M. de Gros Bois, fut tué, et M. de Saint-Ours, blessé

---

1 — *Journal de Lévis*, p. 85.
2 — *Journal de Montcalm*, 23 juillet.

légèrement, avec deux miliciens. Encouragés par ce petit succès, les éclaireurs anglais s'aventurèrent plus avant dans le lac : six berges ayant paru entre les chenaux des îles, dans la soirée du 23 juillet, quatre cents sauvages, cinquante Canadiens et soldats, sous la conduite de MM. de Langlade et de Corbière, allèrent se mettre en embuscade dans les îlots qui se trouvent au pied du Pain-de-Sucre, précisément à l'endroit où avait campé, l'hiver précédent, le détachement de M. de Rigaud. Les canots tirés à terre et abrités sous le feuillage, ils attendirent jusqu'au lendemain le passage des berges qu'on apercevait dans le lointain. Ces berges, au nombre de vingt-deux, montées par trois cent cinquante miliciens du New-Jersey, commandés par le colonel Parker, étaient parties la veille du fort George, et s'étaient mises en panne pour la nuit. A l'aube du jour, elles s'étaient remises en mouvement sur trois divisions, à une assez bonne distance les unes des autres. Elles s'avancèrent silencieusement à travers le gracieux groupe d'îles, qui allait être témoin d'une des plus horribles tragédies dont il soit fait mention dans les annales de l'Amérique.

Dès que les trois berges qui faisaient l'avant-garde furent parvenues en face de l'embuscade, elles furent cernées et prises sans avoir tiré un coup de fusil. Les trois autres qui suivaient eurent le même sort. Les seize dernières s'avancèrent en bon ordre jusqu'à la portée du fusil. Selon leur habitude invétérée, les sauvages tirèrent trop tôt. Les berges répondirent par quelques décharges, puis commencèrent à tourner pour battre en retraite ; mais les sauvages ne leur en donnèrent pas le temps. Avec une agilité incroyable, ils se précipitèrent dans leurs canots et les assaillirent de toutes parts. Alors commença une scène de carnage indescriptible, et qu'on se refuserait à croire, si elle n'était racontée par les témoins oculaires. La vue, les cris, l'agilité de ces géants cuivrés, brandissant leurs lances ou leurs casse-tête rougis de sang, frappèrent les équipages d'une telle épouvante, qu'ils ne firent presque aucune résistance. " Les sauvages, dit Montcalm, plongeaient dans l'eau pour les darder, comme ils font pour le poisson, et aussi pour couler à bas les berges, en les prenant par dessous et les faisant chavirer ". Deux berges seulement réussirent à s'échapper. Près de deux cents prisonniers tombèrent entre les mains des sauvages [1], et, malheureusement aussi, plusieurs barils de rhum, avec lequel ils s'enivrèrent. Ce fut ensuite une orgie et des cruautés sans nom exercées sur les prisonniers, dont trois furent mis à la chaudière et mangés. Le commandant Parker, fait prisonnier avec les autres, eut le bonheur de s'échapper.

Le P. Roubaud, témoin de la rentrée de l'expédition au camp, en a fait un récit tout plein de l'épouvante qu'il en ressentit : " On vit paraître au loin, dans la rivière, dit-il, une barque française qui nous amenait cinq Anglais, liés et conduits par des Outaouais dont ils étaient les prisonniers. La vue de ces malheureux captifs répandit la joie et l'allégresse dans le cœur des assistants ; mais c'était, dans la plupart, une joie féroce

---

1 — Le P. Roubaud porte le chiffre des prisonniers à cent cinquante-sept. La relation de la prise du fort George, publiée dans la *Gazette de France*, le porte à cent cinquante et un.

et barbare, qui se produisit par des cris effroyables et par des démarches bien tristes pour l'humanité. Un millier de sauvages, tirés des trente-six nations réunies sous l'étendard français, étaient présents et bordaient le rivage. Dans l'instant, sans qu'il parût qu'ils se fussent concertés, on les vit courir avec la dernière précipitation vers les bois voisins. Je ne savais à quoi devait aboutir une retraite si brusque et si inopinée. Je fus bientôt au fait. Je vis revenir un moment après ces furieux, armés de bâtons, qui se préparaient à faire à ces infortunés Anglais la plus cruelle des réceptions. Je ne pus retenir mon cœur à la vue de ces cruels préparatifs. Les larmes coulaient de mes yeux ; ma douleur cependant ne fut point oisive. J'allai, sans délibérer, à la rencontre de ces bêtes farouches, dans l'espérance de les adoucir ; mais hélas ! que pouvait ma faible voix, que pousser quelques sons que le tumulte, la diversité des langues, plus encore la férocité des cœurs rendaient inintelligibles ? Du moins, les reproches les plus amers ne furent-ils pas épargnés à quelques Abénakis qui se trouvèrent sur mon chemin ; l'air vif qui animait mes paroles les amena à des sentiments d'humanité. Confus et honteux, ils se séparèrent de la troupe meurtrière, en jetant les cruels instruments dont ils se disposaient à faire usage. Mais qu'était-ce que quelques bras de moins, sur deux mille déterminés à frapper sans pitié ? Voyant l'inutilité des mouvements que je me donnais, je me déterminai à me retirer, pour n'être pas témoin de la sanglante tragédie qui allait se passer. Je n'eus pas fait quelques pas, qu'un sentiment de compassion me rappela sur le rivage, d'où je jetai les yeux sur ces malheureuses victimes dont on préparait le sacrifice. Leur état renouvela ma sensibilité. La frayeur qui les avait saisies leur laissait à peine assez de force pour se soutenir ; leurs visages consternés et abattus étaient une vraie image de la mort. C'était fait de leur vie. En effet, ils allaient expirer sous une grêle de coups, si leur conservation ne fût venue du sein même de la barbarie, et si la sentence de mort n'eût été révoquée par ceux mêmes, qui, ce semble, devaient être les premiers à la prononcer.

" L'officier français qui commandait dans la barque s'était aperçu des mouvements qui s'étaient faits sur le rivage ; touché de cette commisération si naturelle à un honnête homme, à la vue des malheureux, il tâcha de la faire passer dans le cœur des Outaouais, maîtres des prisonniers ; il mania si adroitement leurs esprits qu'il vint à bout de les rendre sensibles, et de les intéresser en faveur de la cause des misérables. Ils s'y portèrent avec un zèle qui ne pouvait qu'infailliblement réussir. A peine la berge fut-elle assez près du rivage pour que la voix pût y porter, qu'un Outaouais, prenant fièrement la parole, s'écria d'un ton menaçant : " Ces prisonniers sont à moi ; je prétends qu'on me respecte en respectant ce qui m'appartient ; trêve d'un mauvais traitement dont tout l'odieux rejaillirait sur ma tête ". Cent officiers français auraient parlé sur le même ton, que leurs discours n'auraient abouti qu'à leur attirer, à eux, des mépris, et à leurs captifs, des redoublements de coups ; mais un sauvage craint son semblable et ne craint que lui. Leurs moindres disputes vont à la mort ; aussi, n'en viennent-ils guère là. Les volontés de l'Outaouais furent donc aussitôt respectées que notifiées, les prisonniers furent débarqués sans tumulte et conduits au fort "....

A leur passage au camp de Lévis, le chevalier tenta de racheter un colonel de la milice anglo-américaine, qui se trouvait au nombre des captifs ; mais, dit-il, il ne fut pas possible de le retirer de leurs mains, quelque offre qu'il fit faire pour cela, et il fut emmené dans le pays des sauvages [1].

Le P. Roubaud ajoute dans son récit, qu'il vit passer par bandes les infortunés captifs, traînés, la corde au cou, le visage terrifié, le corps ruisselant de sueur. Ayant remarqué l'un d'eux qu'il reconnut pour un officier, à quelques lambeaux d'uniforme qui lui restaient, il s'approcha d'un des Outaouais qui l'emmenait, et, lui adressant la parole de l'air le plus caressant qu'il pût, il lui fit comprendre qu'il désirait racheter ce prisonnier. L'Outaouais le repoussa avec un geste si menaçant, que le Père se retira tout effrayé.

Quelque temps après, comme il parcourait à l'entrée de la nuit le camp indien, il remarqua un groupe de sauvages faisant festin autour d'un bûcher. Au bout de quelques perches plantées en terre, pendaient des morceaux de viandes qui grillaient à la flamme. Le Père s'approche et recule d'horreur en apercevant un des Indiens tenant une tête humaine qu'il dévorait : c'était celle d'un prisonnier qui venait d'être jeté à la chaudière. Aux remontrances que lui fit le Père, le

---

1. — *Journal de Lévis*, p. 87.

sauvage répondit froidement, en continuant son festin :
" Toi avoir le goût français, moi, sauvage, cette viande
bonne pour moi ".

Montcalm prend occasion de ces horreurs pour rendre
justice aux sauvages chrétiens. " Ce ne sont, dit-il,
que ceux d'en haut qui commettent ces cruautés ; nos
domiciliés n'y prennent aucune part. Ils se confessent
toute la journée [1] ".

Montcalm tint conseil sur conseil avec les sauvages,
durant la journée du 25, sans réussir à racheter les
malheureux captifs qui, exposés à chaque instant à être
assommés, étaient en proie à des terreurs pires que la
mort. La victoire avait rendu les sauvages plus inso-
lents et plus intraitables que jamais.

Ce ne fut qu'après minuit qu'ils consentirent, non
pas à rendre la liberté à leurs captifs, mais à permettre
de les envoyer au marquis de Vaudreuil, en se réservant le droit de les reprendre au retour. Ils exigèrent
même que le marquis de Montcalm donnât à chaque
bande, un reçu signé de sa main. L'escorte et les
canots étaient prêts à recevoir ces malheureux qui
furent dirigés sur Montréal.

Depuis leur victoire, les sauvages ne parlaient plus
que de partir ; ils voulaient à tout prix s'en retourner
dans leur pays. Ils avaient fait coup, disaient-ils, et
c'était tenter le Maître de la vie que de s'exposer à de
nouveaux combats. Montcalm se hâta de convoquer
deux grands conseils de toutes les nations sauvages :
l'un au camp de la Chute, l'autre à celui du Portage,

---

[1] — *Journal de Montcalm.*

pour les rattacher à l'expédition et leur faire connaître la marche de l'armée. Trois orateurs célèbres y portèrent la parole : Kisensik, de la tribu des Népissings ; Lamotte, de celle des Folles-Avoines ; et le vieux Pennahouel, orateur des Outaouais, le plus remarquable de tous. C'était un homme d'un esprit et d'une sagacité extraordinaires, autrefois l'ennemi acharné des Français, mais devenu leur ami dévoué, surtout depuis qu'il s'était lié d'amitié avec le marquis de la Galissonière, qui avait admiré son intelligence et s'était amusé de ses spirituelles saillies.

Pendant que Montcalm prononçait son discours, un gros arbre tomba fortuitement à quelques pas de l'assemblée. Le général, sans perdre sa présence d'esprit, interpréta pour lui ce présage : " Voilà, s'écria-t-il, comment l'Anglais sera renversé, comment tomberont les murs du fort George. C'est le Maître de la vie qui nous l'annonce ".

Lamotte accepta l'augure au nom des tribus d'en haut ; et Pennahouel, se levant avec solennité, l'appuya par ces paroles :

— " Mon père, moi, qui de tous les sauvages compte le plus de lunes, je te remercie au nom de toutes les nations et au mien, des bonnes paroles que tu viens de nous donner ; je les approuve ; personne ne nous a jamais mieux parlé que toi. C'est le manitou de la guerre qui t'inspire ".

Un grand nombre d'officiers français, attirés par la curiosité, étaient accourus au Portage, et formaient un second cercle autour du grand conseil qui siégeait au centre du camp. Aucun de ces officiers, quelque accoutumé qu'il fût aux scènes d'opéra et aux féeries des boulevards parisiens, n'avait vu de spectacle plus théâtral et mieux fait pour frapper l'imagination. Tout y prêtait à la fois : le lieu, les hommes et les choses. Ce camp militaire, avec ses tentes dressées dans une clairière, au milieu d'une vallée déserte, entre deux chaînes de montagnes couvertes, de la base au sommet, de forêts vierges, dans toute la splendeur de leur feuillage d'été, exhalant sous un ciel napolitain, de chaudes effluves chargées de senteurs sauvages ; ces officiers pimpants, aux blancs uniformes galonnés d'or, aux cheveux poudrés sous leur chapeau à panache, qu'on eût dit de petits maîtres déplacés en un tel lieu, s'ils n'avaient été aussi braves qu'élégants ; et autour d'eux, les coudoyant, les frôlant de leur corps nu, des Sakis, des Iowas de l'extrême ouest, des Mascoutins, mangeurs d'hommes ; enfin, toute cette agglomération plus semblable à une mascarade qu'à une armée ; et en perspective, une victoire assombrie par une sanglante tragédie.

Kisensik, l'orateur des Népissings, debout au milieu du conseil, porta la parole au nom des sauvages chrétiens :

— " Mes frères, dit-il en s'adressant aux nations des pays d'en haut, nous sauvages domiciliés, vous remercions d'être venus nous aider à défendre nos terres contre l'Anglais qui les veut usurper. Notre cause est bonne, et le Maître de la vie la favorise. En pouvez-vous douter, mes frères, après le beau coup que vous venez de faire ? Nous l'avons admiré, nous vous en faisons notre compliment ; il vous couvre de gloire, et le lac Saint-Sacrement, teint du sang de Corlar[1], attestera éternellement cet exploit. Que dis-je ? Il couvrira aussi de gloire nous, vos frères, et nous en tirons vanité. Notre joie doit encore être plus grande que la tienne, mon père, continua-t-il, en s'adressant au marquis de Montcalm, toi, qui as passé le grand lac, non pour ta propre cause ; car ce n'est pas sa cause qu'il est venu défendre, c'est le grand roi qui lui a dit : Pars, passe le grand lac, et va défendre mes enfants. Il va nous réunir, mes frères, et nous lier par le plus solennel des nœuds. Acceptez-le, avec joie, ce nœud sacré, et que rien ne puisse plus le rompre ".

Cette harangue fut rendue aux nations par les différents interprètes et reçue avec applaudissements.

Le marquis de Montcalm leur fit dire ensuite :

—" Mes enfants, je suis ravi de vous voir tous réunis pour les bonnes affaires. Tant que durera votre union, l'Anglais ne pourra vous résister. Je ne puis mieux vous parler que votre frère Kisensik vient de le faire. Le grand roi m'a sans doute envoyé pour vous protéger et vous défendre, mais il m'a recommandé surtout de chercher à vous rendre heureux et invincibles, en établissant entre vous cette amitié, cette union, ce concours pour opérer les bonnes affaires, qui doivent se trouver entre des frères, enfants du même père, du grand Ononthio ".

1—Nom sous lequel les sauvages désignaient les Anglais.

Alors Montcalm, levant le collier à six mille grains, qu'il tenait entre ses mains, ajouta : — " Par ce collier, gage sacré de sa parole, symbole de bonne intelligence et de force par la liaison des différents grains qui le composent, je vous lie tous les uns avec les autres, de manière qu'aucun de vous ne puisse se séparer avant la défaite de l'Anglais et la destruction du fort George ".

Cette parole fut alors rapportée par les divers interprètes, et le collier jeté au milieu de l'assemblée.

Il fut relevé par les orateurs des différentes nations, qui les exhortèrent à l'accepter, et Pennahouel, en le présentant à celles des pays d'en haut, leur dit :

— " Voilà maintenant un cercle tracé autour de nous par le grand Ononthio, qu'aucun de nous n'en sorte ; tant que nous resterons dans son enceinte, le Maître de la vie sera notre guide, nous inspirera ce que nous devons faire, et favorisera toutes nos entreprises. Si quelqu'un en sort avant le temps, le Maître de la vie ne répond plus des malheurs qui pourront le frapper ; que son infortune ne retombe que sur lui, et non sur les nations qui se promettent ici une union indissoluble et la plus grande obéissance à la volonté de leur père ".

Les officiers français s'étaient peu à peu glissés à travers les rangs et obstruaient la vue des orateurs. Les Sakis, les Folles-Avoines et les Renards quittèrent alors l'assemblée, parce que, disaient-ils, on les empêchait de voir leur père et d'entendre sa parole.

Le marquis de Montcalm, averti à temps, les envoya chercher, et fit retirer les curieux.

L'assemblée paraissait avoir réussi, quand on apprit que les Miamis s'étaient dérobés secrètement avec leurs canots, qu'ils avaient *portagés* à travers les bois, de crainte d'être retenus. Cette désertion amena un ébranlement général : deux cents sauvages s'en allèrent, le reste ne fut retenu qu'à force de cajoleries, de présents et de promesses. La plupart d'entre eux, bivouaqués à la sortie du lac, s'y livraient jour et nuit à des orgies indescriptibles. Les bûchers qu'ils allumaient de tous côtés, sans la moindre précaution, mirent le feu au camp de M. de Contrecœur, qui, à partir de ce jour, porta le nom de Camp Brûlé. Faute de viande fraîche, ou de prisonniers anglais à manger, ils envahirent un parc où l'on tenait en réserve un troupeau de bétail, en tuèrent dix-huit et les dévorèrent. Cette hécatombe, ou, comme l'appelle Bougainville, cette Saint-Barthélemy de bestiaux les calma.

Enfin, le 29 juillet, l'armée commença à se mettre en mouvement. Elle comptait huit mille dix-neuf hommes, de toutes armes, répartis comme suit :

2,570 hommes de troupes de terre ;

3,470 de troupes de la marine et de milice ;

180 canonniers ;

1,799 sauvages.

Chaque tribu, imitant, sans le savoir, une coutume de la plus haute antiquité, fit le dénombrement de sa troupe en présentant autant de bûchettes qu'elle comptait de guerriers [1].

Il avait été convenu que l'armée marcherait en deux divisions : la première, sous M. de Lévis, suivrait par terre la rive occidentale du lac, tandis que la seconde

---

1. — Voir note à la fin du chapitre.

irait par eau. Le rendez-vous était à la baie de Ganaouské (North West Bay), où M. de Lévis devait signaler son arrivée par trois feux placés en triangle sur le flanc de la montagne. Comme la route de terre à travers un pays montueux, obstrué d'épaisses forêts, était beaucoup plus pénible et plus longue, le détachement du chevalier partit deux jours avant celui de Montcalm. Ce premier détachement, de deux mille cent soixante et dix hommes, l'élite des troupes françaises et canadiennes, accompagné de huit cents sauvages, portait pour tout bagage, une couverte par chaque homme, avec son havresac et ses armes [1].

Le soir du 29 juillet, il alla bivouaquer à une demi-lieue du Portage, au Camp Brûlé. On se mit en marche à quatre heures du matin. Les sauvages et les volontaires de Villiers, coureurs de bois à toute épreuve, faisaient l'avant-garde, frayant la route à travers les broussailles, les branches d'arbres et les troncs renversés couverts de mousse, où l'on enfonçait jusqu'à la cheville du pied. Il faut avoir marché dans nos forêts primitives pour avoir une juste idée

---

1 — DÉTACHEMENT DU CHEVALIER DE LÉVIS : — M. de Senezergues, lieutenant-colonel, commandant le régiment de la Sarre ;
M. le chevalier de Lapause, capitaine aide-major de Guyenne ;

6 compagnies de grenadiers, de 45 hommes chaque...	270
6 piquets de troupes de terre.............................	300
2 piquets de la marine......................................	100
3 brigades de milices de 400 hommes chaque..........	1200
Volontaires aux ordres de M. de Villiers...............	300
Sauvages de différentes nations...........................	800
Total............................	2970

(*Journal de Lévis*, p. 88.)

de l'enchevêtrement de végétations inextricables qui s'élèvent partout sur un terrain semé de toute espèce d'inégalités et d'obstacles. On fit ainsi la montée et la descente de la Montagne-Pelée par une chaleur d'Italie. Le détachement marchait sur trois colonnes : les grenadiers au centre ; deux brigades canadiennes avec les piquets de la ligne et de la marine à droite ; deux brigades canadiennes sur la gauche. On campa à quatre heures du soir dans une forte position, après avoir fait quatre lieues. Les troupes, non accoutumées à ce genre de marche, étaient éreintées. Un bon nombre de traînards, deux officiers, un de la ligne, l'autre de la marine, étaient restés en arrière à bout de forces.

L'expédition continua sa marche dans le même ordre les deux jours suivants, et arriva, le soir du premier d'août, à la baie de Ganaouské par une pluie d'averse. Le chevalier de Lévis, aussi ferme de corps que de volonté, avait supporté galamment les fatigues du soldat. Après avoir solidement établi son camp au bord d'un ravin, qui le protégeait de front, tandis que sa gauche s'appuyait sur le lac, et sa droite sur le flanc de la montagne, il fit allumer les signaux convenus.

En partant du Portage, les Indiens avaient suspendu à des arbres un capot, une paire de mittasses et un brayet, auxquels ils avaient sacrifié. Les missionnaires, qui avaient élevé leur autel dans le voisinage, en conçurent des scrupules, et eurent l'idée assez singulière de consulter Montcalm pour savoir si on pouvait célébrer la messe en un lieu où l'on sacrifiait au diable. Le casuiste militaire, dit ironiquement Bougainville, répondit qu'il valait mieux la célébrer là que de ne pas la célébrer du tout.

Les sauvages, restés au camp, ennuyés d'une longue inaction, mécontents d'ailleurs de la défense qui venait d'être faite de leur livrer de la boisson, n'eurent pas la patience d'attendre la levée du camp. Ils partirent en canots le dimanche soir, 31 juillet, avec trois cents Canadiens qu'on leur avait adjoints, et allèrent camper à quatre lieues sur une pointe du lac, où ils devaient attendre le marquis de Montcalm. Ce lieu était infesté de serpents à sonnettes, que les sauvages s'amusèrent à poursuivre et à tuer. Çà et là, le long de la grève, gisaient des berges abandonnées et des cadavres en putréfaction, tristes vestiges de la défaite des Anglais.

Le matin du 1er août, les deux cent quarante-sept bateaux de transports étaient échelonnés à la sortie du lac, prêts à recevoir l'armée.

Cent hommes de garnison et cent travailleurs armés avaient été laissés à Carillon ; cinquante au camp du Portage où se trouvait le dépôt des vivres. De fortes averses avaient retardé l'embarquement des troupes qui ne fut terminé que dans l'après-midi. A cinq heures du soir, la flottille avait rejoint les sauvages, dont les cent cinquante canots d'écorce, lancés à son approche, et se plaçant à l'avant-garde, attirèrent tous les regards par l'aspect original qu'ils offraient. " Ce coup d'œil, dit Montcalm, était curieux, même pour un militaire accoutumé à voir les armées européennes, mais qui ne peut se représenter le spectacle de quinze cents sauvages nus dans leurs canots [1] ".

---

1 — *Journal de Montcalm.*

Le lac, avec ses promontoires abrupts et son archipel d'îles, à travers lequel circulait la flottille, disparut peu à peu dans les ténèbres d'une nuit pluvieuse. Vers les onze heures, on vit briller, à l'horizon des montagnes, quelques lumières qui paraissaient comme trois étoiles, et qui grandirent à mesure qu'on s'approchait. Elles annonçaient la présence du chevalier de Lévis. Avant le jour, les deux corps d'armée s'étaient rejoints et prirent quelque repos.

" Comme nous étions, dit Montcalm, à portée des découvreurs ennemis, on avait défendu de tirer et de faire du feu, ni de battre la caisse, dans la crainte d'être découverts. Le Français, qui ne doute de rien, a tiré, fait du feu, et même sonné du cor, comme pour une partie de chasse [1] ".

La matinée fut employée à distribuer des vivres pour quatre jours au détachement de M. de Lévis, qui reprit son mouvement, vers onze heures, à travers un pays plat, couvert de belles forêts, mais entrecoupé de marécages, qui rendaient la marche extrêmement fatigante. Les bateaux avaient ordre de s'avancer en se tenant toujours à la hauteur du détachement. A cinq heures du soir, au pied d'une pointe du sommet de laquelle on découvrait le fort William-Henry, à une lieue de distance, le chevalier de Lévis assit son camp dans une position avantageuse, défendue en avant par un ruisseau, à gauche par le lac, à droite par la montagne, et envoya MM. de Bougainville et Wolff avertir

---

1 — *Journal de Montcalm.*

le marquis de Montcalm que les bateaux pouvaient aborder en arrière de ses lignes.

Le beau temps était revenu, tout était tranquille dans le camp avant minuit, lorsqu'on aperçut, à la clarté des étoiles, deux berges qui s'approchaient sur le lac. Personne ne pouvait s'expliquer pourquoi ces berges couraient ainsi à une perte certaine ; car il était impossible de supposer que les Anglais n'eussent eu aucune connaissance de l'approche de l'armée. Cependant, les deux berges avançaient toujours, n'entendant aucun bruit, et attirées par un objet éclatant qu'elles ne pouvaient discerner : c'était une tente dressée sur un des bateaux qui, éclairée par les étoiles, ressortait sur l'ombre du rivage. Tout à coup, un des moutons vivants amenés dans les bateaux se mit à bêler. A ce bruit qui décelait une embuscade, les berges firent volte-face et se mirent à gagner précipitamment le rivage opposé. Aussitôt des hurlements épouvantables sortirent du gosier de mille sauvages, qui se précipitèrent dans leurs canots à la poursuite. Berges et canots disparurent dans l'ombre, et l'on n'entendit plus que les cris qui continuaient toujours en s'éloignant. Les équipages des berges, en arrivant au rivage, tirèrent quelques coups de fusil et se jetèrent dans les bois. Un sauvage Népissing avait été tué et deux autres blessés. Trois prisonniers anglais furent amenés au camp et interrogés. Ils apprirent que le commandant du fort George avait su, la veille, l'approche de l'armée ; " qu'à six heures du soir, il lui était arrivé un renfort de mille hommes avec quatre pièces de canon et un convoi de vivres de cinquante chariots ; que l'ordre avait été donné pour venir au-devant de nous pour nous attaquer ; qu'à minuit, on devait tirer un coup de canon qui était le signal pour prendre les armes, et que l'on marcherait à la pointe du jour [1] ".

A la suite de cette déposition, les malheureux prisonniers, dont les sauvages ne voulurent pas se dessaisir, furent ramenés dans leur camp et massacrés la nuit même par les parents du Népissing tué dans le combat. Ce chef fut inhumé avec toute la pompe des cérémonies indiennes. " Le cadavre, dit le P. Roubaud, avait été paré de tous les ornements que la plus originale vanité puisse mettre en œuvre : colliers de porcelaine, bracelets d'argent, pendants d'oreilles et de nez, habits magnifiques ; tout lui avait été prodigué ; on avait emprunté le secours du fard et du vermillon pour faire disparaître sous ces couleurs éclatantes, la pâleur de la mort. On n'avait oublié aucune des décorations d'un militaire sauvage : un hausse-col, lié avec un ruban de feu pendait négligemment sur sa poitrine, le fusil appuyé sur son bras, le casse-tête à la ceinture, le calumet à la bouche, la lance à la main, la chaudière remplie à ses côtés. Dans cette attitude guerrière, on l'avait assis sur une éminence revêtue de gazon qui lui servait de lit de parade. Les sauvages, rangés en cercle autour de ce cadavre, gardèrent pendant quelques moments un silence sombre. L'orateur le rompit en prononçant l'oraison funèbre du mort ; ensuite succédèrent les chants et les danses, accompagnés du son des tambours de basque, entourés de grelots ".

1— *Journal de Lévis*, p. 96.

A l'aube du jour, la dépouille du guerrier fut déposée dans la tombe, avec des provisions pour son voyage au pays des âmes [1].

Armée du roi en Canada, sur le lac Saint-Sacrement, dans les camps de Carillon, de la Chute et du Portage.

Le 29 juillet 1757.

Le marquis de Montcalm, maréchal de camp ;
Le chevalier de Lévis, brigadier ;
Le sieur de Rigaud de Vaudreuil, gouverneur des Trois-Rivières, commandant les troupes de la colonie ;
Le sieur de Bourlamaque, colonel ;
Le chevalier de Montreuil, major général.

TROUPES FRANÇAISES

La Reine	369 hommes.
La Sarre	451
Royal-Roussillon	472
Languedoc	322
Guyenne	492
Béarn	464
Total	2,570

TROUPES DE LA COLONIE

Bataillon de la marine	524

MILICES

Brigade de La Corne	411
" de Vassan	445
" de Saint-Ours	461
" de Repentigny	432
" de Courtemanche	473
" de Gaspé	424
Volontaires de Villiers	300
Total	3,470

---

1 — *Lettres du P. Roubaud.*

SAUVAGES

Domiciliés 820
Des pays d'en-haut................................ 979
                                                    ─────
        Total..................... 1,799

ARTILLERIE

Le sieur Le Mercier, commandant.
Officiers.. 8
Canonniers, bombardiers, ouvriers...... 180
M. Desandrouins, ingénieur ;
Le sieur de Lotbinière, ingénieur.

Récapitulation de l'armée :

Troupes de terre. 2,570
De la colonie et milices...................... 3,470
Canonniers 180
Sauvages... 1,799
                                                      ─────
        Total de l'armée.................. 8,019 hommes.

(*Journal de Montcalm*).

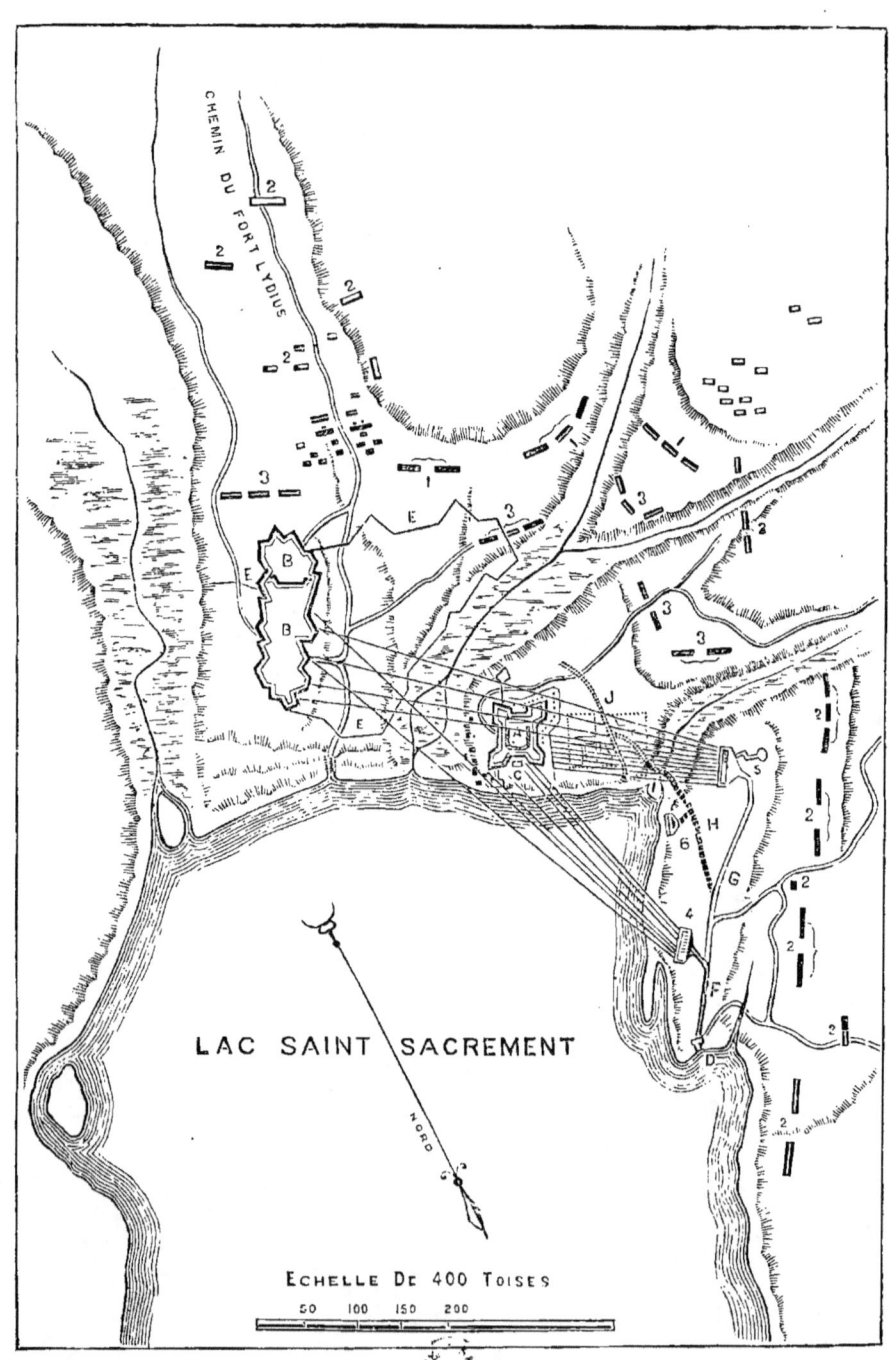

Plan du fort William-Henry ou fort George construit par les Anglais en 1756, assiégé et pris, en 1757, par l'armée française commandée par M. le marquis de Montcalm, maréchal des camps et armées du Roy

LÉGENDE

A — Fort William-Henry.
B — Camp retranché où l'ennemi se renferma à l'approche des Français.
C — Hangar entouré de palissades.
D — Anse où débarqua l'artillerie.
E — Ancien retranchement.
F — Travaux de la nuit du 4 au 5 août.
G — Travaux du 5 au 6.
H — Travaux du 6 au 7.
I — Passage d'un marais fait en plein jour.
J — Travaux du 7 au 8.
1 — Position pour l'investissement, aux ordres de M. le marquis le Lévis.
2 — Position pendant le siège.
3 — Position pendant la démolition du fort.
4 — Batterie de huit pièces et un mortier.
5 — Batterie de dix pièces et un mortier.
6 — Batterie de six pièces qui n'ont pas tiré.
▬ Troupes de terre.
═ Troupes de la marine et Canadiens.
▭ Sauvages.

Manuscrits du chevalier de Lévis.

CHAPITRE HUITIÈME

1757

Description de William-Henry et de ses environs. — Approches du fort. — La flottille indienne. — Lévis à l'avant-garde. — Les travaux du siège. — Conseil avec les sauvages. — Message intercepté. — Une alerte. — Le capitaine Fesch. — Capitulation. — Evacuation du fort. — Premiers désordres. — La nuit dans le camp retranché. — Le colonel Young et les otages. — Première alarme. — Départ de la garnison. — Hésitations de Monro. — Le massacre. — Récit des témoins oculaires. — Désertions des sauvages. — Injustes remarques de Bougainville contredites par Lévis. — Démolition de William-Henry.

Quand le voyageur s'arrête aujourd'hui à la tête du lac George, il a peine à reconnaître l'emplacement qu'occupait le fort William-Henry. De ses murailles et de ses fossés, il ne reste que de vagues ondulations de terrain. Des champs cultivés ont été taillés çà et là dans la forêt, et de gracieux villages s'élèvent au bord du lac ; mais les grandes lignes de l'horizon ont gardé leur aspect sauvage. Les belles montagnes du lac Saint-Sacrement mirent toujours leur panache de verdure dans ses eaux limpides. Quand revient cette quinzaine d'août, témoin des tragiques événements que nous allons dire, les promontoires et les îles revêtent toujours les mêmes teintes d'une fin d'été ; et quand le sifflet de l'engin à vapeur, qui a remplacé le canon de Montcalm, a cessé de retentir, les feuilles mortes, que la brise emporte sur le lac, y retombent dans le même silence d'autrefois.

Le 3 d'août, l'armée fut sur pied dès que l'aurore eût paru à la cime des montagnes. Le canon entendu à minuit, comme l'avaient annoncé les prisonniers, faisait croire à une attaque des ennemis. L'armée se mit en marche à travers les bois, le détachement de Lévis faisant l'avant-garde, éclairé par les sauvages. Montcalm commandait à sa suite le gros de l'armée. Cinq cents hommes, aux ordres du lieutenant-colonel Privat, avaient été laissés à la garde des bateaux.

Les Anglais ne sortirent pas de leurs retranchements. Une escouade conduisit le colonel Bourlamaque, chargé de la direction du siège, et l'ingénieur en chef Desandrouins, sur les hauteurs voisines pour examiner le fort ; ils reconnurent que le côté le plus vulnérable était précisément celui par où s'avançait l'armée. A droite, c'est-à-dire au sud-est, le fort George était défendu par un marais impraticable ; à gauche, par le lac ; et des deux autres côtés, par un bon fossé palissadé.

Ces remparts étaient formés par un assemblage de grosses pièces de bois croisées les unes sur les autres, et solidement liées ensemble ; les interstices en étaient remplis de terre et de gravier.

On avait pratiqué à une portée de canon de la place un *désert* dont les arbres, à demi brûlés et couchés l'un sur l'autre, offraient, ainsi que leurs souches, un obstacle presque inconnu dans les approches des places d'Europe. A l'est du fort, un camp retranché avait été construit sur une hauteur très avantageuse, dominant le fort lui-même, et protégée en grande partie par des marécages. Les retranchements en étaient faits de troncs d'arbres posés les uns sur les autres ; ils avaient peu d'étendue, beaucoup de flancs munis d'artillerie, et pouvaient être bordés par les ennemis.

Le fort et le camp retranché qui communiquaient par une chaussée construite le long du rivage, étaient défendus par vingt-neuf canons, trois mortiers, un obusier, dix-sept pierriers, en tout cinquante pièces d'artillerie, et par une garnison de deux mille quatre cents hommes [1], commandée par le lieutenant-colonel Monro, du 35me régiment de l'armée anglaise, vétéran écossais d'une bravoure personnelle incontestable, mais d'un caractère faible, comme le démontrèrent les événements.

Bourlamaque et Desandrouins revenus de leur expédition, et le plan d'attaque décidé, l'armée qui avait fait halte de onze heures à midi, accéléra le pas pour s'emparer avant la fin du jour des hauteurs qui dominaient la place. Tandis qu'une partie des Indiens opéraient sur la droite, en escarmouchant avec les avant-postes ennemis qu'ils refoulaient sous les murs

---

[1]—Montcalm, Lévis et Desandrouins s'accordent sur ce chiffre.

du fort, le reste des sauvages menaçaient la gauche en faisant une démonstration sur le lac. Leurs canots, rangés de front sur une même ligne, s'étendant d'une rive à l'autre, ils pagayaient à coups réguliers, en faisant tressaillir les échos par des milliers de cris, auxquels répondaient les guerriers échelonnés sur le cercle des hauteurs voisines. Les bateaux de l'artillerie qui s'avançaient en arrière d'une pointe, débouchèrent alors sur la droite et répondirent aux cris des Indiens par une décharge générale, à laquelle ripostèrent les canons des deux retranchements. En ce moment, le soleil qui baissait à l'horizon des montagnes auxquelles s'adossait l'armée, mettait en pleine lumière le vallon où s'élevait le fort George, avec ses solides bastions au-dessus desquels flottait le drapeau britannique, avec sa vaste clairière embarrassée de souches et de squelettes d'arbres renversés et noircis par la flamme, avec les lignes irrégulières de son camp retranché. Tout autour s'arrondissait la ceinture des grands bois, s'étageant en amphithéâtre jusqu'au bord du ciel. Plusieurs rangées de tentes, placées non loin des glacis, à l'ouest du fort, étaient repliées en toute hâte et transportées au camp, tandis qu'une centaine de soldats anglais essayaient de rassembler et de sauver un troupeau de cent cinquante bestiaux, qui paissaient dans les bas fonds du voisinage. Les sauvages, dont les cris démoniaques retentissaient sur toute la lisière du bois, effrayèrent les soldats, les repoussèrent sous les murs de la place, amenèrent le troupeau et vinrent offrir vingt-cinq bœufs au général, lui disant que c'était pour remplacer ceux qu'ils avaient mangés au Portage, et qu'il pouvait s'en servir pour traîner ses gros fusils.

Le chevalier de Lévis, par un mouvement hardi, s'était avancé au delà du camp retranché, où il avait divisé ses troupes en deux corps : le premier occupant le chemin du fort Edouard, pour intercepter les secours qui pouvaient venir de cette place ; le second stationnant un peu en arrière pour masquer et observer les mouvements qui se faisaient au fort et au camp retranché. Le marquis de Montcalm, que le chevalier prévint de ses dispositions, fit faire halte à son armée, et alla le rejoindre. Tous deux examinèrent de nouveau les fortifications ennemies, et se convainquirent par leurs propres yeux qu'elles exigeaient, pour être emportées, un siège régulier.

Ordre fut donné à Bourlamaque, qui se trouvait alors à la hauteur du fort George, avec les régiments de la Sarre et de Royal-Roussillon, de rétrograder, et d'aller prendre une position que le général venait de reconnaître. C'est l'endroit où s'élève aujourd'hui le village de Caldwell ; la gauche y était appuyée au lac ; la droite à des cavités inaccessibles ; le front à un ravin, au fond duquel coulait un petit ruisseau et dont la berge masquait le fort. Une petite anse formée par cette berge qui s'avance dans le lac, favorisait l'accès des bateaux [1].

Aussitôt leur camp dressé, les deux régiments se mirent à couper des fascines, à faire des saucissons, et à déblayer le ravin destiné au dépôt de l'artillerie.

---

1 — Cette anse porte encore aujourd'hui le nom de *Artillery Cove*.

Le régiment de la Reine alla bivouaquer à un quart de lieue en arrière du chevalier de Lévis pour le soutenir au besoin.

Le soir même, le marquis de Moncalm fit porter par M. de Fontbrune, aide de camp de Lévis, une lettre au colonel Monro, pour le sommer de se rendre, l'avertissant au nom de l'humanité, que s'il attendait l'assaut, il serait impossible d'arrêter les sauvages qui massacreraient toute la garnison. Le colonel répondit, en homme de cœur, qu'il était résolu à se défendre jusqu'à la dernière extrémité.

Durant l'armistice, les sauvages se montrèrent en si grand nombre dans la clairière, que les assiégés furent frappés de stupeur en voyant l'effroyable contingent qu'ils apportaient à l'armée française. De tous les guerriers de ces différentes nations, nuls ne haïssaient les Anglais autant que les Abénakis, leurs voisins, avec qui ils avaient presque toujours été en guerre. Les New-Englanders, loin de chercher à les humaniser, rivalisaient souvent de cruauté avec ces barbares. Pour n'en citer qu'un exemple, un parti de rangers, ayant un jour surpris et capturé quatorze de ces sauvages, s'étaient amusés à les couper par morceaux, et à éparpiller sur le sol ces horribles restes [1].

Avant que l'officier, envoyé en otage par Monro, fût sorti du camp français, un Abénakis l'aborda et lui dit en mauvais français : "— Ah ! toi, ne pas te rendre ? eh bien ! tire le premier ; mon père tirera ensuite ses

---

1 — *Vaudreuil au ministre*, 18 octobre 1755.

gros fusils ; alors, toi, te bien défendre, car si je te prends, point de quartier à toi [1] ".

Dès l'aurore, l'avant-garde, dont la position était critique à la distance où elle était, dans un pays montagneux et boisé, reçut ordre de se rapprocher du lac. En même temps Montcalm attira à lui toutes les troupes de ligne, le bataillon de la marine et les deux brigades de Saint-Ours et de Gaspé. Le chevalier de Lévis resta à l'avant-garde avec les brigades de Repentigny, de Vassan, de Courtemanche, de La Corne, les volontaires de Villiers et tous les sauvages. Il devait multiplier ses mouvements sur la gauche et pousser des reconnaissances vers le chemin de Lydius, pour laisser croire à l'ennemi que cette communication était encore interceptée.

Au coucher du soleil, les bateaux se mirent en mouvement pour venir accoster dans l'anse où devait se faire le débarquement de l'artillerie, et le lieutenant-colonel de Roquemaure fut commandé avec six piquets pour la garde de tranchée. Les troupes restées au camp devaient passer la nuit au bivouac, afin d'être à portée de secourir la garde de tranchée, en cas de besoin. On continua le reste du siège à prendre les mêmes précautions.

Cinq cents travailleurs ouvrirent la tranchée à douze cents pieds de la place, en face de la capitale du bastion nord-est, et préparèrent le terrain pour une batterie de sept pièces de canon, un obusier et un mortier devant

---

1 — *Journal de Montcalm.*

battre les flancs qui défendaient cette capitale, et écharper les deux fronts du nord-ouest et du nord-est.

On creusa aussi cette nuit un boyau qui communiquait du dépôt à cette batterie, et l'on commença une parallèle.

Tous ces travaux s'opéraient au grondement du canon ennemi, qui jetait des éclairs dans l'obscurité, et dont les boulets, en labourant le sol, faisaient voler en éclats les arbres renversés. Sous les tentes les plus rapprochées, quelques officiers et soldats qui dormaient, enveloppés dans leurs couvertes ou leurs peaux d'ours, pour se protéger contre le froid de la nuit, furent atteints par les boulets, et Montcalm dut changer la disposition de son camp. Il fit reculer les tentes de la Sarre et porter le régiment de Royal-Roussillon en potence derrière celui de la Reine, placé hors d'atteinte.

Durant la journée, autant de travailleurs remplaçant ceux de la nuit, perfectionnèrent la batterie.

Les sauvages et les francs-tireurs canadiens, cachés dans les plis du terrain ou derrière les souches, fusillaient continuellement autour de la place. Dans le camp retranché aussi bien que dans le fort, régnait la plus grande activité : on commença un second retranchement à l'intérieur du premier ; on enleva les toitures des casernes et des hangars pour donner moins de prise à l'incendie, et on jeta dans le lac une grande quantité de planches et de bois de chauffage. Comme, à distance, on ne pouvait discerner la nature de ces objets, les sauvages vinrent se plaindre au général de ce qu'ils allaient perdre une partie du butin qu'ils espéraient piller, et demandèrent des troupes pour arrêter ces mouvements.

Cependant, la fusillade qui se faisait autour du fort détournait les sauvages des avant-postes, où ils étaient le plus utile. Montcalm les assembla en conseil le soir du 5.

— " Mes enfants, leur dit-il, vous n'écoutez plus la voix de votre Père ; il semble que vous avez perdu l'esprit. Au lieu de rester au camp de M. le chevalier de Lévis, vous vous exposez sans nécessité dans le désert du fort où plusieurs de vos guerriers ont été tués. J'en ai été profondément affligé, car le moindre des vôtres est d'un grand prix à mes yeux. Sans doute, il est avantageux d'incommoder l'Anglais par le feu de la mousqueterie, mais ce n'est pas là l'objet principal. Votre grande occupation doit être de m'instruire de toutes les démarches de l'ennemi, et d'entretenir pour cela des partis continuels ".

Le marquis termina son discours en les exhortant à aller tous se réunir au camp du chevalier de Lévis ; qu'ils y trouveraient toutes les munitions de guerre et de bouche dont ils avaient besoin ; que les missionnaires allaient même s'y établir, et que c'était là où les enfants de la prière les rencontreraient ; que le chevalier de Lévis leur expliquerait la volonté de leur Père ; que lui-même serait toujours prêt à écouter les avis et les représentations de leurs chefs. Enfin, pour leur remettre l'esprit, les faire rentrer dans la bonne voie, effacer le passé et répandre sur l'avenir la lumière des bons conseils, il leur offrit deux colliers et dix branches de porcelaine.

Les sauvages les acceptèrent et promirent de mieux observer la volonté de leur Père ; mais ils ajoutèrent qu'eux aussi ils avaient quelque chose sur le cœur. Invités avec douceur à parler librement, ils se plaignirent qu'on ne leur disait plus rien ; qu'on ne rendait à leurs chefs aucun compte des opérations, et qu'on les traitait comme des esclaves, prétendant les faire marcher à la découverte sans avoir délibéré avec leurs chefs.

— " Mon Père, ajoutèrent-ils, tu as apporté ici l'art de la guerre des pays qui sont au delà du grand lac. Nous savons que dans cet art, tu es un grand maître ; mais pour la science et la ruse des découvertes, pour la connaissance de ces bois et la façon d'y faire la guerre, nous l'emportons sur toi. Consulte-nous, et tu t'en trouveras bien [1] ".

Montcalm les apaisa par une de ces réponses habiles qu'il savait ménager avec art. Il les assura d'abord que s'ils avaient été négligés, ce ne pouvait être que par une de ces méprises inévitables dans le tumulte d'affaires dont il était accablé ; qu'il appréciait hautement leurs talents pour la guerre de découvertes, et qu'ample satisfaction leur serait accordée. Il conclut par un mot dont l'effet ne pouvait manquer. Il leur annonça que le lendemain les gros fusils commenceraient à tirer. A cette nouvelle éclatèrent d'immenses cris d'acclamation, qui, joints à la canonnade du fort, ébranlèrent tous les échos des montagnes.

---

1 — *Journal de Bougainville.*

A l'entrée de la nuit, la garde de tranchée fut relevée, et le lieutenant-colonel de Fontbonne la remplaça avec trois compagnies de grenadiers et trois piquets [1]. Sept cents hommes continuèrent la première parallèle, et commencèrent à son extrémité une nouvelle batterie de neuf pièces de canon, un mortier et un obusier, qui devaient battre directement le front d'attaque.

Au point du jour, la première batterie fut en état de saluer vivement l'ennemi.

C'était le moment que les sauvages attendaient avec impatience ; il fut impossible de les retenir à leurs postes. Accourus tous pour voir tirer les gros fusils de leur Père, ils accueillaient chaque décharge par des clameurs immenses, répétées par tous les échos du lac. " Ils étaient sans cesse autour de nos canonniers, dont ils admiraient la dextérité. Mais leur admiration ne fut ni oisive, ni stérile. Ils voulurent essayer de tout pour se rendre plus utiles. Ils s'avisèrent de devenir canonniers ; un entre autres se distingua : après avoir pointé lui-même son canon, il donna juste dans un angle rentrant, qu'on lui avait assigné pour but. Mais il se défendit de réitérer, malgré les sollicitations des Français, alléguant pour raison de son refus, qu'ayant atteint dès son essai le degré de perfection auquel il pouvait aspirer, il ne devait plus hasarder sa gloire dans une seconde tentative [2] ".

---

1 — Ne pas confondre M. de Fontbonne, lieutenant-colonel du régiment de Guyenne, avec M. de Fontbrune, lieutenant de grenadiers du régiment de la marine, et aide de camp du chevalier de Lévis.

2 — *Lettre du P. Roubaud.*

Un grand nombre de ces sauvages se glissèrent comme des couleuvres à travers les broussailles, jusqu'à un bas fond qui s'étendait entre la place et le camp français; là, couchés à plat ventre, ils firent un feu si bien dirigé dans les embrasures, que les ennemis eurent peine à servir leur artillerie. Quelques-uns imitant ce qu'ils avaient vu à la tranchée et ce que faisaient les francs-tireurs canadiens, remuaient la terre et élevaient de petits épaulements pour s'abriter contre les projectiles.

Pendant la journée du 6, on resta sous les armes, et trois cents travailleurs perfectionnèrent la parallèle et continuèrent la batterie de droite.

Le même jour, les éclaireurs du chevalier de Lévis surprirent trois courriers expédiés du fort Édouard : ils tuèrent le premier, prirent le second, et poursuivirent le troisième, qui parvint à s'échapper, grâce à son agilité. On trouva dans les habits du soldat tué une balle renfermant une lettre du général Webb, commandant le camp de Lydius, par laquelle il promettait de secourir le fort William-Henry, au cas où il pourrait rassembler à temps les milices du pays. En attendant, il exhortait le gouverneur à se bien défendre : il insinuait néanmoins qu'il ne devait pas attendre la dernière extrémité, afin qu'il pût obtenir des conditions plus honorables.

La nuit du 6 au 7, M. de Privat, avec trois compagnies de grenadiers et sept piquets, vint relever la garde de tranchée, et cinq cents hommes furent envoyés au travail. Ils furent occupés à continuer les approches, à faire les réparations convenables à la batterie de gauche, à perfectionner celle de droite, et à y traîner l'artillerie, afin qu'elle se trouvât en état de tirer au jour. Cette dernière avait un avantage énorme : elle portait sur les retranchements du camp tous les boulets qui passaient par-dessus les défenses du fort.

Le jour, deux cents hommes remplaçaient aux travaux les cinq cents de la nuit.

Vers neuf heures du matin, le marquis de Montcalm envoya au commandant anglais la dépêche interceptée du général Webb. Il y joignit une lettre par laquelle il l'engageait à ne point se défendre à outrance, pour ne pas exciter la fureur des sauvages.

Bougainville, porteur de ce message, raconte ainsi sa mission : " J'ai débouché de la tranchée, faisant porter devant moi un pavillon rouge, accompagné d'un tambour qui battait le rappel, et d'une escorte de dix-huit grenadiers. Les Anglais m'ont crié de faire halte au pied des glacis ; un officier et quinze grenadiers sont venus à moi et m'ont demandé ce que je voulais. Sur ce que j'ai dit, que j'avais une lettre de mon général à remettre au commandant anglais, deux autres officiers sont sortis de la place, dont l'un est resté à la garde de mes grenadiers, et l'autre, m'ayant bandé les yeux, m'a conduit d'abord au fort, ensuite au camp retranché, où j'ai remis au commandant la lettre du marquis de Montcalm et celle du général Webb.

" Grands remercîments de la politesse française, protestations de joie d'avoir affaire à un ennemi aussi généreux, tel est le contenu de la réponse du lieutenant-colonel Monro, au marquis de Montcalm.

" L'on m'a ramené, les yeux toujours bandés, où l'on m'avait pris, et nos batteries ont commencé à tirer quand on a jugé que les grenadiers avaient eu le temps de rentrer dans le fort [1] ".

Les volontaires canadiens de Villiers, impatients de se distinguer, attaquèrent le camp retranché, soutenus par une partie des sauvages. L'action fut longue et meurtrière ; les Anglais essayèrent une sortie, mais furent repoussés avec perte ; ils auraient pu même être forcés dans leurs retranchements, si la prise du camp eût décidé la reddition du fort.

La nuit du 7 au 8, la garde de tranchée fut relevée par le lieutenant-colonel de Senezergues avec pareil nombre de compagnies et de piquets d'infanterie. Puis, trois cents nouveaux travailleurs poussèrent jusqu'à un petit marais de cinquante ou soixante pieds de largeur, où il fallait cheminer entièrement à découvert. Quoiqu'en plein jour, on se détermina, afin d'accélérer l'ouvrage, à faire ce passage comme celui d'un fossé de place rempli d'eau. Les travailleurs s'y portèrent avec tant d'ardeur, qu'il fut exécuté dans la matinée même, malgré le feu très vif du canon et de la mousqueterie des ennemis. On put ensuite pratiquer dans le marais, à force de fascines et de rondins, une chaussée capable de supporter l'artillerie.

Sur les quatre heures, des découvreurs indiens jetèrent l'alarme dans le camp, en annonçant l'apparition d'une armée sur le chemin de Lydius. Le chevalier de Lévis s'y porta sur le champ avec la plus grande partie

---

1 — *Journal de Bougainville.*

des Canadiens et des sauvages ; le marquis de Montcalm le suivit avec la brigade de la Reine et trois compagnies de grenadiers ; les trois autres et les brigades de la Sarre et de Royal-Roussillon restèrent aux ordres de M. de Bourlamaque, pour couvrir nos tranchées et le camp.

On reconnut bientôt que c'était une fausse alerte. Avant la fin du jour toutes les troupes étaient rentrées au camp, sans que le travail du siège eût été interrompu.

Le terrain situé au delà du marais s'élevait en pente et formait un plateau occupé par un jardin potager, à l'usage de la garnison. Le fond de ce plateau ayant été jugé favorable pour l'emplacement d'une batterie, on y commença les travaux d'une troisième de six pièces de canon, et on les poursuivit toute la nuit du 7.

Au jour, pareil nombre de travailleurs perfectionnèrent l'ouvrage, ainsi que le passage du marais.

La nuit du 8 au 9, le chevalier de Bernetz, lieutenant-colonel de Royal-Roussillon, prit la garde de tranchée avec les grenadiers de Languedoc, Guyenne et Béarn et six piquets. Il soutenait cinq cents travailleurs qui creusèrent une parallèle embrassant tout le front d'attaque au delà du marais, à trois cent soixante pieds du fort. En avant de cette parallèle, on devait construire deux batteries : l'une de brèche aurait battu " la berme [1], sur laquelle le revêtement était assis ;

---

1 — La berme est un petit espace de trois ou quatre pieds dans certains endroits, devant le rempart, qui empêche le fossé de se combler.

l'autre aurait aidé la première en enfilant la même brèche, et aurait pu battre les retranchements et leurs communications avec la place [1] ".

Le travail fut fort inquiété dès le commencement par la mousqueterie des Anglais et par leurs canons chargés à balles. Mais la terre étant très aisée à remuer, nos travailleurs furent bientôt à couvert. A l'aube du jour, la tranchée se trouvait en fort bon état et les batteries prêtes à tirer.

Après le lever du soleil, trois cents soldats remplacèrent ceux de la nuit.

Les troupes françaises et canadiennes étonnaient leurs chefs aussi bien que les assiégés par leur ardeur infatigable. C'était, en effet, chose merveilleuse que de voir avec quelle facilité ces vaillants hommes quittaient et reprenaient tour à tour le mousquet du fantassin et l'outil de l'ouvrier, sachant au besoin, non seulement se battre, mais être bûcherons ou terrassiers, conduire la brouette et manier la pelle, la pioche ou la hache ! Et cela sans trêve et sans relâche. " Vous les auriez pris, dit un témoin oculaire, pour des gens invulnérables au feu [2] ". Ainsi nous les avons vus depuis l'ouverture de la campagne ; ainsi nous les verrons jusqu'à la fin.

Le capitaine Desandrouins, qui dirigeait tous les travaux, avait à peine quatre heures de sommeil par jour. Le reste du temps, il était à la tranchée.

Cependant, les approches de la place se trouvaient terminées. Trente ou quarante pièces de canon allaient,

---

1 — *Journal de Desandrouins.*
2. — *Lettre du P. Roubaud.*

le jour même, vomir la mort sur ses remparts. Le fort pris, et il le serait, on aurait vite raison du camp, car il était trop étroit pour contenir la garnison tout entière [1]. En attendant, le jardin potager qui s'étendait au pied des glacis, était tout grouillant de francs-tireurs canadiens et sauvages, qui logeaient une balle partout où ils voyaient paraître un être vivant du côté du fort. Quelques-uns des plus hardis s'y tenaient blottis depuis le commencement du siège. Une femme ayant eu l'imprudence d'y venir cueillir quelques légumes, un sauvage, qui se tenait caché dans un carré de choux, la renversa d'une balle, et fit si bien la sentinelle que personne n'osa se risquer hors de la place. La nuit venue, il alla lui lever la chevelure.

Pendant que les assiégeants dressaient leur troisième batterie, que se passait-il dans l'intérieur du fort George ? Le brave colonel Monro, sans espoir d'être secouru, était témoin d'un triste spectacle : plusieurs de ses canons avaient été démontés par notre artillerie, la brèche allait être bientôt prête pour l'assaut, et sa garnison était tellement démoralisée, que les déserteurs s'exposaient à une mort certaine pour se jeter dans le camp français. Ce n'était qu'à force d'eau-de-vie que les soldats pouvaient être décidés à continuer le service. Le commandant tenait conseil avec ses officiers pour discuter quels termes de capitulation il pouvait honorablement accepter.

Le 9 août, vers sept heures du matin, il fit arborer

---

1 — *Le maréchal de camp Desandrouins.*

le drapeau blanc. Immédiatement, le feu cessa de notre côté comme il avait cessé du côté des assiégés.

M. Fesch, capitaine au régiment Royal-Américain, se présenta aux avant-postes français, demandant au nom du colonel Monro à traiter des conditions de la capitulation.

" Ce capitaine nous aborda à la tranchée, d'un air délibéré, raconte Desandrouins, comme si nous eussions été d'une garnison voisine. Quelques-uns d'entre nous lui parlant de l'extrême fatigue que nous avions essuyée les uns et les autres, et qui devait nous faire trouver fort bon de voir finir tout ceci :

— " Pour moi, répondit-il, depuis le moment où vous avez paru, je n'ai pas même pris le temps de me donner un coup de peigne : je suis honteux de paraître devant vous, MM. les Français. Il est vrai que j'ai voulu savoir auparavant à qui appartiendrait ma chevelure [1]".

Il fut présenté à Montcalm, qui fut charmé de sa belle tournure et de sa joyeuse humeur.

Le nom de ce galant officier n'est mentionné ni par Montcalm ni par Lévis, soit qu'il ne vint apporter qu'un premier message, soit que, parlant français, il ne fit qu'accompagner comme interprète le lieutenant-colonel Young, de l'armée anglaise, avec qui furent traités les termes de la capitulation.

Le colonel Young, ne pouvant marcher à cause d'une blessure qu'il avait reçue au pied, s'était avancé à cheval suivi de quelques soldats, jusqu'à la tente de Montcalm. Après une discussion assez longue, mais pleine de cour-

---

[1] — *Journal de Desandrouins.*

toisie, Bougainville fut envoyé auprès du colonel Monro pour rédiger la capitulation et ordonner les premières mesures à prendre pour l'évacuation de la place.

La garnison abandonnerait le fort, le camp, les vivres, les munitions de guerre et tout le matériel renfermé dans le camp et le fort ; elle sortirait avec les honneurs de la guerre, le bagage des officiers et celui des soldats, emporterait ses armes avec un certain nombre de cartouches à balles, et emmènerait une pièce de canon en fonte : cette dernière clause fut introduite par Montcalm, en considération du commandant anglais, qui ne l'avait point demandée. La garnison serait conduite au fort Lydius, escortée par un détachement de troupe française et par les principaux officiers et interprètes attachés aux sauvages. Jusqu'au retour de cette escorte, un officier resterait en otage au camp français. Ces troupes ne pourraient servir de dix-huit mois ni contre la France ni contre ses alliés. Dans l'espace de trois mois, tous les prisonniers français, canadiens et sauvages, faits par terre, dans l'Amérique septentrionale, depuis le commencement de la guerre, seraient ramenés aux forts français.

Le général aurait peut-être pu obtenir que la garnison se rendît prisonnière de guerre ; mais, outre que la colonie manquait de vivres pour nourrir deux mille prisonniers, Montcalm craignait que de plus dures conditions ne retardassent de quelques jours la capitulation. Or, les sauvages étaient impatients de s'en retourner ; les Canadiens n'avaient pas un instant à perdre pour aller recueillir leurs moissons, et chose plus redoutable encore, le général Webb pouvait, d'un moment à l'autre, venir au secours des assiégés.

Avant de signer la capitulation, le marquis de Montcalm convoqua en conseil les chefs de toutes les nations, leur fit part des articles de la capitulation, leur demanda s'ils l'approuvaient, leur dit que leur refus pousserait les Anglais au désespoir, et que le sang coulerait. Or, comme ils sont très avares de leur sang, remarque Desandrouins, ils approuvèrent la conduite de leur Père, promirent de ne pas inquiéter la garnison dans sa retraite, et acceptèrent les colliers offerts par Montcalm.

On voit par ces précautions, dit Bougainville, jusqu'à quel point on est dans ce pays esclave des sauvages ; ils sont un mal nécessaire.

La garnison évacua le fort George vers deux heures de l'après-midi et se réunit aux troupes restées à la garde du camp retranché. Elles devaient en sortir la nuit suivante pour se rendre au fort Edouard. Bougainville prit immédiatement possession du fort George avec le chevalier de Bernetz et sa garde de tranchée [1].

Malheureusement, les Anglais avaient laissé quelques-uns de leurs malades dans les casemates. Plusieurs sauvages, qui avaient pénétré par les embrasures, les y égorgèrent impitoyablement. " Je vis, dit le P. Roubaud, un de ces barbares sortir des casemates, où il ne fallait rien moins qu'une insatiable avidité de sang pour entrer, tant l'infection qui s'en exhalait était insupportable. Il portait à la main une tête humaine,

---

1 — *Journal de Lévis*, p. 101.

d'où découlaient des ruisseaux de sang, et dont il faisait parade comme de la plus belle capture dont il eût pu se saisir ".

Ce n'était là, cependant, qu'un bien léger prélude de la cruelle tragédie du lendemain.

Le siège avait coûté aux Français une vingtaine d'hommes tués et une quarantaine de blessés, et aux Anglais environ quatre-vingts tués et cent vingt blessés, dont un officier. Outre l'artillerie, on trouva dans le fort et dans le camp retranché, trente-six mille livres de poudre, deux mille cinq cent vingt-deux boulets, cinq cent quarante-cinq bombes, mille quatre cents livres de balles, une caisse de grenades, six caisses d'artifices, et une quantité énorme de lard et de farine [1].

Malgré les troupes françaises placées à la garde du camp retranché, il fut impossible d'empêcher les sauvages d'y entrer et de s'y livrer au pillage. Le marquis de Montcalm avait instamment prié les Anglais de jeter tout ce qu'ils avaient d'eau-de-vie et de vin pour éviter de plus grands malheurs.

Avant de commencer le récit de l'épouvantable catastrophe dont il fut le témoin, le capitaine Desandrouins fait une profession de foi d'honnête homme qui mérite d'être citée :

" Je vais, dit-il, rendre compte de ce massacre, fidèlement et selon ma conscience, avec la plus grande impartialité, après m'être informé avec soin aux témoins

---

[1] — *Journal de Desandrouins.* Cf. *Journal de Malartic*, p. 147.

oculaires de ce qui s'était passé hors de ma vue. Ce serait participer au crime que d'altérer la vérité, pour sauver l'honneur d'aucun coupable, quel qu'il fût. Je serais bien plus porté de le livrer à l'indignation de tous les honnêtes gens.

" Dans l'après-midi du jour de la capitulation, plusieurs d'entre nous allèrent faire visite dans le camp aux officiers anglais, qui, selon l'usage, pendant les suspensions d'armes, se piquèrent de nous faire l'accueil le plus honnête, et nous offrirent du vin et de leur bière qu'ils avaient beaucoup plus abondamment que nous.

" Je me contentai de demander le plan du fort et des retranchements à l'ingénieur en chef appelé Williamson, et par une sorte de réserve, je ne voulus rien accepter autre chose qu'il m'offrit fort honnêtement.

" On avait d'abord résolu de faire partir les Anglais dans le milieu de la nuit, en silence, pour mieux échapper aux sauvages. On espérait, leur coutume n'étant pas de rôder la nuit, qu'ils n'auraient aucune connaissance du départ, et que les Anglais seraient rendus à l'armée de Webb, qui était au fort Lydius, à cinq ou six lieues de là, avant d'avoir été rejoints par ces barbares. Aussi, hors d'inquiétudes à leur sujet, on n'assigna, pour les escorter, que deux cents hommes, qui furent tirés de la Reine et Languedoc, et commandés par M. De Laas, capitaine au premier de ces deux régiments, et maintenant major de la citadelle de Bayonne. Le colonel Young fut remis en otage pour la sûreté de notre escorte.

" On paraissait en pleine sécurité, et on attendait minuit pour partir, lorsqu'un bruit se répandit et obtint croyance trop légèrement, que les sauvages, instruits qu'on se préparait à s'évader furtivement, s'étaient embusqués dans les bois le long du chemin.

" Cette fausse alarme suspendit le départ. On délibéra avec les officiers et les interprètes : ils s'accordèrent à conseiller d'attendre le jour, promettant d'aller engager les barbares à se retirer, et s'obligeant de les contenir.

" En conséquence, ils quittèrent le camp anglais pour les aller joindre ; mais ils les trouvèrent tranquilles, ne songeant qu'à dormir. Dès lors, ils crurent pouvoir eux-mêmes se livrer au repos ".

Parmi les prisonniers se trouvaient un bon nombre de femmes et d'enfants qu'on avait eu l'imprudence de ne pas renvoyer au fort Édouard, à l'approche du siège. Tous ces malheureux, abattus par la défaite, passèrent une nuit d'agitation et d'effroi, l'imagination hantée par des spectres d'Indiens, horribles comme des démons, aux corps nus bariolés de jaune, de rouge, de noir, aux regards flamboyants, aux gestes sinistres, avec des vociférations à la bouche et des tomahawks levés. C'est dans ces dispositions d'esprit, énervés par ces cauchemars, qu'ils virent lever le fatal matin du 11 d'août.

" Quand il fit jour, continue Desandrouins, on entreprit enfin de se mettre en route. M. De Laas fit précéder la colonne par un détachement de son escorte, et recommanda aux Anglais de se tenir toujours serrés, et de suivre sans intervalles. Lui-même se tint à la porte du camp pour faire filer.

" Toutes ces précautions, ces variations dans les arrangements du départ, ces faux avis et les cérémonies que nous observions pour traiter avec des sauvages, et surtout cette manière timide et circonspecte d'agir avec eux, avaient tout naturellement inspiré aux Anglais une grande appréhension de ces barbares, pour le moment où ils se trouveraient en rase campagne, exposés à leurs insultes. Aussi se troublèrent-ils, dès qu'ils aperçurent quelques-uns de ces sauvages, au nombre peut-être d'une cinquantaine, que la curiosité encore plus que l'envie de butiner, avait attirés dans ce moment-là aux retranchements. Ils étaient même sans armes.

" Voyant la colonne qui commençait à défiler, ils coururent pour la voir. La tête se serra rapidement sur le petit détachement qui la précédait. Ceux des Anglais qui n'étaient pas sortis se retinrent et parurent balancer. Il se fit une éclaircie dans l'intervalle. On envoya ordre à la tête de ralentir sa marche.

" Les sauvages s'approchèrent, le trouble augmenta et le flottement qui s'en suivit, les enhardit jusqu'à faire quelques gestes menaçants. Les Anglais, un peu écartés, se crurent trop heureux de livrer leurs sacs ou leurs armes pour rejoindre le gros de la troupe. D'autres sauvages pillèrent dans le camp quelques effets abandonnés. Les nègres qu'ils purent saisir furent enlevés sans scrupule, et peut-être aussi quelques blancs de la suite de l'armée, dans ce premier moment de confusion.

" Il était encore possible de rétablir l'ordre, et les officiers de l'escorte s'y employèrent de leur mieux. Mais ceux des sauvages qui ramassaient quelque chose, couraient à mesure au camp, chacun vers ceux de sa nation, pour en faire trophée à sa manière.

Les autres, jaloux de ne pas paraître en leur pays avec moins de gloire que leurs frères, partirent dans l'instant, et accoururent tumultueusement pour tâcher d'avoir leur part du butin ; quelques-uns même firent le cri de guerre.

" Ce fut alors que les têtes se troublèrent. Le commandant anglais, sur l'avis, à ce qu'il a prétendu, d'un Français qui n'a pas été connu, ordonna à sa troupe de mettre les fusils la crosse en l'air, sous prétexte que la manière ordinaire de les porter avait un air menaçant qui irritait les sauvages.

" Cette manœuvre pusillanime acheva d'abattre le courage du soldat, et enhardit les sauvages, dont quelques-uns se hasardèrent à empoigner des fusils, faisant signe aux soldats de les leur livrer, ce qui fut fait avec tous les signes de la terreur. Le sauvage, peu satisfait d'un fusil de munition trop pesant pour lui, tenta bientôt de l'échanger contre celui de l'officier, ce qui montre par quelle progression s'accrut l'insolence d'un côté, et la peur de l'autre.

" Le colonel Monro crut que pour faire cesser le désordre, il ne s'agissait que d'assouvir la cupidité de ces barbares, et commanda de jeter les sacs et autres effets à leurs pieds, disant que le roi d'Angleterre était assez puissant pour en dédommager. Ceux des Anglais qui se trouvèrent à portée de l'escorte, jetèrent les leurs aux soldats français : ceux-ci eurent la faiblesse d'en ramasser. Ils eurent bien l'occasion de les leur rendre.

" Les sauvages trouvèrent, dans la plupart de ces paquets, du rhum et autres liqueurs fortes dont ils s'enivrèrent. Alors, ce furent de véritables tigres en fureur. Le casse-tête à la main, ils tombèrent impitoyablement sur les Anglais qui, remplis d'effroi, achevèrent de se disperser, se croyant à la fin véritablement sacrifiés par les Français.

" Aucun d'entre eux ne songea à chercher son salut ailleurs que dans la fuite. Notre escorte, trop peu nombreuse, protégea autant qu'elle put, principalement les officiers. Mais, forcée de garder les rangs pour se faire respecter, il ne lui fut possible que de mettre à l'abri ceux qui se trouvaient à sa portée.

" Les sauvages s'attachèrent aux fuyards. Ceux qui, les premiers, étaient revenus dans leur campement, fort contents des dépouilles prises d'abord, retournèrent à toute course faire des prisonniers ou des chevelures : chacun voulait en avoir.

" Tout autre trophée n'est rien à leurs yeux en comparaison d'une chevelure. Les femmes, les enfants, rien ne fut épargné. Ceux auxquels ils conservaient la vie furent mis nus comme la main, et outragés à leur manière. Etant entrés à l'hôpital où étaient nombre de malades et de blessés trop impotents pour avoir pu suivre la colonne, ils les massacrèrent tous inhumainement pour profiter de leurs chevelures.

" Il ne se trouva pas, malheureusement, pendant tout ce désordre, aucun officier canadien ni interprète qui ont généralement du pouvoir sur l'esprit des sauvages. On avait essuyé beaucoup de fatigues durant le siège ; tout le monde reposait tranquillement.

" A la fin, M. de Montcalm, M. de Lévis, M. de Bourlamaque sont avertis. Ils accourent et donnent ordre d'employer la vive force, s'il le faut. Interprètes, officiers, missionnaires, Canadiens, tous sont mis en œuvre, et chacun s'efforce de son mieux à sauver les malheureux Anglais, en les arrachant à leurs bourreaux.

" Ceux-ci, enivrés de sang et de carnage, n'étaient plus capables d'écouter personne. Plusieurs assomment leurs prisonniers plutôt que de les abandonner, un grand nombre les entraînent dans leurs canots et s'échappent.

" M. de Montcalm, au désespoir de ne plus faire aucune impression sur les sauvages, s'écria en se découvrant la poitrine : — " Puisque vous êtes des enfants rebelles, qui manquez à la promesse que vous avez faite à votre Père, et qui ne voulez plus écouter sa voix, tuez-le le premier ".

" Cette véhémence extraordinaire du général parut en imposer un peu ; ils se dirent : — " Notre Père est fâché ". Mais le mal était fait ".

Sur les instantes prières du colonel Young, Montcalm fit arracher violemment son neveu des mains des sauvages ; mais cet acte de vigueur eut pour conséquence la mort de plusieurs Anglais, que leurs bourreaux assommèrent sur le coup, de crainte qu'ils leur fussent enlevés comme ce jeune homme.

Une grande partie des fuyards s'étaient réfugiés avec le colonel Monro, dans l'intérieur du fort. Le P. Roubaud raconte qu'en y entrant, il vit accourir vers lui une foule de femmes affolées qui vinrent l'environner : " Elles se jetaient à mes genoux, dit-il ; elles baisaient le bas de ma robe, en poussant de temps en temps des cris lamentables qui me perçaient le cœur ".

" Ce ne fut pas sans peine, ajoute Desandrouins, et sans se donner beaucoup de mouvement, que les officiers habitués avec les sauvages et les interprètes, et surtout les missionnaires, parvinrent à retirer environ trois cents malheureux qu'ils emmenaient. Plus de quatre cents furent emportés par les sauvages du Haut-Canada avec tant de précipitation, qu'ils échappèrent à toutes les poursuites. Ils descendirent rapidement les lacs George et Champlain, et passèrent à Montréal, où le marquis de Vaudreuil, ne pouvant pas employer la force qu'il n'avait pas, eut bien de la peine à obtenir d'eux la délivrance de quelques-uns de leurs prisonniers, plutôt encore par l'appas des liqueurs fortes que par égard ou persuasion.

" Ces sauvages poussèrent même l'atrocité jusqu'à brûler une de leurs victimes.... Je n'ai pas su que, de ceux qu'ils emmenèrent au delà de Montréal, aucun n'ait jamais trouvé le moyen de regagner sa patrie.

" Ceux des Anglais qui avaient pu regagner les retranchements, s'y trouvèrent protégés par l'escorte et par les gardes qu'on y ajouta le plus tôt que l'on pût. On y mit en sûreté les prisonniers qu'on délivra : les principaux furent emmenés par nos officiers et revêtus de nos propres vêtements, et vécurent dans nos tentes avec nous.

" Nous n'épargnâmes rien pour adoucir leur triste sort, et les convaincre que nous n'avions eu aucune part à ces horreurs. D'après les démonstrations de leur reconnaissance, nous avons lieu de croire qu'ils sont restés convaincus de notre innocence. D'ailleurs, combien de fois depuis lors n'auraient-ils pas eu l'occasion d'user de représailles à notre égard, s'il leur fût resté quelques ressentiments contre nous ?

" Rien n'est comparable au désespoir dont nous fûmes pénétrés au spectacle de cette boucherie !... J'ai vu des soldats jeter de hauts cris d'indignation ".

Desandrouins s'étonne ensuite, avec raison, que les Anglais, qui avaient conservé leurs armes, dont les fusils étaient chargés, et qui étaient plus nombreux que les sauvages, se soient laissé intimider et désarmer par eux ! ils avaient outre cela leurs cartouchières garnies, ils avaient des baïonnettes au bout de leurs fusils ; et ils ne s'en sont pas servis. " Une épée nue, dit-il, fait peur aux sauvages. Présenter ses armes avec vigueur et fermeté à ces barbares, et on obtient du respect ; par une contenance timide, au contraire, on en devient toujours le jouet et souvent la victime ".

Montcalm et Lévis ne s'étonnent pas moins que Desandrouins de la pusillanimité des Anglais. " On comprendra avec peine, dit le chevalier, comment deux mille trois cents hommes armés [1] se sont laissé déshabiller par des sauvages, qui n'étaient armés que de lances et de casse-tête, sans qu'ils aient fait seulement mine de se mettre en défense.

" Les Anglais, ajoute-t-il, ne doivent s'en prendre qu'à eux de l'infraction qui a été faite de la capitulation par les sauvages, puisqu'ils leur ont donné de l'eau-de-vie, malgré la recommandation qu'on leur avait faite de ne leur donner aucune boisson.

---

1 — *La relation de la prise du fort George*, publiée dans la *Gazette de France*, donne le chiffre exact *de deux mille deux cent soixante et quatre hommes effectifs.*

" Les Anglais doivent même être satisfaits de ce qu'ils ont vu que toutes les troupes françaises et canadiennes, de même que les officiers supérieurs, ont exposé leur vie pour les tirer des mains et de la fureur des sauvages ".

Le chevalier de Lévis et le P. Roubaud s'accordent sur le nombre de victimes égorgées au moment du massacre : " une cinquantaine de cadavres, disent-ils, gisaient mutilés sur le sol [1]".

Il n'arriva d'abord au fort Edouard que trois ou quatre cents hommes de la garnison. On fit tirer du canon par intervalle, durant plusieurs jours, afin d'indiquer la route aux fugitifs égarés dans les bois.

Presque tous les sauvages avaient déserté le camp aussitôt après avoir commis leurs brigandages.

" Quelques jours après la catastrophe, continue Desandrouins, le colonel Monro et tous les officiers et soldats que nous avions pu rassembler, partirent en ordre et défilèrent en notre présence, traînant à leur suite la pièce de canon qui leur était due [2].

" Tel est ce malheureux événement dont je n'ai rien déguisé, et que je raconte comme je l'ai vu et entendu. Si je me permets maintenant de rapporter ce qui m'arriva de particulier, je le ferai avec la même simplicité.

---

[1] — Le P. Roubaud abandonna plus tard la compagnie de Jésus, et alla mourir tristement à Londres.

[2] — " Le 15 au matin, le marquis de Montcalm fit partir les quatre cents Anglais rachetés des sauvages, avec une escorte de trois cents hommes ; à moitié chemin du fort Edouard, ils trouvèrent un pareil détachement de leur nation, auquel notre escorte les remit ". *Journal de Bougainville.*

" Accablé des veilles et des fatigues précédentes, je dormais profondément, lorsque les cris et le tumulte se firent entendre à notre camp, qui était près d'une lieue, et me réveillèrent. J'endossai alors la première casaque d'infanterie qu'on voulut bien me prêter, pour ne pas être pris pour un Anglais, à cause de mon habit bleu ; et je me mis à courir pour arriver à temps, et sauver, si c'était possible, quelques-uns de ces malheureux, et principalement l'ingénieur et les officiers que j'avais vus la veille.

" A trois ou quatre cents pas du camp, j'aperçus un sauvage qui conduisait tranquillement un Anglais en suivant notre tranchée : il cherchait sans doute un coin pour le dépouiller et peut-être le massacrer. J'allai hardiment à sa rencontre, et l'ayant joint, je lui saisis les deux poignets avant qu'il se fût défié de moi. Le tenant ainsi, je criais à l'Anglais effrayé, en lui faisant signe de s'enfuir vers notre camp. Mais cet homme, plus haut que moi de quatre pouces, qui n'avait pas eu la vigueur de se débarrasser de son ravisseur dont pourtant je venais à bout, demeurait immobile et comme pétrifié ! Mes forces, à la fin, s'épuisaient, lorsque j'appelai un officier qui passait par là. L'Anglais s'en alla avec lui, et je poursuivis mon chemin, méprisant les menaces de l'Indien.

" Lorsque j'arrivai sur le lieu où la scène avait commencé, les sauvages étaient déjà dispersés avec leur proie. Je courus aux missionnaires, aux interprètes, aux officiers canadiens, qui les poursuivaient, leur recommandant surtout les officiers d'artillerie et du génie. Les missionnaires furent les plus zélés ou les plus heureux. Ils me ramenèrent d'abord trois officiers d'artillerie presque entièrement dépouillés. Peu après, j'eus l'obligation à l'abbé Piquet du salut de M. Williamson, qui m'arriva nu comme un ver et dans un pitoyable état. Par la suite, le même abbé parvint encore à arracher aux sauvages son uniforme galonné.

" J'emmenai ces pauvres infortunés dans ma tente ; je les habillai tant bien que mal, en quoi je fus aidé par les officiers d'artillerie français. Je ne pus d'ailleurs les traiter que bien tristement avec des viandes salées ; et nous eussions été réduits à ne boire que de l'eau si M. de Montcalm n'avait eu l'attention de m'envoyer un bon baril de vin. Jamais générosité ne fut appliquée plus à propos ni mieux célébrée.

" M. Williamson parlait bien français ; il est très estimé parmi les siens, comme homme de talent et de mérite. Mais je ne pus le sortir de l'air grave et austère qu'il ne devait sans doute qu'à sa fâcheuse situation, car il me témoigna être sensible à mes soins.

" Ses compagnons parurent moins affectés et se livrèrent davantage ".

Bougainville était absent le jour du massacre. Il avait été expédié à Montréal la veille, à dix heures du soir, pour annoncer la chute de William-Henry. Son antipathie pour tout ce qui était canadien n'est nulle part aussi visible que dans la relation qu'il a faite à distance de cet événement. Il accuse les interprètes d'avoir soudoyé les sauvages, contredisant ainsi les témoins oculaires les plus dignes de foi, acteurs eux-mêmes, qui n'ont eu que des éloges à leur faire. Il s'en prend à Vaudreuil de ce qu'à Montréal les sauvages ont tué et mangé un de leurs prisonniers. Or, comme l'observe très bien Desandrouins, le gouverneur n'avait en ce moment à sa portée aucune troupe pour contenir ces barbares. La ville de Montréal était absolument à leur merci, et il n'y avait qu'une seule chose capable de les tenter et de leur arracher les prisonniers : c'était l'eau-de-vie. Etait-il possible de leur en fournir sans qu'ils commissent des horreurs ? Il est même étonnant que dans de telles conditions, ils n'aient fait qu'une victime. "Tous ceux qui furent emmenés à Montréal, dit le chevalier de Lévis avec son impartialité ordinaire, M. le marquis de Vaudreuil les racheta fort cher des sauvages et les renvoya à Boston [1]".

Bougainville lui-même, qui avait été chargé avec le chevalier de Bernetz, de prendre possession du fort George, lors de son évacuation par les Anglais, n'avait pu prévenir le massacre des blessés et des malades abandonnés dans les casemates. Il avait pourtant sous la main l'élite des troupes françaises. De lui ou de Vaudreuil, si l'un doit être blâmé, c'est certainement Bougainville le premier.

Il semble, à ce propos, que ni les Anglais ni les Français n'ont eu assez de prévoyance pour les blessés, les plus à plaindre de tous les prisonniers et les plus exposés. Les Anglais n'auraient-ils pas dû exiger avant de quitter le fort que des gardes françaises fussent placées autour de leur hôpital ? De leur côté, les Fran-

---

1 — *Journal de Lévis*, p. 102.

çais n'auraient-ils pas dû avertir les Anglais de ne pas abandonner les blessés sans protection? De part et d'autre, on était coupable de faire la guerre avec des monstres pour alliés, et on en subissait de part et d'autre le châtiment.

Les sauvages emportèrent avec eux la punition de leurs cruautés. Quelques-uns avaient fouillé des fosses fraîchement remplies et en avaient retiré des chevelures de soldats morts de la petite vérole. La maladie qu'ils communiquèrent à leurs nations y fit d'épouvantables ravages, celle des Poutéotamis périt presque tout entière.

Le lendemain de la capitulation, l'armée était allée prendre position en avant du camp retranché, sur la route du fort Lydius.

Tout le matériel de guerre, avec les vivres, fut transporté immédiatement à bord des embarcations françaises.

Les troupes ne prirent aucun repos. Outre celles qui furent employées au déblaiement du fort et à l'embarquement de toutes les prises, quinze cents travailleurs commencèrent la démolition du fort lui-même et du camp. Cette démolition se fit avec une prodigieuse activité. En quelques jours, toutes les casemates furent comblées ou éventrées, tous les hangars et les magasins démolis, tous les remparts et toutes les fortifications rasés. Les bois de construction et les énormes poutres des courtines et des bastions, entassés pêlemêle avec les cadavres, formèrent un immense bûcher, dont les flammes éclairèrent pendant plusieurs nuits toute la vallée. Le 15 d'août, il ne restait de ce qui, six jours auparavant, était le fort William-Henry, qu'un monceau de ruines fumantes [1].

Le soir du 16, les derniers bateaux français avaient quitté ce rivage, et disparaissaient l'un après l'autre dans les brumes légères que la fraîcheur du crépuscule condensait sur le lac. De vagues lueurs d'incendie, achevant de s'éteindre, marquaient de taches rouges les endroits qu'avaient occupés le fort et le camp anglais. Tout bruit de guerre avait cessé sur ce coin de terre où venaient de se battre des milliers d'hommes. Les hurlements sauvages, les plaintes du désespoir et de l'agonie avaient fait place au silence morne des grands bois, à peine interrompu par le cri sinistre de quelque oiseau nocturne ou de fauve rôdant aux alentours, alléché par l'odeur des cadavres.

---

1 — *Journal de Desandrouins.*

CHAPITRE NEUVIÈME

1757

Lord Loudon renonce à attaquer Louisbourg. — Dispersion de la flotte de Holbourne. — Caractère de M. de Senezergues. — Les Indiens anthropophages à Montréal. — Montcalm à sa mère et à Lévis. — Disette dans la colonie. — Excursion de Montcalm au cap Tourmente. — Premier projet d'une défense de Québec. — Procès de Vergor et de Villeray. — Leur acquittement — Bigot et ses complices. — Le triumvirat. — Le château Bigot.

La petite armée de Montcalm avait triomphé par la rapidité de ses mouvements ; la lenteur de lord Loudon fit échouer les formidables armements que l'Angleterre avait mis à sa disposition pour prendre Louisbourg. Le magnifique port d'Halifax regorgeait de vaisseaux et de troupes, qui s'indignaient de leur inaction. Au lieu d'aller ouvrir la tranchée devant la forteresse du Cap-Breton, le général faisait creuser des sillons et planter des légumes sous les bastions d'Halifax. — " Le jardinier qui nous commande, s'écriaient ironiquement les officiers, veut bombarder Louisbourg avec des navets ". Le major général, sir Charles Hay, fut mis aux arrêts pour avoir proféré trop haut ces spirituels sarcasmes.

Avant que le général eût songé à appareiller, la flotte française, aux ordres de M. Dubois de La Mothe, avait ravitaillé Louisbourg et fermé l'entrée de sa rade.

Enfin, Loudon se décida à embarquer ses douze mille hommes de troupes sur la flotte de l'amiral Holbourne ; mais le 4 août, au moment où il mettait à la voile, le capitaine d'un navire venant de Terreneuve, lui remit des lettres prises sur un paquebot français, qui venait d'être capturé. Ces lettres confirmaient l'arrivée de la flotte française à Louisbourg, et portaient la garnison de cette place au chiffre exagéré de sept mille hommes. Tout espoir de succès semblait évanoui, et l'expédition fut remise à l'année suivante.

Pendant que le général Loudon cinglait vers New-York, deux dépêches successives apportées à son bord, lui apprirent la capitulation de William-Henry, et le massacre d'une partie des prisonniers. Ce fut une belle occasion pour lui de dissimuler sa confusion sous le masque de la colère et de l'indignation. Il écrivit en toute hâte au général Webb de tenir l'ennemi en échec derrière ses lignes de défense, ajoutant qu'il s'avançait en personne avec des forces suffisantes pour changer la défaite en victoire ; qu'il espérait montrer aux Français à respecter les lois de la nature et de l'humanité, et que malgré l'horreur qu'il avait pour la barbarie, il était décidé à laver dans le sang, s'il le pouvait, les meurtres commis à Oswego et à William-Henry.

En débarquant à New-York, le dernier jour d'août, il apprit la retraite de l'armée française, ce qui ne l'empêcha pas de mettre ses troupes en marche vers le fort Edouard, se vantant follement d'aller assiéger Montcalm jusque dans Carillon. Cette démonstration eut du moins pour effet de calmer la panique qui s'était emparée des Anglo-Américains, et les avait fait trembler jusque dans New-York.

Plus hardi que Loudon, l'amiral Holbourne sortit d'Halifax avec ses vingt-deux vaisseaux, et alla offrir le combat à M. de La Mothe ; mais l'amiral français avait ordre de ne pas risquer sa flotte, et resta ancré sous les canons de Louisbourg. Holbourne ne devait avoir qu'à braver les éléments. Une tempête d'une violence exceptionnelle, même dans ces régions orageuses, assaillit son escadre et l'aurait infailliblement jetée à la côte, si le vent n'avait tourné d'une pointe de compas. Un de ses vaisseaux alla se perdre sur les rochers, à deux lieues de Louisbourg ; plusieurs furent démâtés ; d'autres forcés de jeter leurs canons à la mer ; le reste tellement avarié, que l'amiral ne songea plus qu'à fuir le combat qu'il était venu provoquer, et à regagner les ports d'Angleterre.

Durant la nuit du 16 au 17 d'août, l'arrière-garde de l'armée française, formée de la brigade de Royal-Roussillon, était venue bivouaquer dans une île du lac George. Le lendemain, toutes les troupes étaient échelonnées sur la rivière à la Chute. Montcalm, avec le corps principal, occupait le Portage ; Lévis, avec la Sarre, le camp de la Chute ; Bourlamaque était en marche avec Béarn et Royal-Roussillon, pour reprendre son ancienne position à Carillon, afin d'y continuer les travaux de fortifications interrompus.

Dans la matinée du 18, toute l'armée fut appelée sous les armes, et un *Te Deum* d'action de grâces fut chanté au bruit de l'artillerie et de la mousqueterie, qui se répondaient d'un camp à l'autre, sur le parcours de la rivière à la Chute. Il n'y avait que vingt jours que les troupes avaient quitté les mêmes positions pour accomplir le brillant fait d'armes qu'elles célébraient.

Les milices furent immédiatement envoyées dans les paroisses pour faire les récoltes, qui se perdaient dans les champs. Ce départ fit éclater la mauvaise humeur de certains officiers français qui auraient voulu les retenir plus longtemps encore, afin de les employer au transport du matériel, sans songer que c'eût été achever de ruiner la colonie. Malgré la diligence des habitants, les moissons déjà avariées par le mauvais temps furent en partie perdues; et dès le mois d'octobre, le peuple allait être réduit par ordonnance à un quarteron de pain.

Montcalm se reposa sur Lévis pour les dernières opérations de la campagne, et partit le 29 pour Montréal, où l'attendait le gouverneur.

Sur la rumeur que les ennemis faisaient quelques mouvements en avant du fort Edouard, le chevalier organisa deux partis d'éclaireurs: l'un sous les ordres de M. de Contrecœur; l'autre sous son propre commandement. Contrecœur poussa une reconnaissance jusqu'à la tête du lac George, et Lévis jusqu'à celle du lac Champlain, où il détruisit quelques retranchements abandonnés; mais ni l'un ni l'autre ne découvrirent la moindre trace de retour offensif.

Dans l'intervalle, le transport du matériel et du butin à Carillon fut achevé, malgré de fréquentes pluies qui avaient rendu presque impraticable le chemin du Portage. Les régiments de Guyenne, la Sarre, Languedoc et la Reine furent repliés sur la rivière Richelieu, où ils allaient être employés aux travaux de défense du fort Saint-Jean, et aux réparations des chemins.

Durant la nuit du premier septembre, pendant que la garnison du fort Carillon était ensevelie dans le sommeil, l'infatigable Lévis veillait dans son appartement avec son ami Fontbrune [1], à qui il dictait son *Journal* et sa correspondance. Parmi ces notes, écrites avec la simplicité d'un historien antique, se trouve l'éloge d'un des officiers supérieurs qui s'était distingué le plus dans cette campagne et qui, deux ans plus tard, devait tomber sous les murs de Québec, à côté de Montcalm. Il appartenait au chevalier de Lévis de révéler le mérite de ce brave officier, dont jusqu'à ce jour on n'a connu guère que le nom.

" Je ne dois pas vous laisser ignorer que M. de Senezergues, lieutenant-colonel, commandant le second bataillon du régiment de la Sarre, a marché avec moi au détachement

---

[1] — Lévis eut la douleur de perdre cet ami, quelques jours après, d'une maladie contractée par un excès de fatigue. " C'est une perte pour le service du roi, écrivait-il au marquis de Paulmy (8 octobre); il était passé avec moi en Canada. Je le regrette infiniment; il m'était attaché, et je l'avais engagé de venir en Amérique ".

qui a été par terre et qui a suivi la côte du lac Saint-Sacrement, lequel a favorisé le débarquement de l'armée et en a fait l'avant-garde. M. de Senezergues, qui est dans la force et dans la vigueur de l'âge, encouragé par son zèle et sa bonne volonté, a résisté aussi bien que personne à toutes les peines que nous avons eues dans la marche, et m'a beaucoup secondé dans toutes les différentes opérations que j'ai eues à faire. Je me suis aidé de ses conseils et de son activité dans les manœuvres. Je ne puis vous rendre d'assez bons témoignages de cet officier; il est aimé, considéré et respecté dans son bataillon, où il maintient une discipline exacte; je ne pense pas qu'il y ait de meilleurs lieutenants-colonels que lui. M. le marquis de Montcalm pense de même que moi sur son compte, et je suis persuadé qu'il vous en rend le même témoignage [1]".

Dans une autre lettre, Lévis récapitule les opérations des deux dernières campagnes, et y mêle des réflexions comme celles-ci :

" Chouaguen a été pris par l'opération du Saint-Esprit, comme nous venons de prendre le fort George ; et Dieu veuille que notre bonheur ne nous abandonne pas si la guerre continue !

" Vous ne croiriez peut-être pas que je suis celui dont la tête fermente le moins ; nous avons des gens qui, de leur cabinet, font continuellement des projets hardis, pour ne pas dire téméraires, dont l'exécution est toujours difficile ; et si nous n'avions pas affaire à

---

[1] — *Lettres au marquis de Paulmy*, p. 131.

des troupes faibles et timides, nous ne pourrions pas nous flatter des succès que nous avons [1]. Mais je crains que les Anglais de l'Amérique ne fassent à la fin ce que les Moscovites ont fait aux Suédois; parce qu'il nous arrive aussi de brider le cheval par la queue, et même à notre dernière expédition; mais il y a des gens à qui tout réussit ".

Lévis dit ailleurs : " J'ai la confiance de toutes les troupes, même des Canadiens et des sauvages, qui disent que je suis un homme comme eux ; c'est la dernière marche que j'ai faite pour notre expédition qui me procure cet éloge, qui est grand parmi les sauvages.

" Je tiens un état honnête et décent; je suis très bien servi; j'ai de bons domestiques. Depuis que je suis en campagne, j'ai donné à dîner tous les jours à quinze personnes au moins. Tout est hors de prix dans la colonie; il ne me sera pas facile de joindre les deux bouts; mais je compte que l'on voudra bien y avoir égard; nous sommes tous dans le même cas [2] ".

Le maréchal de Belle-Isle jugeait bien le chevalier de Lévis lorsqu'il disait de lui, qu'il était " un homme d'action et de précaution ". Aussi ambitieux que sage, Lévis ne perdait pas une occasion de travailler à son avancement. Il rêvait maintenant le grade de maréchal de camp, et écrivait au marquis de Paulmy :

" Je vous supplie d'agréer que je vous fasse part de ma situation, et que j'aie l'honneur de vous rappeler

---

1 — Lévis dit ailleurs : " Nous avons été heureux d'avoir affaire avec des généraux malhabiles ". *Lettre à M. le maréchal de Mirepoix*, p. 165.
2 — *Lettre au maréchal de Mirepoix*, p. 135.

mes services, et l'espérance que M. le comte d'Argenson m'a donnée, lorsque j'ai passé en Amérique.

" Il y a vingt-trois ans que je sers ; j'ai fait onze campagnes, dont quatre comme aide-maréchal des logis de l'armée, sous M. de Maillebois ou M. de Mortagne ; j'ai été chargé en Italie de faire en chef le détail des corps dont M. le maréchal de Mirepoix avait le commandement. Je crois qu'il y a bien des lieutenants généraux qui n'ont pas fait autant de campagnes et qui ne se sont pas trouvés à autant d'actions ; le manque de fortune m'a obligé de ne devoir qu'à mes services mon avancement, n'ayant jamais été en état d'acheter un régiment.

" M. le comte d'Argenson m'avait flatté que si je faisais deux campagnes en Amérique, je pourrais être fait maréchal de camp. Nous venons de terminer plus heureusement qu'on ne devait espérer la campagne dernière [1] ".

Lorsque dans la journée du premier septembre, Montcalm était débarqué à Montréal, le gouverneur achevait de congédier les dernières bandes de sauvages revenus de l'expédition. On a vu qu'après le massacre du 20 d'août, ils s'étaient tous échappés furtivement, emmenant avec eux les prisonniers qui n'avaient pu être arrachés de leurs mains. Chacune de leurs étapes sur le parcours du lac Saint-Sacrement et du lac Champlain avait été marquée par des scènes d'horreurs qui défient toute description [2]. Ils étaient ainsi arrivés à

---

[1] — *Lettre à M. le marquis de Paulmy*, p. 158.
[2] — " En chemin faisant, et même en entrant à Montréal, ils les ont mangés et fait manger aux autres prisonniers ". *Bigot au ministre*, 24 août 1757.

Montréal chargés de butin, gorgés de sang et de chair humaine, exaltés par une suite de succès qui dépassait tout ce qu'ils avaient imaginé.

Leur insolence ne connaissait plus de bornes.

La ville de Montréal complètement dégarnie de soldats, fut à leur merci. C'est dans ces conditions que Vaudreuil eut à traiter avec eux ; il fallait tout le prestige dont il jouissait parmi ces nations pour faire quelque impression sur leurs esprits.

Dès que leurs chefs parurent en sa présence, il les réprimanda sévèrement de l'infraction qu'ils avaient faite à la capitulation. Ils s'en excusèrent et rejetèrent la faute sur les Abénakis de Panaouské.

Chargés de dépouilles comme ils étaient en ce moment, aucun présent ne pouvait les tenter et les faire consentir à remettre les prisonniers. Il fallait de plus racheter ceux qui avaient été pris à l'affaire du colonel Parker, et qui leur appartenaient d'après les lois de la guerre. Les billets que Montcalm avait été obligé de leur donner, simplement pour obtenir d'eux qu'ils fussent envoyés à Montréal, étaient entre leurs mains, et ils ne manquaient pas de les faire valoir. Il fallait cependant à tout prix délivrer ces malheureuses victimes. Un seul moyen restait : c'était la boisson, le dieu des sauvages. Mais il était impossible d'en livrer sans s'exposer à des désordres épouvantables. Triste nécessité devant laquelle Vaudreuil ne pouvait reculer, sans voir la plus grande partie des captifs traînés en esclavage dans le fond des forêts, ou condamnés aux plus affreux supplices.

Pas moins de deux barils d'eau-de-vie durent être livrés pour chaque prisonnier. Montréal devint alors le théâtre de bacchanales indescriptibles. " Le 15, raconte Bougainville, à deux heures après-midi, en présence de toute la ville, ils en tuent un, le mettent à la chaudière, et forcent ses malheureux compatriotes à en manger ".

Bougainville, qui avait épousé toutes les antipathies de Montcalm contre Vaudreuil, blâme fortement ce gouverneur de ne pas avoir interdit aux commerçants de la ville, sous les peines les plus sévères, de vendre de la boisson aux sauvages ; mais il se contredit lui-même en admettant que Vaudreuil avait dû racheter à ce prix les Anglais. A quoi eût servi cette défense puisqu'il avait à l'enfreindre lui-même ? On ne peut avoir assez d'horreur pour les scènes d'anthropophagie qui se passèrent durant cette campagne, mais Vaudreuil doit-il en être plus responsable que Montcalm, qui n'avait pu empêcher les mêmes actes dans son propre camp, où il commandait les troupes les mieux disciplinées de l'Europe ? En était-il plus responsable que Bougainville lui-même, qui avait servi d'interprète aux deux prisonniers anglais saisis dans la nuit du 2 d'août, et massacrés cette nuit-là même par les Népissings. Bougainville ne se reprochait certainement pas ces actes de cruauté, pas plus que l'égorgement des malades et des blessés dans le fort George, où il partageait le commandement avec Bourlamaque. Il est singulier, cependant, qu'il ne fasse aucune allusion ni à l'un ni à l'autre de ces deux faits dans son *Journal*. Serait-ce parce que le sang avait jailli trop près de lui ?

Après la délivrance des prisonniers, Vaudreuil suivit la même politique que Montcalm, pour se concilier l'alliance des sauvages [1]; il les congédia en leur donnant des présents, seul moyen de les empêcher de passer à l'ennemi. " Ces présents consistaient en un équipement complet pour chaque guerrier, selon son rang, outre ce qu'on appelait les présents du village, c'est-à-dire : tabac, vermillon, tavelle et eau-de-vie [2].

" Avant de quitter Montréal, raconte Bougainville, un Outaouais avait tué un Français dans une ferme appartenant à l'Hôpital-Général. Le marquis de Vaudreuil a fait demander le meurtrier. Les nations l'ont livré au sieur de Saint-Luc, qui l'était allé chercher à Lachine avec un détachement de trente hommes. Le grand chef des Sauteux l'a lui-même amené à Montréal où on l'a mis au cachot. Les nations sont parties, persuadées que son procès lui sera fait, et qu'il aura la tête cassée ".

C'était ce mélange de fermeté et de douceur qui grandissait le gouverneur aux yeux des Indiens, et lui donnait de l'autorité sur eux. Il eut occasion de s'en servir dans cette circonstance même, pour accommoder un différend qui avait surgi entre les Sauteux et les Outagamis [3]; ces deux nations acceptèrent sa médiation et s'en retournèrent réconciliées.

---

1 — A la suite de la défaite de Parker.
2 — " L'humanité gémit d'être obligée de se servir de pareils monstres ; mais sans eux la partie serait trop inégale ". *Journal de Bougainville.* 17 au 31 d'octobre.
3 — Egalement appelés Renards.

" Mes yeux, s'écriait Bougainville, sont encore effarouchés des spectacles horribles qu'ils ont vus. Tout ce que la cruauté peut imaginer de plus abominable, ces monstres de sauvages nous en ont rendus les témoins. Quel pays! Quels hommes! Quelle guerre [1] "!

Les prisonniers anglais furent dirigés sur Québec et embarqués sur un paquebot qui les conduisit à Boston.

Les relations officielles que Montcalm et Vaudreuil eurent alors ensemble, quoique toujours irréprochables sous le rapport de la courtoisie, contribuèrent plutôt à les éloigner qu'à les rapprocher l'un de l'autre. Montcalm se hâta de quitter Montréal pour descendre à Québec, où l'appelait l'arrivée du régiment de Berry qu'il avait à passer en revue. Ce régiment avait été envoyé pour remplacer les huit compagnies de la Reine et de Languedoc, prises à bord du *Lys* et de l'*Alcide* [2]. Il se composait nominalement de quinze cents hommes, mais n'en comptait en réalité que onze cents, fort peu en état de servir pour le moment; car ils étaient épuisés par les misères de la traversée et de l'escale de Louisbourg. Les malades y étaient en si grand nombre que les salles de l'Hôpital-Général ne suffisaient pas pour les contenir.

Les dépêches que Montcalm eut à expédier à Versailles, pour exposer l'état de la colonie et demander des secours, reportèrent plus que jamais ses pensées vers

---

1. — A *Mme Hérault de Séchelles*, 19 août 1757.
2. — Le régiment de Berry, créé en 1684, était composé de trois bataillons de cinq cents hommes chacun. Il avait sept drapeaux, dont un blanc colonel, et six d'ordonnance, violet et isabelle, rayés par opposition avec croix blanches.

les hôtes de Candiac. Il écrivait, le 13 septembre, à la marquise de Saint-Véran :

" Je suis ici, ma mère, depuis deux jours, accablé d'affaires de tout genre et d'écritures dont la tête me bout parce que deux vaisseaux de guerre, qui ne devaient partir que dans cinq ou six jours, partent demain.

" Ma santé est très bonne, quoique épuisée de travail ; je voulais vous écrire fort longuement sur bien des choses, ce sera à la fin de la campagne, je m'y prendrai plus tôt. J'embrasse ma fille, la très chère, que j'aime tendrement, dont je suis fort occupé, et vous pouvez l'assurer que je n'ai pas en vérité le temps de m'occuper des dames, quand même j'en aurais envie.

" J'ai reçu toutes les commissions de Montpellier, hors les saucissons ; j'ai perdu un tiers des provisions de Bordeaux ; les Anglais me les ont prises sur le *Superbe*, et j'ai raison de craindre pour tout ce qu'on m'envoie de Paris à bord du vaisseau appelé : *La Liberté*[1]. Je m'endette ici ; baste ! que je vive, je ne m'en embarrasse pas. Je vous aime tendrement, ma mère ".

Peu de jours après, le marquis ajoutait : " J'ai un grand désir, si Dieu me prête vie, de changer mon cordon de couleur. L'ambition naît avec les événements heureux ".

Montcalm fait ici allusion au cordon rouge, c'est-à-dire à la dignité de commandeur de l'ordre de Saint-Louis, que le roi venait de lui accorder, et qu'il désirait

---

1 — Ce vaisseau arriva quelques jours après sans accident.

déjà changer pour le cordon bleu, c'est-à-dire la croix de l'ordre du Saint-Esprit.

C'était dans une toute autre disposition d'esprit qu'il écrivait, peu après, à sa mère :

" Mon rôle est unique ; je suis un général en chef subordonné, donnant le mot, ne me mêlant de rien dans certaines occasions, de tout dans d'autres : estimé, respecté, aimé, jalousé, haï, haut, simple, liant, difficile, poli, dévot, galant, etc., et bien désireux de la paix [1] ".

Lévis, qui gémissait de l'irritation toujours croissante de Montcalm, cherchait à y apporter remède ; il écrivait à la cour :

" J'observerai, comme j'ai toujours fait, la plus grande union et harmonie avec MM. les marquis de Vaudreuil et de Montcalm, et j'espère que mon exemple contribuera à la faire observer dans les deux corps de troupes [2] ".

Le chevalier avait été rappelé à Montréal peu de jours avant le départ de Montcalm. La bonne entente qui existait entre le gouverneur et Lévis le désignait naturellement pour stationner dans cette ville, où d'ailleurs sa présence allait être nécessaire pour maintenir une stricte discipline parmi la garnison, qu'on allait être forcé de réduire à la ration.

L'armée venait de recevoir l'ordre d'aller prendre ses cantonnements d'hiver : Béarn, à Montréal ; Royal-Roussillon, à Boucherville et aux environs ; La Sarre, à l'île Jésus ; Guyenne, sur la rivière Richelieu ; Lan-

---

1— *A Mme la marquise de Saint-Véran.*
2— *Lettre à M. de Paulmy,* 10 octobre 1757.

guedoc, partie à Saint-Augustin et partie à Saint-Jean Deschaillons ; la Reine, à Québec ; Berry, à la côte de Beaupré et à l'île d'Orléans.

Quant aux troupes de la marine, elles avaient leurs quartiers d'hiver à Québec et à Montréal. La garnison de Carillon allait être sous les ordres de M. d'Hébécourt, capitaine au régiment de la Reine.

Dès son retour à Québec, Montcalm s'était trouvé en face d'un ennemi plus redoutable que celui qu'il venait de vaincre ; cet ennemi, c'était la disette. Elle était générale dans toute la colonie et devait s'aggraver durant les années suivantes, car la guerre enlevait presque tous les bras à la culture. Le cri d'alarme que fait entendre Montcalm dans la lettre qu'on va lire, se continue à travers toute sa correspondance, jusqu'au dernier petit billet, en quatre lignes, qu'il adresse à Lévis, l'avant-veille d'Abraham.

" 14 septembre. — Nous allons nous trouver, Monsieur, dans les circonstances les plus critiques par le défaut de vivres. Nous manquons de pain cette année ; les moyens que l'on va prendre pour y suppléer nous feront manquer de viande la prochaine. Quelques difficultés que les troupes qui sont dans les côtes éprouvent pour vivre chez l'habitant, leurs soldats seront encore moins à plaindre que ceux qui seront en garnison dans les villes. Les temps vont être plus durs, à certains égards, qu'à Prague. Je suis en même temps persuadé que ce va être le beau moment de gloire pour les troupes de terre, sûr d'avance qu'elles se prêteront à tout avec le meilleur ton, et que nous n'entendrons aucunes plaintes ni jérémiades sur la rareté des vivres, puisqu'il n'y a aucun remède. Aussi, nous allons donner l'exemple de la frugalité nécessaire par le retranchement des tables et de la dépense, et qu'au lieu de se piquer de bonne chère, de dépense, et de se régaler, comme fait l'officier français accoutumé à penser avec autant de noblesse que de générosité, celui qui vivra, si j'ose le dire, le plus mesquinement et qui par là consommera le moins, donnera les marques les plus sûres de son amour pour la patrie, pour le service du roi, et sera digne des plus grands éloges.

" Le régiment de la Reine, que j'avais cru bien traiter en lui donnant la ville de Québec, éprouvera, ainsi que celui de Béarn, que le séjour des villes n'est pas à désirer. Accoutumé à se prêter à tout et en ayant déjà donné des preuves à Prague, je n'attends pas moins d'eux dans les circonstances dont je vais vous informer.

" On espère que les habitants nourriront les bataillons qui seront dans les côtes; ainsi il n'y a rien à prescrire à cet égard, que d'exhorter les soldats à se contenter du genre de nourriture de son habitant. Pour dans les villes, à commencer du 1er novembre, suivant ce qui vient d'être arrêté après un examen du peu de ressources que nous avons dans le pays, la ration du soldat sera de :

Une demi-livre de pain } par jour.
Un quarteron de pois }

Six livres de bœuf frais } pour huit jours.
Deux livres de morue }

Et il est à craindre que nous ne puissions soutenir ce taux et qu'on ne soit obligé, avec le temps, de donner un peu de cheval. On ne donnera pas de lard actuellement, parce que cette ressource ne peut manquer, que les bœufs sont actuellement dans le temps de l'année où ils sont les meilleurs et rendent le plus.

" M. le marquis de Vaudreuil et M. l'intendant, avec qui nous sommes convenus de ce que j'ai l'honneur de vous écrire, envoient leurs ordres à cet effet; le munitionnaire général en écrit à M. Pénisseault, et je vous prie de vouloir bien y faire conformer les troupes.

" Les habitants de Québec et les Acadiens, plus à plaindre, seront réduits au quarteron [1] ".

Le désastre de la flotte de l'amiral Holbourne n'était pas encore parvenu à Québec.

Au retour d'une excursion, Montcalm trouva la ville tout alarmée des mauvaises nouvelles reçues de Louisbourg. Il se moque en style de Rabelais de ces frayeurs qui ne devaient être que trop vite réalisées :

" Le 15 septembre.—Je ne suis arrivé que d'hier au soir, mon cher chevalier; je n'ai encore vu personne. De vous à moi, et ne citez pas, tout le monde fait ici c. c. dans ses culottes pour Louisbourg; pour moi, qui ne suis pas naturellement peureux, j'attendrai tranquillement les événements ".

Il continue : " Ce 20 septembre.—On court, mon cher chevalier, avec vos paquets et ceux de M. le général, après les deux vaisseaux qui sont partis ce matin; on les attrapera. J'ai écrit comme Saint-Augustin, et j'ai tant travaillé que j'ai gagné mal de gorge, hémorroïdes,

---

1 — *Lettre au chevalier de Lévis*, datée de Québec, le 14 septembre 1757.

et clou à la joue. J'ai mis hier couteaux sur table : quatorze couverts cinq jours de la semaine, un quarteron de pain par tête.... Je crois que je me plais à Québec. C'est pour vous seul. Je ménage les deux autels. Je n'ai encore été qu'une fois avec assez d'indifférence à celui où je voulais brûler de l'encens l'année dernière [1] ".

" Le 24 septembre.—J'ai des clous, mon cher chevalier; la pituite me suffoque; l'asthme tue Bougainville. Je ne mange qu'un quarteron de pain ; je me purge demain, et me trouve bien ici ; c'est une capitale. J'avais résolu de ne jamais tenir d'enfant au baptême après l'honneur d'en avoir tenu un avec Mme la marquise de Vaudreuil; cependant Arnoux m'y force avec Mme de la Naudière pour commère. J'alterne entre elle et Mme Péan, parfois Mmes Marin et Saint-Ours ".

A Versailles, les ministres étaient si mal informés de ce qui concernait le Canada, qu'ils avaient donné croyance à une attaque fantastique contre Québec. Huit cents hommes, dont quatre cents sauvages et quatre cents soldats habillés et tatoués à l'indienne, devaient, sous prétexte de la traite, s'approcher de la capitale, la surprendre, tout y mettre à feu et à sang, et de là porter le carnage et l'incendie dans tout le reste du pays.

On s'amusait à Québec de ces craintes chimériques, sans toutefois négliger les moyens de prévenir une attaque du côté du fleuve. C'était le sujet qui absorbait alors l'attention de Montcalm. Chaque fois qu'il

---

[1] — Allusion au palais de l'intendant.

entrait ou sortait de son hôtel, le même que l'on voit encore aujourd'hui sur la rue des Remparts, il avait sous les yeux toute la chaîne des Laurentides, depuis la vallée du Saint-Charles jusqu'au cap Tourmente. Son coup d'œil militaire lui faisait deviner le parti qu'on pouvait tirer d'un système de défense établi de ce côté.

Le 10 octobre, il prit avec lui MM. de Montbeillard et Bougainville, et conduit en chaloupe par le capitaine Pellegrin, il fit comme un simple " maréchal des logis [1], une visite d'inspection le long de cette côte ".

On était à cette époque de l'année où les premières gelées d'automne donnent au feuillage des forêts ces nuances si riches et si variées qui sont une des merveilles de la nature canadienne. Les voyageurs eurent tout le loisir d'admirer ces beautés dans un des endroits les plus pittoresques de l'Amérique.

Mais cela n'était qu'une distraction au milieu d'occupations bien plus importantes.

Au cap Tourmente, Montcalm reconnut un emplacement propre à établir une batterie de quatre pièces et deux mortiers : " Elle serait, dit-il, hors d'insulte, ce pays étant presque inabordable, et elle battrait pendant près d'un quart d'heure les vaisseaux faisant la traverse ; ils sont forcés de passer à la portée. Il faudrait peu de dépense pour sa construction.

" Depuis ce cap jusqu'à Beauport, il est impossible de faire aucune descente. Le saut seul de Montmorency est une barrière presque invincible ".

---

1 — *Lettre de Montcalm à Lévis*, 14 octobre.

Après avoir constaté que l'approche de Québec était impossible par le rivage sud, le général terminait ses observations en proposant le plan de défense qu'il fit prévaloir deux ans plus tard, c'est-à-dire une ligne de fortifications reliée par des redoutes depuis le saut de Montmorency jusqu'à la ville. Il n'y a d'autres moyens de la défendre, ajoute-t-il, que d'empêcher les ennemis d'en approcher ; les fortifications en sont si ridicules et si mauvaises qu'elle serait prise aussitôt qu'assiégée [1].

Le 14 octobre, Montcalm écrivait à Lévis : " J'ai ouvert, hier, l'avis du retranchement des tables. M. de Vaudreuil l'a adopté et a promis de donner l'exemple ; toute la colonie a applaudi ; l'intendant, pas trop. Il aime le faste, et ce n'est pas le cas. J'ai été d'avis d'un seul service, conformément à l'article seize de l'ordonnance. J'ai été d'avis qu'il ne fallait de tout l'hiver ni bals, ni violons, ni fêtes, ni assemblées. J'ai donné hier mon dernier grand repas, où j'avais nos puissances et cinq dames. Il a été splendide par le goût, la profusion et un double service d'entremets. J'aurai, demain, dix personnes avec un potage, quatre grosses entrées, une épaule de veau, une pièce d'entremets froid ; le tout servi ensemble, le bouilli relevant la soupe. Et voilà mon plan fait pour tout l'hiver. Je vous exhorte, comme votre ami, à n'avoir qu'un gros dîner bourgeois à un seul service pour les officiers arrivant des quartiers, ni violons, ni bals, ni fêtes.

"...On crie beaucoup contre l'intendant et la Grande Société, et je crois entre nous qu'on n'a pas tort. Moi,

---

[1] — *Journal de Montcalm.*

je me tais, mais j'ai un petit ami qui est homme à écrire la vérité et à la faire parvenir.

" M. de Vaudreuil n'est que d'avant-hier ici. Je lui ai déjà lâché quatre mémoires. Heureusement je les ai donnés à lire à Saint-Sauveur [1] ; l'écriture m'absorbe et Marcel aussi ".

Le marquis de Vaudreuil était descendu à Québec pour tenir le conseil de guerre qui devait juger Vergor et Villeray, le premier pour avoir mal défendu et livré Beauséjour aux Anglais, en 1755 ; le second pour ne s'être pas défendu dans le fort Gaspareaux, à la suite de la capitulation de Beauséjour. Contrairement à l'opinion de bien des gens de guerre, Vergor fut acquitté. Quant à M. de Villeray, on savait que l'accusation portée contre lui n'était pas sérieuse [2].

Montcalm écrit encore à Lévis, le 24 octobre : " L'intendant a, d'avant-hier, commencé à servir à un seul domestique, et supprimé la pâtisserie, à cause de la farine.

" Dès qu'on commencera, en décembre, à donner du

---

1 — Secrétaire de Vaudreuil.
2 — Le conseil de guerre se composait de dix juges, parmi lesquels Vaudreuil voulut qu'il y eût trois officiers des troupes de terre, quoique le cas ne comprit que des officiers de la colonie :
Le marquis de Vaudreuil, président ; M. Bigot, intendant ; M. de Longueuil, lieutenant de roi à Québec ; M. le chevalier de Montreuil, aide-major général et lieutenant-colonel ; M. de Trivio, commandant du bataillon de Berry, lieutenant-colonel ; M. de Noyelles, major des Trois-Rivières ; M. d'Aiguebelles, capitaine des grenadiers du régiment de Languedoc ; MM. Dumas et de Saint-Vincent, capitaines de la colonie ; M. de Sermonville, aide-major général, faisant fonctions de procureur du roi.

cheval au soldat, j'en fais ma provision pour l'hiver, et il y en aura toujours chez moi un plat.

" ... Mon valet de chambre vous dira ma vie : ainsi, toute la journée, lundi, mardi, mercredi, douze personnes ; jeudi, l'intendant ; vendredi, quatre personnes ; samedi, douze ; dimanche, l'intendant. Mes compliments à La Roche [1]. On ne peut vous aimer plus que je ne le fais. On ne saurait moins voir les dames ".

" Le 2 novembre. — ... Il me semble que notre ami Roquemaure est toujours le même et de plus en plus insupportable par son ton et ses propos.... Poulhariez est joueur ".

Le 26 octobre, Montcalm s'inquiétait de la maladie de M. de Villiers, attaqué de la petite vérole. M. Coulon de Villiers, frère de Jumonville, était un des officiers les plus estimés de la colonie. Il s'était distingué dans plusieurs expéditions, entre autres, comme on l'a déjà vu, à la prise du fort Nécessité, où il commandait, et au combat des Mines, en Acadie.

" Le 2 novembre. — ... Je suis inconsolable de la perte du pauvre Villiers. Je n'écris pas à sa veuve ; mais dites-lui combien je regrette son mari, et qu'indépendamment de tout ce qu'elle mérite par elle-même, je serai toujours fort aise de lui témoigner en toute occasion l'estime singulière que j'avais pour Villiers.

" ... M. de Vaudreuil m'a fait l'honneur de dîner chez moi aujourd'hui, et part demain ou après ".

" Le 7 novembre. — .... J'ai été d'autant plus content du ton des soldats d'ici, entre nous, qu'ils ont été

---

1 — M. de la Rochebeaucour, 2me aide de camp de Montcalm.

sollicités par le peuple à se mutiner ; et cela vient de ce que ce même peuple n'a point de confiance dans le gouvernement. Il croit, quoique cela ne soit pas vrai, que c'est une famine artificielle pour contenter l'avidité d'aucuns. Il a tort, mais l'exemple du passé et du présent l'autorise à cette opinion.

" .... Que tous vos propos, mon cher chevalier, tendent toujours à inspirer une diminution dans le luxe et la dépense à nos officiers ; car le pays s'épuisera, et ils laisseront des dettes, d'autant plus que les Canadiens ont une grande facilité à leur prêter.

" Votre ami Roquemaure et le mien, passe dans l'esprit de tout le monde, sans excepter le maréchal de Mirepoix, pour une tête brûlée. Je crois que, hors le maréchal de Mirepoix, le comte de Lautrec, le duc de Broglie et M. de Monconseil, quoique ce dernier soit haï et peu estimé, il n'y a guère d'officier général qu'il ne blâme. L'autre jour, il voulait que sa compagnie de grenadiers, qui a fait trois campagnes, ne fît pas fond à la formation de la nouvelle, et me fit époumonner.

" Et j'ai beau l'interrompre, il croit faire l'éloge de d'Hébécourt et des officiers français, en disant devant des Canadiens, qu'ils ont mené à Carillon, pour cinq, huit cents poules, soixante moutons, cinq ou six bœufs, du vin étranger ; moyennant quoi, on crie que le pays est dévasté. Quand celui-ci, qui ne manque pas d'esprit, m'a impatienté, arrive Trivio, qui heureusement est parti ce matin pour Beauport. Il joint à l'ennui, à la bêtise, le dessous d'un Dauphinois. Privat qui est bon homme, est digne d'être de l'Académie française, auprès de ce nouveau venu ".

" Le 11 novembre. — ... Je ne parle ni ne parlerai du petit écu du lieutenant de la Sarre, détaché du camp de Saint-Jean à Laprairie. L'intendant ne l'accorde que pour les officiers détachés pendant la campagne ès villes de Montréal et Québec. Comme il accordait tout au commencement, il serait tenté de refuser tout. Les extrêmes se rencontrent toujours ; la règle est une suite du désordre ; l'avarice, de la prodigalité ; le retranchement des dépenses justes, la suite des dépenses inutiles ; la sévérité, de l'indulgence ; la diète, de trop manger ; la médecine, des mauvaises digestions : c'est ce qui est cause que je me suis purgé aujourd'hui ".

La verve satirique de Montcalm avait de quoi s'exercer ; il ne s'en faisait pas faute dans l'intimité, et se vengeait ainsi de la réserve extérieure qu'il était forcé de s'imposer.

On a vu comment l'insuffisance des traitements accordés aux fonctionnaires publics avait introduit le péculat dans les diverses branches de l'administration coloniale. Cet abus, dénoncé depuis longtemps à Versailles, avait été toléré comme une espèce de compensation à la faiblesse des appointements ; mais il devint une menace pour l'avenir sous le gouvernement du marquis de la Jonquière, homme habile et vaillant soldat, mais âpre au gain autant que ladre. Il était réservé à l'intendant Bigot de creuser l'abîme et d'y entraîner le pays.

L'esprit qu'animait ce Verrès au petit pied est tout entier dans ce billet si souvent cité, qu'il adressait à Vergor, pendant que celui-ci commandait à Beauséjour : " Profitez, mon cher Vergor, de votre place ; taillez, rognez, vous avez tout pouvoir, afin que vous puissiez bientôt me venir joindre en France, et acheter un bien à portée de moi ".

L'armée de satellites qui gravitait autour de l'intendant, ramassis de ce qu'il y avait de plus vil et de plus taré, ressemblait moins à une cour qu'à une troupe de chacals lâchée sur le pays. Les deux principaux chefs de cette bande, Deschenaux, secrétaire de Bigot, et Péan, aide-major des troupes, formaient, avec l'intendant, une espèce de triumvirat qui présidait à toutes les spéculations véreuses, contre lesquelles protestaient vainement le peuple et tous les honnêtes gens. En vain, les hommes d'affaires avaient-ils député à Versailles un des leurs, le sieur Taché, citoyen intelligent et intègre, pour faire des représentations et demander justice, les hautes influences dont jouissaient en France les triumvirs, leurs intrigues et leur argent avaient tout fait échouer. Grands et petits tremblaient devant ces maîtres arrogants et impérieux ; Vaudreuil lui-même, le faible et débonnaire gouverneur, n'avait ni assez de lumières pour comprendre toute l'étendue du mal, ni assez de volonté pour y résister. Sans participer directement aux fraudes, il semblait être de connivence avec les concussionnaires, en les abritant de son silence et de son nom. Son impuissance, exploitée par ses ennemis, ne pouvait manquer d'être prise pour de la culpabilité.

Ce fut la grande faute de son administration, et pour lui la cause de chagrins qui amenèrent sa mort.

Joseph-Brassard Deschenaux était fils d'un pauvre cordonnier de Québec. Un notaire qui logeait chez son père lui donna des leçons de lecture et d'écriture. L'enfant, d'un esprit vif et pénétrant, fit de rapides progrès, et entra fort jeune au secrétariat de M. Hocquart, alors intendant. Bigot l'y trouva, le retint à son service, et le fit nommer, non sans peine, écrivain de la marine. Comme il était laborieux et souple jusqu'à la bassesse, il lui donna bientôt toute sa confiance et n'agit que par lui. Ambitieux et vain comme tous les parvenus, Deschenaux était aussi insolent à l'égard de ses inférieurs que vil et rampant vis-à-vis ses maîtres. Sa soif de faire fortune, son amour de l'argent étaient tels, que son proverbe était de dire à qui voulait l'entendre : " qu'il en prendrait jusque sur les autels ".

Michel-Jean-Hugues Péan était fils d'un officier [1] qui avait servi jusqu'à sa mort en qualité d'aide-major des troupes à Québec. Malgré certaines plaintes déjà portées contre lui, la cour l'avait désigné pour succéder à son père, quoiqu'il n'eût aucun talent militaire, et avait confié sa commission à M. de la Jonquière, à son départ de France, mais avec l'injonction de ne la lui remettre qu'après s'être assuré de son innocence. L'intendant l'avait lavé de toute accusation : " Son mérite,

---

[1] — Jacques-Hugues Péan, natif de Saint-Paul de Paris, sieur de Livaudière, chevalier de Saint-Louis, décédé à Québec, en 1747. Son fils, Michel-Jean-Hugues, sieur de Saint-Michel, était aide-major des villes et château du gouvernement à Québec.

dit un chroniqueur du temps, consistait dans les charmes de sa femme, qui avait su plaire à M. Bigot : elle était jeune, sémillante, pleine d'esprit, d'un caractère assez doux et obligeant, d'une conversation enjouée et amusante [1] ".

Ses liaisons avec Bigot étaient devenues le thème de toutes les conversations, et un des grands scandales de cette scandaleuse époque. Mme Péan, née Angélique Davennes des Méloises, tenait dans la rue du Parloir une cour qui rappelait en miniature celle de Mme de Pompadour à Trianon. L'intendant en était l'hôte le plus assidu au vu et su de Péan, qui fermait les yeux sur tout cela pour ne pas nuire à sa fortune. Il avait d'ailleurs des qualités réelles, ne se laissant pas trop éblouir par son grand crédit, avait un esprit juste, et pouvait au besoin donner et faire prévaloir un bon conseil.

L'influence de Mme Péan auprès de Bigot ne fit qu'augmenter d'année en année jusqu'à la chute du puissant fonctionnaire. Un mot tombé de ses lèvres faisait souvent la fortune d'un individu. Qu'il fût noble ou roturier, seigneur ou laquais, ignorant ou expert, il pouvait obtenir un poste lucratif, être nommé garde-magasin, ou avoir un emploi qui lui permît de mettre la main dans le trésor de la Grande Société.

Une tradition mêlée de récits légendaires veut que Mme Péan ait eu, elle aussi, comme la grande courtisane d'outre-mer, son petit Trianon, bâti bien à l'écart, loin de tout œil indiscret. A un demi-mille au delà du

---

1 — *Mémoires sur le Canada.*

village de Charlesbourg, on voit encore aujourd'hui, au milieu d'une clairière entourée de la forêt vierge, quelques pans de murs croulants, derniers restes d'un édifice assez spacieux et solidement bâti : ce sont les ruines connues de temps immémorial sous le nom de Château-Bigot [1]. De temps en temps, surtout durant la belle saison, les habitants de Charlesbourg voyaient passer de riches équipages venant de Québec et s'enfonçant dans le chemin boisé de cette retraite solitaire. Tout le jour, les environs de l'ermitage retentissaient de cris de joie, de musique, de chants, de danses et de parties de plaisirs sous la feuillée. Le soir, les salons du petit château se remplissaient de la bruyante compagnie qui venait s'asseoir à de somptueux banquets, auxquels succédaient des jeux et des raouts insensés, prolongés jusqu'aux dernières heures de la nuit.

Le munitionnaire général, Joseph Cadet, était d'aussi basse extraction que Deschenaux. Fils d'un boucher, il fut embarqué, à treize ans, comme mousse à bord d'un navire, et ensuite mis au service d'un habitant de Charlesbourg pour garder les bestiaux. Peu après, il embrassa le métier de son père, et ne tarda pas à se reconnaître des aptitudes pour les affaires. Son ambition accrut avec le succès, et il se lança dans des entreprises commerciales qui lui réussirent et le firent remarquer de M. Hocquart. Cet intendant l'ayant

---

[1] — Des titres trouvés récemment au greffe de Québec semblent prouver que la construction de cet édifice est d'une date antérieure à l'administration de Bigot. Il aurait été bâti par l'intendant Bégon (1712-1725). Bigot l'aurait alors simplement acheté, embelli et décoré du nom d'ermitage.

chargé de faire quelques levées de comestibles dans les campagnes, et ensuite de la fourniture des viandes pour les troupes, Deschenaux comprit que cet homme habile et intrigant pouvait lui être utile. Il le ménagea, se lia d'amitié avec lui et ne perdit aucune occasion de le préconiser auprès de l'intendant Hocquart, et ensuite de son successeur Bigot. Il méritait, au reste, une partie de ces éloges, car rarement vit-on un homme plus industrieux, plus actif et mieux entendu dans les affaires. Le triumvirat sentit la nécessité de s'attacher un tel homme et le fit nommer munitionnaire général (1756). Ce ne fut pas sans étonnement, dit un contemporain, qu'on vit passer cet homme, tout d'un coup, du couteau à l'épée. Cadet devint le plus riche habitant du Canada. Il vivait avec la prodigalité et le faste d'un pacha, dont il avait les mœurs. Mme Ruffio, surnommée " la belle Amazone ", n'était guère moins connue que " la sultane [1] ". Malgré son défaut d'éducation et la rudesse de ses manières qui rappelaient son origine, il se fit pardonner une partie de ses malversations par les bons côtés de son caractère : il était bienfaisant et généreux.

Cadet avait pour homme de confiance, Jean Corpron, natif de Saintonge, " homme de néant ", ancien commis chassé pour escroquerie de plusieurs maisons de commerce. Ne manquant ni d'esprit ni de ressources, brisé à toute espèce de transactions, il s'était insinué dans ses bonnes grâces, et ensuite dans ses affaires. Cadet l'avait fait son comptable et rendu fort riche.

---

[1] — Ruffio intenta contre Cadet des poursuites qui eurent du retentissement.

Malgré la disette qui régnait au Canada et l'ordonnance qui défendait d'exporter des denrées, Cadet et Péan expédiaient des chargements de farine aux Antilles. Pour échapper à la surveillance, Cadet avait loué un moulin près de Québec, et Péan avait fait bâtir, dans sa seigneurie de Saint-Michel, de vastes hangars d'où partaient les chargements. Ils avaient, paraît-il, pour complice dans ce commerce clandestin, le contrôleur de marine Bréard.

Il n'est que juste de dire que la construction d'un grand nombre de forts élevés sous l'administration de Bigot, à d'énormes distances sur les frontières, tels que Beauséjour, Duquesne, Machault, la Presqu'île et bien d'autres dont l'approvisionnement était aussi difficile que coûteux, avait légitimement augmenté les dépenses de la colonie : celles de la guerre étaient ensuite venues s'y ajouter. C'était à l'intendance, dont relevaient toutes les questions de finances, à voir à ce que les magasins du roi, établis dans chaque poste, fussent pourvus de tous les approvisionnements nécessaires aux garnisons des forts et aux tribus sauvages. De concert avec le contrôleur de la marine Bréard, l'intendant était entré en société avec la maison Gradish, de Bordeaux, qui remplissait leurs commandes, et les expédiait au Canada. Bigot avait fait élever à quelques pas du palais un vaste entrepôt destiné à recevoir les marchandises, et il y avait nommé comme garde-magasin un commis du nom de Clavery, que lui avait complaisamment fourni le sieur Estèbe, lequel était lui-même garde-magasin du roi. Le but secret de cette spéculation était d'accaparer le commerce, et surtout de vendre aux magasins du roi ; mais pour couvrir les apparences, on faisait le commerce de détail.

Chaque année, l'intendant envoyait à la cour l'état de tout ce qui était nécessaire à la colonie pour l'année suivante : il avait le soin de faire des demandes insuffisantes et fournissait ainsi le prétexte de prendre à l'entrepôt ce qui manquait aux magasins du roi. On trouva aussi le moyen de vendre plusieurs fois la marchandise au roi, et toujours à des prix plus élevés. Le public ne tarda pas à s'apercevoir de ces fraudes, et ne pouvant y remédier, s'en vengea par un lazzi caractéristique : la maison interlope s'appela " La Friponne ".

L'exemple parti de si haut devint contagieux, d'autant plus que les dépositaires de l'autorité ouvraient eux-mêmes toutes grandes les portes de l'intrigue et du péculat. La Grande Société eut bientôt des ramifications jusque dans les postes les plus éloignés. Des favoris, mis à la place des fonctionnaires intègres, firent en peu de temps des fortunes aux dépens du roi.

La misère à Montréal était moins grande qu'à Québec, mais, en revanche, le commerce y était encore plus paralysé. Varin, commissaire de la marine, et Martel, garde-magasin du roi, s'étaient emparés de tout le trafic.

François-Victor Varin, natif de Niort, en Poitou, était d'une très basse naissance. Les uns le font fils d'un cordonnier, les autres d'un maître d'école. Pour lui, il se disait parent du graveur Varin, célèbre au XVIIe siècle par la beauté et la finesse de son exécution. On ignore, dit le chroniqueur déjà cité, comment cet individu a pu s'élever. Il était vain, menteur, arrogant, et le plus capricieux et le plus entêté des hommes. D'une très petite stature, il n'avait rien d'imposant dans la physionomie. Ses mœurs licencieuses et libertines lui attirèrent fréquemment de mauvaises affaires. Mais c'était un rude travailleur, très versé dans les affaires de finances : il avait, en outre, beaucoup d'esprit, quoiqu'il fût peu instruit. Apre au gain, économe, il ne laissait pas inutilement choir un liard de sa bourse. La majeure partie des postes se trouvant au delà de Montréal, leur approvisionnement dépendait surtout de lui. De concert avec Martel, son complice, il s'associa pour son commerce illicite avec des traiteurs, que leur genre d'industrie rendait moins suspects.

Martel [1] était fils d'un marchand de l'Acadie, qui avait quitté Port-Royal pour Québec, lors du traité d'Utrecht. Pauvre dans sa jeunesse, il avait dû son avancement à un de ses frères, jésuite, qui lui avait procuré de hautes protections. Il était doué du génie des affaires, et acquit en peu d'années une grande fortune. Varin et lui, grâce à leurs ténébreuses machinations, exercèrent à Montréal un monopole incontrôlable. Leurs flottilles de canots allaient porter dans toutes les directions leurs marchandises, dont la vente au roi remplissait leurs trésors.

On vit s'élever à Montréal une succursale de la Friponne, dont la direction fut confiée à Pénisseault et à

---

[1]—Jean-Baptiste-Grégoire Martel appartenait à une famille originaire de Paris, établie au Canada vers le milieu du XVIIe siècle.

Maurin, deux autres personnages restés en vue dans la galerie des pillards sans vergogne.

Louis Pénisseault, fils d'un avocat de Poitiers, tenait une maison de commerce à Montréal, lorsqu'il épousa (1753) Marie-Marguerite Le Moine de Martigny, issue d'une des meilleures familles du Canada [1]. D'un caractère vif et pénétrant, alerte dans ses allures, il était excellent organisateur, habile en toute espèce de transactions, mais d'un esprit faux, et d'une insigne mauvaise foi, sans mœurs d'ailleurs comme la plupart de ses pareils. N'ayant pas eu d'enfants, il ne fut pas heureux en ménage et vécut presque séparé de sa femme. Ce fut le malheur de Mme Pénisseault. Elle était d'une rare beauté " et avait des qualités d'esprit qui la faisaient regarder avec admiration. Sa conversation était libre et enjouée " ; il y avait dans toutes ses manières quelque chose de grand qui dénotait de la naissance.

Elle menait grand train, avait un salon recherché, à cause des grâces de sa personne et de son esprit ; mais elle avait le tort de manquer de discernement, et d'inviter à sa table plusieurs des parvenus qui remplissaient alors les bureaux de l'administration. Mme Pénisseault attira trop l'attention du chevalier de Lévis, qui se laissa captiver par ses charmes. Son assiduité au salon de cette femme, déjà regardée comme légère, acheva de la compromettre, et attira sur M. de Lévis les sévérités de l'opinion.

---

1 — Elle était fille de Jean-Alexis Le Moine, sieur de Martigny, et de dame Marie Joseph de Couagne.

Le petit bossu, difforme, à la physionomie et au maintien sinistres, réputé l'être le plus laid de la colonie, qui répondait au nom de François Maurin, était natif de la Saintonge. Plein d'esprit, de talent, de ressources, expert dans le négoce, rapace, quelquefois généreux par vanité, ce petit Thersite était le digne acolyte de Pénisseault. L'un et l'autre semblaient s'être donné la main pour écraser le peuple par leur arrogance et insulter à la misère publique par leur opulence et leur faste.

Pénisseault, chargé de la visite des postes, de la construction ou de la réparation des entrepôts, de la nomination des employés, en profita pour y organiser le pillage en règle au profit de la Grande Société. Les fonctionnaires probes furent écartés pour faire place à des individus plus dociles, ou, comme on disait communément, " à des gens qui ne se mêlaient point d'examiner ce qu'on leur faisait faire ".

L'entretien des postes devint dès lors une ruine pour l'Etat. Tout fut un prétexte au pillage : la qualité des effets, leur quantité, leur transport, leur emmagasinement, leur vente, leur distribution.

Ainsi, Cadet qui s'était offert à fournir des rations aux malheureux Acadiens réfugiés au Canada, leur fit distribuer de la morue gâtée, qu'il chargea au compte du roi à un prix exorbitant.

Le contracteur chargé du transport des marchandises ou du matériel de guerre, obtenait l'ordre de faire des réquisitions le long de la route. L'habitant aimant mieux se prêter à une corvée gratis que d'être toute une campagne éloigné de chez lui, se soumettait à la réquisition ; et le contracteur en augmentait d'autant son profit.

Le commandant d'un fort, sous prétexte de gagner l'esprit des sauvages ou de les envoyer en partie de guerre, grossissait leur nombre outre mesure, pour obtenir une plus grande quantité de présents. Au lieu de les distribuer, il les vendait pour des fourrures, qu'il commerçait ensuite à son profit.

L'auteur des *Mémoires sur le Canada* prétend (ce qui n'est guère vraisemblable) que Le Verrier, beau-fils du gouverneur, officier ni brave ni spirituel, commandant à Michilimakinac, fit un jour un certificat de dix mille livres au lieu de dix, et apprenant que ce compte avait été acquitté, il continua sur le même pied. Aussi revint-il avec une fortune.

Durant les années 1757 et 1758, Cadet, Péan, Pénisseault, Maurin et Corpron firent sur l'Etat un profit net de douze millions, en vendant pour vingt-trois millions des effets qui ne leur en avaient coûté que onze.

Quelque temps auparavant, Péan avait gagné, sans s'en apercevoir, cinquante mille écus, et voici par quelle manœuvre. L'intendant l'avait chargé d'une levée considérable de blé, et lui avait fourni de l'argent du trésor pour le payer comptant. L'intendant rendit ensuite une ordonnance fixant le prix du blé beaucoup plus haut que Péan ne l'avait payé. Celui-ci le livra au roi sur le prix de l'ordonnance, et réalisa ainsi son énorme profit.

Que pouvaient contre de tels abus les colons d'un pays situé à plus de mille lieues du trône, dont les délégués étaient investis d'une autorité presque souveraine ? Quand un malheureux habitant allait porter des plaintes à l'intendance, il était arrêté sur le seuil par le cerbère du lieu. Deschenaux, de son ton insolent, lui demandait l'objet de sa visite. L'habitant intimidé avait à peine le temps de balbutier quelques mots, que le secrétaire l'interrompait et le congédiait avec une verte semonce.

Mais le temps approchait où les ministres de France allaient ouvrir les yeux, où les infâmes spoliateurs allaient recevoir un châtiment trop bien mérité, mais trop tardif.

Après avoir contemplé ce sombre tableau, doit-on en conclure que le pays tout entier fût gangréné ? Rien ne prouve mieux le contraire que l'étonnante vitalité et l'indomptable énergie que déployèrent les Canadiens dès l'ouverture du règne suivant. L'ouragan avait passé, renversant, enlevant tout ce qui n'était pas fortement enraciné au sol. Il ne resta que les jeunes et vaillantes tiges qui reprirent une nouvelle vigueur sous un soleil nouveau.

CHAPITRE DIXIÈME

1757-1758

Expédition de M. de Bellestre. — Le peuple réduit à la ration. — Sédition à Montréal. — Le jeu à Québec. — La rue du Parloir. — La vie à Carillon. — Le major Rogers à la Montagne-Pelée. — Sa défaite. — Aventures de deux officiers anglais.

Avant de partir pour Québec, au mois d'octobre précédent, le marquis de Vaudreuil avait organisé un parti de guerre destiné à aller frapper sur l'ennemi, au moment où il croyait la campagne terminée. Ce détachement, composé de cent Canadiens, cadets et soldats de la marine, avec deux cents sauvages domiciliés, sous les ordres d'un des officiers les plus braves et les plus intelligents de la colonie, M. de Bellestre, partit de la Présentation le 22 octobre, et se rendit jusqu'au lac Ontario, d'où il remonta la rivière à la Famine jusqu'à la hauteur des terres. Après avoir reconnu les ruines du fort Bull, il suivit le cours de la rivière Mohawk, et vint camper à quatre milles plus loin, près du fort Williams. La pluie, la neige, les vents contraires avaient retardé la marche et l'avaient rendue extrêmement pénible. Les vivres étaient épuisés, et les hommes n'avaient pour nourriture que des glands et des baies sauvages.

" Le 11, raconte M. de Bellestre, nous traversâmes, vers quatre heures du soir, la rivière de Corlar (Mohawk), partie à la nage, partie sur des radeaux, et nous campâmes à l'entrée de la nuit dans les bois....

" On peut croire facilement que cette nuit pour tout le détachement fut très mauvaise, puisque nous la passâmes sans feu jusqu'au 12 [1] ".

L'expédition était alors à dix lieues et demie du fort Williams, et à une lieue et demie de German Flats, appelé par les Français le village des Palatins, parce qu'il était formé de familles allemandes originaires du Palatinat. Le commerce que ses habitants entretenaient principalement avec leurs voisins les Iroquois, l'avait rendu très prospère. Il abondait en bestiaux et en denrées de tout genre. Ces Allemands étaient si peu attachés à la cause de l'Angleterre, que Vaudreuil avait espéré qu'ils suivraient l'exemple des Iroquois, lorsque ceux-ci avaient promis de lever la hache en faveur de la France. Mais ni les uns ni les autres ne s'étaient déclarés, et la ruine des malheureux Palatins avait été décidée.

Leur village, formé d'une soixantaine de maisons et de nombreuses dépendances, était protégé par cinq petites redoutes en palissades, gardées par quelques sentinelles. Celles-ci venaient d'être averties par un Oneyout relâché par M. de Bellestre, lorsque retentit

---

1 — *Journal de l'expédition de M. de Bellestre. Coll. Lévis.*

l'épouvantable cri de guerre trop bien connu à cette époque.

Le jour commençait à poindre, et dessinait vaguement les objets : c'était le moment le plus favorable pour l'attaque. Les assaillants, divisés par pelotons, s'élancèrent à l'assaut, et s'emparèrent du village sans beaucoup de résistance. Une quarantaine d'hommes furent tués ou noyés. M. de Bellestre fit raser et incendier le village, tuer une grande quantité de bestiaux : moutons, porcs, chevaux, détruire de vastes approvisionnements de grains, et se retira sans être molesté, emmenant avec lui cent cinquante prisonniers, au nombre desquels était le maire du village, M. Jean Pétrie.

Sur la route, " un prisonnier blessé au bras, qui ne pouvait plus suivre le détachement, eut la chevelure levée par un Abénakis [1] ". Enfin, le 22 novembre, le détachement rentra à Montréal, excédé de fatigues, mais n'ayant eu qu'un petit nombre de blessés, dont un officier, M. de Lorimier.

A Québec, Montcalm rompait l'ennui des journées d'automne en continuant à s'entretenir par lettres, avec son ami de Montréal :

"....Bourlamaque deviendrait quasi amoureux ; mais je crois qu'on aime ailleurs, sans beaucoup de retour. Pour moi, comme il me convient, aimant toujours à commercer les mêmes personnes, les voyant toutes, plus souvent celles chez qui je me trouve plus à l'aise et avec permission de tout dire, mais non de

---

1 — *Journal de M. de Bellestre.*

tout faire, dernier article qui m'intéresse peu, aussi je tiens à rester ici. Nous avons bien écrit et bien travaillé cet automne. Actuellement les rêveries du maréchal de Saxe me font rêver. Que La Roche vous fasse sa cour, vous plaise ; ce sera le moyen de me plaire ".

" Le 19 novembre. — .... Ce n'est, Monsieur, que pour entretenir commerce que j'ai l'honneur de vous écrire par M. de Boishébert. Je n'ai voulu lui faire aucune interrogation concernant l'Acadie, d'où le P. Germain m'a écrit. Nous n'avons rien de nouveau. Vous verrez un grand garçon que je crois courageux et ingambe. Au retour je l'interrogerai et le jugerai mieux ".

Le 2 décembre, Montcalm ajoutait : " On va donner du cheval à nos troupes. M. l'intendant voulait une distribution toute en cheval et une toute en bœuf. Nous avons obtenu qu'on donnerait, à chaque distribution, moitié l'un, moitié l'autre ; et M. Cadet m'a dit écrire les mêmes choses pour Montréal. Nos Acadiens meurent de misère, petite vérole.

" ....Je vois des friponneries criantes de toutes parts. Ingénieurs ! artilleurs ! Pauvre roi " !...

Quand on se rappelle que ce pauvre roi, c'était Louis XV, on est moins porté que Montcalm à s'attendrir sur son sort. Il aurait été plus juste de dire : pauvre peuple ! car, en définitive, la vraie victime c'était le peuple ; c'était sur lui surtout que retombait le fardeau de la guerre avec toutes ses calamités. Sous prétexte que les troupes du roi venaient défendre le pays, les habitants étaient forcés, comme on l'a déjà vu, de servir sans aucune solde, et tandis que leurs terres restaient sans culture, le prince fainéant qui siégeait à Versailles, leur envoyait à peine de quoi ne pas mourir de faim. Le peu de grains ensemencés par les vieillards, les femmes et les enfants, restés presque seuls dans les champs, étaient enlevés à l'automne au nom du roi, qui les payait en assignats dépréciés, que ce même roi devait renier plus tard, et qu'on retrouve aujourd'hui par liasses dans nos campagnes.

L'intendant poussait la tyrannie jusqu'à faire poser les scellés sur les moulins, afin d'empêcher les habitants de mettre leur grain en farine [1].

D'autre part, les officiers de l'armée régulière semblaient tenir peu de compte des sacrifices de tout genre imposés au peuple. Ils exigeaient des milices les plus durs travaux, et les faisaient servir aux postes les plus dangereux, soit comme éclaireurs, soit comme partisans dans les expéditions avec les sauvages. Ajoutez à cela que, suivant l'habitude des militaires dans tous les pays, ils les méprisaient et traitaient tout haut de lâcheté leur mode de faire la guerre, mode qui leur avait pourtant valu tant de succès. Ce ne fut qu'aux dernières campagnes que l'on comprit bien l'utilité de combiner ensemble les deux tactiques.

Presque tous ces officiers étaient sans fortune [2] et menaient la vie dissipée de leur siècle. Un trop grand nombre aimaient le jeu, et profitaient de l'imprévoyance et de la libéralité des Canadiens pour leur emprunter

---

1 — " On ne laissa ouverts que les moulins de ceux des favorisés ou de ceux qui parlèrent un peu haut, et ne parurent pas absolument traitables ". *Mémoires sur le Canada.*
2 — *Journal de Montcalm.*

de l'argent, qu'ils prodiguaient ensuite à tout hasard. C'était une nouvelle cause de mésintelligence entre les militaires et les colons.

Au reste, tout en combattant ensemble pour la France, ils avaient des vues particulières bien différentes. Les soldats français, étrangers au pays, n'y avaient pas d'attaches ; ils ne songeaient à se battre que dans l'espérance d'avoir de l'avancement et d'aller en jouir en France. Les Canadiens, au contraire, défendaient leurs propres foyers, combattaient *pro aris et focis*. Ils craignaient avec trop de raison que le roi de France, qui leur donnait si peu de secours, ne finît par les abandonner complètement, après avoir tant contribué à les ruiner. Ils s'inquiétaient de savoir si, à la fin de la lutte, on laisserait une bouchée de pain à leurs familles.

Ces divergences deviennent de plus en plus sensibles à mesure que les événements s'avancent ; on les verra éclater surtout pendant les derniers mois de la guerre. Après la mort de Montcalm, les commandants français eurent le dessein de faire sauter la ville de Québec, s'ils ne pouvaient la garder, et de faire un désert de ses environs. Les habitants furent consternés et protestèrent énergiquement.

Bourlamaque, dans sa correspondance avec Lévis, l'année suivante, au moment où tout était désespéré, où trois armées avaient envahi le pays, où toute résistance devenait insensée, s'indigne contre les Canadiens parce qu'ils l'abandonnent et rentrent dans leurs foyers ; il rage contre la faiblesse de Vaudreuil, qui ne les fait pas fusiller. Or, le général Murray avait lancé une proclamation déclarant qu'il incendierait les maisons de tous les habitants qui ne seraient pas trouvés chez eux, et il tenait parole. Les Canadiens avaient fait pour l'honneur de la France plus qu'ils ne devaient ; mais cela ne faisait pas l'affaire de Bourlamaque et de ses compagnons d'armes, qui auraient voulu terminer la guerre avec plus de distinction, afin de pouvoir demander des grâces à la cour de Versailles. Les Canadiens n'espéraient plus rien de ce côté ; et il était tout naturel qu'ils cherchassent à sauver le peu d'épaves qui restaient de leur naufrage.

Montcalm était le type du soldat français : gai, entraînant, prenant les choses par le bon côté, supportant facilement la fatigue et les privations. Il badine avec Lévis sur la maigre pitance que la disette l'oblige de faire, et sur les divers plats de cheval, apprêtés à toute sauce, que lui sert son cuisinier.

" Le 4 décembre. — M. l'intendant m'a dit, hier au soir, écrire à M. le général pour que l'on mît la garnison de Montréal au cheval comme celle d'ici, et de vous en prévenir. Nos troupes s'y prêtent ici de bonne grâce, et je ne doute pas qu'il en soit de même de celles qui sont sous vos ordres. Cet article ne regarde que la ville de Montréal. C'est un si petit objet que le fort de Chambly que je doute qu'il faille l'y étendre, d'autant mieux que les soldats n'ont pas déjà été trop contents d'une différence entre eux et ceux du fort Saint-Jean, sur le fait du pain. Cependant, si l'on voulait qu'ils fussent aussi à la chair de cheval, il faudrait bien qu'ils y passassent comme les autres. Ils ne sont pas de meilleure maison, ni plus difficiles à mener.

Observez que nous sommes convenus qu'au lieu de donner toute une distribution en cheval et toute une distribution en bœuf, on donne moitié l'un, moitié l'autre. Nos soldats l'ont mieux aimé comme cela. Si les vôtres l'aimaient mieux autrement, on peut leur donner cette douceur. Au reste, on mange chez moi du cheval de toute façon, hors à la soupe :

" Petits pâtés de cheval à l'espagnole,

Cheval à la mode,

Escalopes de cheval,

Filet de cheval à la broche avec une poivrade bien liée,

Semelles de cheval au gratin,

Langue de cheval en miroton,

Frigousse de cheval,

Langue de cheval boucanée, meilleure que celle d'original,

Gâteau de cheval, comme les gâteaux de lièvres.

Cet animal est fort au-dessus de l'original, du caribou et du castor ".

Il y eut quelques troubles à Montréal, parmi les troupes et le peuple, lorsqu'on voulut imposer pour nourriture la chair de cheval. Déjà, au mois précédent, la réduction des vivres avait donné lieu à quelques désordres ; les soldats qui, faute de casernes, étaient logés dans les maisons de la ville, y avaient été excités par leurs hôtes ; les troupes de la marine, moins brisées à la discipline que l'armée régulière, refusèrent de se rendre à la distribution des vivres. En l'absence de Vaudreuil, alors à Québec, Lévis commandait seul à Montréal ; il réprima ce premier mouvement avec autant de tact que de fermeté. Il sut si bien mêler à son commandement des paroles de persuasion, qu'il s'attira les applaudissements des soldats.

Au retour de Vaudreuil, ce fut le peuple à son tour qui se révolta, lorsque après qu'on lui eut retranché le quarteron de pain distribué chaque jour, on voulut imposer du cheval pour nourriture. Les femmes s'attroupèrent en grand nombre devant le palais du gouverneur et demandèrent à lui parler. Il en fit entrer quatre dans ses appartements, et leur demanda ce qu'elles voulaient. Elles se récrièrent contre l'ordonnance, dirent que le cheval était l'ami de l'homme, que la religion défendait de le tuer et qu'elles aimeraient mieux mourir que d'en manger. Le marquis de Vaudreuil leur répondit que c'était une chimère et une imagination de leur part, que le cheval était une nourriture saine, qui avait bien des fois servi d'aliment ; qu'au reste c'était la nécessité qui l'imposait et qu'il fallait s'y soumettre. Le gouverneur congédia ces femmes en leur disant que la première fois qu'elles se mettraient ainsi en émeute, il les jetterait toutes en prison et en ferait pendre la moitié. Il les envoya ensuite voir aux abattoirs pour constater par elles-mêmes que le cheval était tué dans d'aussi bonnes conditions que le bœuf. Elles en convinrent sans toutefois se calmer, et rentrèrent chez elles en tenant des propos séditieux [1].

---

1 — Le peuple prétendait que le munitionnaire Cadet faisait ramasser toutes les rosses du pays pour les faire manger. " Aussi, dit Pouchot, dès que l'on voyait un cheval exténué, on l'appelait un *Cadet*". Pouchot, V. I, p. 179.

Le chevalier de Lévis avait été averti que la fermentation du peuple avait gagné le régiment de Béarn. Il se rendit en personne à la distribution des vivres, et en présence des soldats, il fit couper pour sa table une ration de cheval qu'il fit prendre à l'un de ses domestiques, puis il ordonna aux grenadiers de venir chercher leurs rations. Quelques-uns voulurent faire des observations, mais il leur imposa silence et leur dit que le premier qui refuserait de prendre la ration, il le ferait pendre sur le champ, que s'ils avaient des observations à faire, ils les feraient après la distribution. Les grenadiers se soumirent, et toutes les autres compagnies les suivirent sans murmurer. Le commandant donna satisfaction à quelques justes remarques que lui firent les grenadiers, et tout le régiment se retira satisfait.

Quelques jours après, huit grenadiers du régiment de Béarn apportèrent au chevalier de Lévis un plat de cheval accommodé à leur façon. Le chevalier fit déjeuner ces grenadiers et leur fit donner deux plats de cheval accommodés par ses cuisiniers, qui ne se trouvèrent pas si bons que le leur. Il leur donna de plus quatre louis pour que la compagnie bût à sa santé.

Montcalm lui écrivit, le 16 décembre: " Je réponds par celle-ci, mon cher chevalier, à votre épître du 10. J'ai lu avec plaisir votre détail, et je vois que votre présence est aussi utile à Montréal que la mienne ici. Tout y va bien sur le fait du cheval. Les grenadiers de la Reine avaient un peu tortillé; mais Bras-de-fer, c'est-à-dire d'Hert, a tortillé le premier caporal; et cela n'est pas même su. Il faut même vous dire que les soldats de la Reine qui sont casernés, avantage que vous n'avez pas à Montréal, sont contents. Le soir, ils mettent cuire le cheval, l'écument bien, jettent la première eau, le retirent, en font le lendemain de la bonne soupe en le remettant au pot avec le bœuf, mangent le bœuf qui a servi à faire la soupe bouillie le matin, et le soir le cheval en frigousse. La colonie fait de même.

" ...Rien n'est mieux que votre conduite au sujet des jeux de hasard. Voici le détail de ce qui se passe à cette occasion à Québec, que vous pouvez ne pas laisser ignorer à nos officiers. On n'a jamais joué chez Mme Chevalier, mais bien chez une madame du régiment de Guyenne, il y a un mois; le mari puni par moi; défense; nulle récidive. Chez M. l'intendant, il a ouvert lui-même par un beau tope-et-tingue, où il a gagné cent louis; beaucoup de quinze aux douze francs la fiche; de gros passe-dix, de gros tris aux vingt francs la fiche, six francs pour spadille et deux louis de queue. Dimanche, il y aura grand souper à quatre-vingts couverts, beaucoup de dames, concert, lansquenet .. neuf coupeurs, qui seront : M. l'intendant, Mme Pean, MM. de Béran, de Saint-Félix, capitaines dans Berry; L'Estang, de Selles, de la Sarre; Belot, de Guyenne; la Naudière, Saint-Vincent, Le Mercier, de la colonie.

" Demain, MM. de Roquemaure, d'Aiguebelles, de Manneville, de Villemontée font lecture d'une lettre que je leur ai écrite pour annoncer : 1°, que si l'on joue partout ailleurs que dans les maisons privilégiées par des considérations qui leur sont dues, je punirai; 2°, que j'exhorte à jouer, s'il est possible, avec sagesse. Je remontre la différence de notre position avec celle des colons, mes regrets de voir quitter le service à un officier pour dérangement, et celui de laisser pour gage un officier, au départ des bataillons, qui aurait des créanciers qui se plaindraient. D'Hert a ordre de s'informer si l'on joue ailleurs, de m'en rendre compte, d'ordonner punition si c'est chez nous, et de m'avertir si l'on joue chez des officiers de la colonie ou des bourgeois. Le jeu chez La Vérendrye a dû être occasionné par un M. Desaulniers, grand joueur, qui y est logé. Bougainville, que je vois on ne saurait moins, perd ; ce sont ses affaires, ainsi que la Rochebeaucour ; ce dernier a moins de ressources que le premier [1].

" Rien de mieux, ce me semble, que ce que fait actuellement M. de Vaudreuil, et la seule chose à faire cet hiver.

" L'intendant aura le malheur de finir par être détesté, et cela doit être pour qui ne met aucun ordre dans les commencements.

" L'intendant supprime aujourd'hui, demain, samedi et dimanche matin, sa table, en tout ou partie ; et moi, j'augmente un peu la mienne ; il le fait pour avoir des petits pains qui ne pèsent pas trois onces.

---

[1] — Bougainville écrit dans son *Journal*, en parlant des jeux de hasard : " On les a joués avec fureur et indécence. L'intendant fait les honneurs de la partie, il a perdu deux cent quatre mille livres ". Bougainville n'ajoute pas qu'il était lui-même un des plus furieux joueurs, et l'un des hôtes les plus assidus de l'intendant dont il disait : " J'ai très à me louer de M. Bigot ; il est homme d'esprit, travailleur, de la ressource, une dépense aussi noble que grande ; il s'occupe bien de ses amis et de leur fortune. Je crois qu'il retournera en France riche, mais il sert bien le roi ". *A Mme Hérault de Séchelles*, 13 sept. 1757.

" Bourlamaque a commencé à donner à manger trois fois la semaine. Il est triste, ce me semble, s'ennuyant. Il a fait l'*inamorato* de ma commère ; il n'a pas réussi, pour moi. Mme Péan, ma commère, de loin en loin l'évoque ; voilà mes veillées. Je suis bien avec nos dames, comme je veux être.

" Je suis bien aise que vous ayez Péan ; dites-le lui.

De tout ce qui approche le général, c'est le plus sage, le moins sujet à prétentions et préventions, et le plus capable de lui faire prendre un bon parti sage et ferme dans l'occasion ".

La petite rue du Parloir était un des principaux centres où se réunissait le beau monde de Québec ; deux salons surtout y étaient recherchés : celui de Mme de la Naudière et celui de Mme de Beaubassin, toutes deux renommées pour leur élégance et leur esprit. Montcalm s'y plaisait si bien, qu'il prend la peine d'indiquer l'endroit précis qu'occupait chacune de ces deux maisons : l'une, dit-il, au tournant de la rue près des ursulines ; l'autre, à l'encoignure de la rue du Parloir et de la rue Saint-Louis. Mme de la Naudière, née Geneviève de Boishébert, était fille du seigneur de la Rivière-Ouelle, et Mme Hertel de Beaubassin, née Catherine Jarret de Verchères, était fille du seigneur de Verchères. Leurs maris servaient tous deux en qualité d'officiers de la milice canadienne. C'est aussi dans la rue du Parloir, comme je l'ai dit, que demeurait Mme Péan, dont il est souvent question dans les lettres de Montcalm.

Les charmes de la conversation de Mme de Beaubassin semblent avoir eu particulièrement de l'attrait pour Montcalm, car son salon était celui qu'il fréquentait le plus souvent. Ailleurs, comme chez l'intendant, ou chez Mme Péan, il se désennuyait, quelquefois il s'étourdissait ; chez Mme de la Naudière, il s'intéressait ; mais chez Mme de Beaubassin, il s'attachait. La condescendance ou la politesse l'entraînaient ailleurs ; ici, c'était l'amitié.

A l'aide de la correspondance de Montcalm, on ressuscite à peu près toute la société qui animait cet élégant salon. Le plus assidu était ce grand officier ingambe, que Montcalm croyait courageux, mais qu'il n'aimait pas : c'était M. de Boishébert, frère de Mme de la Naudière, qui revenait chaque hiver de l'Acadie, où il exerçait le commandement et encore plus le pillage. Un autre personnage bien plus important y apparaissait aussi, mais rarement. Quand son équipage s'arrêtait dans la rue du Parloir et que ses gens lui ouvraient la portière, les domestiques de la maison se précipitaient à sa rencontre et le conduisaient au salon, où son arrivée suspendait pour un moment la conversation. A l'élégance de son habit, aux fines dentelles de son jabot, à ses manchettes richement brodées, à ses cheveux roux, poudrés, musqués, on reconnaissait l'intendant Bigot. Péan et sa femme l'accompagnaient souvent. Puis venaient les Longueuil, les Saint-Ours, les la

Naudière, les Villiers, le docteur Arnoux avec sa femme, plusieurs des officiers de l'armée de terre. Bourlamaque y portait sa figure triste et mélancolique ; Bougainville s'y faisait remarquer par son esprit janséniste, ses critiques mordantes, quelquefois par son humeur maussade ; Roquemaure par ses excentricités.

Envisagée dans son ensemble, la haute société canadienne offrait alors un spectacle navrant. L'exemple de celle qui arrivait de France lui avait été funeste, et les désordres de la guerre, la présence des troupes achevaient de la perdre, du moins en grande partie.

On était témoin d'un état de choses qui ne pouvait durer : l'anarchie du haut en bas de l'échelle sociale. On pressentait la fin d'un règne ; on voyait venir un orage terrible. Cet orage allait-il tout engloutir ? On ne le savait pas ; on en détournait la tête ; on ne voulait pas y penser, et l'on tâchait de s'étourdir sur le danger. Pour y mieux réussir, on se plongeait dans le plaisir ; on s'y livrait avec fureur. Toute cette société aveuglée dansait sur un volcan.

" Le 26 décembre. — ... On ne parle ici, écrit Montcalm, que de cent louis gagnés, perdu cent cinquante louis, des momons de mille écus. Les têtes sont totalement tournées. La nuit dernière, Le Mercier a perdu trois mille trois cents livres. M. de Cadillac, à quatre heures après-midi, hier, avait perdu cent soixante louis ; avant minuit, il en gagnait cent. On dit que ce sera le jour des Rois que cela sera beau. Pour moi, je joue aux cinq sols le tri, aux trente sols le piquet, aux petits écus à tourner.

"... De tout ce qui se mêle de gouvernement, Péan est le plus sensé. Poli, honnête, obligeant, bon usage de son bien ; la tête ne lui tourne pas. Il saisira un bon avis que vous ou moi ouvrirons, et le fera passer, s'il peut [1].

" Une lettre n'est jamais longue, mon cher chevalier, que par les inutilités. Il n'y en a point dans les vôtres. Je regrette fort Mme de Repentigny.

" Votre petit Johanne [2], hardi joueur, gagne de trois à quatre cents louis ; il joue des cent louis par coup de dés.

" ... Vous pourriez trouver mes lettres longues, d'après ma définition, vu les inutilités bien étrangères au service ; mais mon bavardage vous prouve ma satisfaction à m'entretenir avec quelqu'un sur l'amitié duquel je compte autant ".

---

1 — Dans une lettre à M. le chevalier de Lévis (23 juillet 1758), M. Péan écrivait ces sages réflexions : " Je vois avec peine que M. de Montcalm se méfie beaucoup de M. de Vaudreuil. Je crains qu'ils ne viennent à se brouiller, ce qui ne pourrait faire qu'un très grand mal. Je ne négligerai rien pour les remettre en union. C'est une chose absolument nécessaire dans les circonstances. Il vous aura sans doute fait voir la lettre qu'il lui a écrite, où il lui fait part de tous ses griefs. Il m'en a aussi écrit une sur le même ton que je n'ai pas voulu montrer à M. de Vaudreuil. Toutes ces écritures aigrissent les esprits et peuvent produire de mauvais effets. M. de Vaudreuil est tranquille ; mais l'on n'est pas toujours dans la même humeur. Je l'entretiens, tant qu'il m'est possible, dans les sentiments d'union ; je ne doute pas que vous n'en fassiez autant de votre côté.
" J'ai répondu à M. de Montcalm, et je fais en sorte de lui persuader que M. de Vaudreuil ne cherche point à l'embarrasser, et lui fais envisager tous les maux que causerait une rupture, que certainement la cour regarderait d'un mauvais œil les deux parties, quelque raison qu'elles puissent avoir ".

2 — Joannès, aide-major du régiment de Languedoc.

" Le 30 décembre. — ... Toujours gros jeu. L'intendant, hier et avant-hier, avait perdu quatre cent cinquante louis de la perte au gain. Johanne a perdu ce soir trois cents louis. Enfin, l'intendant ayant le carnet ou les cartes à la main, est quelquefois effrayé et refuse. M. de Selles gagne de cinq à six cents louis, mais il combat encore ".

" Le 4 janvier 1758. — ...Je n'ai rien à vous écrire, mon cher chevalier, et Roquemaure est en état de vous rendre compte de ma vie unie, des plaisirs de Québec et de ceux qui se préparent pour dimanche. Jamais la rue Quincampoix n'a produit autant de changements dans les fortunes. Bougainville se rattrape, de Selles décline, l'intendant perd, Cadillac reprend le ton, de Breau est noyé (ce nom est heureux pour aimer le jeu), Marin continue à jouer et perd, les petits pontes se remplumaient hier ; Saint-Vincent et Belot perdent, Bonneau réalise. Votre petit ami, Johanne, avait gagné cinq cents louis, mais il voulait en avoir mille ; le pot au lait a versé. Le ton de décence, de politesse de société, est banni de la maison où il devrait être. Je crains d'être obligé, avant la fin du carnaval, de punir quelque joueur qui aura oublié que son camarade au jeu est l'homme du roi. Aussi, je ne vais plus chez l'intendant que le matin ou un jour de la semaine avec les dames, ou dans des grandes occasions. C'est vous écrire pour avoir occasion de vous renouveler les assurances de la tendre amitié que je vous ai vouée pour toujours, mon cher chevalier ".

Toute la correspondance de Montcalm avec Lévis témoigne d'une amitié vraiment extraordinaire entre ces deux hommes ; celle de Montcalm allait jusqu'à la tendresse. Il avait besoin de l'exprimer, et il trouvait des tournures ingénieuses et charmantes pour la dire, comme dans ces fins de lettres, par exemple :

" On ne peut vous aimer plus tendrement, mon cher chevalier ".

" Je suis éloquent quand je parle de quelqu'un que j'estime autant que vous ".

" On ne peut vous être plus dévoué et plus tendrement que le meilleur de vos amis ".

" Aimez-moi autant que je vous aime, mon cher chevalier, et je n'aurai rien à désirer ".

Les réponses du chevalier de Lévis, que celui-ci a conservées, ne renferment pas d'expressions aussi chaleureuses. Son amitié était peut-être aussi solide, mais moins expansive. C'était un esprit plus froid, plus réfléchi, qui s'observait davantage, et qui ne se livrait pas avec autant d'abandon.

Placé entre Vaudreuil et Montcalm, il savait ménager sa position avec une singulière habileté. Dès les premiers temps, il avait deviné que Montcalm jalousait le gouverneur, et il mettait un tact rare à ne pas blesser sa susceptibilité, sans toutefois se compromettre vis-à-vis de Vaudreuil, avec qui il fut toujours en bons termes.

" ... Je dois ne pas vous laisser ignorer, écrit-il au maréchal de Mirepoix, la conduite que j'observe. Je suis fort bien avec M. le marquis de Vaudreuil ; j'y serais encore mieux si je voulais, mais je ne me soucie pas d'avoir plus de part que je n'en ai à sa confiance, parce que M. de Montcalm en serait jaloux, et que cela ferait des tracasseries, chose que j'éviterai toute ma vie avec grand soin [1]".

Ce fut un grand malheur que Montcalm ne comprît pas cette leçon indirecte, si délicatement donnée par celui qu'il regardait comme son meilleur ami. Lui qui répétait sans cesse à cet ami qu'ils ne devaient toujours avoir à eux deux qu'un seul et même avis, pourquoi ne suivait-il point celui-là, le plus important de tous ? Qui peut dire les conséquences qui en seraient résultées ?

Le sage Lévis avait tant à cœur la fin de ces querelles qu'il aurait voulu y voir intervenir le roi. Il l'insinue avec son tact ordinaire dans une lettre au marquis de Paulmy, secrétaire d'Etat au ministère de la guerre : " Quand on est aussi éloigné, dit-il, il faut toujours être d'accord avec tout le monde, lever les difficultés et n'avoir à cœur que le bien du maître.

" Je me conduis sur ces principes, dont je ne m'écarterai jamais. Je vous supplie d'en être bien persuadé et *d'en assurer Sa Majesté* [2] ".

En admirant cette grande sagesse, il ne faut pas croire cependant que Lévis ait échappé entièrement à l'esprit frivole de son siècle. Il écrit à sa protectrice, la maréchale de Mirepoix :

" A l'égard du mariage que le chevalier de Mesnon vous a proposé, vous savez que je n'ai jamais eu beaucoup de goût pour me marier, dans la crainte de prendre une femme qui ne vous fût pas agréable, ce qui ferait le malheur de ma vie.

---

1 — *Lettre au maréchal de Mirepoix*, le 4 septembre 1757.
2 — *Lettre à M. le marquis de Paulmy*, le 20 juin 1757.

" S'il s'en trouvait une dont vous fissiez choix, je la prendrais volontiers, dès que je serais assuré qu'elle vous conviendrait. Ainsi, vous pouvez faire la réponse que vous désirez à M. le chevalier de Mesnon, à qui je suis toujours bien obligé de son souvenir et de l'amitié qu'il me témoigne. Si cette affaire n'a pas lieu et que vous trouviez quelque autre parti qui vous convienne, vous pourrez en disposer de même ; je tiendrai tous les engagements que vous aurez pris.

" C'est tout ce que je peux avoir l'honneur de vous mander à ce sujet, en vous priant de faire attention que je voudrais trouver une femme qui vous fût aussi attachée que je vous le suis.

" ... Il paraît que nous allons être vivement attaqués. Mon avis sera de nous battre jusqu'à extinction [1]".

Singulier mélange de folie et d'héroïsme ! Il croit marcher à la mort ; mais en attendant, " mariez-moi à qui vous voudrez " !

" Le 6 janvier, reprend Montcalm, Bougainville s'est raccroché, gagne et croit avoir plus de conduite que Saint-Vincent, Belot, Johanne, Marin, etc. Je ne le pense pas ; avec de l'esprit et du talent, c'est, comme vous le dites, quelquefois une tête.

" Demain, grand souper et dames.

" Mardi, l'intendant chez moi ; jeudi, monseigneur. Je soutiens noblesse et dignité ; mais je mange mon bien, et je frémis pour l'avenir. Du 1er avril 1756 au 1er janvier 1758, cinquante-sept mille livres d'argent sec dépensées. Et si j'avais eu quelques provisions ! Que

---

1 — *Lettre à Mme la maréchale de Mirepoix*, le 17 mai 1759.

faire ? Celui qui est dans ma place doit faire ainsi. Nous en faisons tous trop pour les circonstances.

" ... Rigaud nous a écrit des lettres en style badin et noble, capable de faire croire à qui les lirait que c'est un homme de beaucoup d'esprit ".

Montcalm lui écrit : " Le 9 janvier 1758. — ... Grand souper au palais, j'y eus comme de raison la fève, et Mme Péan fut ma reine. Au reste, je me suis retiré à une heure, fou de voir autant jouer et berlander. J'ignore les destins des joueurs. Je compte (*inter nos*) y être pour une quinzaine de louis ; il y a des sociétés qu'on ne peut refuser. Le souper (pour vous seul) de quatre-vingts personnes, froid à la glace, servi à meilleure heure ; la gaieté de la fin du repas du ton de la taverne, et le gros jeu l'occupation, le métier.

" Vous voyez que, si j'écris mal, j'écris beaucoup ".

" Le 11 janvier. — ... Toujours du jeu : Johanne perd gros du sien et s'arrête ; Belot et Saint-Vincent s'écrasent ; Marin ne trouve plus de prêteurs ; Bougainville pourrait bien se rembourser de ce soir ; les Berry remontent et gagnent ; l'intendant court après son argent, et moi après le sommeil, que je n'ai pas à mon ordinaire. Je mange trop, je digère mal, et je ne fais aucun exercice d'aucune espèce, je vous jure. Bourlamaque passe sa vie dans la rue du Parloir, au fond du cul-de-sac. J'en fais autant, mais c'est à l'entrée. Mme Péan inquiète de sa petite fille ; je pense que ce n'est rien, au moins hier il n'y avait qu'une fièvrote de rhume ".

" Le 13 janvier. — ... Je vous renvoie une lettre de M. le marquis de Vaudreuil, qui vous prouvera que vous ne serez pas consulté du tout, ou je serais bien surpris. Vous pouvez me la renvoyer ou me la garder. Quant à moi, on me la communiquera par manière d'acquit, ou point du tout. *Bisogna di compatire, cara patria.*

" ... Je suis toujours bien aise d'avoir écrit à M. de Vaudreuil. Il aura vu qu'au moins je m'aperçois des manquements du sieur Le Mercier, qui croit faire sa cour en me manquant.

" ... Quelles dames chez M. le marquis de Vaudreuil ? Voyons si je devinerai. Quatre Deschambault, Mme Baraute et Mme de Vaudreuil, six en tout et trente-quatre hommes.

" Longueuil a eu un coup de sang manqué ; mais il va bien.

" ... De la façon dont l'intendant m'a parlé, nous aurons bals et, je pense, pharaon ; il s'autorisera de Montréal ".

" Le 16 janvier. — Je me suis fait saigner avant-hier, mon cher chevalier ; hier l'émétique, deux lavements et de l'huile d'amande douce. Cela s'appelle donc une carène entière.

" ... Adieu, mon cher chevalier, ne doutez pas de ma sincère amitié.

" P. S. — Tous écrasés, même Lestang, de Selles ; le seul Cadillac gagne mille louis ".

" Le 18 janvier. — Je dois quelques réponses de bonne année, mon cher chevalier, ne fût-ce qu'à Mme de Villiers, que j'honore fort, à Villars, Cornier, Belle-combe ; mais je me trouve trop fatigué pour leur répondre ce courrier. Mes fortes évacuations m'ont fatigué ; j'en avais grand besoin. Je digère mal et je suis dans un pays à mal digérer ; car tout impatiente quand on est citoyen ".

" Le 20 janvier. — Le retour des Hurons qui ont mené Schuyler et Martin donne lieu à de grands raisonnements dans une ville où les plus petites nouvelles s'amplifient, où l'on passe de la plus grande confiance à la plus grande crainte, et où tout le monde est général d'armée. Pour moi, j'attends de vos nouvelles, de celles du marquis de Vaudreuil et du récit que Langy vous aura fait ".

" Le 22 janvier. — J'ai été, hier, voir en grande cérémonie la gent huronne à Lorette. Le jour était bien beau. Il a fallu se rendre à l'empressement des missionnaires et des sauvages ; et dites, mon cher chevalier, que je vous ai chargé de remercier le P. Saint-Pé des politesses que j'ai reçues à Lorette des jésuites.

" Grand bal ce soir chez l'intendant ; gros jeu, cela va sans dire. Ma santé bonne.

" P. S... Les nouvelles de la nuit sont mauvaises pour l'intendant, Mme Péan, Lestang, Johanne ; bonnes pour Cadillac, Bougainville, de Breau ; le reste ne vaut pas la peine d'être nommé, quoiqu'il y ait des acteurs qui gagnent ou perdent cent ou cent cinquante louis ; mais, pour qu'on parle de vous, il faut être homme à perdre trois ou quatre cents louis ".

" Le 26 janvier. —...Le jeu continue toujours. L'intendant heureusement perd quatre-vingt mille francs et, entre nous, en est très piqué. Nos officiers en général gagnent ; quelques malheureuses victimes et

Saint-Vincent, de la colonie; mais il y a loin d'ici au mercredi des Cendres ".

" Le 27 janvier. — ... L'intendant perd quatre-vingt-onze mille livres, excédé de pertes, du ton de sa maison et de l'officier. Adieu, mon cher chevalier ".

" Le 3 février —...Si on a été mécontent d'un bal que l'intendant a donné, on le sera bien plus d'un second, donné hier, et d'un troisième, qu'il doit donner mardi [1]. Toujours le plus effroyable jeu. L'intendant a perdu cette nuit quinze cent louis, en trois quarts d'heure. Il est à cinquante mille écus de perte, au moyen de quoi toute la ville, le militaire, gagnent peu ou prou, et ses valets qui jouent gros contre lui. Peu de militaires perdent heureusement, Johanne et Lestang du leur; mais les petits pontes hardis sont gras à pleine peau.

" Ce que vous écrivez sur le manque de grain est plus sérieux.... Nous raisonnerons ensemble pour le mieux, soit avant rien proposer au marquis de Vaudreuil, soit pour lui répondre, si jamais on nous consulte à l'extrémité. Je crois que jusqu'à présent notre conduite à tous a été bonne. Elle le sera toujours par l'union, le concert et nous consulter. Quatre yeux, mon cher chevalier, valent mieux que deux, et vous

---

1 — Allusion au mandement publié quelques jours auparavant par l'évêque de Québec. Bougainville, qui était de toutes ces parties de plaisir, de ces jeux et de ces folles dépenses, lesquels étaient autant d'insultes à la misère publique et contre lesquels protestait Mgr de Pontbriand, écrivait peu de temps auparavant: " Il y a des cas où la magnificence est un crime contre l'Etat ". *Journal*, 14 octobre 1757.

savez que, si je ne prévois pas toujours tout, j'ai le tact assez bon pour saisir les avis qu'on me donne.

" Adieu, mon cher chevalier. Plus ne sais, sinon que je vous suis très dévoué de corps et d'âme ".

" Le 9 février. — Le jeu fini d'hier; Johanne, de Selles, Bougainville, Baros (?), les Berry vainqueurs, surtout Cadillac, qui gagne quarante ou cinquante mille francs ; l'intendant perdit encore hier six cents louis ; je le crois bien fou du jeu.

" Adieu, mon cher chevalier ; aimez-moi autant que je vous aime ".

" Le 12 février. — ... L'intendant a dit aujourd'hui qu'on le regardât comme un misérable si on jouait les jeux de hasard, l'année prochaine, chez lui.

" Voici les noms des douze femmes qui ont dîné le mardi gras chez Mme de Vaudreuil. Voyons si j'aurai bien deviné : Mme de Vaudreuil, deux dames Martel, Mme de Longueuil, Mme de Villemonde, Mme Des Ligneris, Mme de Contrecœur, Mme de Céloron, Mme Duplessis, Mme Trémond, Mme de Saint-Luc, Mme de La Corne, l'aînée ; peut-être à la place d'une de ces douze, Mme de Beaucourt.

" Adieu, mon cher chevalier ; plus à vous qu'à moi-même. Je cachèterai mieux mes lettres ".

Montcalm écrit à la même date : " Le jeu est fini. L'intendant paraît honteux, fait amende honorable, perd deux cent mille francs ; ce qui n'empêche pas que quelques particuliers ne perdent trop : entre nous, de Selles, capitaine au régiment de la Sarre. L'intendant et ses adhérents veulent diminuer sa perte. Aimez-moi, mon cher chevalier, autant que je vous aime ".

A cette même date, Montcalm était engagé dans une correspondance bien plus sérieuse avec le commandant des troupes anglaises au sujet de la rupture de la capitulation du fort George. Les massacres et les captures faits par les sauvages, en violation du traité, avaient, non sans raison, soulevé l'indignation dans le camp ennemi. Quoique Montcalm et ses officiers eussent exposé leur vie pour arrêter le désordre, il lui était impossible de faire arriver la vérité à l'oreille de ses adversaires. Le tragique événement était trop récent pour qu'il pût être jugé avec sang-froid.

Montcalm y fait allusion dans la lettre suivante adressée à sa femme, le 19 février : " Je ne puis vous rien pronostiquer sur la campagne, les vivres, le bien ou le mal joué des ennemis qui peuvent et doivent nous primer. Je suis ici depuis le 15 septembre ; je pars demain pour Montréal, jusqu'à ce que je me porte sur quelque frontière. J'augure de ma bonne fortune que la campagne tournera bien. Quand nous ne ferions qu'une défensive, pourvu qu'elle arrête l'ennemi, elle ne sera pas sans mérite ; nous nous sommes écrit avec Mylord Loudon sur la capitulation du fort George. C'est un procès qui se traite à coups de plume, en attendant de traiter quelque incident à coup d'épée, de fusil ".

Ce coup d'épée, ce fut celui de Carillon.

Montcalm continue dans la même lettre :

" J'avais été ce printemps chanter la guerre, et festiner mes enfants, les Iroquois, les Algonquins et les Népissings. J'ai été cet hiver faire même cérémonie chez les Hurons, et ce printemps j'irai chez les Abénakis. Ces sauvages m'aiment beaucoup ; en vérité je leur trouve plus de vérité, de franchise souvent qu'à ceux qui se piquent de polices. Malgré la misère publique, des bals et un jeu effroyable.

" Adieu, mon cœur, je t'adore. Je soupire après la paix et toi. Mille choses à ma mère. J'embrasse mes enfants, et il me tarde de retourner dans le sein de la patrie ".

L'intendant, dont ni les plaisirs extravagants ni les débauches ne ralentissaient l'activité, avait appris qu'un bon nombre d'habitants tenaient secrètement en réserve une partie de leurs denrées, de crainte que le gouvernement ne vînt à les leur enlever. Il donna ordre à ses agents de parcourir les campagnes et d'exiger de chaque habitant qu'il déclarât sous serment tout ce qu'il possédait, en fait de comestibles. Ce dernier acte de tyrannie acheva d'indigner le clergé qui prit ouvertement la cause du peuple. D'après l'avis de l'évêque, il releva les habitants de cet injuste serment, disant avec raison que si le roi voulait conserver sa colonie, il devait en fournir les moyens ; que nulle puissance n'avait le droit d'arracher au peuple les dernières bouchées de pain qui lui restaient, surtout quand on ne lui laissait ni le temps de semer ni celui de récolter, et que de plus on exigeait qu'il fût le premier à verser son sang sur les champs de bataille.

On est étonné de voir jusqu'à quel point l'asservissement au roi et à la Pompadour aveuglait alors les meilleurs esprits. Montcalm lui-même qui, comme tous les officiers français, n'attendait d'avancement que de la cour de Versailles, n'osait pas remonter à la vraie cause du mal et s'en prendre à l'incurie royale. Certains officiers autour de lui se moquaient de la pitié que témoignait Vaudreuil pour " ses chers Canadiens ". Comme aux plus mauvais temps de la monarchie, le peuple était la chose taillable et corvéable à merci.

Bien loin du Saint-Laurent, sur la frontière toute blanche de neige du lac Champlain, le capitaine d'Hébécourt, avec sa petite garnison, faisait bonne garde autour du drapeau qui flottait au-dessus des remparts de Carillon. Des jours bien autrement ternes que ceux dont on se plaignait à Québec et à Montréal s'enchaînaient les uns aux autres sur ce coteau sauvage et isolé.

Point de distractions, point de société de dames ; aucun de ces plaisirs délicats, de ces amusements de salon qui faisaient le charme des villes ; mais l'âpre vie de caserne avec sa désolante monotonie : chaque matin, aux mêmes heures, la diane annonçant le réveil, les mêmes heures d'inspections, le pas régulier des soldats relevant la garde par le froid, la neige, la poudrerie, quelquefois par un soleil éblouissant. Alors apparaissaient dans leur uniforme nudité, le lac enseveli sous son épais manteau de glace, la ceinture des arbres secouant à la bise, comme des squelettes, leurs branches dépouillées, avec de longs gémissements. Pas une habitation, pas un signe de vie en dehors du petit quadrilatère dont se composaient le fort et ses dépendances immédiates.

De temps en temps seulement, quelques espions aperçus à la lisière du bois donnaient un moment d'alerte et faisaient sortir une escouade à leur poursuite.

Lord Loudon, paraît-il, faisait faire ces reconnaissances en vue d'une marche sur Carillon, en plein hiver, comme avait fait M. de Rigaud à William-Henry ; mais il ne disposait pas, comme lui, d'une armée de coureurs de bois aussi infatigables qu'aguerris. Un parti de maraudeurs anglais vint un jour enlever deux soldats et tuer une quinzaine de bestiaux aux portes du fort. On trouva attaché aux cornes d'un des animaux tués un billet signé par Rogers, où il faisait ses compliments au marquis de Montcalm, et remerciait le commandant de Carillon de la viande fraîche qu'il lui avait procurée.

Cette bravade allait bientôt coûter cher à Rogers et aux siens. M. de Langy venait précisément d'arriver d'une expédition au fort Edouard, où il avait surpris une garde et un parti de bûcherons qu'il avait mis en fuite, après avoir fait deux prisonniers et vingt-trois chevelures. A sa suite était entré dans Carillon un renfort de cent sauvages du saut Saint-Louis et de quelques Canadiens envoyés par le marquis de Vaudreuil, sous le commandement de M. de la Durantaye.

Dans la journée du 13 mars, deux Abénakis, revenant de la chasse, arrivèrent au pas de course et donnèrent avis au capitaine d'Hébécourt qu'ils avaient vu les pistes de raquettes toutes fraîches d'un détachement qui marchait dans la direction de Saint-Frédéric. On conjectura que c'était Rogers qui venait, comme l'année précédente, tendre une embuscade entre ce fort et Carillon.

Le colonel Haviland, qui commandait au fort Edouard, lui avait en effet confié un parti d'éclaireurs de cent quatre-vingts hommes, auxquels s'étaient joints, par amour pour les aventures, deux officiers du 27me régiment anglais : le capitaine Pringle et le lieutenant Roche. Ces deux jeunes étourdis auraient été moins pressés de partir s'ils avaient soupçonné la série d'émotions par lesquelles ils allaient passer.

Le détachement s'était engagé à la faveur de la nuit sur la glace du lac Saint-Sacrement, et l'avait descendu jusqu'à la hauteur de la Montagne-Pelée, appelée par les Anglais Rogers' Rock. Comme il eût été dangereux de s'aventurer plus loin sur le lac, où il aurait pu être aperçu par les maraudeurs français, Rogers inclina à gauche, laissant à sa droite la Montagne-Pelée ; il s'enfonça dans l'impraticable dédale des ravins boisés, et des hauteurs couvertes de plusieurs pieds de neige, pour gagner le chemin des Agniers, qui circulait à l'ouest de la Montagne-Pelée. Il venait de prendre cette direction, lorsque d'Hébécourt fut prévenu de sa marche. Il lança immédiatement à sa poursuite M. de Langy avec deux cent cinquante sauvages et Canadiens, quatre cadets de la marine et quelques officiers et soldats des troupes de terre. Ils suivirent la rivière à la Chute jusqu'à la rivière de Bernetz, qui, après avoir contourné, vers l'ouest, la base de la Montagne-Pelée, se jette dans les rapides du Portage. Le lit glacé de cette rivière était un chemin tout tracé, qu'ils remontèrent dans l'espérance de couper la retraite à l'ennemi. De chaque côté d'eux, l'épaisse forêt dressait ses milliers de colonnes dénudées, sur un sol montueux parsemé de broussailles, à moitié ensevelies sous la neige. La lumière tamisée à travers la cime des arbres commençait à pâlir, car le soleil penché à l'horizon indiquait à peu près trois heures.

L'avant-garde, composée de sauvages, s'avançait sans rien apercevoir, lorsqu'une décharge de mousqueterie jaillit derrière un fourré et renversa morts trois hommes. Le reste courut se replier en désordre sur le gros du détachement. Les éclaireurs de Rogers avaient aperçu l'avant-garde indienne et avaient donné l'alarme. Rogers avait fait alors aligner ses rangers le long de la rive droite de la rivière qui, en cet endroit, est très escarpée, et ordonné d'avancer lentement et sans bruit. C'est en ce moment qu'ils avaient fait leur première décharge. Croyant qu'ils n'avaient affaire qu'à une petite escouade, une partie des rangers s'étaient élancés à la poursuite et étaient venus tomber sur le détachement, qui les accueillit par une grêle de balles et un tonnerre de hurlements qui firent trembler tous les échos du ravin. La glace de la rivière et les deux berges furent jonchées de cadavres, avant que les survivants eussent rejoint leurs compagnons. L'escarpement fortement boisé où se tenait Rogers formait une citadelle avantageuse pour la défense. Il rangea ses hommes en demi-cercle derrière les troncs d'arbres, d'où ils firent un feu plongeant sur les assaillants. L'avantage de la position compensa pendant quelque temps l'infériorité du nombre. Ils se défendirent avec le courage du désespoir jusqu'à la tombée de la nuit. Ces combats d'escarmouche où chaque homme des deux partis tirait à la manière des sauvages, c'est-à-dire en s'abritant d'arbre en arbre, pouvaient se prolonger assez longtemps. La tactique des assaillants était de tourner les assiégés en gravissant la montagne, afin de leur couper la retraite et les exterminer jusqu'au dernier. Plusieurs fois, ils l'essayèrent, mais furent repoussés. A certains moments, on se tirait à bout portant au milieu de hurlements continuels, mêlés aux cris des blessés se débattant sous le couteau qui leur enlevait la chevelure. Enfin, M. de Langy porta un gros détachement d'indiens sur son aile gauche. Rogers se voyant perdu si sa droite était enfoncée, détacha le lieutenant Philipps avec une partie des rangers pour la soutenir; mais ils furent tous cernés et forcés de se rendre, avec promesse d'être bien traités. Mais on sait ce que vaut une promesse de sauvage. Les dernières clartés du jour qui disparaissaient ne répandaient plus que des lueurs confuses sous la voûte des bois. C'était le moment favorable pour la fuite. Rogers conseilla aux deux volontaires Pringle et Roche de s'esquiver avec un guide qu'il leur offrit; mais ces deux officiers, aussi braves que téméraires, refusèrent généreusement de l'abandonner. Plus de cent cadavres de rangers, horriblement mutilés, gisaient alors sur la neige dans des mares de sang. Pour mieux fuir, avec la poignée d'hommes qui lui restait, Rogers jeta son gilet, lequel fut ramassé par les sauvages avec les papiers qu'il contenait, ce qui fit croire à sa mort. Chaudement poursuivi, il parvint à traverser le lac Saint-Sacrement et arriva au fort Edouard, après deux jours de marche forcée, avec une vingtaine d'hommes à moitié morts de fatigue et de misère.

Les sauvages, furieux d'avoir perdu dix-sept de leurs guerriers, garrottèrent, paraît-il, Philipps et quelques prisonniers à des arbres, et les hachèrent par morceaux à coups de tomahawk. Le détachement coucha sur le champ de carnage et reprit le lendemain le chemin de Carillon, emportant ses blessés au nombre de dix-huit, parmi lesquels se trouvaient MM. de Lachevrotière et de Richerville. Il revenait avec sept prisonniers et cent quarante-quatre chevelures.

Les volontaires Pringle et Roche n'avaient pu suivre longtemps dans leur fuite les compagnons de Rogers, rompus aux marches à travers les bois. L'un d'eux, d'ailleurs, avait perdu une de ses raquettes dans le combat. Ils erraient dans la montagne au milieu de l'obscurité, lorsque leur attention fut attirée par quelque bruit et une forme humaine qui glissait entre les arbres ; c'était un domestique de Rogers, séparé comme eux des fuyards, et qui cherchait péniblement son chemin. Il les assura qu'il était capable de les guider jusqu'au fort Édouard. Confiants dans cette promesse, ils firent halte, allumèrent un petit feu de quelques branches sèches cassées dans le voisinage, et assis autour, ils passèrent le reste de la nuit à confectionner une raquette, au moyen de branches pliantes et de quelques bouts de lanière. Ils n'avaient ni hache, ni couverte, ni vivres, hormis un bout de saucisson et un petit flacon de bière qu'avait apportés Pringle. Mais ce n'était pas là le côté le plus critique de leur position : leur guide qui se disait expérimenté, était absolument incapable de les diriger. Soit qu'il fût peu au fait de la vie des bois, soit que les scènes d'horreurs dont il venait d'être témoin, et dont il ne cessait de parler le jour et de rêver pendant la nuit, lui eussent troublé le cerveau, il s'égara complètement.

Durant quatre jours, il leur fit parcourir toute espèce de détours, tantôt au sommet des hauteurs, tantôt dans la profondeur des vallées, parfois sur des marécages glacés, la plupart du temps dans des bois touffus, à travers un treillis inextricable de branches, où ils avaient des peines infinies à se frayer passage ; enfin, le cinquième jour, ils reconnurent avec désespoir qu'ils n'avaient fait que tourner dans le même cercle et qu'ils étaient revenus à leur point de départ. Le lac Saint-Sacrement était sous leurs yeux ; ils y descendirent aux premières lueurs du matin. Durant toutes ces pérégrinations, ils n'avaient pas rencontré un seul gibier et n'avaient vécu que de grains de genièvre et d'écorces arrachées aux arbres, dont ils mangeaient l'intérieur. Leurs forces achevaient de s'épuiser, et ils étaient trempés jusqu'aux os par une pluie battante, mêlée de neige et poussée par un vent violent. S'arrêter et se laisser gagner par le sommeil, c'eût été la mort. Il fallait donc marcher ; et pour faire bonne route, ils crurent que ce devait être à l'encontre du vent. Ils reprirent donc leur pénible course, la figure fouettée par l'orage, tantôt s'arrêtant et se retournant pour respirer, tantôt s'abritant le long d'une pointe. Enfin, ils arrivèrent à un cours d'eau inconnu : c'était la décharge du lac. En la traversant, Pringle perdit son fusil et faillit aussi perdre la vie. Le jour commençait à baisser et le temps s'était éclairci. Ce ne fut qu'alors qu'ils se reconnurent : ils n'étaient qu'à une lieue de Carillon. Plutôt que de mourir, ils résolurent d'aller se constituer prisonniers ; mais la nuit les surprit avant qu'ils pussent se rendre. Leur guide était tombé dans le délire, et chancelant comme un homme ivre, il alla s'affaisser à quelques pas sur la neige, où il s'endormit pour ne plus se réveiller. Les deux officiers, plus morts que vifs, se tinrent en mouvement toute la nuit, pour ne pas se laisser gagner par le froid, et arrivèrent enfin à l'aurore dans la vaste clairière couverte de neige au milieu de laquelle s'élevait le fort de Carillon, dont ils s'approchèrent en agitant un mouchoir. Quelques officiers coururent à eux et les entourèrent avant que les sauvages, dont le camp était tout proche, eussent eu le temps de les apercevoir. Ils les traitèrent avec tous les égards et tous les soins qu'exigeaient leur qualité et leurs épouvantables épreuves.

Tous deux se rétablirent et furent ensuite échangés. Pringle vécut jusque dans un âge très avancé, et mourut en 1800, après s'être élevé au grade de major général, dans l'armée anglaise [1].

---

1 — F. Parkman, *Montcalm and Wolfe*, Vol. II, p. 12. *Journal de Montcalm.—Id. de Lévis*, p. 126.

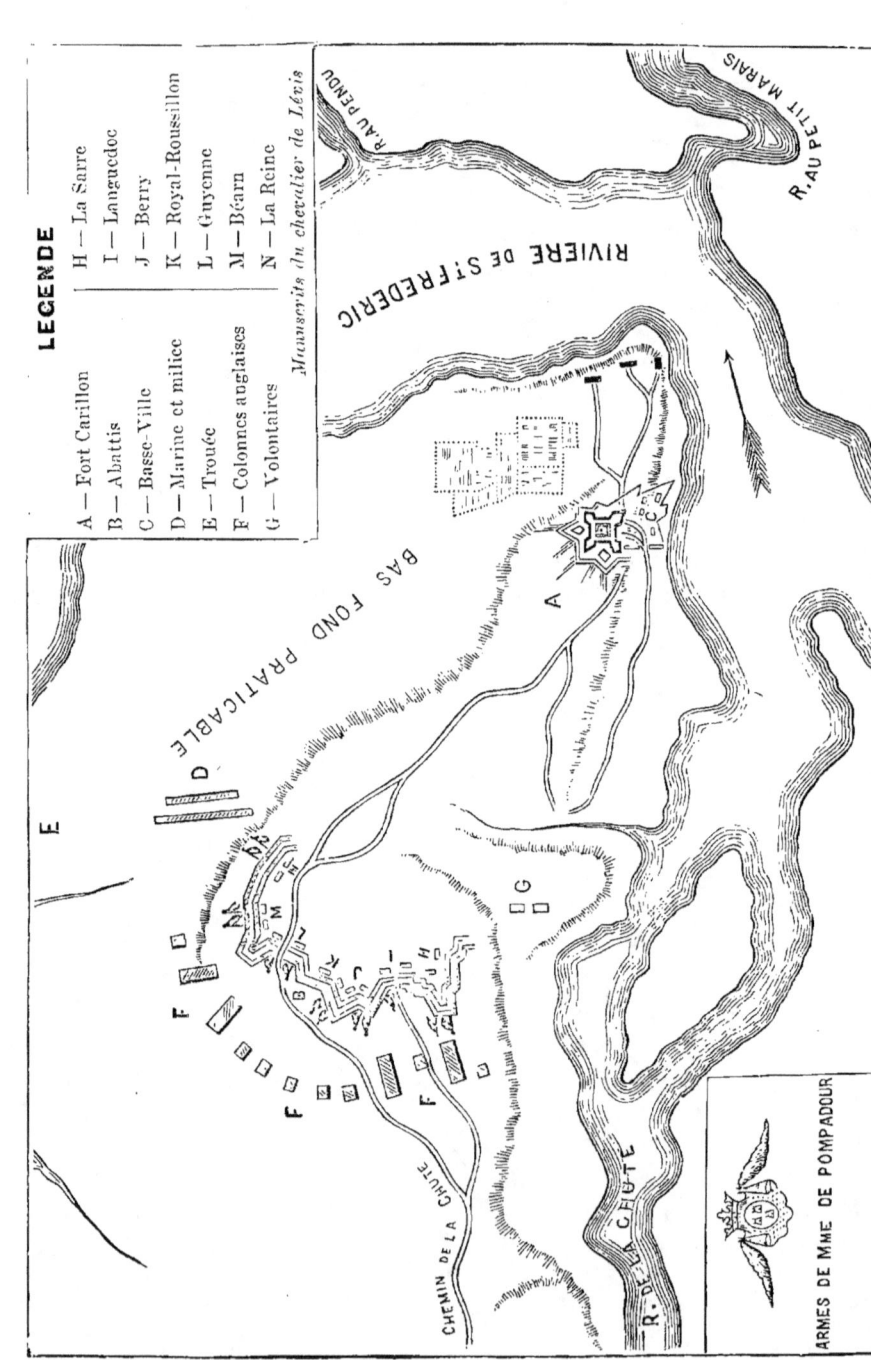

CHAPITRE ONZIÈME

1758

La situation en Europe. — Mme de Pompadour et Marie-Thérèse. — Frédéric de Prusse. — William Pitt. — Son caractère. — Formidables armements qu'il dirige sur le Canada. — Etat désespéré de la colonie. — Arrivée des vaisseaux de France. — Ouverture de la campagne. — Montcalm à Carillon. — Abercromby à William-Henry. — Lord Howe. — Marche de l'armée anglaise. — Défaite de M. de Trépezec ; sa mort. — Hésitations d'Abercromby. — Montcalm se retranche devant Carillon. — Abercromby à la Chute. — Il se décide à attaquer les retranchements français. — Bataille de Carillon. — Enthousiasme de Montcalm.

La paix ! la paix ! écrivaient à Versailles Montcalm et Lévis, en ramenant de William-Henry leurs bataillons victorieux. C'était le cri du patriotisme éclairé. La politique de la France aurait dû être de fortifier sa marine pour raffermir sa puissance coloniale en appuyant Montcalm en Amérique et Dupleix en Orient, les deux seuls généraux qui soutenaient l'honneur de ses armes ; mais la France tombée en quenouille, s'était faite l'ouvrière de ses propres humiliations et de sa décadence. Déjà Dupleix avait été abandonné, Montcalm était à la veille de l'être.

La main de la Pompadour, poussée par une autre femme, avait mis le feu aux quatre coins de l'Europe. La fière Marie-Thérèse d'Autriche avait consenti à souiller sa plume impériale en écrivant elle-même à la maîtresse du roi, et en l'appelant : " Ma cousine ". L'impératrice avait réussi : le succès fit oublier à la femme l'ignominie de sa démarche.

L'Europe se trouva ainsi à n'avoir à opposer que deux femmes aux deux plus grands génies militaire et politique du temps : Frédéric et Pitt. La guerre de Sept Ans prépara la grandeur de la Prusse, et donna à la Grande-Bretagne l'empire des mers.

Rarement situation avait paru plus désespérée que celle du roi de Prusse en 1757. Sans autre allié que l'Angleterre, il s'était vu en face de presque toute l'Europe coalisée contre lui. Frédéric II était un Méphistophélès sur le trône, cynique et sublime, philosophe et histrion, César se disant Brutus. Malgré des prodiges d'audace et d'habileté, malgré d'éclatantes victoires qui l'avaient placé au rang des grands capitaines, il avait été écrasé par le nombre. Un moment se croyant perdu, il avait songé au suicide. " Ma chère sœur, écrivait-il à la margravine de Bareuth, il n'y a plus de port et d'asile pour moi que dans les bras de la mort ". Et à Voltaire :

> " Pour moi, menacé du naufrage,
> Je dois, en affrontant l'orage,
> Penser, vivre et mourir en roi ".

Le 3 novembre, le roi de Prusse avait brusquement porté son armée sur la rive gauche de la Saale. Les alliés, confiants dans leur supériorité numérique, s'avançaient vers les hauteurs, pour l'envelopper et lui couper la retraite, lorsque tout à coup Frédéric, par une de ses manœuvres rapides auxquelles il avait habitué ses troupes, opéra un changement de front. Favorisé par des coteaux et des ravins qui dérobaient son mouvement, il fondit inopinément sur le flanc des Français ; plusieurs batteries démasquées sur les hauteurs foudroyèrent en même temps l'infanterie alliée qui se pressait dans la plaine. En vain, le prince de Soubise chercha-t-il, avant la fin du jour, à rétablir le combat par des charges de cavalerie ; tout fut culbuté et mis en déroute. Huit mille prisonniers et trois mille morts furent laissés sur le champ de bataille : c'était la journée de Rosbach.

Le nom du vainqueur fut porté aux nues. La France elle-même, la France honteusement vaincue, égarée par les idées nouvelles, faisant taire son patriotisme, fut la première à exalter le héros prussien. Voltaire le chanta en vers et en prose ; et d'Alembert écrivit au même Voltaire : " A Paris, tout le monde a la tête tournée du roi de Prusse ; il y a cinq mois qu'on le traînait dans la boue ".

L'explication du désastre se trouvait à Versailles. Les désordres de la cour avaient pénétré dans les camps : le soldat se modelait sur le noble corrompu qui le commandait. Le jour de la bataille de Rosbach, il y avait six mille maraudeurs hors du camp ! Après la déroute, l'armée inonda la Thuringe comme une horde de cosaques, et s'y livra aux plus odieux excès. Le duc de Richelieu, qui avait précédé Soubise dans le commandement, pillait et autorisait le pillage avec un tel cynisme, que les soldats l'avaient surnommé *le père de la maraude.* "Ces armées, dit un historien, pleines de luxe et de misère, encombrées de courtisanes, de marchands et de valetailles, traînant après elles trois fois plus de bêtes de somme que de chevaux de selle, étalant des bazars ambulants d'objets de mode au milieu de leurs tentes, ressemblaient plus aux cohues de Darius et de Xerxès qu'aux armées de Turenne et de Gustave-Adolphe [1]".

On voit par ce tableau que les déprédateurs du Canada n'étaient que les plagiaires du monde de Versailles. C'est là que plusieurs d'entre eux avaient fait leurs premières armes.

En Angleterre, le génie de Pitt organisait la victoire avec moins d'éclat et de rapidité que Frédéric, mais avec la même sûreté de coup d'œil. Quoique les événements ne lui eussent pas d'abord été favorables, la confiance du peuple anglais n'avait pas été ébranlée, depuis surtout que George II, qui le détestait, l'avait éloigné du ministère (avril 1757), et avait été forcé, trois mois après, de le reprendre sous le coup de l'indignation publique. Pitt était devenu le véritable souverain de l'Angleterre. L'admiration pour lui allait jusqu'au fanatisme : on le proclamait le seul politique honnête, le seul incorruptible, le seul capable de relever

---

[1] — Henri Martin, *Histoire de France*, Vol. XV, p. 520.

la fortune du royaume. Le grand *commoner* était le premier à le penser et à le dire.

" Il avait une telle confiance en sa force, dit lord Brougham, qu'il renversait la maxime des gouvernants : ne forcez pas un obstacle quand vous pouvez le tourner. Il dédaignait de s'insinuer là où il pouvait pénétrer d'assaut, et de persuader quand il pouvait commander ".

William Pitt est un des exemples les plus frappants de la puissance de la parole. Il n'eut peut-être jamais d'égal au parlement comme orateur et comme *debater*. Son éloquence franchissait l'enceinte des communes, et faisait tressaillir la nation toute entière. Pénétrant avec la même intensité dans la chaumière du paysan et dans le palais du noble lord, elle y réveillait le patriotisme assoupi, faisait vibrer toutes les âmes à l'unisson de la sienne, leur communiquait cette passion pour la grandeur et la gloire de l'Angleterre, qui fut le but unique de sa vie.

Ce grand homme avait les défauts de ses qualités. Sa hauteur le rendait insupportable à ses collègues, qu'il traitait comme des subordonnés, et qu'il ne cessait d'humilier en leur faisant constamment sentir sa supériorité. Il avait le ridicule des petits esprits, la vanité ; il était comédien, en prenait les airs, affectait des poses théâtrales. On sait aujourd'hui qu'il n'était pas inaccessible à la corruption.

Mais le peuple anglais ne voulait pas voir ses défauts ; il se reconnaissait en lui, sentait qu'il était son âme, son expression, sa force. Appelé à gouverner un peuple libre, Pitt aimait sincèrement la liberté. Ses concitoyens le savaient, et se livraient à lui comme lui se livrait à eux, confiants dans un égal patriotisme. En un mot, il avait élevé la nation anglaise à sa hauteur. " Tel était, dit Hume, le crédit dont jouissait le gouvernement, que le peuple souscrivit à tous les emprunts avec l'empressement le plus extraordinaire. Un esprit inaccoutumé d'audace et de résolution parut animer les armées de terre et de mer. L'amour de la gloire militaire se répandit jusque dans les dernières classes du peuple. Ce passage subit de l'indolence à l'activité, de l'indifférence au zèle, de la crainte à l'audace, fut produit par l'influence et l'exemple d'un ministre [1] ".

Chasser la France de l'Amérique et de l'Inde, lui fermer toutes les mers et la confiner sur le continent, telle était la politique entreprise par Pitt avec sa volonté de fer. Il ne soupçonnait pas que de son vivant même, la France s'en vengerait en faisant l'indépendance américaine.

Il avait maintenant sous la main les hommes qu'il lui fallait pour ses grands desseins. Durant la prochaine campagne, Ferdinand de Brunswick, disciple du grand Frédéric, allait venger la défaite de Cumberland au Hanovre ; Clive, dans l'Inde, poursuivre sa victoire de Plassey ; Wolfe, se révéler en Amérique.

Ce fut vers l'Amérique qu'il tourna d'abord son attention et ses plus formidables armements. Le plan des opérations fut réglé d'après les conseils de l'homme le mieux entendu dans les affaires d'Amérique : l'illustre Franklin, alors délégué de la Pensylvanie à Londres.

---

1 — Hume, *Histoire d'Angleterre*.

Trois attaques simultanées devaient être dirigées sur le Canada : l'une, au nord sur Louisbourg ; l'autre, au centre sur Carillon ; la troisième, au sud contre le fort Duquesne. La célérité avait fait place à la lenteur des préparatifs qui avait tout compromis l'année précédente. Dès le mois de février, deux flottes étaient en mer : l'une, aux ordres de l'amiral Boscawen, pour attaquer Louisbourg, avec douze mille hommes commandés par le général Amherst ; l'autre, sous l'amiral Osborn, pour croiser dans le détroit de Gibraltar et intercepter la flotte de l'amiral La Clue, prête à faire voile de Toulon ; une troisième, commandée par sir Edward Hawke, appareilla peu après pour aller bloquer devant Rochefort un convoi de munitions et de troupes destinées au Canada.

La Clue ne put franchir le détroit de la Méditerranée. Le convoi, composé de quarante bâtiments de transports, protégé par cinq vaisseaux de ligne et cinq frégates, fut attaqué à l'embouchure de la Charente. Une partie seulement parvint à gagner le large ; le reste, afin d'échapper à la poursuite, se fit échouer sur les bancs de sable de la côte, d'où il ne put être retiré qu'après avoir jeté à la mer les canons et les approvisionnements. L'expédition fut manquée, et le Canada ne vit arriver presque aucun secours. Jamais, au contraire, les colonies anglaises n'en avaient reçu d'aussi puissants. Pitt avait fait voter par le parlement des fonds pour une levée de vingt mille hommes en Amérique, avec promesse de nouveaux subsides pour leur entretien. Il avait fait rappeler Loudon, pour lequel il ne cachait pas son mépris, et avait proposé à sa place lord Howe, jeune officier aussi brave qu'expérimenté. D'invincibles influences l'avaient forcé de laisser le commandement au vieil Abercromby, le premier en grade après Loudon. Mais lord Howe allait être de fait la tête de l'armée. L'expédition contre Duquesne, forte d'environ sept mille hommes, était confiée au brigadier John Forbes, jeune officier comme Howe, et destiné comme lui à une trop courte carrière.

Le nombre des combattants qui allaient attaquer le Canada, y compris les milices de réserve, dépassait le chiffre total de sa population entière, hommes, femmes et enfants. " C'était, remarque justement l'historien Garneau, rendre un hommage éclatant à la bravoure française, et reconnaître la détermination invincible des défenseurs du Canada ".

Dès le 22 février, Montcalm était rendu à Montréal, afin d'être plus à la portée des partis d'éclaireurs qui se succédaient continuellement aux frontières et en revenaient avec des nouvelles de l'ennemi. Il parut bientôt évident que le point le plus menacé pour le moment était Louisbourg. M. de Boishébert reçut ordre de se tenir prêt à partir, dès l'ouverture de la navigation, avec cent cinquante Canadiens, Acadiens et soldats de la colonie. Il devait s'adjoindre à Miramichi quatre cent cinquante Acadiens, formant un total de six cents hommes, qui iraient prêter main forte à la garnison de Louisbourg. Son principal objet était de s'opposer au débarquement des Anglais et, s'il n'y pouvait réussir, de harceler continuellement l'ennemi à la faveur des bois. Les militaires français auraient voulu que ce détachement partît sans délai sur les glaces et fût commandé par un officier plus actif et plus intelligent. Les événements démontrèrent qu'ils avaient raison.

En arrivant à Montréal, Montcalm avait repris sa correspondance avec Bourlamaque. Quoiqu'il n'eût pas pour ce compagnon d'armes la même amitié que pour Lévis, il aimait à converser avec lui, à le tenir au courant non seulement des affaires importantes, mais des petits incidents de sa vie journalière, et même des bruits de la ville. A ce point de vue, ses lettres ont un intérêt piquant, car elles font pénétrer dans l'intérieur des familles qui donnaient le ton à la société, et en révèlent la physionomie, de même que sa correspondance avec Lévis ressuscite Québec sous l'ancien régime. Le voisinage de Vaudreuil n'était pas de nature à lui rendre agréable le séjour de Montréal. S'il s'ennuyait quelquefois à Québec, il s'ennuyait toujours dans l'autre ville.

Le 18 mars, il écrivait : " Bougainville paraît s'ennuyer plus ici qu'à Québec ; il bagucnaude, travaille peu. Cornier et lui sont devenus Oreste et Pylade. Il y a de la part de Cornier une bonne foi, un sérieux romanesque et de l'admiration pour la supériorité de génie. Le chevalier à l'ordinaire ; pour moi des visites partout, de loin en loin, un soir chez moi, l'autre chez le marquis de Vaudreuil. Hier, avec Montgay et mes aides de camp, je bavardai jusqu'à minuit, parce que je mâchais ma gomme pour pituiter mauvaise digestion. Si nous étions l'un et l'autre plus occupés, je n'aurais garde de vous écrire d'une mauvaise écriture tant de minuties.... MM. Cadet, Péan arrivés de jeudi, à 3 heures après-midi, ils ont fait une entrée d'ambassadeurs avec douze carrioles ; six étaient allées au devant jusqu'à Repentigny ; heureusement le chevalier de Lévis n'en était pas. Les relais attendaient sur la glace Mgr Cadet qui, pendant qu'on changeait de relais, donnait ses audiences aux habitants de dedans sa carriole, et les relais allaient toujours au galop ".

" Le 23 mars : — Je m'amuse si fort à Montréal que je voudrais que, la grande assiduité près à l'église, la semaine sainte se prolongeât. C'est un prétexte pour ne faire ni recevoir de visites, rester chez moi et y dîner quasi seul ; cela vaut mieux que tout ce que je fais et ferai d'ici à l'entrée en campagne qui sera tardive, à moins que Mylord Loudon ne nous y force ".

" Le 30 mars. — Bougainville respire avec peine, lit peu, va d'habitude, n'aime plus, et moi quasi tous les soirs dans ma chambre ; c'est l'endroit où je m'ennuie le moins. Je ne savais pas y rester à Québec.

" Le 6 avril. — Je crois qu'il (Bougainville) se repaît quelquefois avec de l'esprit de châteaux en Espagne. Pour moi, ma chambre et mon général, peu de visites. Cet Hôtel-des-Indes m'ennuie. Je leur donnai cependant l'autre jour à dîner à tous et à la dame de Saint-Luc. J'ai acheté une carriole pour m'aller promener avec M. Rochebeaucour, car pour Bougainville il recommence comme l'année dernière, on n'y comprend rien, il attend le courrier de France et moi aussi. Le chevalier de Lévis à l'ordinaire, je ne sais ce que fait Péan ;

Arnoux veut partir à la première navigation et c'est très bien ".

" Le 3 mai. — Les beaux jours occasionnent beaucoup de parties de campagne. M. et Mme de Vaudreuil y vont souvent. Le chevalier de Lévis en est quelquefois et il a aussi les siennes. Pour moi, ma vie ordinaire, le plastron le matin et tous ceux qui n'ont rien à faire ni à dire. Dîner avec dix-sept personnes, le soir chez moi, chez le général. Cette dernière maison est renforcée de Malartic et de Villiers, qui y sont souvent. M. Varin [1] peut être remplacé, mais la maison ne l'est pas ; celle de Deschambault, qui n'a jamais été bien gaie, l'est moins cette année-ci ".

" Le 3 au soir. — Les beaux jours continuent. La fonte des glaces me fait craindre l'interruption des parties de M. et Mme de Vaudreuil, qui vont visiter les notables de la côte, comme Henri IV chez les notables bourgeois de Paris. Hier, chez M. Bailly (de Messein). Des compliments aux dames. Vous voyez, Monsieur, que je cherche les occasions de m'entretenir avec vous, car c'est vous écrire uniquement pour cela ".

Le 4 mai, il terminait ainsi une de ses lettres : " Je devrais m'excuser avec vous de la longueur de ma lettre ; je n'ai pas le temps de la faire plus courte ni mieux ; d'ailleurs, comptant sur votre amitié et indulgence, je laisse aller ma plume et bavarde. Je devrais vous faire excuse d'écrire moi-même, car il doit vous en coûter pour me lire. Il faut aimer ses amis avec leurs défauts ".

---

1. Varin était parti pour la France.

" Le 12 mai. — Rien d'intéressant à vous marquer, toujours même vie, même allure ; la mienne est de n'en avoir point ".

" Le 18 mai. — M. de Vaudreuil a un soupçon de goutte, car c'est peu de chose. Si ma charge est de lui tenir compagnie tous les soirs, il doit être content, je ne fais que cela, ou parfois et rarement ma chambre, et il me semble que c'est bien pour le service, bien pour moi, car je n'ai rien de plus amusant à faire. Le chevalier a ses soirées en règle ainsi que ses dîners. Vendredi et dimanche chez le général ; pour moi, jamais, ou une fois en trois semaines. Un ou deux jours chez Péan qui a état, et de même chez moi, le reste chez lui seul, depuis qu'il n'a ni Roquemaure ni d'Hert.

" N'est-ce pas une faute que de vous donner à lire tant de riens et d'une si mauvaise écriture : heureusement vous avez du temps de reste ".

" Le 22 mai. — Cette continuation du nord-est me met au désespoir, si elle finit sans aucune nouvelle de vaisseaux. La paix et notre retour. Nous avons bien débuté, mais à tous égards mangé notre pain blanc le premier.... Péan vient de passer six jours à Lachine avec la sultane régnante et sa famille, M. de Villebon, Solvignac, aide de camp.... Le chevalier de Lévis et la Pénisseault n'y ont pas été. Votre départ se diffère comme de raison sans savoir quand ; mon ennui augmente ; je ne sais que faire, que dire, que lire et où aller. Je crois que je demanderai à la fin de la campagne brusquement, sottement mon rappel sans autre raison qu'ennui ".

Le premier d'avril, la population de Québec avait été réduite à deux onces de pain ; peu de jours après, cette faible ration lui avait été même retranchée, ce qui occasionna une émeute de femmes dans la ville. Elles s'assemblèrent devant la maison du lieutenant de police, M. Daine, qui eut peine à les disperser. On voyait des malheureux aux traits hâves et amaigris, chanceler dans les rues ; d'autres ne pouvant travailler qu'en se tenant appuyés. Dans les campagnes, une partie des habitants vivaient d'avoine bouillie ; plusieurs n'ayant pas même cette ressource, se nourrissaient de racines, ou broutaient l'herbe dans les champs [1]. Le long des rivières, les femmes et les enfants étaient continuellement occupés à pêcher et n'attendaient leur repas que d'un coup de ligne. Souvent le premier poisson qu'ils prenaient était cuit et dévoré sur le rivage même. A Chambly, la garnison affamée n'avait guère d'autre moyen de vivre ; les officiers se plaignirent même amèrement de ce que le gouvernement ne fournissait pas assez d'engins de pêche.

Le 9 mai, le régiment de la Reine, ayant épuisé tout moyen de subsistance à Québec, fut acheminé sur Carillon, où il y avait un dépôt de vivres provenant de William-Henry, " qu'il faut, dit Montcalm, extrêmement ménager, et auquel la dure nécessité force de

---

1 — *Journal de Montcalm*.— Une députation d'Iroquois étant venue à Montréal pour demander un secours qui leur permit de se déclarer : " A tout cela, ajoute Bougainville, que pouvons-nous répondre, mourant de faim ? L'expression est exacte. Beaucoup de gens ne vivent que de pêche et jeûnent quand ils ne prennent rien.... Quelques habitants sont réduits à vivre d'herbe ".

toucher ". Ordre fut donné en même temps à Bourlamaque de former en pelotons les soldats de Languedoc et de Berry, qui ne trouvaient plus moyen de subsister chez les habitants, et de les diriger sur Saint-Jean, où ils stationneraient si on pouvait y ramasser quelques vivres, sinon de les faire passer tous à Carillon.

L'ingénieur Desandrouins raconte qu'en montant de Québec à Montréal, au milieu de mai, il trouva partout la même détresse. Nulle part il n'y avait de pain. Sans la chasse du printemps, surtout celle des tourtes qui donnait alors en abondance, beaucoup de personnes seraient mortes de faim.

Deux navires furent dépêchés coup sur coup en France pour faire connaître l'état désespéré du pays.

" La colonie est à deux doigts de sa perte ", écrit Montcalm, à la date du 15 mai [1]. Malgré cette affreuse situation, " les habitants, remarque Lévis, conservent toujours leur bonne volonté, et les troupes se soumettent de bonne grâce à toutes les réductions de vivres qui sont jugées nécessaires [2] ".

Les sauvages, vivant de chasse dans leurs courses, n'étaient pas arrêtés par le défaut de vivres. Leurs services devenaient inappréciables. Il ne se passait pas de semaine sans que le gouverneur en reçût quelques-uns en audience et les encourageât en leur distribuant des présents, des munitions, des marques de distinction. On se rappelle le fameux chef Kisensik, orateur des Népissings, aussi renommé par ses exploits

---

1 — *Journal.*
2 — *Lettre au marquis de Paulmy*, 6 mai, p. 183.

que par son éloquence, et qui avait joué un rôle important durant l'expédition de William-Henry. Son père, guerrier aussi célèbre que lui, qui avait été présenté à la cour de Versailles et avait reçu un hausse-col des propres mains de Louis XIV, venait de mourir. Kisensik, suivi de vingt-cinq guerriers de sa nation, se présenta en habits de deuil au palais du gouverneur, et lui demanda l'autorisation d'aller frapper sur l'ennemi. Mais Kisensik ne pouvait partir ainsi : car d'après les idées superstitieuses des sauvages, le temps du grand deuil était un temps de malheurs, fatal aux entreprises. Le marquis de Vaudreuil lui répondit selon le cérémonial indien, lui fit ses condoléances sur la mort de son père, en fit un éloge pompeux, et releva Kisensik de son deuil en lui présentant un équipement de guerre. Le gouverneur s'offrit de le revêtir du précieux hausse-col, dont l'inscription rappelait le don du grand roi ; mais Kisensik refusa modestement, disant qu'il voulait d'abord arroser de sang anglais les cendres de son père, et s'illustrer par quelque action d'éclat, afin d'être plus digne de porter cette décoration. Le chef Népissing tint parole.

Sur le chemin de Carillon, son parti se croisa avec une troupe d'Abénakis, qui revenait avec des chevelures prises sur la frontière du Massachusetts, dans un moulin où, dit Montcalm, " nous avions neuf de nos malheureux Acadiens travaillant pour les Anglais. Les Abénakis, au moment de les tuer, les tenant en joue, entendent avec surprise crier ! Vive le Roi ! Français ! Ils les accueillent avec toute l'affection possible et nous les ont ramenés de Dingerfil (sic). L'Anglais a cru bien disperser ce peuple fidèle, il n'en a pas changé le cœur[1] ".

Deux semaines ne s'étaient pas écoulées depuis le départ de Kisensik qu'il rentrait à Carillon après s'être distingué par un éclatant coup de main. Ayant rencontré entre la Chute et la rivière au Chicot un parti de dix-huit sauvages et de cinq Anglais, il fit neuf prisonniers et quatre chevelures; un seul Anglais s'échappa de ses mains avec neuf sauvages.

L'impatience où l'on était de voir arriver des vaisseaux de France avait fait croire qu'il en apparaîtrait dès que le fleuve serait libre de glaces; mais les jours s'écoulaient, le mois de mai s'avançait sans qu'une seule voile se montrât à l'horizon. Enfin, le 19 mai au soir, huit navires et une prise anglaise, escortés par la frégate la *Sirène*, entrèrent dans la rade de Québec. Toute la ville était accourue sur les quais pour leur souhaiter la bienvenue. Ils apportaient sept mille cinq cents quarts de farine et du lard en proportion. Peu de jours après, ils furent suivis par quatre autres navires. Tous ces approvisionnements réunis ne procuraient de vivres à douze mille hommes que pour cent cinq jours [2]. Mais c'était assez pour gagner une victoire et retarder d'une année la chute de la colonie. La joie de vivre et cette espérance étaient affaiblies dans le cœur de nos soldats " par les tristes et fâcheuses nouvelles d'Europe où, dit Desandrouins avec amertume, tout va mal pour la France en

---

1 — *Journal de Montcalm.*
2 — *Idem.*

Allemagne ". Rosbach arrache ce cri à Montcalm : " Bataille perdue contre le roi de Prusse, l'Alexandre du Nord.... Ce même roi bat les Autrichiens vers Breslau, marche dans l'électorat de Hanovre ; ce qui met tous nos quartiers en mouvement et sur les dents ! " Bougainville s'attriste à son tour : " Les nouvelles d'Europe, dit-il, prouvent bien la vérité de ce proverbe grec qui dit : qu'il vaut mieux une armée de cerfs commandée par un lion, qu'une armée de lions commandée par un cerf¹ ".

A ces tristesses s'ajoutait la certitude des formidables armements de l'Angleterre contre le Canada, de l'attaque simultanée de Louisbourg, de Carillon et de Duquesne. Malgré l'avis de Montcalm, Vaudreuil avait projeté de faire une diversion contre ces deux derniers forts en poussant une pointe du côté d'Albany, espérant, par ce mouvement, forcer du même coup les Cinq-Nations à se déclarer pour les Français. Deux mille cinq cents hommes, composés de quatre cents soldats de l'armée régulière, quatre cents de la marine, le reste de Canadiens et de sauvages, commandés par le chevalier de Lévis, ayant sous ses ordres MM. de Rigaud, de Longueuil et de Senezergues, devaient entrer par le lac Ontario, dans la rivière Chouaguen, descendre la rivière Mohawk, ravager tout le pays jusqu'aux portes d'Albany.

Lévis écrivait à la veille de son départ : " Ma mission est délicate, importante, politique et militaire ; l'on me menace d'une infinité d'obstacles que j'aurai à sur-

---

1. *Journal* du 22 mai.

monter, soit pour la nourriture, n'ayant que pour deux mois de farine et de graisse, ne pouvant porter ni biscuit ni pain, pas même de tentes pour nous mettre à l'abri ; je puis aussi trouver des oppositions de la part des Iroquois, partisans des Anglais [1] ".

Ce plan aurait reçu l'approbation de Montcalm si l'arrivée des vivres avait permis de l'exécuter à temps ; mais à l'heure où l'on était, il affaiblissait inutilement le corps d'armée déjà si faible, destiné à protéger Carillon [2]. Les divers bataillons qui allaient s'immortaliser devant ses murs étaient en marche dès les premiers jours de juin, et se concentraient à Saint-Jean, leur lieu de relâche et de ravitaillement. On y avait préparé pour chaque soldat montant à Carillon six jours de vivres qu'il emporterait avec lui, à raison d'une livre de pain par jour, d'un quarteron de lard et d'autant de pois par ration [3].

Berry et Languedoc arrivèrent du 15 au 20 juin au fort Saint-Jean, et firent voile immédiatement pour Carillon, où la Reine, venant comme eux de Québec, mais stationné depuis un mois à Saint-Jean, allait les précéder d'un jour.

Desandrouins, occupé à compléter ce dernier fort, notait chaque jour le passage des troupes. " Le 19,

---

1 — *Lettre au maréchal de Belle-Isle*, p. 186.
2 — On est péniblement affecté lorsqu'on lit la réponse de Montcalm au mémoire que Vaudreuil lui avait adressé à ce sujet. On y sent partout l'homme irrité qui ne prend plus la peine de dissimuler sa mauvaise humeur et son dédain. Ceci est d'autant plus frappant que le mémoire de Vaudreuil respire le calme, la dignité et la déférence.
3 — *Journal de Desandrouins*.

dit-il, Royal-Roussillon a commencé d'arriver vers huit heures du matin.

" Le 20, Guyenne arrive vers midi et demi.

" Le 21, Royal-Roussillon qui avait pris son pain la veille, en a perdu une partie par la grande pluie qu'il a fait pendant la nuit. Guyenne avait heureusement remis à prendre ses vivres aujourd'hui. Malgré le vent et la pluie, il est parti à neuf heures du matin, et Royal-Roussillon à trois heures et demie.

" Le 22, la Sarre est arrivé dès le matin ; le lendemain il est parti de Saint-Jean à huit heures.

" Le 24, Béarn a commencé d'arriver à huit heures du matin. Le reste est arrivé avant la nuit. Le 25, il a fait bénir ses drapeaux, et est reparti le même jour, à midi et demi pour Carillon ".

Au moment où les dernières compagnies de ce régiment sortaient du fort, Montcalm y entrait, accompagné de son état-major, de M. de Pontleroy, le nouvel ingénieur en chef, arrivé le mois précédent, et de plusieurs officiers de Béarn qui, " étant mariés depuis peu, étaient restés jusqu'aux derniers jours près de leurs épouses [1] ".

Le lendemain, 26, un courrier extraordinaire apporta au général la nouvelle du débarquement des Anglais dans l'île Royale et de l'investissement de Louisbourg. De ce moment, tous les regards furent tournés vers cette forteresse, toutes les pensées s'y portèrent ; car

---

1 — *Journal de Desandrouins*.

selon l'expression de Desandrouins, Louisbourg était la porte cochère du Canada.

La nouvelle de ce siège précipita le départ de Montcalm. Le jour même, l'artillerie du fort saluait le bateau qui l'emmenait vers Carillon, et qui lui répondait par des salves de mousqueterie.

Pendant que l'embarcation, poussée par un fort vent de nord-est, remontait rapidement le Richelieu, les voyageurs s'entretenaient de l'avenir des fertiles plaines arrosées par cette rivière. Déjà ils avaient admiré la richesse du sol durant le trajet qu'ils venaient de faire, tantôt à cheval, tantôt à pied, entre Chambly et Saint-Jean. Ils se figuraient ce que nous voyons aujourd'hui : les forêts abattues et remplacées par de riches paroisses devenues, selon la propre expression de Montcalm : " Un grenier à grains suffisant pour nourrir une grande armée [1] ".

Le lendemain, comme le bateau mettait à la voile, à la pointe du jour, on fit la rencontre du chef des Hurons de Lorette, Ignace, dépêché de Carillon par M. de Bourlamaque, pour donner avis au marquis de Vaudreuil de l'établissement des ennemis sur les ruines du fort George. Leur dessein était-il de s'avancer sur Carillon, ou simplement de rétablir ce fort ? " Il faudrait, conclut Montcalm, marcher sur le champ contre eux avec les sauvages, l'élite des Canadiens, des troupes de terre et de la colonie. Ils ne sont pas encore retranchés, persuadés, suivant le rapport des prisonniers, que la disette des vivres nous met hors d'état de rassembler un corps

---

1 — *Journal de Montcalm.*

d'armée ; ils se tiennent moins sur leurs gardes, et ne peuvent qu'accélérer leurs travaux. Une attaque imprévue et vigoureuse les culbuterait et finirait la campagne de ce côté. Le marquis de Vaudreuil, ajoutait Montcalm avec amertume, pourrait alors s'occuper ou d'envoyer des secours à la Belle-Rivière, ou de ses prétendues négociations avec les Cinq-Nations ; mais qui sait s'il est désireux d'un succès décisif pour cette colonie, mais dont le général des troupes de terre serait l'agent " ?

A Saint-Frédéric, où Montcalm n'arriva que le 30 juin au matin, par suite des vents contraires, il s'arrêta quelques heures, afin de donner à M. de Pontleroy le temps d'en examiner les fortifications et les positions voisines. A trois heures de l'après-midi, le colonel Bourlamaque, le brave d'Hébécourt et les principaux officiers accueillaient le commandant sur le rivage de Carillon, pendant que le canon du fort annonçait au loin son arrivée.

Les premières paroles de Bourlamaque en lui pressant la main furent : " Mon général, dans quelques jours nous aurons les Anglais sur les bras. D'Hébécourt, que j'ai envoyé à la découverte, et tous nos éclaireurs s'accordent à dire qu'il y a vingt-cinq mille hommes à la tête du lac Saint-Sacrement. Ils ont mille chevaux et une quantité de bœufs employés à faire les transports, et ils sont à la veille de lever leur camp ".

Montcalm ne fut pas surpris, encore moins découragé. A ces forces écrasantes, il n'avait cependant à opposer que ses huit petits bataillons, parmi lesquels il y avait des recrues qu'il croyait mauvaises, et le corps de Canadiens composé des milices de Québec, les moins aguerries de la colonie : " un contre cinq, peut-être plus ! Voilà, résumait-il, notre position ". La seule chance de succès était dans l'activité et l'audace. Il dépêcha le soir même un courrier au marquis de Vaudreuil, pour lui exposer l'extrême danger de sa position, et le conjurer d'envoyer en toute hâte tous les secours possibles.

Le lendemain, dès l'aube du jour, il fit battre la générale : ses dispositions étaient prises. La Reine, Guyenne et Béarn furent mis en marche pour aller occuper le Portage. La Sarre et Languedoc les suivirent pour se placer à droite de la Chute. Royal-Roussillon et le premier bataillon de Berry occupèrent la gauche. Le second bataillon de Berry, commandé par M. de Trécesson, joint à ce qu'il y avait de la marine et de Canadiens, stationna entre Carillon et la redoute qui protégeait la berge du côté du lac et de la rivière à la Chute.

" Ce mouvement hardi, observe Montcalm, était nécessaire pour en imposer à l'ennemi et leur faire perdre l'idée qu'ils ont de notre très grande faiblesse, et en même temps pour empêcher qu'ils ne s'emparent à l'improviste du Portage, ce qu'ils pouvaient faire par une marche de dix ou douze heures seulement sur le lac ".

Montcalm prit ensuite avec lui les ingénieurs Pontleroy et Desandrouins, et se porta sur les hauteurs qui dominent Carillon, pour déterminer un champ de bataille et la position d'un camp retranché.

La presqu'île de Carillon, formée par le confluent de la rivière à la Chute et du lac Champlain, est un plateau rocailleux, dont la pointe est tournée au sud-est. A partir du fort, qui s'élevait presque à l'extrémité de cette pointe, le terrain s'abaisse graduellement en gagnant vers l'ouest, puis s'élève en pente douce jusqu'à un coteau qui le coupe transversalement. A gauche, le plateau s'affaisse près de la décharge en pente raide, tandis qu'à droite il descend sur un plan incliné vers un bas-fond assez large que baigne le lac Champlain. C'est sur le sommet de ce coteau, à environ un kilomètre du fort, que Montcalm fit faire le tracé d'un retranchement, dont il ordonna de commencer les travaux dès le lendemain [1].

Ce retranchement devait être composé d'abatis avec des redans, appuyé à gauche par la falaise escarpée de la Chute, à droite par l'éminence dont la pente était moins raide que celle de la gauche. Cette ligne de retranchement se prolongerait en arrière de chaque côté ; à gauche, jusqu'au fort Carillon, et à droite, jusqu'à une redoute flanquée d'un abatis se terminant au lac. Le centre, dont toutes les parties se flanqueraient réciproquement, suivrait les sinuosités du terrain en gardant toujours les hauteurs. Ce retranchement devait être fait de troncs d'arbres couchés les uns sur les autres. En avant, des arbres renversés,

---

1 — M. Parkman prête à Montcalm de grandes hésitations et des tâtonnements avant de fixer ce champ de bataille. D'après lui, il ne se serait décidé que le 5 juillet. On ne trouve aucune trace de ces hésitations dans le *Journal* de Montcalm ni dans celui de Desandrouins. Cet ingénieur affirme positivement que le choix du terrain fut déterminé dès le premier de juillet, " dans l'après-midi ". Le tracé et les travaux, disent-ils tous deux, furent commencés dès le lendemain.

dont on appointerait les branches coupées, serviraient de chevaux de frises.

" Mais pour exécuter ces travaux, écrit Montcalm, il faut des bras, et que l'ennemi nous en donne le temps. Tout ce qu'on peut faire dans le moment présent et que l'on fait, c'est de tracer ces travaux, et de faire faire aux troupes de la Chute et du Portage autant de fascines et de palissades que le service de ces camps le leur permettra. Le bataillon de Berry, qui est à Carillon, ne peut fournir que quatre-vingts à quatre-vingt-dix travailleurs. Qu'exécuter avec aussi peu de monde " ?

On commença aussi à construire, sur deux bateaux solidement liés ensemble, de hautes plates-formes capables de porter des canons, des pierriers et des tirailleurs : " c'étaient des espèces de tours flottantes ", dont l'invention était due au capitaine de Fiedmond. Sur d'autres grands bateaux, on plaça une pièce de canon à la proue. Des bastingages y mettaient à l'abri les artilleurs, les fusiliers et les rameurs. Ces vaisseaux de guerre improvisés étaient destinés à disputer le lac aux berges anglaises [1].

Les sauvages, en petit nombre, sentaient le besoin qu'on avait d'eux, et se montraient d'une insolence insupportable. Ils volaient les provisions, l'eau-de-vie, le vin, tuaient les volailles, les bestiaux ; en un mot, commettaient toute espèce de déprédations qu'on n'osait trop empêcher, car ils voulaient à tout prix s'en retourner. Montcalm fut obligé de tenir deux conseils avec eux pour les empêcher de partir, et n'y réussit

---

1 — *Journal de Desandrouins.*

qu'à force de distributions de couvertes, de brayets, de mittasses, etc.

Pour les remplacer au besoin, on forma deux compagnies de volontaires tirés de la ligne, et dont le commandement fut confié à M. de Bernard, capitaine au régiment de Béarn, et à M. Duprat, capitaine au régiment de la Sarre.

Montcalm, qui avait confié la garde du Portage à M. de Bourlamaque, se rendit de sa personne à la Chute pour être plus à la portée des mouvements des Anglais. Pendant qu'il était occupé à faire construire deux ponts de communication, l'un au Portage, l'autre au moulin de la Chute, il reçut l'agréable nouvelle du départ de Montréal du chevalier de Lévis, avec quatre cents hommes de l'armée régulière, qu'il lui amenait à marche forcée. En apprenant le danger qui menaçait Carillon, le marquis de Vaudreuil avait renoncé à son expédition contre Albany et résolu " d'envoyer toutes les forces de la colonie au secours de Montcalm [1] ".

M. de Raymond, qui apportait cette nouvelle, avait amené avec lui quatre cents Canadiens et une centaine de sauvages, qui furent dirigés immédiatement vers le camp du Portage, où ils pouvaient rendre de grands services pour les reconnaissances et les coups de main.

Dans la soirée du 3 juillet, arriva à la tente de Montcalm l'infatigable de Langy, que ce général avait en

---

[1]—*Journal de Lévis*, p. 135. Le froid et impartial Lévis, qui ne partageait pas l'animosité de Montcalm contre Vaudreuil, voyait plus clair que lui dans la conduite de ce gouverneur, et lui rendait plus de justice.

singulière estime : de tous les officiers partisans, c'est celui dont il a fait le plus bel éloge. "L'excellent Langy", comme il l'appelait, était fils du sieur Levraux de Langy, natif de Notray, en Poitou, établi au Canada depuis le commencement du XVIIIe siècle. Langy avait passé une partie de sa vie dans les bois et avait pris toutes les habitudes des coureurs forestiers. Il en portait le costume demi-sauvage, demi-européen, le couteau à la ceinture, avec le sac à balles, la corne à poudre passée en bandoulière, la carabine toujours à l'épaule. Comme ses pareils, il avait, avec des traits accentués, hâlés par le soleil et le grand air, cette démarche vive et élastique qui dénote des jarrets d'acier. Aussi intelligent que brave, il était employé dans les missions les plus difficiles. Depuis le milieu de l'hiver jusqu'à l'heure présente, il n'avait pas eu un instant de repos, courant sans cesse de Montréal à la frontière, et de la frontière à Montréal, faisant le coup de feu avec son parti jusque sous les remparts de l'ennemi, rapportant des chevelures, des prisonniers et des renseignements clairs et précis.

Il rendit compte à Montcalm de sa dernière course. Du haut d'une montagne voisine de William-Henry, il avait examiné à loisir les mouvements des Anglais. Lorsqu'il était passé sur les ruines de ce fort, quelques semaines auparavant, la même désolation, le même silence y régnaient qu'au lendemain du départ de l'armée française, l'année précédente. Maintenant le vaste tapis vert que la nature avait jeté sur ces décombres et sur les environs était tout piqué de points blancs, comme si une pluie d'étoiles y fût tombée, tellement étaient nombreuses les tentes du camp d'Abercromby.

Ce général se voyait à la tête de la plus grande armée d'origine européenne qui eût jamais mis le pied en Amérique. Elle se composait de quinze mille quatre-cents hommes, dont six mille trois cent soixante-sept de l'armée régulière ; le reste de miliciens de la Nouvelle-Angleterre, de New-York et du New-Jersey [1]. Un parc d'artillerie considérable, des vivres et des munitions en abondance, rien n'avait été épargné de ce qui avait été jugé nécessaire pour l'envahissement du Canada.

Le commandant de cette belle armée, qui devait son avancement plus à des influences politiques qu'à ses talents, était une de ces lourdes et épaisses natures, qui semblent incompatibles avec l'activité d'esprit et de corps qu'exige le génie militaire. Aussi, quoiqu'il ne fût âgé que de cinquante-deux ans, était-il regardé par ses soldats comme un vieillard invalide et incapable. Tous

---

1 — Armée régulière............ 6,367
     Provinciaux................... 9,034
        Total.................. 15,401

Abercromby à Pitt, 12 juillet 1758.—Mante donne les mêmes chiffres. *History of the late war in America*, p. 145.

Aux huit cents rangers qui formaient partie des troupes coloniales, il faudrait, d'après Montcalm, ajouter " des sauvages incorporés dans cette compagnie ". (*Journal du 6 juillet*). ce qui portait l'armée à près de seize mille combattants. C'était bien au fond l'effectif auquel le général français croyait avoir affaire, puisqu'il dit, après avoir cité l'acte officiel publié dans les colonies anglaises, le 24 mars 1758, pour une levée de vingt mille hommes : " On peut défalquer de ce nombre ce qui a dû être laissé pour la garde de quelques forts de cette frontière et du dépôt laissé au fond du lac Saint-Sacrement ".

leurs regards, toute leur confiance se tournaient vers le jeune et enthousiaste Lord Howe, la fleur de la noblesse et " le meilleur soldat de l'armée anglaise ", au dire d'un de ses frères d'armes, qui s'illustrait en ce moment-là même sous les murs de Louisbourg et qui, comme lui, allait trouver une mort prématurée au Canada, le général Wolfe. Arrivé à Halifax avec son régiment, au mois de juillet de l'année précédente, Howe s'était appliqué avec ardeur à l'étude du nouveau genre de guerre qu'il allait rencontrer, et avait même suivi dans leurs courses les rôdeurs de bois du major Rogers, qu'il avait émerveillés par sa résistance aux fatigues, et dont il s'était fait autant d'amis.

L'expérience qu'il y avait acquise lui avait suggéré de faire, parmi les troupes, des réformes dont il était le premier à donner l'exemple. Chaque homme, de quelque rang qu'il fût, ne devait avoir avec lui que le strict nécessaire ; le soldat, être accoutumé à porter dans son havresac trente livres de vivres, l'officier, n'avoir qu'une seule couverte et une peau d'ours. On voyait Howe aller lui-même laver son linge au ruisseau et le faire sécher au soleil ; tirer de sa poche à l'heure du repas son couteau et sa fourchette, renfermés dans une gaine, et manger, assis dans sa tente, sur une peau d'ours, un morceau de lard et de pain, en devisant avec le même entrain et la même gaieté que s'il avait été à la table de son noble père. Adoré du soldat, il était l'âme de l'armée, qui acceptait de bon cœur sa rude discipline et se retrempait au contact de son stoïcisme et de sa vaillance.

Au nombre des miliciens de la Nouvelle-Angleterre se trouvaient deux jeunes officiers destinés à une carrière célèbre dans leur pays : le brave Israël Putnam, du Connecticut, et John Stark, non moins intrépide que lui, servant comme lieutenant dans un régiment du New-Hampshire. Les hommes éclairés comme eux, surtout les officiers de la vieille Angleterre qui, la plupart, se ressentaient du scepticisme de leur temps, devaient s'amuser du zèle emporté que déployaient les ministres puritains attachés à l'armée. Ces prédicants, la bible à la main, représentaient l'expédition comme une croisade contre l'impie Babylone, et rappelaient Moïse envoyant Josué combattre Amalec [1].

Neuf cents bateaux et cent trente-cinq berges, sans compter un grand nombre de bateaux plats chargés de l'artillerie, amarrés au rivage du lac, n'attendaient que le signal du départ. Le soir du 4 juillet, toutes les munitions, les vivres, le bagage étaient embarqués.

Le lendemain, dès l'aurore, les tentes de chaque régiment étaient repliées, le camp levé, et le soleil n'était pas haut sur l'horizon, quand toutes les embarcations chargées de l'armée entière eurent pris le large. Elles s'avançaient sur trois divisions : les troupes régulières au centre, les milices sur les deux ailes. Chaque régiment avait ses drapeaux et sa fanfare qui remplissait l'air d'une musique martiale. Le soldat partait le cœur léger et exultant, convaincu qu'il marchait à un triomphe. A mesure qu'elle avançait, la flotte couvrait le lac, dont la surface disparut bientôt sous la multi-

---

[1] — Bancroft, *Histoire des Etats-Unis*, Vol. VI, p. 156.

tude des embarcations. La matinée était splendide : le grand soleil de juillet plongeait ses rayons au fond de cette gorge de montagnes, et mettait des éclairs sur l'acier des armes, et sur l'or des uniformes. Les plus pittoresques de tous ces costumes, à côté des couleurs écarlate et bleue des régiments anglais et américains, étaient ceux des Highlanders, ou montagnards d'Ecosse, avec leurs coiffures à plumet, leurs kilts ou braies aux nuances variées, leurs redoutables claymores suspendues au côté. Ils étaient aux ordres du major Duncan Campbell, d'Inverawe, dont la légende a immortalisé le nom.

Vers midi, la flotte était engagée dans le chenal étroit des îles et s'allongeait en une énorme file qui n'avait pas moins de deux lieues de longueur. A l'avant-garde venaient le major Rogers avec ses rôdeurs de bois, et le colonel Gage avec l'infanterie légère, suivis d'un corps de marins, armés et disciplinés, sous les ordres du colonel Bradstreet. Lord Howe commandait en personne la colonne du centre, formée du 55me, son propre régiment, qui marchait en tête, suivi du Royal-Américain, de quatre autres régiments d'infanterie et des Montagnards écossais ; les milices provinciales occupaient toujours les deux ailes. Les pesants bateaux de l'artillerie que poussaient à leur suite de vigoureux rameurs, étaient précédés de deux espèces de tours flottantes destinées à protéger le débarquement. Enfin, derrière le bagage et les munitions de toutes sortes, l'arrière-garde, composée de troupes de ligue et de milices, formait la queue de ce gigantesque et formidable serpent, qui s'avançait lentement sur le Canada.

Du sommet d'une montagne située un peu en avant, les sentinelles françaises, placées en vigie, ne pouvaient s'empêcher d'admirer la beauté du spectacle qu'elles avaient à leurs pieds. Entre les deux chaînes de montagnes au panache de verdure, le lac, inondé de lumières par le soleil de midi, étendait sa surface limpide, reflétant l'ombre de ses caps et de ses anfractuosités. Là-bas se dressait le front chauve de la Montagne-Pelée; ici le cône moussu du Pain-de-Sucre. A travers l'archipel d'îles qui, vues à distance, avec leur riche végétation de mélèzes, de pins, de bouleaux, de grandes aulnes, ressemblaient à des corbeilles chargées de feuillages, serpentait l'immense procession de bateaux, dont les rames s'abaissaient et se relevaient en cadence avec des jaillissements d'eau reluisant au soleil; et au-dessus, les drapeaux flottant à la brise, et les rangées d'uniformes variés selon les régiments, d'où montaient des roulements de tambours et les notes claires des fifres et des cuivres.

Dès que l'avant-garde avait paru à l'entrée des îles, les sentinelles françaises avaient signalé son approche en baissant et levant un drapeau blanc, signal convenu qui avait été répété de cap en cap jusqu'au camp du Portage.

Aussitôt Montcalm donna ordre aux troupes de la Chute et du Portage de renvoyer à Carillon toutes espèces d'équipages, et de passer la nuit au bivouac et en éveil. Pontleroy fut averti de hâter autant que possible les travaux du camp retranché. Les bataillons du Portage devaient signaler la présence de l'ennemi à ceux de la Chute par trois décharges de coups de fusil.

A ce signal, le deuxième bataillon de Berry, stationné à Carillon, devait marcher en avant et couronner les hauteurs qui dominent le fort. La compagnie de grenadiers, un piquet et cent cinquante Canadiens qui venaient d'arriver, se déploieraient en tirailleurs, de manière à veiller d'abord à la sûreté du fort lui-même, et ensuite à protéger la retraite de l'armée, si elle était poussée de trop près.

De chaque côté du lac George, plusieurs gardes furent échelonnées sur les hauteurs, afin d'éviter toute surprise. M. de Bernard, avec sa compagnie de volontaires, remonta la rivière de Bernetz, afin de s'assurer si les ennemis faisaient la tentative de tourner la position de Carillon, en suivant le revers de la montagne.

A cinq heures du soir, M. de Bourlamaque ordonna au capitaine de Trépezec d'aller se mettre en observation sur la Montagne-Pelée avec trois cent cinquante hommes, dont cent cinquante de la ligne, le reste de la marine et de la colonie, conduit par M. de Langy, et d'empêcher l'ennemi de débarquer dans les environs, s'il était possible.

L'armée anglaise était venue camper à trois lieues plus haut, sur la même rive du lac à Sabbath Day Point. C'est durant cette veillée que John Stark eut, sous la tente de lord Howe, cette conversation qui fit une si profonde impression sur son esprit, et qu'il rappelait ensuite comme le testament militaire du jeune héros. Howe le questionna minutieusement sur Carillon, sur sa position, ses défenses et les meilleurs moyens de l'attaquer.

L'armée se mit en mouvement de si bonne heure, qu'à cinq heures du matin son avant-garde était en vue du Portage. Les tirailleurs français ne firent qu'échanger quelques coups de feu, car elle s'avançait en colonnes si profondes qu'il eût été insensé de lui disputer le débarquement. Bourlamaque retira ses avant-postes, rompit le pont du Portage, brûla son camp et se replia en bon ordre à la Chute. Montcalm le fit immédiatement traverser sur la rive gauche de la décharge, l'y suivit avec ses troupes, détruisit le pont de communication, et rangea les sept bataillons qu'il avait alors sous la main en ordre de bataille sur les hauteurs voisines, afin de donner aux volontaires et aux piquets dispersés en avant le temps de se rallier.

Bourlamaque disait hautement que c'était la meilleure position stratégique qu'on pût choisir, qu'on devait s'y retrancher et s'y défendre jusqu'à l'extrémité. Par déférence pour une si grave opinion, Montcalm, quoique décidé, convoqua un conseil de guerre. Il n'eut pas de peine à démontrer, d'accord avec deux vieux officiers d'expérience, MM. de Bernetz et de Montgay, le danger de cette position où les ennemis pouvaient dominer les hauteurs voisines et les tourner.

L'avant-garde des Anglais, guidée par Lord Howe, avait mis pied à terre à l'ouest de la décharge du lac, après une légère escarmouche, et avait été suivie par le reste de l'armée. Entre la décharge et la chaîne des montagnes derrière laquelle la rivière de Bernetz se fraye un lit, s'étend, jusqu'à une distance d'environ un quart de lieue, une plaine alors couverte d'épaisses forêts. La rupture des ponts obligeait de s'y engager et de suivre la courbe que fait la rivière à la Chute, pour arriver sous les murs de Carillon. Rogers, avec une bande de ses rangers, et les deux régiments américains des colonels Fitch et Lyman avaient été envoyés en avant pour éclairer la route. L'armée se mit en marche sur quatre colonnes, à quelque distance en arrière. La forêt était si épaisse, embarrassée de troncs d'arbres renversés, de détritus couverts d'une mousse fangeuse, de broussailles si inextricables, que les rangs furent bientôt rompus, et que chacun marcha au hasard. Le corps principal atteignit ainsi, non sans fatigue, mais sans incident, la tête des rapides.

Le matin de ce jour, le détachement de M. de Trépezec arrivé la veille à la Montagne-Pelée, avait vu défiler, sans être aperçu, l'avant-garde anglaise qui, n'ayant pas touché à terre, n'avait pu être molestée. M. de Trépezec, dont la position devenait fort critique, avait dépêché un courrier pour demander des ordres à M. de Bourlamaque; mais ce courrier fait prisonnier en route, avait été vainement attendu une partie de la matinée. Dans l'intervalle, les guides sauvages qui avaient vu le lac couvert d'innombrables embarcations, et qui savaient le petit nombre des Français, les avaient crus perdus sans ressources, s'étaient retirés furtivement à l'écart et avaient abandonné le détachement. Le seul parti était de battre en retraite vers les montagnes et de gagner la Chute, soit en suivant leur versant oriental, soit en le gravissant et descendant ensuite par la vallée où coule la rivière de Bernetz. La première route était plus courte, mais plus dangereuse : il est probable que, confiants dans l'expérience de M. de Langy et d'autres Canadiens accoutumés comme lui aux courses dans les bois, ils voulurent la suivre, mais à mesure qu'ils s'avançaient à travers ce terrain, coupé de ravins profonds et de hauteurs escarpées, la forêt s'épaississait ; le sol plus riche poussait une exubérance de végétation. Tandis qu'au-dessus de leurs têtes, la cime des arbres qui se touchaient, formait une voûte presque impénétrable aux rayons du soleil, devant eux se dressait une seconde forêt de jeunes pousses, dont le feuillage dense empêchait de voir à quinze pas en avant. Ils reconnurent bientôt qu'ils s'étaient égarés ; car, malgré la longue habitude forestière de M. de Langy et des siens, ni lui ni les autres n'avaient cet instinct inné des sauvages, qui leur fait deviner leur route au milieu de ces dédales inextricables. Ils marchèrent toute la journée, par une chaleur étouffante, écartant à chaque pas les branches qui les arrêtaient, montant et descendant des côtes, contournant des rochers, traversant des bas-fonds tapissés d'une mousse humide où leurs pieds se perdaient, et croyant à chaque instant entendre le bruit des rapides de la Chute, où ils espéraient arriver ; mais la forêt gardait toujours son silence, impénétrable comme ses profondeurs. Seul, quelque écureuil, sautant d'un arbre à l'autre à leur approche, leur jetait son cri moqueur, ou une corneille croassait en s'ébaudissant au-dessus de leurs têtes dans des vagues de verdure et de lumières. Tout le détachement était exténué de fatigue et de chaleur. Enfin, vers quatre heures du soir, il arriva à la rivière à la Chute, qu'il tenta de passer ; mais n'y pouvant réussir, il rétrogradait pour trouver un gué, lorsque tout à coup des bruits de pas et de branches cassées se firent entendre en avant.— Qui vive ! cria M. de Langy. — Français ! répondirent quelques voix. A l'accent anglais de cette réponse, M. de Langy ne fut pas trompé, pas plus que les siens. —Feu ! cria-t-il à ses gens, c'est l'ennemi. Le détachement venait de se heurter contre la colonne que précédait Lord Howe.

Quelques coups de fusil furent échangés à travers les éclaircies de feuillage. Lord Howe, qui s'avançait au premier rang, tomba mort, frappé par une balle en pleine poitrine [1]. Les Français croyant n'avoir affaire qu'à un parti d'éclaireurs, se déployèrent à la manière sauvage, et commencèrent une fusillade générale, qui fut accueillie par un feu tellement supérieur, qu'ils comprirent qu'ils étaient en présence de l'armée anglaise. De leur côté, les Anglais, pris à l'improviste, s'imaginèrent que toute l'armée de Montcalm était à leur poursuite. Il s'ensuivit un moment de panique. Putnam et Spark qui, trois ans auparavant, se trouvaient

---

1 — En apprenant les détails de cette mort à Louisbourg, Wolfe écrivit à son père : " Mylord Howe, l'Anglais le plus noble qui soit apparu de mon temps, et le meilleur soldat de l'armée, est tombé à deux pas d'une couple de mécréants qui n'ont pas osé rester assez longtemps auprès de lui pour le voir tomber ". Robert Wright, *Life of Wolfe*, p. 450.

avec Braddock, durent se rappeler alors les scènes de la Monongahéla, et éprouver un instant d'épouvantables angoisses. Mais les rangers qui accompagnaient Howe, habitués à ce genre de surprises, firent bonne contenance ; les officiers les imitèrent, et arrêtèrent le désordre.

Cependant les deux régiments de Fitch et de Lyman qui marchaient en avant à une petite distance, précédés de Rogers et de sa bande, entendant la mousqueterie, firent volte-face et vinrent cerner les Français qui, se voyant écrasés, ne songèrent plus qu'à vendre chèrement leur vie. Ils se battirent avec le courage du désespoir ; mais accablés par le nombre, cent soixante-cinq, y compris cinq officiers, furent tués ou se noyèrent dans la rivière en cherchant à s'échapper, ou furent faits prisonniers. Le marquis de Montcalm, entendant une forte fusillade, lança en avant quelques compagnies de grenadiers qui bordèrent la rivière et recueillirent plusieurs des fugitifs. M. de Trépezec et de Langy arrivèrent à la Chute baignés dans leur sang ; M. de Trépezec, blessé à mort, expira le lendemain.

Les Anglais n'avouèrent pas leurs pertes en tués et en blessés, qui furent considérables. Cet engagement était un échec sérieux pour les Français, mais la mort de Howe en fit pour les Anglais un désastre irréparable. " Ils avaient une telle idée de Mylord Howe, dit Desandrouins, qu'à ce qu'on leur disait que la journée du 6 nous avait été fatale, ils répondirent : Elle ne vous a pas été moins favorable que celle du 8 ! C'était, ajoute-t-il, principalement sur lui que reposait la réussite de cette entreprise [1]".

L'effet de sa mort se fit sentir du moment qu'il eut expiré. A l'impulsion décidée, hardie qu'il avait déterminée, succédèrent l'hésitation, la lenteur. Abercromby suspendit la marche, et fatigua inutilement ses soldats en leur faisant passer la nuit sous les armes.

Le lendemain, au lieu d'avancer pour ne pas donner aux Français le temps de se retrancher, il rétrograda jusqu'au Portage, et s'amusa à s'y fortifier lui-même, tandis que Bradstreet, avec quelques troupes de ligne et de milice, rétablissait les ponts détruits. La journée était avancée avant qu'il remît son armée en marche, et il était nuit fermée quand ses derniers détachements arrivèrent à la Chute, où il occupa le camp abandonné la veille par les Français.

Le soir précédent, pendant que le marquis de Montcalm s'occupait à recueillir les débris du détachement en déroute, il reçut avis du capitaine Duprat, envoyé en éclaireur avec ses volontaires, que l'avant-garde anglaise avait paru sur la rive droite de la rivière de Bernetz, et se préparait à y jeter un pont. Ce voisinage rendit imminent le danger d'être tourné ; ce qui le décida à rétrograder le soir même. Une partie de ses troupes descendit en bateaux la rivière à la Chute jusqu'à Carillon, le reste l'y rejoignit par terre, sans être

---

[1] — "Le corps de Mylord Howe fut conduit à l'île aux Moutons et embaumé. Il a été enterré à Albany, où on lui a élevé un superbe mausolée. Le plus glorieux pour lui est le regret de ses compatriotes et l'estime des Français". *Journal de Bougainville.*

molesté. Entre huit et neuf heures, la petite armée toute réunie sous les murs du fort y avait dressé ses tentes.

La retraite sur Saint-Jean aurait été facile ; mais abandonner Carillon, "la clef des eaux et par conséquent du pays", l'abandonner sans combattre, il n'y fallait pas songer !

Il y a des circonstances où un général ne doit compter le nombre de ses ennemis qu'après la bataille. Montcalm le savait[1]. Il se prépara à se défendre à outrance. Le jour même, il avait écrit à son ami Doreil : " J'ai affaire à une armée formidable. Malgré cela, je ne désespère de rien. J'ai de bonnes troupes. A la contenance de l'ennemi je vois qu'il tâtonne : si, par sa lenteur, il me donne le temps de gagner la position que j'ai choisie sur les hauteurs de Carillon et de m'y retrancher, je le battrai ".

Montcalm ne se dissimulait pas cependant l'extrême danger de sa position : "Si j'avais eu à faire le siège de Carillon, disait-il peu après, je n'aurais demandé que six mortiers et deux canons ".

Abercromby n'aurait eu qu'à amener une partie de son artillerie et, en quelques heures, il aurait fait voler en éclats les retranchements. Il aurait pu également les battre en écharpe en plaçant du canon sur le flanc de la montagne du Serpent-à-Sonnettes, qui n'est séparée de Carillon que par la rivière à la Chute. Le feu plongeant, dirigé de ce côté, aurait rendu la position des Français intenable. Enfin, ce qui était plus à redouter

---

1 — *Le maréchal de camp Desandrouins.*

encore, l'armée de Montcalm pouvait être attaquée à la fois en tête et en queue : tandis qu'une partie des troupes anglaises menacerait le front des retranchements, le reste, par une marche assez courte à travers les bois, pouvait contourner la base occidentale de la montagne, et après avoir traversé deux petites rivières guéables, la rivière au Pendu et celle du Petit-Marais, se trouver en face de Carillon. Quelques pièces de campagne placées en cet endroit, où le lac Champlain n'a guère de largeur qu'une portée de mousquet, auraient coupé toute retraite à l'armée française, qui, privée de secours, et n'ayant que pour huit jours de vivres, aurait été forcée de se rendre.

Montcalm avait calculé tous ces hasards, mais il n'avait que le choix des difficultés. Il avait flairé aux tâtonnements d'Abercromby, qu'il avait affaire à un général inhabile, et il comptait sur quelques fautes de tactique : il ne fut pas trompé dans son attente.

Jusqu'au 5 juillet, les travaux des retranchements avaient progressé lentement ; mais le soir de ce jour le général avait enjoint aux deux ingénieurs de les pousser avec vigueur. Ils y étaient dès sept heures, le matin du 6, escortés du 2me bataillon de Berry, qui fut employé à faire des abatis. Desandrouins acheva d'étudier le terrain pour y tracer les retranchements du lendemain. Il y travaillait encore à l'heure où les troupes de la Chute, bataillon par bataillon, opéraient leur retraite et se concentraient autour de Carillon.

Le 7, dès trois heures du matin, Pontleroy et lui étaient rendus sur les hauteurs, avec les officiers majors de chaque bataillon, et leur marquèrent l'emplacement assigné à leurs troupes respectives. A sept heures, l'armée toute entière était à l'ouvrage. Le drapeau de chaque régiment arboré au-dessus des retranchements indiquait aux soldats la part qui leur était dévolue. Les officiers, uniformes à terre, en bras de chemise, une hache à la main, abattaient, ébranchaient et traînaient les arbres comme de simples manœuvres. Chaque soldat, saisi de cette fièvre belliqueuse qu'inspire un extrême danger qu'il est résolu d'affronter, travaillait avec une ardeur incroyable. Les troncs d'arbres entassés et enchevêtrés les uns avec les autres, en zigzags, suivant les élévations du coteau, s'élevèrent bientôt à hauteur d'homme [1]. Au sommet, des encochures faites sur les arbres formaient deux, et en quelques endroits, trois rangées de meurtrières. Sur certains points, des sacs de terre, avec des interstices pour servir d'embrasures, couronnaient le retranchement. Les angles saillants et rentrants, entremêlés de lignes droites, permettaient au feu de la mousqueterie d'embrasser tout le front d'attaque. De chaque côté, suivant le plan adopté et tracé les 1er et 2 juillet, le retranchement se

---

[1] — " Les angles flanqués étaient en plusieurs endroits moins élevés que les branches, par la faute de temps et de vigilance de la part des officiers, à qui pourtant on avait recommandé d'y donner tous leurs soins. Mais dans les plus pressantes occasions, *la plupart des officiers sont d'une indolence inconcevable sur les travaux.*

" J'avais eu soin, en traçant, de suivre autant qu'il m'avait été possible, les parties les plus élevées du terrain. Cependant on s'est plaint d'avoir été enfilé, c'est-à-dire qu'en arrière des retranchements on a eu du monde tué, et cela est vrai, parce qu'ils étaient trop bas et sans banquette ". *Journal de Desandrouins.*

prolongeait en arrière en longeant la crête du plateau, formant ainsi un demi-cercle. L'inclinaison du sol en avant formait un glacis naturel, tandis qu'à droite et surtout à gauche le terrain était accidenté. Au delà des retranchements les arbres furent abattus jusqu'à portée de fusil, et tournés la tête en avant, à côté des souches, pour embarrasser la marche de l'ennemi, mettre le désordre dans ses rangs et l'arrêter sous les coups de fusil. Enfin, au pied même des remparts, de gros arbres renversés et entrelacés, les branches affilées en pointes, présentaient leurs mille dards aux assaillants.

Les quatre cents Canadiens qui prirent part à l'action, avaient eu leur place marquée " dans la plaine de droite et s'y retranchèrent de la même manière, sous la protection du retour le long de l'escarpement ". Dans la plaine de gauche étaient les deux compagnies de volontaires de Bernard et Duprat. Enfin, les canons de Carillon étaient dirigés à la fois sur le débarquement et sur la plaine de droite, en cas que l'ennemi vînt prendre l'armée en flanc. Telle fut l'ardeur mise à ces travaux, que la ligne se trouva le soir même en état de défense [1].

Toute la journée, les volontaires avaient fait le coup de feu avec les troupes légères des Anglais, qui protégeaient leur avant-garde occupée à élever l'un devant l'autre des retranchements, dont les plus proches étaient à la portée du canon. Abercromby avait fait transporter en même temps au-dessous de la Chute, plusieurs berges et des pontons, montés de deux canons, qui

---

[1] — *Journal de Montcalm.*

devaient battre le camp retranché des Français par eau, pendant qu'il serait attaqué par terre.

A sept heures, après le repas du soir, toute l'armée fut appelée sous les armes, et le général fit lire la proclamation suivante :

" Vive le Roi !

" Les troupes tenteront à portée de leurs retranchements. Les compagnies étant faibles, elles camperont sous deux tentes par compagnie. Il y en aura une troisième par compagnie pour les officiers.

" Chaque officier major verra à reconnaître les ruisseaux et fontaines qui peuvent être derrière le camp et peuvent procurer de l'eau aux soldats.

" Les grenadiers rentreront dans leur camp à l'entrée de la nuit. Les grands gardes se replieront et se tiendront sur le bord du retranchement, tenant de petits postes en avant.

" Les Canadiens et troupes de la colonie seront fort attentifs sur ce qui se passe à droite, dans la trouée qu'ils doivent garder.

" Les officiers et soldats coucheront dans leurs tentes, habillés.

" Comme les sept bataillons prendront les armes dès la pointe du jour, on donnera l'ordre pour le travail de demain.

" Les troupes seront bien aises d'apprendre que M. le chevalier de Lévis sera ici demain matin, et que d'ici à trois fois vingt-quatre heures, il y aura une augmentation de trois mille hommes et de trois cents sauvages. Ainsi, il n'est question que de confiance, courage et fermeté. M. le marquis de Montcalm attend cela de ses troupes, et il leur procurera toutes récompenses et avantages qu'on doit attendre d'une bonne manœuvre.

" On ne saurait trop prévenir les soldats que la *grande faute des troupes de terre est de se presser de fusiller sans ajuster :* il en résulte que les munitions se consomment promptement, et que l'ennemi continuant à tirer, le découragement prend le soldat. MM. les officiers tiendront la main à un article aussi important, et qu'on ne saurait trop répéter. Ils verront de laisser tirer le soldat à son aise et l'exhorter à bien ajuster.

" Les bataillons se mettront en bataille à la première alerte. Lorsqu'ils seront formés, on fera rester de pied ferme les compagnies de grenadiers et les piquets. Mais les bataillons marcheront en avant et borderont les retranchements. Ils mettront leurs soldats un peu plus épais aux angles flanqués de redans.

" Les volontaires se porteront aux issues ou sorties des retranchements, pour faire des sorties lorsqu'on leur en donnera l'ordre.

" Les compagnies de grenadiers se porteront, si le cas l'exige, à la défense des parties de leur bataillon où ils verront l'ennemi faire des progrès, et feront des sorties si on le leur ordonne.

" Les bataillons qui ne seront pas attaqués porteront secours de leurs grenadiers et piquets, à ceux qui seront pressés trop vigoureusement.

" Les Canadiens, campés dans la trouée ou bas-fond, marcheront en avant en s'éparpillant derrière les arbres pour soutenir cette partie, et s'ils sont dans la nécessité de se retirer, ils se retireront en arrière, en s'appuyant cependant un peu sur la droite du régiment de la Reine.

" MM. les commandants de bataillons feront usage de leurs talents et de leur expérience dans les circonstances qu'on ne peut prévoir.

" Il est de la dernière conséquence de soutenir jusqu'à la dernière extrémité les retranchements.

" Chaque commandant aura un officier près de lui. Chaque brigade enverra un officier d'ordonnance au commencement de l'action, à M. le marquis de Montcalm.

" Il sera porté des munitions à chaque bataillon.

" M. de Bourlamaque se charge de la gauche.

" Les gardes seront postées demain matin en avant des retranchements, à cent cinquante pas des abatis. La nuit elles feront faire des patrouilles très fréquentes et donner des signaux muets.

" Les gardes du camp seront postées sur le bord des retranchements, au centre de chaque bataillon.

" M. de Bourlamaque règlera le nombre des détachements qui seront dehors [1] ".

Au crépuscule, pendant que les troupes se reposaient de leur rude journée, elles firent éclater leur joie par des hourras en apprenant que trois cents hommes du renfort amené par M. de Lévis, venaient de débarquer, et que le chevalier lui-même serait à Carillon dans quelques heures avec le reste de son détachement. Lévis à lui seul valait une armée. En descendant à

---

1 — *Journal de Desandrouins.*

terre avec les premières berges, le capitaine Pouchot voyant des tentes dressées autour du fort, crut que l'armée y était campée, mais il apprit bientôt qu'elle couronnait la hauteur. En gravissant la déclivité, il avisa dans un groupe le marquis de Montcalm. Le général, en lui pressant la main, lui fit parcourir les retranchements. Pouchot ne put retenir son étonnement à la vue des travaux prodigieux faits en si peu de temps, et il confirma le général dans l'idée qu'il pouvait tenir, malgré l'énorme disproportion des forces [1].

Vers trois heures du matin, Montcalm averti de l'arrivée du chevalier de Lévis, courut à sa rencontre avec tout l'empressement qu'inspiraient sa vive amitié et la situation. Les deux héros s'embrassèrent avec effusion et se félicitèrent d'avoir à combattre l'un à côté de l'autre. Lévis approuva toutes les dispositions prises par Montcalm. Les renforts que le chevalier amenait avec lui achevaient de débarquer, et défilaient en criant : " Vive notre général " !

" Ils avaient fait, dit Montcalm, la plus grande diligence, marchant jour et nuit, malgré les vents contraires, pour joindre leurs camarades qu'ils avaient su à la veille d'être attaqués ; aussi, furent-ils reçus de notre petite armée avec la même joie que les légions de Labiénus le furent par ces cohortes romaines bloquées avec Quintus Cicéron, par un essaim de Gaulois [2] ".

Le matin du 8 juillet [3], de cette journée qui allait être désormais la plus glorieuse date de nos annales, le

---

1 — Pouchot, *Dernière guerre de l'Amérique*, Vol. I, p. 137.
2 — *Journal de Montcalm*.
3 — C'était un samedi.

tambour battit au champ aux premières lueurs de l'aurore. Officiers et soldats endormis tout habillés, sortirent en même temps de leurs tentes, et rentrèrent dans les rangs. Chaque bataillon fut dirigé vers la partie des retranchements qui lui était assignée pour la défense. La Sarre et Languedoc, avec deux piquets arrivés de la veille, à la gauche ; au centre, le premier de Berry et Royal-Roussillon avec le reste des piquets du chevalier de Lévis ; à la droite, Guyenne, Béarn et la Reine. La plaine, dont l'étendue, depuis l'escarpement de la droite jusqu'au lac, était aussi large que tout le front du camp retranché, fut confiée aux Canadiens. Les deux compagnies de volontaires eurent à défendre vers l'extrême gauche une trouée percée entre l'aile du retranchement et la rivière à la Chute. Chaque bataillon avait derrière lui une compagnie de grenadiers et un piquet de réserve, pour l'appuyer au besoin et se porter aux endroits menacés. Le chevalier de Lévis avait le commandement de la droite ; le colonel de Bourlamaque celui de la gauche ; le marquis de Montcalm se réserva le centre pour surveiller l'action générale. Le second bataillon de Berry, à l'exception de ses grenadiers, restait à Carillon aux ordres de M. de Trécesson. Le chiffre total des combattants ne s'élevait qu'à trois mille cinq cent six [1]. Ces dispositions réglées

---

1 — Etat et composition de l'armée française le 8 juillet 1758.
    Bataillon de la Reine.................. 345
        "   de Béarn....................... 410
        "   de Guyenne................... 470
        "   de la Sarre.................... 460
        "   de Languedoc................ 426
        "   de Royal-Roussillon........ 480

et la ration prise avec cette bonne humeur et cette gaieté qui sont les qualités distinctives du soldat français au feu, toute l'armée se remit au travail des retranchements, perfectionnant les abatis, construisant deux batteries à gauche, et une redoute à droite, qui ne purent être terminées qu'après l'action. Un coup de canon était le signal convenu pour que chaque soldat courût à son poste.

Vers dix heures du matin, le flanc de la montagne du Serpent-à-Sonnettes, qui domine Carillon, au delà de la rivière à la Chute, se couvrit de tirailleurs ennemis : c'était un parti de quatre cent cinquante sauvages aux ordres de sir William Johnson, arrivé le jour même, et quelques troupes légères détachées par Abercromby, pour inquiéter notre gauche. Ils firent un feu de mousqueterie soutenu, mais inoffensif ; car les balles n'arrivaient qu'au bord de la falaise, la plupart même tombaient dans la rivière. On ne prit point la peine d'y répondre, et le travail n'en fut pas dérangé. Après s'être amusés quelque temps à cette fusillade, les sauvages passèrent le reste du jour à regarder en spectateurs oisifs les péripéties de la bataille.

Au moulin de la Chute, les Anglais étaient loin de montrer l'activité de la petite armée française. Il était

Le premier bataillon de Berry	450
Le 2me bataillon de Berry gardait le fort de Carillon excepté sa compagnie de grenadiers	50
Canadiens	400
Sauvages	15
Total	3,506

Journal de Montcalm.

tard dans la matinée quand l'ingénieur en chef Clerk, envoyé sur la montagne du Serpent-à-Sonnettes pour examiner les ouvrages de Carillon, revint faire son rapport. Autant qu'il avait pu en juger à distance, ces travaux pouvaient être emportés d'assaut. Abercromby se décida alors d'attaquer sans délai, et mit son armée en mouvement. En tête marchaient les rangers, suivis de l'infanterie légère et des marins de Bradstreet, puis venaient les régiments de la ligne, précédés de quelques troupes de milice.

A midi, l'avant-garde déboucha à l'orée du bois, et commença un feu d'escarmouche. A ce bruit, les soldats français sans attendre le signal, jetèrent leurs outils et se précipitèrent vers les retranchements. En un clin d'œil, les lignes blanches de leurs compagnies se dessinèrent à triple rang tout le long de la ceinture grise des abatis, au-dessus desquels flottaient les drapeaux de chaque bataillon. C'était pour la première fois que celui de Berry voyait le feu en Amérique. Parmi ceux qui couronnaient les retranchements de la droite défendue par les Canadiens, il en était un auquel nos milices attachaient un grand prix. C'était un don offert par les dames canadiennes : fait d'une riche étoffe, il portait au centre, sur un fond d'azur semé de lis, une image de la Sainte Vierge, que ces dames avaient brodée de leurs propres mains.

Pendant que les miliciens allongeaient les canons de leurs fusils dans les embrasures, Lévis parcourut leurs lignes, s'arrêtant devant chacun des officiers commandants, MM. de Raymond, de Saint-Ours, de Gaspé, de la Naudière, leur ordonnant de veiller à ce que chaque soldat ne tirât jamais sans viser un ennemi. Au centre et à la gauche, Montcalm et Bourlamaque réitérèrent les mêmes ordres.

En ce moment, nos grand'gardes et nos compagnies de grenadiers, qui tiraillaient en avant du camp, furent ramenés vivement à coups de fusil par les rangers et les troupes légères. Elles rentrèrent néanmoins en bon ordre par les barrières qui furent aussitôt refermées. Une seule, la grand'garde de droite qui s'était attardée à faire le coup de feu, trouva les portes fermées et fut obligée de sauter par-dessus le parapet.

C'était le prologue de la bataille [1]. Toute la lisière de la forêt, depuis l'extrême gauche jusqu'à la droite, se couvrait d'uniformes bleus, tandis qu'en arrière, vis-à-vis des trouées ouvertes dans leurs rangs, émergeaient du bois en plein soleil trois colonnes d'habits rouges, et une quatrième dont les couleurs bariolées indiquaient un régiment écossais. On entendait distinctement le commandement des officiers criant sur toute la ligne " *Fire* ". De formidables décharges de mousqueterie se succédaient sans interruption, mais les Français n'y répondirent pas, car le feu dirigé de trop loin, les balles arrivaient à peine ; pas une ne portait dans leurs rangss, A ce silence, on aurait pu croire les retranchements abandonnés.

Cependant les colonnes rouges et celle des Ecossais approchaient fièrement au pas, se tenant presque toujours à la même hauteur, malgré les obstacles de toutes sortes qui gênaient leur marche. Les deux premières

---

1 — *Journal de Desandrouins.* — Cf. *Id. de Malartic*, p. 184.

appuyèrent à la gauche des retranchements, et s'avancèrent l'une contre la Sarre et Languedoc, l'autre contre Berry ; les deux autres menacèrent la droite ; celle qui était près du centre marchait sur Royal-Roussillon et Guyenne ; la dernière sur Béarn et la Reine.

Quand elles furent à bonne portée de fusil, toute la ligne des retranchements se couvrit d'un nuage de fumée, et plus de trois mille balles grêlèrent sur la tête des colonnes dont les premiers rangs furent couchés à terre. Elles continuèrent le feu cependant, sans s'ébranler ; mais tandis que la plupart de leurs balles venaient s'enfoncer dans les troncs d'arbres des abatis, celles des Français, dirigées avec précision, renversaient des lignes entières. " C'était un feu d'enfer ", disait un officier anglais échappé à cette mêlée, et qui entendait les projectiles siffler autour de ses oreilles.

Sous cet ouragan de plomb, les colonnes commencèrent à vaciller ; puis reprenant courage à la voix de leurs officiers, elles se reformèrent et revinrent à la charge en faisant feu à mesure qu'elles avançaient. Le général Abercromby, qui se tenait au moulin de la Chute, une demi-lieue plus loin, avait donné ordre d'emporter la position à la baïonnette. L'armée, infatuée comme son chef, et comme frappée de vertige depuis la mort de Howe, ne songeait qu'à pousser de l'avant, se croyant sûre de vaincre. Mais la forêt d'arbres renversés, dont les branches flétries étaient entrelacées, retardait la marche et mettait le désordre dans les rangs et dans la fusillade. Les morts et les blessés qui tombaient de toute part, achevaient la confusion. L'élévation qui conduisait aux remparts de troncs d'arbres, où le soldat n'apercevait que des jets de feu avec des taches de fumée vomissant la mort, semblait de plus en plus inaccessible.

Cependant, les abatis qui donnaient un si grand avantage aux assaillants, avaient leur inconvénient : ils servaient d'abri à une nuée de tirailleurs ennemis répandus sur les ailes et dans les intervalles de chaque colonne. Plus adroits que les troupes de la ligne, ces francs-tireurs, cachés derrière les souches et les arbres, faisaient un feu meurtrier qui éclaircissait les rangs des Français ; mais ceux-ci ripostaient avec une justesse de tir plus admirable encore.

" Impossible, raconte le capitaine Desandrouins, de trouver plus de sang-froid et de bravoure qu'on en vit ce jour-là dans le soldat. J'ai été témoin qu'aucun ne tirait son coup sans viser son homme, et que la plupart attendaient souvent un assez long temps, de voir paraître un tirailleur, posté derrière une souche, pour ne pas le manquer, quoique les balles plussent dru comme grêle ".

La tête d'une des colonnes parvint jusqu'aux chevaux de frise improvisés qui défendaient le pied des retranchements ; mais là elle se trouva arrêtée par leurs milliers de branches aiguisées qu'elle chercha en vain d'arracher ou de franchir, pendant que de front, de droite et de gauche, elle était criblée de balles. Après une heure de cette lutte acharnée, au milieu d'un incroyable crépitement de mousqueterie, les quatre colonnes furent rejetées jusqu'à la lisière du bois.

Abercromby, toujours au moulin de la Chute, envoya l'ordre de renouveler l'attaque. Le feu de tirailleurs recommença avec une nouvelle furie, et les baïonnettes des régiments s'abaissèrent en miroitant au soleil, au cri de : " *Forward* " des officiers, entendu distinctement dans le camp. Cette fois, la tactique de leurs commandants avait changé : les deux colonnes de leur droite s'élancèrent vers la trouée gardée par les deux compagnies de volontaires. Les deux autres assaillirent l'angle droit des retranchements. Le choc fut terrible : la tête des colonnes tourbillonnait sous la tempête, sans arrêter les survivants qui, enjambant par-dessus les morts, continuaient à combattre avec la ténacité britannique. Les montagnards écossais, toujours braves entre les braves, se faisaient tuer à quelques pas du camp. C'était pitié de voir tomber ces beaux géants, qui, après s'être battus à Culloden, n'auraient pas voulu, en Europe, croiser la baïonnette avec les Français. Leur taciturne commandant, Duncan Campbell, sûr de marcher à la mort depuis que, la nuit précédente, il avait cru voir le fantôme d'Inverawe, ne s'avança pas moins avec le courage du désespoir.

De leur côté, les Canadiens tiraient à toute volée avec la précision d'hommes accoutumés à la chasse. Seuls de tous les assiégés, ils firent plusieurs sorties. Les plus intrépides d'entre eux, MM. de Langy, de Nigon, de La Ronde en tête, sautèrent par-dessus les retranchements et, s'éparpillant à la manière indienne le long du bois, ouvrirent un feu terrible sur le flanc des ennemis. Ramenés dans les retranchements par une fusillade d'enfer lancée contre eux, ils réitérèrent à plusieurs reprises leurs sorties, signalées chaque fois par d'horribles trouées dans les colonnes anglaises. Ce fut, grâce à ces sorties, d'après Pouchot, que les ennemis, qui auraient pu aisément tourner le camp par son extrême droite " s'ils avaient connu le terrain et la facilité d'y pénétrer[1] ", n'osèrent jamais s'y aventurer.

Le chevalier de Lévis dirigeait ces attaques avec le même calme que s'il eût été à la parade. Au centre, le marquis de Montcalm donnait ses ordres sous les balles avec le sang-froid et la sûreté de commandement d'un vieux général.

Il faisait une chaleur étouffante, et dès le commencement de l'action, le marquis avait enlevé son uniforme en disant avec un sourire à ses soldats : " Mes amis, il va faire chaud aujourd'hui ".

Derrière lui, à sa portée, étaient massées les huit compagnies de grenadiers qu'il dirigeait tantôt sur un point, tantôt sur un autre, suivant les besoins. Sur la gauche, le colonel Bourlamaque se multipliait avec sa bravoure ordinaire, et reçut à la tête une blessure dangereuse. Il fut remplacé dans le commandement par M. de Senezergues, qui ne lui cédait ni en vaillance ni en habileté.

" J'avais demandé, dit Desandrouins, à M. le marquis de Montcalm dès le commencement de l'affaire, la permission de lui servir d'aide de camp, et comme j'allais de la droite à la gauche continuellement, les soldats me demandaient des nouvelles de ce qui se passait, et lorsque j'étais dans une aile, je leur criais : — " Dans l'autre aile, il y a plus de quinze cents Anglais le ventre en l'air : les autres sont en déroute, et leur

---

1 — Pouchot, *Mémoires*, vol. I, p. 157.

colonne n'ose plus s'y montrer. Il n'y reste que de méchants tirailleurs derrière les souches qu'on s'amuse à démonter." J'avais le plaisir aussitôt de voir paraître les plus vifs transports de joie et de les entendre s'animer au combat par des cris de "Vive le roi"!

Le centre, resté plus tranquille durant ces attaques de flancs, craignait à chaque instant d'être tourné : " Prenez garde à la gauche " ! criait-on à droite. " Prenez garde à la droite " ! répondait-on à gauche.

Vers trois heures, une vingtaine de bateaux et deux pontons, avec du canon et des tirailleurs, parurent à l'embouchure de la Chute, dans le but de prendre notre gauche à revers. Ils furent salués par les salves des volontaires et des grenadiers de Poulhariez qui bordaient le pied de l'escarpement, et par le canon du fort qui coula deux des bateaux et mit le reste en fuite.

En ce moment, la scène de carnage était indescriptible. A l'intérieur du camp, toute la ligne des retranchements était jonchée de morts et de blessés. Au dehors, sur toute la circonférence du camp, les cadavres gisaient par centaines en masses plus ou moins compactes, selon l'acharnement du combat ; les uns couchés en travers sur les arbres renversés, les autres accrochés à leurs rameaux ; plusieurs se tordant encore dans les derniers spasmes de l'agonie. Des colonnes en désordre se portaient tantôt à droite, tantôt à gauche, cherchant un point vulnérable au milieu du tonnerre des décharges, du sifflement des balles et des cris secs du commandement, des vociférations de soldats avançant ou reculant dans un fouillis inextricable de feuillages et de branches.

Un curieux incident eut lieu durant l'une de ces attaques. Comme les enseignes de Guyenne agitaient leurs drapeaux chaque fois qu'on criait : Vive le roi ! la colonne qui marchait vers ce régiment crut que c'était un signal de capitulation. Une vingtaine de soldats s'approchèrent en faisant signe de leurs chapeaux et en criant : *Quarter !* Les Français hésitèrent un instant, puis répondirent : *Armes bas ! Armes bas !* en se montrant à mi-corps au-dessus du retranchement. Ces Anglais ne sachant probablement pas le français, ne comprirent pas et continuèrent d'avancer sans obéir à l'injonction. Alors, dit Desandrouins, qui rapporte cet incident, Guyenne, dont les flammes vertes et isabelles avaient fait cette illusion, tira une bordée de front, tandis que Royal-Roussillon fusilla de flanc " ces pauvres gens, qui s'imaginaient que les drapeaux flottants étaient de notre part un signe qu'on se rendait ".

Pouchot, qui rapporte le même fait, lui donne une cause différente, laquelle cependant peut se concilier avec la première. Le capitaine de Bassignac, de Royal-Roussillon, attacha, dit-il, un mouchoir rouge au bout d'un fusil, et l'agita en signe de défi au-dessus du rempart. Les Anglais, selon lui, approchèrent en tenant leurs fusils en travers à deux mains et en criant : *Quarter !* Les Français, de leur côté, croyant à une reddition, cessèrent le feu et montèrent sur les retranchements à leur rencontre. Pouchot, qui en ce moment était venu demander de la poudre et des balles à M. de Fontbonne, l'entendit dire à ses soldats : "Dites-leur de quitter leurs armes et on les recevra ". Pouchot, apercevant alors des soldats perchés sur le retranchement, jeta un coup d'œil en dehors pour en savoir la cause, et vit bien que les Anglais n'avaient nulle envie de se rendre. Il se mit à crier de toutes ses forces : " *Tirez ! Tirez ! ne voyez-vous pas que ces gens-là vont vous enlever ?* Sans descendre des remparts, les Français firent feu et l'action recommença.

Les Anglais ne manquèrent pas de crier à la trahison. Une autre trahison des Français, écrivit un Anglo-Américain, c'était d'élever leurs chapeaux au bout de leurs fusils pour s'amuser à voir les francs-tireurs les percer de leurs balles.

Pendant que ceci se passait à la droite, au centre, le bataillon de Berry, en grande partie composé de jeunes recrues, faiblit un moment devant une légion d'assaillants, et abandonna le parapet. Les compagnies de grenadiers accoururent en toute hâte, et les ramenèrent si promptement que l'ennemi ne s'aperçut pas de leur désertion.

Des cris de : Vive le roi ! Vive notre général ! éclataient en ce moment sur le chemin de Carillon : c'était une troupe de trois cents Canadiens et soldats de la marine qui venaient de débarquer et qui accouraient au secours de leurs camarades. Ils furent échelonnés immédiatement le long des retranchements de l'extrême droite [1].

Cependant le jour commençait à baisser. Le soleil allait bientôt disparaître derrière les montagnes dans un ciel aussi pur et aussi calme qu'à son lever. Les

---

1 — *Journal de Lévis*, p. 141.

paisibles clartés que ses rayons obliques jetaient sur le plateau de Carillon semblaient une muette protestation de la nature contre les scènes d'horreur qui s'y passaient. Le général Abercromby arriva enfin sur le champ de bataille, furieux des échecs réitérés de son armée. Avant de s'avouer vaincu, il voulut tenter un suprême effort. Il réunit ensemble les deux colonnes de sa gauche, et les lança sur l'angle droit des retranchements. Les deux colonnes de sa droite également réunies dans un même corps se précipitèrent au fond du ravin qui borde la rivière à la Chute et vinrent donner contre la trouée déjà si bien défendue par les volontaires de Bernard et Duprat. Aucune des attaques précédentes n'avait été faite avec autant d'impétuosité et d'acharnement. Les volontaires, soutenus des grenadiers et du feu plongeant que faisaient du haut de l'escarpement la Sarre et Languedoc, finirent par repousser l'ennemi. Mais au rempart de la droite, le danger devint imminent : la colonne anglaise et celle des montagnards d'Écosse, combattant côte à côte, rivalisaient d'audace et d'impassible opiniâtreté. Il y avait en présence l'orgueil national de deux races naguère ennemies, et se redoutant encore. La fierté britannique aurait été humiliée de se voir vaincue en bravoure par les Highlanders, fût-ce par les plus valeureux de leur clan. Les Écossais, de leur côté, sentaient qu'ils étaient les mêmes qu'au temps de Robert Bruce, et voulaient le prouver. Cette colonne à double tête semblait avoir une poussée irrésistible. A mesure que les premiers rangs tombaient, les survivants montaient sur les cadavres. Foudroyés à leur tour, ceux-ci étaient remplacés par d'autres. Ils n'étaient plus qu'à quinze pas du retranchement : s'ils parvenaient à l'escalader, une avalanche les suivait et la journée était perdue. "*A droite ! A droite ! Tirez à droite !*" crient nos soldats. Guyenne, Béarn et la Reine, qui défendent le redan, vont être écrasés. Montcalm a vu le danger, il accourt avec ses grenadiers. Un instant leur triple rangée de baïonnettes brille au-dessus du parapet, puis s'abaisse. Un rempart de flammes, de fer, de plomb, de fumée enveloppe les retranchements : Anglais et montagnards tombent pêle-mêle.

Les montagnards surtout sont décimés. La moitié de leur régiment, vingt-cinq de leurs officiers sont tués ou blessés, mais les mourants crient à leurs compagnons de marcher en avant et de faire triompher le drapeau. Le major Campbell d'Inverawe voit se réaliser son pressentiment. Frappé d'une blessure mortelle, il est transporté hors du champ de bataille par ses frères d'armes [1].

Malgré leurs pertes énormes, les ennemis semblaient se multiplier, et s'acharnaient à franchir la barrière de plomb qui les arrêtait. Montcalm, tête nue, les traits enflammés, des éclairs dans les yeux, dirigeait la défense en personne sur la ligne menacée et s'exposait comme le dernier de ses soldats. Lévis, toujours impassible, quoique deux balles eussent déjà traversé son chapeau,

---

[1] — Voir à l'APPENDICE *la Légende de Ticondéroga*. Le nom sauvage de Ticondéroga adopté par les Anglais pour désigner Carillon, signifie bruit sonore, à cause du *carillon* que fait la chute de la décharge en cet endroit.

le secondait avec cette justesse de coup d'œil qui faisait pressentir le futur héros de Sainte-Foye.

Le moment était critique : le feu prenait aux retranchements, et il fallait que des braves s'exposassent au danger, presque certains d'être tués, en sautant sur le revers pour aller l'éteindre. En prévision de cet accident, des barriques d'eau étaient toujours en réserve. Les troupes qui combattaient sans répit depuis plus de quatre heures étaient accablées de chaleur et de fatigue. A force de tirer, les fusils se rougissaient ; il fallait les changer pour d'autres. Et les Anglais ne reculaient pas [1].

Tout à coup, à l'extrême droite un cri se fit entendre : *En avant, Canadiens !* Le chevalier de Lévis venait de leur ordonner une sortie. Leur nombre était maintenant de sept cents, grâce aux renforts arrivés. Une nuée de coureurs de bois s'élancent pardessus les retranchements, se répandent au milieu des abatis et sur la lisière du bois. Leurs vaillants officiers sont à leur tête. De la plaine qu'ils occupent, ils dirigent leur feu sur le flanc de la colonne qui s'allonge au bord du coteau d'où elle menace le redan. Ces Canadiens, accoutumés à faire la chasse à l'homme, ne perdent pas une de leurs balles, et font dans les rangs

---

1 — Il est difficile de croire certaines relations anglaises, qui affirment que des soldats écossais seraient parvenus à franchir les retranchements, et à sauter parmi les Français, où ils auraient été tués à coups de baïonnette. Montcalm dit formellement dans son *Journal* que les colonnes qui s'approchèrent le plus près furent arrêtées à quinze pas. Lévis dit, à vingt pas des retranchements, p. 137. Desandrouins est encore plus positif : " Ont-ils été, dit-il en parlant des assaillants, jamais à moins de vingt pas des *fraises* mises en avant " ?

ennemis des trouées qui se referment aussitôt. Mais ce feu devient si meurtrier, que la colonne est obligée d'incliner à droite pour y échapper, et elle va donner plus au centre contre Royal-Roussillon. Efforts inutiles! la tempête de plomb l'enveloppe de front, de droite et de gauche, et elle est enfin rejetée au bord de la forêt. La dernière sortie des Canadiens avait été décisive. C'est sans doute l'habileté de leur tir dans la position avantageuse qu'ils se donnaient par leur fréquentes sorties, et aussi la crainte qu'ils inspiraient, comme les sauvages, dans ce genre de combat où ils n'avaient pas d'égaux, qui empêchèrent les ennemis de pousser une attaque directe dans la plaine ouverte qu'ils occupaient [1].

Vers six heures, une dernière attaque fut aussi infructueuse que les précédentes ; et à partir de ce moment jusqu'à sept heures et demie, il n'y eut plus qu'un feu de tirailleurs intermittent pour masquer la retraite définitive de l'armée anglaise. Sous le couvert de cette fusillade faite par les rangers et les francs-tireurs coloniaux, abrités dans les plis du terrain, derrière les abatis, ou sur la lisière du bois, une partie des blessés furent enlevés et transportés à la Chute, où l'armée se retirait en désordre.

Quelques soldats de Béarn, à l'insu de leurs officiers, sautèrent par-dessus le retranchement, en criant : *Tue ! Tue !* et attaquèrent des tirailleurs cachés derrière des

---

[1] — En parlant des sorties des Canadiens, M. de Lévis dit qu'il les "fit répéter plusieurs fois pendant tout le temps que l'ennemi attaqua la droite des hauteurs". *Journal*, p. 137. "Ils s'y comportèrent avec beaucoup de zèle et de courage," ajoute-t-il ailleurs. p. 141. — Cf. *Journal de Malartic*, p. 186.

arbres, les mirent en fuite, firent quelques prisonniers, dépouillèrent quelques morts et rentrèrent triomphants [1].

Le crépuscule d'une magnifique nuit de juillet étendit son voile mystérieux sur l'hécatombe humaine couchée autour du camp de Carillon. Parmi les officiers français qui avaient trouvé une mort héroïque dans cette immortelle journée, et qui gisaient dans leur sang, sur le gazon, se voyaient le brillant chevalier Du Coin, capitaine dans Royal-Roussillon, de Fréville et le chevalier de Parfouru [2], le premier capitaine, le second lieutenant dans Languedoc ; le brave Dodin, lieutenant des grenadiers, et huit autres officiers de divers grades [3]. Deux autres étaient blessés mortellement. Le chiffre total des morts était de cent quatre, et deux cent quarante-huit blessés. Le colonel Bourlamaque, comme on l'a vu, avait été atteint dangereusement ; Bougainville, Malartic, de Montgay et l'intrépide d'Hébécourt légèrement.

Les Anglais avouèrent une perte de dix-neuf cent quarante-quatre hommes, officiers et soldats. Mais les Français ont toujours persisté à dire que cette perte avait été beaucoup plus considérable. " On sait, dit Pouchot, qu'on doit peu compter sur leurs relations. Le gouvernement, ayant plus à ménager qu'en France

---

[1] — *Journal de Desandrouins.*
[2] — Un autre officier du même nom, probablement son parent, le capitaine Parfouru, servait dans le même régiment.
[3] — L'histoire doit transmettre à la postérité les noms de ces braves officiers : La Sarre avait perdu MM. de Moran, Dumesnil et Champredon ; Guyenne, de Patris ; Berry, La Brême et Emeric ; Béarn, Pons et Douay.

les esprits, ne cherche qu'à les tromper, soit en augmentant ses victoires, soit en diminuant ses défaites [1] ".

Montcalm, couvert de poussière, mais la figure illuminée de joie, parcourut avec son ami Lévis toute la ligne des retranchements, félicita les soldats de leur noble conduite et leur fit distribuer de l'eau-de-vie, du vin et des rafraîchissements.

Toute l'armée, après avoir nettoyé ses armes, coucha le fusil au côté, le long des retranchements, de crainte d'une surprise nocturne ; car l'ennemi avait encore une telle supériorité numérique, que l'on n'osait croire à une retraite définitive. Mais les sentinelles placées aux avant-postes n'entendirent durant le cours de cette belle nuit étoilée, que les gémissements de quelques blessés agonisant sur le champ de bataille, et les cris sinistres des oiseaux de proie planant au-dessus des cadavres.

A l'aube du jour, Montcalm, déjà sur pied, fit battre la générale et border les retranchements. Les Anglais, à la Chute, sachant qu'il attendait des renforts considérables, crurent qu'il marchait contre eux, et précipitèrent leur fuite. Pendant qu'on ramassait les blessés abandonnés sur le champ de bataille, et qu'on perfectionnait le camp retranché, les volontaires détachés en avant revinrent avec la nouvelle que les retranchements élevés par les ennemis à mi-chemin de la Chute, étaient abandonnés. Ce jour-là, faute de sauvages, on ne put envoyer plus loin à la découverte. Mais dès l'aurore du 10, le chevalier de Lévis sortit du camp

---

1 — Pouchot, *Mémoires*, vol. I, p. 157.

avec les grenadiers, les volontaires et cent Canadiens. Il trouva à la Chute les ruines fumantes du moulin incendié, et partout jusqu'au Portage les débris d'une retraite précipitée, des blessés gisant au bord du chemin, de grandes quantités de haches, de pioches, de souliers abandonnés dans un bourbier, beaucoup de quarts de farine éventrés et cent cinquante jetés à la rivière, qu'il fit retirer et porter à Carillon. On découvrit même plusieurs jours après, dans la forêt, aux environs du Camp-Brûlé, un grand nombre de cadavres sur des civières. Telle avait été la panique des vaincus qu'ils y avaient abandonné ces malheureux blessés, morts depuis sans aucun secours [1]. Des éclaireurs envoyés jusque vers le milieu du lac, s'assurèrent qu'il était libre. L'armée d'Abercromby, qui avait descendu ce même lac en chantant des airs de triomphe anticipé, l'avait remonté, précipitamment, quatre jours après, vaincue, découragée, couverte de confusion. Elle ne s'était crue en sûreté qu'après être rentrée dans ses retranchements, à la tête du lac, où elle continuait à se fortifier.

Le 9 au matin, Montcalm avait chargé son aide de camp, M. de la Rochebeaucour d'aller porter au gouverneur un récit abrégé de la victoire ; il lui annonçait en même temps, " qu'il se mettait en mesure de recommencer ce matin-là, si les Anglais en avaient envie ". Puis il ajoutait : " Les Canadiens nous ont fait regretter de n'en avoir pas en plus grand nombre. M. le chevalier de Lévis s'en loue beaucoup ; M. de Raymond et les autres officiers, de Saint-Ours, de la Naudière,

---

[1] — *Journal de Montcalm.*

de Gaspé, se sont signalés. Je n'ai eu que le mérite de me trouver général de troupes aussi valeureuses ".

En passant à Chambly, à trois heures du matin, M. de la Rochebeaucour alla frapper chez M. Péan, pour lui annoncer la victoire : " Il m'a pensé faire mourir subitement, écrivit celui-ci au chevalier de Lévis. Il m'a trouvé encore endormi…. Je me réveille en sursaut, et la première chose que je lui demande fut : — Quelles nouvelles ? Il me dit : — Elles sont bonnes, et M. le chevalier de Lévis a reçu deux balles… Je fis sur le champ un cri que je ne pus retenir ; mais il acheva : — dans son chapeau. Je vous assure que j'ai senti dans ce moment comment je vous suis attaché. "

Le 12 au matin, l'armée française, rangée en bataille sur le plateau de Carillon, chanta l'hymne de la victoire au bruit des fanfares, des tambours et du canon. Une grande croix dressée par ordre de Montcalm, portait cette inscription que lui-même avait composée, et dont il avait écrit au-dessous la traduction en vers français.

Quid dux ? quid miles ? quid strata ingentia ligna ?
En signum ! en victor ! Deus hic, Deus ipse triumphat !

" Chrétien ! ce ne fut point Montcalm et sa prudence,
Ces arbres renversés, ces héros, leurs exploits,
Qui des Anglais confus ont brisé l'espérance ;
C'est le bras de ton Dieu vainqueur sur cette croix [1] ".

---

1 — Sur la croix, l'abbé Piquet, aumônier de l'armée, avait ajouté cette inscription : *Non plus ultra, qui jam a Gallis cœsi, victi fugatique fuistis, Angli, anno 1758, die vero 8 julii septem contra unum.* — " Vous n'irez pas plus loin, Anglais, qui, étant sept contre un, avez été battus, vaincus, mis en déroute par les Français, le 8 juillet de l'année 1758 ".

Le temps n'a pas respecté ce monument éphémère ; le fort lui-même a été démantelé ; mais le nom de Carillon est resté à jamais inscrit dans nos fastes militaires. Le drapeau arboré par les milices canadiennes au jour de la bataille, fut rapporté troué de balles, et suspendu aux voûtes de l'église des récollets de Québec. Echappé presque miraculeusement à l'incendie de cette église, en 1796, il a été conservé depuis comme une précieuse relique d'un autre âge. Aux jours des solennités publiques, quand les Canadiens veulent rappeler les exploits de leurs pères, ils promènent en triomphe le drapeau de Carillon.

CHAPITRE DOUZIÈME

1758

Animosité entre Montcalm et Vaudreuil.—Montcalm demande son rappel. — Expédition de M. de Courtemanche.— Joute entre les Abénakis et les Iroquois. — Expédition de Saint-Luc et de Marin. — Le major Putnam. — Bougainville au camp d'Abercromby.

Montcalm s'était d'abord livré à tout l'enivrement de la victoire. Sur le champ de bataille même, au moment où à huit heures du soir, les derniers tirailleurs anglais, chassés des abatis, se repliaient sur leur arrière-garde, il écrivit, probablement sans autre appui qu'un tambour, les lignes enthousiastes qui suivent, adressées à M. Doreil, commissaire des guerres, alors à Montréal. Ce petit billet qui semble avoir gardé l'odeur de la poudre, fut confié encore humide au chevalier Le Mercier, choisi à l'instant même pour accompagner M. de la Rochebeaucour.

" L'armée et trop petite armée du roi vient de battre ses ennemis. Quelle journée pour la France ! Si j'avais eu deux cents sauvages pour servir de tête à un détachement de mille hommes d'élite, dont j'aurais confié le commandement au chevalier de Lévis, il n'en serait pas échappé beaucoup dans leur fuite. Ah! quelles troupes, mon cher Doreil, que les nôtres! Je n'en ai jamais vu de pareilles".

Le marquis ajoutait dans son rapport au ministre : " Le succès de la journée est dû à la valeur incroyable de l'officier et du soldat.... Les officiers qui composaient cette armée ont donné de si grandes preuves de courage que chacun d'eux mériterait un éloge particulier ".

L'ivresse du général et de son armée avait été d'autant plus vive que le succès était plus inespéré. Mais quand la fumée du combat fut dissipée, quand les dernières notes de l'hymne triomphale se furent évanouies, l'enthousiasme s'affaiblit peu à peu au contact des difficultés du présent, et des menaces de l'avenir. On en trouve l'expression dans ce passage de Montcalm au maréchal de Belle-Isle (12 juillet) : "Si jamais il y eut un corps de troupes digne de grâces, c'est celui que j'ai l'honneur de commander. Aussi je vous supplie, Monseigneur, de l'en combler. Pour moi, je ne vous en demande pas d'autre que de me faire accorder par le roi, mon retour. Ma santé s'use, ma bourse s'épuise. Je devrai à la fin de l'année dix mille écus au trésorier de la colonie. Et plus que tout encore, les désagréments, les contradictions que j'éprouve, l'impossibilité où je suis de faire le bien et d'empêcher le mal, me déterminent de supplier Sa Majesté de m'accorder cette grâce, la seule que j'ambitionne....

" En attendant d'obtenir cette grâce, je servirai comme j'ai fait jusqu'à présent. Si cette journée peut me procurer quelque gloire, je la partage avec MM. de Lévis et de Bourlamaque ".

La cour de Versailles connaissait déjà l'antagonisme qui existait entre le gouverneur et Montcalm. Celui-ci, vainqueur dans chacune des trois campagnes qu'il avait conduites au Canada, montrait, en demandant son rappel, qu'il était aussi fin politique qu'excellent général. Sachant bien que jamais la cour ne consentirait à l'enlever à son armée dans de telles circonstances, il espérait qu'elle le débarrasserait d'une façon ou d'une autre de l'importun gouverneur, soit en neutralisant son autorité et confiant le contrôle de la guerre à celui qui la dirigeait si bien, soit même en rappelant le marquis de Vaudreuil.

En attendant, la querelle qui les divisait allait s'aggraver encore, éclater au grand jour, partager en deux camps les officiers civils et militaires, et pénétrer jusque dans les rangs inférieurs de l'armée.

Les troupes de ligne étaient justement fières de la victoire de Carillon : c'est à elles qu'en revenait l'honneur, du moins en très grande partie ; mais elles en prirent occasion d'affecter un mépris plus insultant que jamais pour les Canadiens, qui avaient contribué pour leur part au succès de la journée, et qui en réclamaient la gloire avec d'autant plus d'âpreté qu'elle leur était contestée. L'animosité déjà si prononcée entre ces deux corps, devint telle qu'ils semblaient prêts à en venir aux mains. Vaudreuil, qui en était la première victime, s'en plaignit amèrement. " Il n'a tenu qu'à lui, dit Desandrouins, en se déclarant l'un des coupables, d'avoir l'original des lettres qui eussent pu perdre celui qui les avait écrites. Imprudence de nous autres, jeunes gens, ajoute-t-il, excités par la jalousie que nous témoignent ceux que nous sommes venus défendre. Il est vrai que nous portons si loin cette fougueuse licence, naturelle aux Français, que dans cette matinée même où M. de Montcalm a assemblé les chefs de corps à ce sujet, on a trouvé sur la table de la salle une chanson des plus mordicantes contre le gouverneur général et tout ce qui est colon ".

Desandrouins termine par cette réflexion attristée, qui aurait dû lui ouvrir les yeux à lui-même et le ranger du côté du chevalier de Lévis, le seul des commandants français qui se montrât au-dessus de ces mesquines passions [1] : " Gémissons sur la désunion qui ruine les forts, et à plus forte raison les faibles " !

Le ministre des guerres, Doreil, ami intime de Montcalm, se signalait par son hostilité contre tout ce qui était canadien, et par son acharnement contre Vaudreuil. " La négligence, disait-il au ministre, l'ignorance, la lenteur et l'opiniâtreté du gouverneur ont pensé perdre la colonie ;.... l'ineptie, l'intrigue, le mensonge, l'avidité, la feront sans doute périr ". Après plusieurs dépêches écrites avec la même violence, il

---

I — Lévis écrivait au marquis de Paulmy, peu de temps auparavant : " Je ne puis toujours que me louer de la confiance et de l'amitié que M. le marquis de Vaudreuil et de Montcalm me témoignent ". *A M. le marquis de Paulmy,* 22 avril 1758.

Qui sait si la colonie n'aurait pas été sauvée, si ces deux hommes avaient profité de ce bel exemple !

crut que ses dénonciations avaient fait une assez forte impression sur les ministres pour oser demander le rappel de Vaudreuil et son remplacement par Montcalm.

" Si la guerre doit durer encore, oui ou non ; si l'on veut sauver et établir le Canada solidement, que Sa Majesté lui en confie le gouvernement. Il possède la science politique comme les talents militaires. Homme de cabinet comme de détail, il est grand travailleur, juste, désintéressé jusqu'au scrupule, clairvoyant, actif, et n'a en vue que le bien ; en un mot, il est homme vertueux et universel…. Quand M. de Vaudreuil aurait de pareils talents en partage, il aurait toujours un défaut originel, il est Canadien ".

Le gouverneur, entouré d'amis trop officieux, était instruit de toutes les intrigues qui se tramaient autour de lui, et dont l'écho arrivait jusqu'à Versailles. Il finit par en être exaspéré, et se laissa entraîner aux mêmes récriminations que ses adversaires.

Dans une lettre au ministre de la marine [1], où éclatait sa jalousie contre Montcalm, il dénonça la conduite du général à son égard et à l'égard des Canadiens. " Ils ne peuvent qu'être rebutés, dit-il, par la façon dont il les fait servir…. Ils ont rendu les plus grands services, maintenant on les avilit par la dureté avec laquelle on les commande…. Ils acceptent sans murmurer les corvées dont on les charge continuellement, ils ne demandent pas mieux que d'être placés dans les lieux les plus exposés, soit dans les campements, les découvertes, et même à la vue de l'ennemi. Ils se sont distingués la journée du 8…. M. le marquis de Montcalm, oubliant

---

1 — M. de Massiac.

sans doute l'éloge qu'il m'avait fait d'eux, ne leur rendit pas la même justice dans la relation qu'il m'envoya ; il prit au contraire un soin particulier de taire leurs actions.... Je crois inutile de vous rapporter les propos de M. le marquis de Montcalm à mon égard. Depuis la campagne dernière, j'ai affecté de les ignorer ; je l'ai prévenu de politesses ; j'ai eu des conférences avec lui pour satisfaire à l'envie qu'il a d'être consulté, quoique j'aie éprouvé plusieurs fois qu'aussitôt que je lui avais fait part de quelque projet, il devenait public.... Je passe sous silence toutes les infamies ou propos indécents qu'il a tenus ou autorisés. D'après toutes ces raisons, Monseigneur, je croirais manquer à ce que je dois au service du roi et à la confiance dont vous m'honorez, si je ne vous suppliais de vouloir bien demander à Sa Majesté le rappel de M. le marquis de Montcalm. Il le désire lui-même et m'a prié de vous le demander. Bien loin de penser à lui nuire, j'estime, Monseigneur, qu'il mérite de passer au grade de lieutenant général.... Personne ne rend plus de justice que moi à ses excellentes qualités, mais il n'a pas celles qu'il faut pour la guerre de ce pays. Il est nécessaire d'avoir beaucoup de douceur et de patience pour commander les Canadiens et sauvages "....

Vaudreuil concluait en désignant le chevalier de Lévis comme le meilleur successeur de Montcalm : " Il réunit en lui toutes les bonnes qualités de l'officier général ; il est généralement aimé et il mérite de l'être [1] ".

---

1 — 1er août 1758.

Il y eut entre Vaudreuil et Montcalm un échange de lettres et quelques tentatives de rapprochement. " Nous comptions n'avoir tort ni l'un ni l'autre, disait Montcalm, il faut donc croire que nous l'avons tous deux et qu'il faut apporter quelque changement à notre façon de procéder [1] ".

" Les tracasseries excitées entre les chefs par des subalternes intéressés à brouiller [2] ", empêchèrent le rapprochement.

Dans les colonies voisines, la même antipathie régnait entre les troupes d'Angleterre et celles des provinces, de même qu'entre leurs chefs. La plupart des officiers d'outre-mer étaient des fils de famille, chez qui la morgue britannique était traditionnelle. Ces officiers devaient en général leur grade moins à leurs états de service, qu'à leurs privilèges héréditaires. Imbus de préjugés et d'idées exclusives puisés dans les cercles aristocratiques d'où ils n'étaient guère sortis, ils regardaient avec un superbe dédain tout ce qui n'appartenait pas à leur caste, et plus encore ce qui était étranger à leur île. Les colons d'Amérique, d'un autre côté, non moins attachés à leurs préjugés et à leur esprit local, mais sentant déjà naître parmi eux un patriotisme nouveau, étaient profondément blessés dans leur orgueil démocratique de trouver des maîtres là où ils espéraient ne voir que des égaux.

Les chefs des troupes régulières aggravaient le mal par leur conduite au lieu d'y remédier ; ils ne se don-

---

1 — *Du camp de Carillon*, 2 août 1758.
2 — *Bougainville au ministre*, 10 août 1758.

naient pas même la peine d'inviter aux conseils de guerre les commandants de milices, qui n'étaient pas plus instruits des opérations que les derniers subalternes. On vit des compagnies entières, exaspérées du ton des officiers anglais qu'on leur avait imposés, se débander en un jour, et regagner leurs foyers. Le ressentiment de ces affronts se répandit dans les provinces, où il resta gravé dans les esprits et ne fut pas étranger à l'éclatante rupture qui amena l'indépendance des Etats-Unis.

Le 12 juillet et les trois jours suivants, les divers détachements de troupes coloniales expédiés par le marquis de Vaudreuil, sous le commandement de son frère Rigaud, vinrent grossir l'armée de Carillon, qui se trouva portée à six mille six cent soixante-neuf combattants, y compris quatre cent soixante-dix sauvages. Ce mouvement nécessité par les circonstances, rendait inexpugnable pour cette campagne la frontière du lac Champlain, mais avait complètement dégarni celle du lac Ontario, sur laquelle marchait le général Forbes, qui allait bientôt être suivi d'une autre armée dirigée contre Frontenac. Telle était l'infériorité numérique de nos armes et la multitude toujours croissante des ennemis, qu'il n'y avait pas de talent militaire capable d'en arrêter le torrent. La tactique de Montcalm dut se réduire à inquiéter Abercromby pour le retenir dans ses retranchements et à compléter les fortifications de Carillon. L'armée y travailla sans relâche, excepté les jours de pluie et les dimanches, encore pas tous. Les anciennes fortifications furent perfectionnées, de nouvelles furent construites de chaque côté de la plaine qui borde la pointe de Carillon. On fit creuser des fossés, élever des terrassements, dresser des palissades, poser des redoutes, construire des casemates, blinder des ouvrages ; on établit plusieurs batteries ; enfin, on fit de Carillon une position telle qu'on pût parfaitement s'y défendre en cas d'un retour offensif des Anglais [1].

Les troupes de la marine et de la milice avaient été formées en deux bataillons de mille hommes chacun, dont le premier, aux ordres de M. de Rigaud, campait à la Chute. Le second, commandé par M. de La Corne, à la sortie du lac Saint-Sacrement, avait ordre de pousser des découvertes sur le lac pour obtenir des nouvelles de l'ennemi, et d'entretenir des patrouilles dans les bois, afin d'éviter d'être surpris. En même temps de forts détachements furent confiés aux meilleurs coureurs de bois pour faire des incursions sur le territoire ennemi.

Le 17 juillet, M. de Courtemanche partit avec deux cents sauvages et autant de Canadiens et de soldats de la marine [2], remonta le lac Champlain et la rivière au Chicot jusqu'à mi-chemin entre le fort Edouard et le lac Saint-Sacrement. Les Anglais venaient d'y construire, sous le nom de Halfway's Brook, un nouveau fort pour servir d'entrepôt et protéger leurs convois. Courtemanche y surprit une escorte d'une cinquantaine d'hommes, qui passait dans le voisinage, et la mit en fuite. Au bruit de la fusillade, trois cents hommes

---

1 — *Journal de Desandrouins.— Journal de Montcalm.— Idem de Lévis.*
2 — *Journal de Lévis,* p. 142.

sortis du fort accoururent à la rescousse. C'était le moment qu'attendait le commandant pour les laisser s'engager dans les bois, les cerner ensuite et les écraser; mais les sauvages, à leur ordinaire, n'écoutèrent ni ordres, ni conseils, se mirent immédiatement à la poursuite, levèrent une vingtaine de chevelures, firent huit prisonniers, et reprirent le chemin de Carillon, où le détachement arriva le 21 suivant. Il n'y avait eu que deux Canadiens et deux sauvages de blessés.

Les dépositions des prisonniers, parmi lesquels il y avait un Iroquois des Cinq-Nations, révélèrent la marche du général Bradstreet, détaché de l'armée d'Abercromby avec un corps de milice considérable, douze pièces de canon et quatre cents sauvages, lesquels remontaient la rivière Mohawk pour se porter sur le lac Ontario[1]. Montcalm et Lévis s'empressèrent de communiquer cette nouvelle alarmante à Vaudreuil, sans pouvoir détacher aucune de leurs troupes au secours de cette frontière menacée.

Le succès de M. de Courtemanche et l'arrivée d'une flottille portant quelques centaines de Népissings et d'Iroquois du lac des Deux-Montagnes, sous la conduite de M. de Saint-Luc, capitaine dans la marine, déterminèrent le marquis de Montcalm à organiser une expédition importante, destinée à aller frapper au même endroit, après avoir suivi la même route. Cette expédition, composée de quatre cents sauvages et de deux cents Canadiens, soldats de la marine ou miliciens, fut confiée au même M. de Saint-Luc, parent de M. de

---

[1] — *Journal de Lévis*, p. 142.

La Corne Saint-Luc, qui commandait en ce moment le corps de milice stationné au Portage [1].

Le départ de ce détachement, fixé au 22 juillet, fut retardé de deux jours par un incident qui peint bien les mœurs des sauvages et les traits de ressemblance qu'ils avaient avec les héros de l'antiquité. Bougainville, qui paraît avoir été un des officiers de l'armée les mieux nourris des classiques, était extrêmement frappé de ces points de similitude, et en fait la remarque en plusieurs endroits de son *Journal*.

Une joute rappelant les jeux olympiques, allait s'engager entre deux tribus rivales : celles des Abénakis et celle des Iroquois. Il s'agissait de l'amusement favori des sauvages, le jeu de la crosse, auquel les guerriers se livraient et se livrent encore dans l'ouest avec toute l'ardeur de leur violente nature, c'est-à-dire, avec une fureur voisine de la rage. On jugera de l'importance de cette partie de plaisir par l'enjeu qu'on y avait mis, et dont la valeur s'élevait à mille écus en colliers et en grains de porcelaine.

Aux extrémités du terrain choisi par les chefs, sont plantés deux grands poteaux qui servent de ralliement à l'un ou l'autre des groupes rivaux. Chaque joueur est armé d'un bâton recourbé en forme de crosse ; au centre est placée une balle que les deux partis se disputent et qu'ils cherchent à lancer sur le poteau de leurs adversaires, en les empêchant de l'approcher du leur.

---

1 — M. Parkman, dans *Montcalm and Wolfe*, ne fait qu'un seul personnage de ces deux officiers. vol. II, p. 121.

Il est facile de se représenter la scène curieuse et pittoresque qui animait le plateau de Carillon durant la journée du 23 juillet. Montcalm et Lévis, entourés d'un grand nombre d'officiers, rehaussaient par leur présence ce tournoi d'un nouveau genre, et paraissaient y prendre d'autant plus d'intérêt que les sauvages étaient plus que jamais difficiles à retenir depuis la victoire de Carillon, qu'ils étaient extrêmement jaloux d'avoir vu gagner sans eux. Une foule de soldats désœuvrés de divers régiments, quelques-uns en déshabillé, revenant du travail, faisaient cercle autour des joueurs. Un bon nombre d'Indiens avec leurs femmes et leurs enfants, appartenant à des tribus étrangères à la lutte, la regardaient en simples spectateurs. Des groupes de Canadiens, des coureurs de bois, accoutumés à de pareilles scènes, y prenaient une moindre part et restaient étendus nonchalamment sur le gazon. Les tentes dressées autour des glacis et des bastions du fort, les huttes des miliciens, les wigwams des sauvages, les palissades, les retranchements, les redoutes qui couronnaient le promontoire, formaient un encadrement en harmonie avec le théâtre naturel où jouaient les farouches acteurs des bois.

Au signal donné, les deux partis s'étaient précipités sur la balle, l'avaient fait rouler quelque temps à leurs pieds, puis l'avaient lancée en l'air, et s'étaient mis à sa poursuite avec l'agilité et la vitesse de chevreuils traqués par une meute. Tantôt ils se groupaient pour se disputer la balle, tantôt ils s'éparpillaient pendant qu'elle volait au-dessus de leurs têtes, se bousculant, se culbutant, se prenant corps à corps, luttant les uns contre les autres, comme pour un combat à mort, au milieu de cris, de vociférations, d'éclats de voix inouïs. Presque tous, le corps nu, n'ayant que le brayet autour de la ceinture, leurs longs cheveux noirs et leurs panaches de plumes flottant au vent, ils ressemblaient, avec leurs visages tatoués, leurs yeux flamboyants, leurs gestes forcenés, à des bandes de sorciers courant au sabbat, ou mieux encore à des démons sortis de l'enfer. Les spectateurs les poursuivaient de leurs applaudissements et de leurs éclats de rire, acclamaient les plus agiles et les plus adroits, les encourageaient à de nouvelles prouesses. Enfin, après bien des péripéties, des chances variées, la balle lancée d'un bond irrésistible alla frapper le poteau et mit fin à la partie. Les vainqueurs, couverts de sueur et de poussière, accablés de fatigue, vinrent recevoir les félicitations des commandants et le prix de leur victoire. Un festin, selon la coutume, termina la fête, et les guerriers, fiers et heureux comme de grands enfants, reprirent les préparatifs de l'expédition.

Le 28 juillet, le parti de M. de Saint-Luc était embusqué entre le fort Edouard et Halfway's Brook. Vers midi, il vit venir un convoi d'une quarantaine de chariots chargés de vivres, de boissons et de marchandises, escortés par cinquante soldats aux ordres d'un " enseigne du régiment de Blackney [1]. Plusieurs femmes, enfants et marchands faisaient route avec eux [2] ".

---

1 — Le 27e de ligne.
2 — *Journal de Montcalm.*

Avant qu'ils eussent eu le temps de se reconnaître, ils furent cernés, tués ou pris. La charge des chariots fut dispersée et pillée par le détachement. Trois soldats avaient été tués et un Canadien blessé. " Nous avons eu, dit Montcalm, un Iroquois tué et deux blessés. Toujours les Iroquois perdent quelqu'un ; c'est que, de tous les sauvages ils sont les plus braves. Sarégoa, leur chef de guerre, est celui qui a conduit l'entreprise. Lorsque dans un détachement les sauvages sont les plus nombreux, ils donnent la loi et décident sans appel. Bonheur quand celui d'entre eux, qui est le plus accrédité, a une bonne tête ; et celle de Sarégoa est très bien organisée ".

En apprenant la mésaventure arrivée à son convoi, Abercromby jeta dans des bateaux un fort détachement de rangers, de miliciens et d'infanterie légère avec Rogers, et leur fit descendre le lac George pour aller couper la retraite à M. de Saint-Luc en traversant l'étroite chaîne de montagnes qui sépare ce lac de la tête du lac Champlain. Mais M. de Saint-Luc, prévoyant qu'il serait poursuivi, avait précipité sa marche et dépassé ce lieu avant l'arrivée de Rogers, qui l'y attendit vainement. Comme celui-ci revenait sur ses pas, il reçut un message d'Abercromby lui enjoignant d'intercepter d'autres troupes de maraudeurs signalés aux environs du fort Édouard. Montcalm avait en effet lancé dans cette direction une nouvelle bande de Canadiens et de sauvages ayant, cette fois, pour chef l'audacieux Marin, beau-frère de M. de Rigaud.

Joseph Marin, sieur de Saint-Martin, que ses relations de parenté avec la famille de Vaudreuil avaient rendu très influent dans la colonie, était peut-être le coureur de bois le plus brave de cette époque. Il était né à Montréal (1719), mais avait passé presque toute sa vie en des courses aventureuses. Accusé, comme son beau-frère, de spéculations véreuses dans les postes où il avait commandé, il rachetait ses pilleries par les services éminents qu'il rendait à la guerre. On ne comptait plus les actions où il s'était distingué.

Il était en froid à ce moment avec M. de Rigaud qui, paraît-il, par un sentiment de jalousie indigne de son rang, avait choisi parmi les Canadiens les moins aguerris, les soldats destinés à son expédition. Marin était parti de Carillon le 4 août, vers cinq heures du soir, avec M. de la Rochebeaucour, Langy l'aîné, quelques autres officiers et cadets, cent Canadiens, une quarantaine de soldats de la colonie, et environ cent trente sauvages, en tout près de trois cents hommes [1]. Il remonta le lac Champlain jusqu'aux Deux-Rochers, c'est-à-dire, à trois lieues plus haut, débarqua sur la rive droite où il cacha ses canots dans un épais fourré, et continua sa marche à travers les bois, laissant à sa droite la rivière au Chicot, qu'il côtoya à quelque distance, jusqu'à trois lieues de l'ancien fort abandonné, connu sous le nom de fort de la reine Anne. On était

---

1 — Montcalm, dans son *Journal*, porte ce chiffre à " deux cent dix-neuf sauvages et deux cent vingt-cinq Canadiens. Mais, ajoute-t-il, des quatre cent quarante-quatre hommes équipés sous le prétexte de ce parti, il n'y en a peut-être pas trois cents qui marchent ".

au 8 d'août, à une heure du matin. La troupe, fatiguée d'une longue marche nocturne, fit une courte halte, et reprit sa route tortueuse à travers le terrain inégal et les hautes futaies dont la cime était à peine éclairée par les vagues lueurs d'une nuit d'été. Il était grand jour quand la tête de la colonne déboucha sur l'ancien chemin conduisant du fort Anne au fort Edouard. Aucun indice ne laissait soupçonner le voisinage d'un ennemi. L'oreille même des sauvages, si fine, si exercée, si attentive, n'entendait sortir des profondeurs d'alentour, d'autres bruits que le chant matinal des oiseaux, et la brise qui, se levant avec le soleil, secouait la rosée sur les branches. Officiers, soldats et Peaux-Rouges s'étendirent tranquillement sur la mousse, et se préparaient à prendre leur frugal déjeuner, lorsque tout à coup des détonations d'armes à feu se firent entendre à quelque distance. Nul doute que ce ne fût un parti d'ennemis; c'était en effet celui de Rogers, qui, revenu sur ses pas, avait campé dans la clairière ouverte autour du fort Anne. Son expédition comptait en tout sept cents hommes, dont quatre-vingts rangers, un corps de milice du Connecticut, sous le major Putnam, et le reste formé de troupes légères, appartenant à l'armée régulière, aux ordres du capitaine Dalzell, excellent officier qui, cinq ans plus tard, devait trouver une mort héroïque devant le fort du Détroit, assiégé par Pontiac [1].

Rogers qui, d'ordinaire, était si prudent, qui pour cacher sa marche, ordonnait le silence dans les rangs,

---

1 — D'après le *Journal* de Montcalm, cette infanterie légère aurait été commandée par le brigadier général Gage.

et faisait éteindre les feux dans son camp à la tombée de la nuit, s'était oublié ce jour-là. Croyant que les incursionnistes qu'il avait eu ordre de poursuivre étaient déjà loin sur le chemin de Carillon, il s'était amusé avec le lieutenant Irwin, de l'infanterie légère, à tirer à la cible sur un objet placé dans la clairière. C'étaient ces coups de fusil qui avaient donné l'éveil à la troupe de Marin, dont le plan d'embuscade avait été aussi vite exécuté que décidé. Prévoyant bien que la colonne anglaise allait s'engager dans le chemin pour retourner au fort Edouard, il avait disposé ses soldats, entremêlés de sauvages, à la droite de cette route abandonnée, qui n'était plus qu'un étroit sentier, depuis que les jeunes pousses l'avaient envahie. Si dense et si sombre était la feuillée fléchissant sous l'abondante rosée, que le regard du lynx s'y serait perdu.

Quand le pari engagé entre Rogers et Irwin eut été décidé, l'ordre de marche fut donné. Chaque soldat endossa le havresac et, le fusil à l'épaule, reprit son rang. La colonne traversa la clairière et, longeant les palissades croulantes du fort Anne, s'enfonça, un seul homme de front, dans la trouée étroite qui marquait encore le vieux chemin. Il était sept heures du matin quand les derniers soldats disparurent sous la sombre voute. Putnam, avec ses gens du Connecticut, ouvrait la marche, suivi de l'infanterie légère de Dalzell ; Rogers, avec ses rangers, formait l'arrière-garde. Tous marchaient sans précaution et sans défiance, les officiers jetant, au besoin, un cri en avant ou en arrière, décelant ainsi d'assez loin leur présence. Cependant, à deux pas d'eux, sur leur droite, le rideau de feuillage cachait des rangées d'ennemis, qui, retenant leur haleine, les laissaient passer. Soudain, l'air retentit d'épouvantables hurlements et de coups de fusil qui semblent sortir de terre. Les balles déchirent le feuillage, et pendant qu'elles grêlent à bout portant sur la longue file en mouvement, une légion de Peaux-Rouges sautent comme des tigres sur le sentier, le tomahawk à la main. A ce premier assaut, un chef de Caughnawaga s'élança sur le major Putnam, qui tenait la tête de la colonne. Celui-ci n'eut que le temps de bander son fusil et de le diriger sur la poitrine de l'Indien ; mais le coup ne partit pas, et Putnam, saisi et traîné dans le fourré, y fut garrotté, avec un lieutenant du nom de Tracy et trois soldats faits prisonniers en même temps que lui. Les Canadiens, dont la plupart n'avaient jamais vu le feu, lâchèrent pied en grand nombre et ralentirent, par leur fuite, la première ardeur des assaillants. Cependant une partie des sauvages, des soldats et des Canadiens, suivant l'exemple de Marin, de Langy et du brave Sarégoa, continuèrent le feu, en poursuivant le détachement du Connecticut, qui se repliait en désordre dans l'épaisseur du bois.

Dalzell, accouru au bruit de la mousqueterie, rallia les fuyards et dirigea seul le combat jusqu'à l'arrivée de Rogers. Peabody et Humphreys, tous deux biographes de Putnam, blâment sévèrement le commandant des rangers de s'être longtemps fait attendre ; il avait craint une attaque sur ses derrières et avait d'abord adossé ses hommes à la rivière au Chicot, à quelque distance des combattants.

" Nos gens trouvent à une portée de fusil, raconte Desandrouins d'après le récit de témoins oculaires, les Anglais marchant à eux, qui dans le moment se saisissent de gros arbres. Nos gens en font autant, et l'on se fusille pendant deux heures, sans se faire vraisemblablement beaucoup de mal ni de part ni d'autre. Nous savons de gens qui y étaient, que Marin et les officiers ne quittèrent plus cette position.

" Ils se trouvèrent plusieurs fois réduits à moins de trente, faisant tête à l'ennemi, et jamais plus de quatre-vingts ou cent, malgré les exhortations des sauvages eux-mêmes, et entre autres de quatre Micmacs qui, parlant très bon français, excitaient les autres à les suivre, et faisaient tout ce qu'on peut attendre des plus braves officiers.

" Sarégoa, fameux chef iroquois, dit alors à Marin : — Gonoron ! (qui veut dire : Ceci est de valeur !) — Et pourquoi ? dit Marin : — Ah ! mon Père, dit le sauvage, si seulement j'avais mes jeunes gens ! Et il alla enlever dans le plus fort du combat un Anglais derrière un arbre.

" Marin s'y comporta, on peut dire, avec témérité ; il fit la bravade de crier pendant la chaleur du combat : " Rogers, viens ici ! c'est moi qui t'appelle et qui te défie ! " Quelques-uns disent que Rogers lui répondit sur le même ton. Mais des gens qui ont entendu le propos de Marin m'ont dit n'avoir point ouï celui de Rogers.

" Enfin, l'ennemi n'avançant ni ne reculant, et se tenant avec précaution derrière les arbres, et n'y ayant plus moyen de rallier les pleutres qui nous abandonnaient, Langy proposa à Marin de faire la retraite, ce qu'il n'approuva qu'après quelques difficultés.

" Alors il fit enlever ses blessés, et fit route par la droite pour regagner ses paquets. Il ne fut point du tout poursuivi par l'ennemi qui, de son côté, fila aussi par sa droite dès qu'il fut assuré de notre retraite. Il ne jugea pas sans doute pouvoir atteindre les sauvages dans les bois, ou se crut trop heureux d'en être débarrassé.

" Je tiens tous ces faits de la Rochebeaucour et de tous ceux qui étaient avec Marin.

" Les sauvages ont eu cinq hommes de tués et trois de perdus ; deux soldats de la colonie et un sergent tués ; deux Canadiens, dont un de Montréal, nommé Trudeau, tués ; avec une dizaine de sauvages blessés, dont deux de ces braves Micmacs ; deux cadets blessés, MM. de Cussy et Monatte ".

Les Anglais, selon leur coutume, et pour pallier leur timide attitude devant un ennemi si inférieur en nombre, exagérèrent le chiffre de ses pertes. Un parti des leurs, envoyé sur les lieux après l'action, prétendit avoir enterré cent Français et sauvages, tandis que Montcalm, s'accordant avec Desandrouins, affirme que treize morts en tout, dont cinq sauvages, avaient été abandonnés sur le champ de bataille [1].

Les Anglais avouèrent qu'ils avaient eu quarante-neuf hommes de tués, sans compter un grand nombre

---

1 — " Nous perdîmes dans cette action trois sauvages tués et six blessés, et une vingtaine de soldats et Canadiens ". *Journal de Lévis*, p. 145.

de blessés. Ils rendirent témoignage aussi bien que les Français de la bravoure exceptionnelle des sauvages en cette occasion. Un de leurs officiers rapporte qu'un Indien s'élança en plein milieu de la troupe anglaise et tua deux hommes à coups de hache. Il monta ensuite sur un tronc d'arbre, et se mit à les défier tous. Un soldat essaya de le tuer à coups de crosse de fusil ; mais, quoique le sang jaillît de sa blessure, il ne tomba pas, et aurait immolé son adversaire, si, en ce moment, Rogers ne l'avait tué raide d'une balle.

Aucun exploit de Marin ne lui fit plus d'honneur que ce combat. Il avait tenu tête pendant deux heures à des troupes d'élite plus du double des siennes ; et telle était la terreur qu'il leur avait inspirée, qu'elles le laissèrent enlever ses dix blessés et ses cinq prisonniers sans oser le poursuivre.

Le récit de la captivité du major Putnam, raconté par son biographe [1], fait voir le terrible sort qui attendait, la plupart du temps, les prisonniers tombés aux mains des sauvages, même de ceux dont le christianisme avait adouci la primitive barbarie. Aussitôt qu'il eut été entraîné à l'arrière-garde, il fut attaché pieds et poings liés à un gros arbre par son vainqueur, qui retourna ensuite au combat. Dans son absence, un jeune Indien, au lieu d'aller se battre avec ses camarades, s'amusa à planter sa hache aussi près que possible de la tête et des membres du malheureux captif, sans toutefois le toucher.

---

1 — *Life of Israel Putnam*, by Oliver W. B. Peabody.

Après qu'il se fut fatigué à ce jeu, un Français, assure-t-on, eut la cruauté de viser sur lui comme pour le tuer, et de le frapper ensuite, en passant, sur la joue, avec la crosse de son fusil. Un moment, les Français et les sauvages poursuivis de trop près, ayant été obligés de reculer, Putnam se trouva exposé aux balles des deux partis, jusqu'à ce que les Anglais, attaqués vivement à leur tour, eussent perdu le terrain conquis. Putnam fut alors délié et conduit en lieu sûr jusqu'au moment de la retraite, où il fut repris par les sauvages, dépouillé de ses vêtements et forcé de porter le bagage de plusieurs blessés, après qu'on lui eut attaché les mains avec des cordes qui lui enfonçaient dans la chair. Un officier français, touché de pitié en l'entendant prier ses bourreaux de le tuer plutôt que de le tourmenter ainsi, parvint à lui faire détacher les mains, à le décharger d'une partie de ses paquets, et à lui faire donner par le chef auquel il appartenait, une paire de mocassins. Mais au repos du soir, la férocité indienne se réveilla de nouveau, et ils se mirent en frais de le brûler vif, après l'avoir entraîné dans un taillis à quelque distance du camp et attaché nu à un arbre, autour duquel ils amassèrent une quantité de branches sèches, auxquelles ils mirent le feu. Un orage survenu en ce moment éteignit la flamme et donna quelque temps de répit à l'infortuné Putnam. Mais dès que la pluie eut cessé, le bûcher fut rallumé. Marin, qui était à quelque distance entendant les cris de la danse, et les éclats de rire qui accueillaient les gémissements et les soubresauts de la victime pour échapper aux flammes, ou, selon une autre version, averti par un sauvage saisi d'un moment d'humanité, accourut et, écartant les bourreaux avec indignation en leur faisant de sanglants reproches, rejeta à coups de pied les fagots enflammés, délia le prisonnier et le remit entre les mains du chef qui en était le maître, en lui disant de mieux faire respecter ses droits. Un autre que Marin, qui n'eût pas joui de la même autorité et du même prestige auprès des indigènes, se serait exposé, par cette action téméraire, à être tué sur le champ.

Le chef iroquois eut quelques égards pour son prisonnier : voyant qu'il ne pouvait, à cause de la contusion qu'il avait reçue à la joue, mordre sur un morceau de pain dur mis à sa disposition, il alla le tremper dans l'eau voisine et le lui rapporta ; ce qui ne l'empêcha pas de prendre les précautions ordinaires pour qu'il ne pût s'évader à la faveur des ténèbres. Il commença par lui enlever des pieds ses mocassins et les attacher à ses poignets. Il le coucha ensuite sur le dos, lui étendit, en forme de croix de Saint-André, les bras et les jambes qu'il lia à quatre petits arbres. Puis, coupant de jeunes pousses flexibles, il les posa en travers sur le corps du prisonnier, et se coucha lui-même sur leurs extrémités avec plusieurs autres Iroquois, de façon que le moindre mouvement du captif les aurait réveillés. C'est dans cette cruelle position qu'il dut passer la nuit. Comme il était d'un caractère gai, il racontait plus tard qu'il ne pouvait s'empêcher de sourire de la figure piteuse qu'il devait faire, et du singulier tableau que présentait le groupe dont il était le centre et le personnage le plus intéressant.

A l'aurore, il fut détaché et pourvu d'une couverte et d'un morceau de viande d'ours pour apaiser sa faim. Le reste de la marche, il fut bien traité, n'eut aucun fardeau à porter, et arriva le soir à Carillon, où il fut remis aux autorités françaises.

Après avoir été interrogé par Montcalm, il fut dirigé sur Montréal, sous la garde d'un officier qui eut pour lui toute la courtoisie et les attentions dues à son rang. Peu après, il eut la bonne fortune d'être échangé avec d'autres prisonniers.

On touchait à la mi-août : le peu de céréales que les habitants avaient pu ensemencer, étaient déjà trop mûres et s'égrenaient dans les champs. Cependant, les militaires français, de plus en plus injustes et exigeants envers les Canadiens, à mesure que les dissentiments entre les chefs éclataient davantage dans le public, se révoltaient à la pensée de voir partir les miliciens, et maugréaient contre Vaudreuil qui les rappelait pour les moissons. On est toutefois plus porté à plaindre qu'à blâmer ces braves officiers en songeant au sort si dur que leur faisait la France, après les avoir jetés sur ces lointains rivages pour défendre son drapeau. Elle ne répondait à leurs héroïques faits d'armes que par de stériles applaudissements, et les abandonnait à eux-mêmes, tandis qu'elle livrait en Europe ses trésors et ses armées aux caprices d'une courtisane. Manquant de tout, mal payés, vivant chaque jour à la ration, travaillant comme des mercenaires quand ils ne se battaient pas, témoins du chaos de l'administration coloniale dont ils étaient victimes comme le peuple, à la veille d'être écrasés sous le nombre en défendant une cause de plus en plus désespérée, comment auraient-ils pu ne pas être aigris, et ne pas rejeter un peu partout autour d'eux leur mauvaise humeur ? Leurs relations et leurs lettres sont pleines de récriminations qui atteignent tous, excepté les plus grands des coupables : le roi et sa cour. C'est que là était leur avenir ; c'est qu'un seul mot aurait suffi pour compromettre leur avancement.

Le chevalier de Lévis grandit au milieu de ce débordement d'invectives ; il reste toujours le même, toujours calme, froid, impassible. Les jugements qu'il porte dans son *Journal* et sa correspondance sont partout empreints du même esprit de justice et d'impartialité.

Montcalm fit un choix parmi les Canadiens, renvoya les plus vieux et les chefs de famille dans leurs paroisses, et garda les plus aguerris et les volontaires, au nombre de six cents, ce qui réduisit l'armée de Carillon à trois mille cent quatre-vingt-neuf combattants [1]. Ce départ, qui eut lieu du 10 au 17, ne pouvait manquer de réveiller l'inconstance des sauvages ; tous demandèrent à grands cris de partir. La cause de cette débandade était évidente ; pourtant certains officiers s'en prirent aux interprètes, les accusèrent même de s'être vendus aux Anglais, et d'exciter sous main les

---

[1] — Il y avait alors trois cent quarante malades dans les hôpitaux du fort. — *Journal de Montcalm.*

sauvages à la désertion. On tint conseil sur conseil pour les engager à rester ; on ne ménagea ni les flatteries ni les présents. On les assura qu'ils n'auraient plus de longues courses à faire, mais seulement des découvertes autour de l'armée ; qu'on aurait surtout bien soin d'eux, et qu'on leur donnerait, à l'ordinaire, un coup d'eau-de-vie.

" Ils se plaignent, écrit Desandrouins, que leur Père les a maltraités ; qu'enflé de sa victoire, il a cru pouvoir se passer d'eux. Certes, il ne devait rester à ces hommes si vains et si glorieux naturellement, que le regret de ne s'être pas trouvés à la bataille du 8. Point du tout. Ils volent notre vin, nos provisions, se fâchent si on les en empêche, vont faire une course dans les bois et veulent partir sous prétexte de reproches.

" Les chefs les mieux intentionnés ont cependant été gagnés à force de caresses par M. de Montcalm, et ont promis de faire leur possible pour engager une soixantaine de leurs jeunes gens à rester ".

Ils restèrent en effet. Deux tribus montrèrent en cette occasion une fidélité rare et digne d'être notée : " Le bruit ayant couru qu'une armée prodigieuse d'Anglais devait venir nous attaquer et s'emparer du Canada, ils avaient tenu conseil et avaient résolu, si elle réussissait, de faire leurs paquets, de les mettre dans leurs canots d'écorce et de gagner la Louisiane par les pays d'en haut, tant ces deux nations nous sont attachées ".

Il n'y a nullement à s'étonner de cette défection des sauvages. Elle surgissait de la situation même. L'étoile de la France pâlissait, et ces peuples d'enfants qu'elle ne guidait plus, s'en allaient vers l'astre brillant qui montait à l'horizon, mais dont l'éclat leur devait être mortel.

Ils avaient trop de perspicacité pour ne pas voir l'abandon où la France laissait sa colonie, et l'énorme disproportion des forces entre les deux armées. Ils étaient surpris de la bravoure de nos troupes, encore plus de nos victoires, mais ne s'aveuglaient pas sur l'issue finale. Ainsi, le prestige et l'influence de la France diminuaient parmi eux à mesure que grandissaient l'influence et le prestige de l'Angleterre.

Vers cette époque, Bougainville fut envoyé par Montcalm au camp du fort William-Henry, porteur de lettres à Abercromby, relativement à un échange de prisonniers. Il revint le 16 août, vers cinq heures du soir, avec la réponse du général anglais. Desandrouins donne quelques détails qu'il tenait de Bougainville même, sur son court séjour au camp d'Abercromby.

" Les officiers, dont il connaissait les principaux, l'ont accablé de politesses. Ils prétendaient que Louisbourg doit être pris. Bougainville a parié avec eux deux paniers de vin de champagne contre deux de bière de Londres, qu'il ne le serait pas pour le 15 de ce mois, inclusivement. Ils l'ont retenu un jour de plus, non pas par force, mais pour lui faire fête, et l'ont reconduit jusqu'à une île, vers le milieu du lac Saint-Sacrement, où on lui a fait une halte superbe.

" Lord Abercromby lui a dit : — Attendez-vous à entendre demain le canon de mon camp : ce sera pour la prise de Louisbourg. Je n'en ferai point tirer avant la nouvelle ".

Du reste, la prise de Louisbourg amènerait peut-être entre les deux gouvernements la paix si désirée de part et d'autre. On en parlait entre ces hommes qui devaient se couper la gorge le lendemain ; on s'en réjouissait à l'avance, et l'on faisait des projets de fête.

" Ils ont convenu de nous avertir sur le champ si la paix se signait ; ils ont demandé que nous en fissions autant, si nous étions les premiers instruits. Ils souhaitent que les officiers des deux armées se traitent mutuellement dans une des îles du lac Saint-Sacrement, sitôt la nouvelle reçue de la paix.

" Bougainville les a assurés qu'ils pouvaient s'amuser à la pêche toute la journée d'aujourd'hui (16 août) le long du lac Saint-Sacrement, et qu'il n'y avait point de partis à la guerre.

" Revenant sur la bataille du 8 juillet, ils ont avoué y avoir perdu une foule de gens de distinction et des meilleurs officiers, surtout dans le régiment de Lord Howe, qui sembla vouloir venger la mort de son colonel. Le lieutenant-colonel, le major, le capitaine des grenadiers et un enseigne furent tués sur place. Un jeune officier écossais de la plus haute naissance, parent des Stuarts, ayant été blessé dangereusement, fut abandonné avec quatre grenadiers pour le secourir. Vers la fin du combat, ayant fait signe du chapeau de derrière une souche, pour qu'on vînt le chercher, il fut pris sans doute pour un homme qui voulait rallier ses troupes, et on lui tira un coup de fusil à travers la tête. Les grenadiers emportèrent son corps qu'on retrouva sous quelques feuillages et qu'on fit enterrer ".

Un déserteur entré à Carillon sur ces entrefaites apporta des nouvelles fort inquiétantes. Il confirma d'abord la marche du général Bradstreet vers le lac Ontario, et ajouta qu'Abercromby avait encore quatorze ou quinze cents berges sur le lac George, avec une barque portant dix-huit canons ; qu'outre les milices, les compagnies franches de Rogers et deux cents sauvages Mohicans, il avait huit mille hommes de troupes régulières ; qu'enfin il venait d'établir un poste avancé sur le lac.

Ces informations furent confirmées par Marin, qui, avec son audace ordinaire, avait pénétré avec dix Mississagués et trois Français jusqu'aux abords du camp anglais, où il avait entendu calfater des bateaux.

Ainsi, aux inquiétudes qu'inspiraient d'un côté Louisbourg, et de l'autre la frontière des lacs, vint se joindre celle d'une attaque de Carillon. On se prépara plus que jamais à se défendre. Et il ne fallait pas perdre de temps, car, assurait-on, " l'ennemi devait revenir avant huit jours. L'armée tout entière fut employée aux retranchements " excepté un homme par chambrée pour faire la soupe ; elle s'y porta avec un zèle infatigable.

Cependant les nouvelles de Louisbourg devenaient plus rassurantes, et les vainqueurs de Carillon applaudissaient à l'énergique défense de leurs frères d'armes. D'après les dernières nouvelles de M. de Drucour, datées du 7 juillet, " l'ennemi n'a pu encore ouvrir la tranchée…. Nous nous défendons avec science et valeur, et l'ennemi attaque très mal ; ce qui nous donne lieu de bien augurer ".

On était sous cette heureuse impression, lorsque le 3 septembre, Bougainville, qui avait parié avec les officiers anglais qu'ils n'auraient pas de sitôt la place, reçut d'un neveu du général Abercromby " une gazette rapportant la capitulation de Louisbourg, le 26 juillet [1] ".

Ce fut un coup de foudre ; on se refusa d'abord d'y croire : la nouvelle demandait confirmation. Qu'était-il advenu à Louisbourg ?

---

1 — *Le maréchal de camp Desandrouins.*

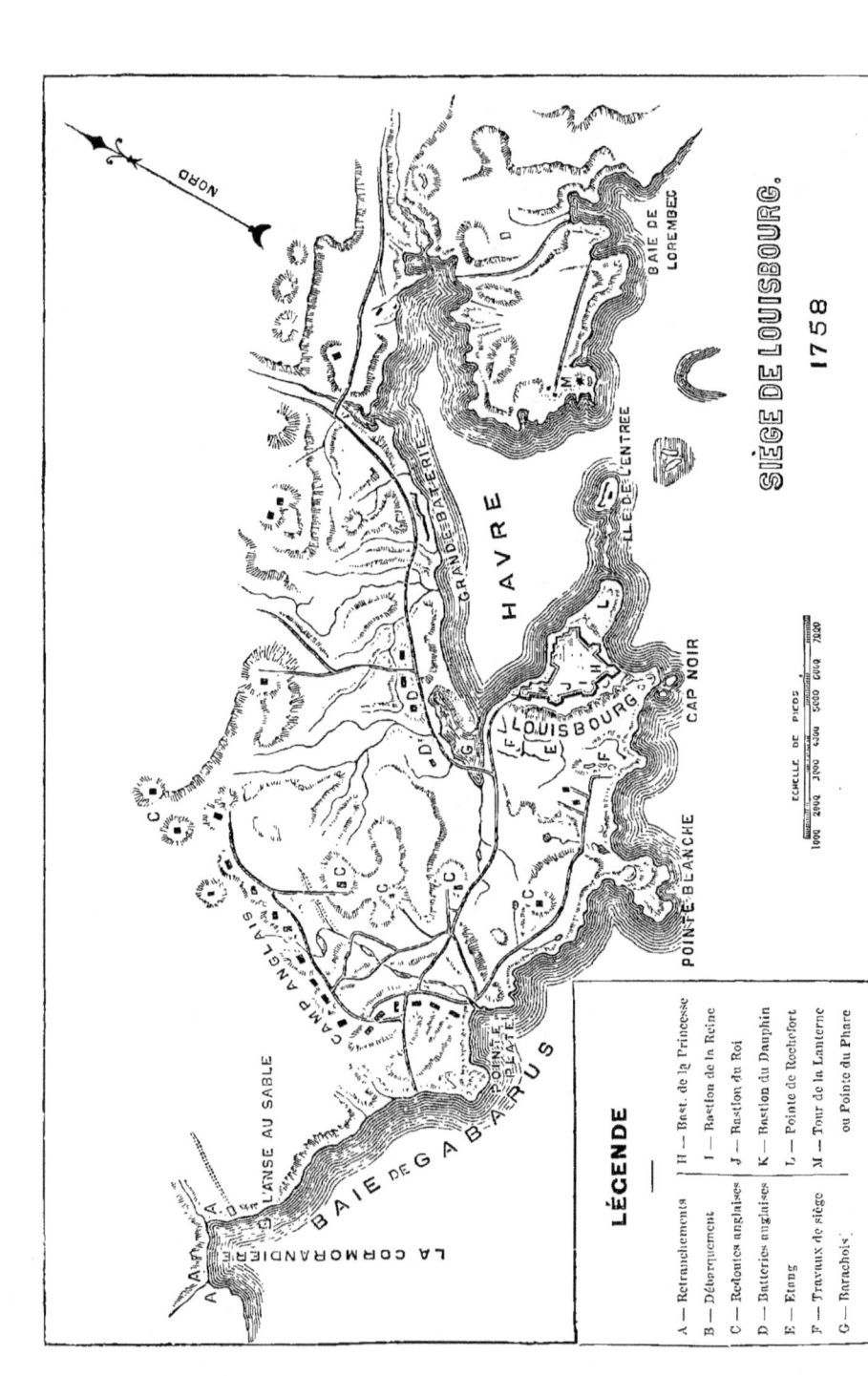

CHAPITRE TREIZIÈME

1758

Louisbourg. — Sa fondation. — Le chevalier de Drucour. — Il se prépare à empêcher une descente. — James Wolfe. Ses premières années. — Arrivée de la flotte anglaise. — Attaque des retranchements français. — Wolfe s'en empare. — Premiers travaux du siège. — Boishébert et l'abbé Maillard. — Couardise de Boishébert. — Wolfe s'établit à la Pointe-du-Phare. — Il canonne et fait reculer la flotte française. — Amherst démasque ses batteries. — Le brave Vauquelin. — Sorties repoussées. — Héroïsme de Mme de Drucour. — Incendie de la flotte française. — Souffrances des assiégés. — Capture du *Prudent* et du *Bienfaisant*. — Capitulation. — Ravages des Anglais dans le golfe Saint-Laurent.

Le Cap-Breton, qui n'est séparé de la Nouvelle-Ecosse que par l'étroit *gut* de Canceau, semble être un prolongement de cette presqu'île. Il a la forme singulière d'un fer à cheval, avec le lac Bras-d'Or pour mer intérieure, et est extrêmement redouté des marins, à cause de sa situation au milieu d'une région de brumes et de tempêtes. Sur la côte de cette île, qui regarde l'Europe à plus de mille lieues de distance, s'ouvre un havre spacieux et profond, fermé à tous les vents par deux longs promontoires, contre lesquels viennent se briser les vagues de la mer. Ce port, toujours libre de glaces en hiver, offrait un refuge aux navires pêcheurs bien longtemps avant que Champlain l'eût entendu désigner sous le nom de Port-aux-Anglais. Il paraît aujourd'hui presque aussi inhabité qu'à cette époque reculée ; mais quand on y descend, on ne tarde pas à s'apercevoir que le sol a été remué en plusieurs endroits par la main des hommes. Sur la pointe méridionale gisent les ruines d'une ville fortifiée, à moitié ensevelie sous le gazon, avec ses portes et ses murs renversés dans les fossés par les boulets et la mine. Quelques pans d'édifices aux vastes proportions, des casemates qui ont résisté à la poudre, étalent leurs ouvertures béantes au soleil, et servent d'abri contre le vent et la pluie à quelques moutons et vaches, qui paissent parmi ces décombres et dans le cimetière voisin où dorment des légions de vaillants soldats. Quand on parcourt cette cité morte et déserte, dont le silence n'est troublé que par le tintement des clochettes des bestiaux et par le roulement mélancolique des vagues, on se croirait au milieu des ruines de Pompéi.

Du haut d'un monticule qui fut autrefois la citadelle, l'œil embrasse toute la rade, où dorment quelques barques de pêcheurs sur une eau tranquille, tandis que au dehors la grande houle de l'Océan vient déferler et rejaillir en écume blanche sur la pointe de Rochefort, sur l'île de l'Entrée et sur le promontoire opposé. Les hauteurs rocailleuses qui s'étagent aux alentours sont couvertes d'une végétation de sapins et d'épinettes rabougris, d'un vert dur, dont les branches barbelées rendent un sifflement triste et monotone, en se balançant aux vents du large. On croirait entendre les lamentations lointaines de quelque invisible Jérémie. Çà et là, quelques huttes de pêcheurs, dont les filets sèchent sur les galets et sur les courtines écroulées. Voilà tout ce qui reste de Louisbourg, surnommé le Dunkerque de l'Amérique.

La fondation de Louisbourg date du traité d'Utrecht (1713). Ses premiers habitants furent les pêcheurs de Plaisance, que la France fit transporter en cet endroit lorsqu'elle évacua l'île de Terre-Neuve, cédée à l'Angleterre en même temps que l'Acadie, par une clause du même traité. Jusqu'à ce moment, la France avait regardé d'un œil fort indifférent l'île du Cap-Breton, mais après qu'elle eut signé la paix d'Utrecht, elle comprit la faute impardonnable qu'elle avait commise en laissant l'Angleterre maîtresse de tout le littoral de l'Atlantique, depuis la Floride jusqu'à la baie d'Hudson, à la seule exception du Cap-Breton. Cette île attira alors toute son attention, et pour montrer l'importance qu'elle y attachait, son nom fut changé en celui d'Ile-Royale, et le petit établissement du Port-aux-Anglais s'appela Louisbourg, en l'honneur du roi de France. Des colons y furent attirés et favorisés. Les groupes acadiens de la Nouvelle-Ecosse furent même sur le point de venir s'y fixer à l'exemple des habitants de Plaisance. Ils y étaient poussés par le double motif de rester sujets de la France, et de profiter des avantages qu'elle leur promettait. Ils avaient même construit des embarcations pour se transporter avec leurs familles et leurs effets ; mais les gouverneurs de la Nouvelle-Ecosse les avaient retenus malgré eux, contrairement aux clauses du traité d'Utrecht et aux ordres formels de la cour d'Angleterre [1]. Un petit nombre seulement parvinrent à s'établir au Cap-Breton. Mais ce fut surtout sur Louisbourg que se concentra la sollicitude du gouvernement français. Il voulut en faire une station navale de premier ordre, et son principal entrepôt entre le Canada et la France. A partir de l'année 1720, d'immenses sommes d'argent furent dépensées pour y construire des fortifications, et si les trente millions qui, dit-on, y furent jetés, avaient été judicieusement employés, Louisbourg serait devenu une forteresse imprenable. Malheureusement, la mauvaise administration du règne de Louis XV se fit sentir là comme ailleurs. Il suffit de dire que M. Bigot y était commissaire-ordonnateur, et qu'il y faisait l'apprentissage des dilapidations qu'il devait continuer sur une si vaste échelle au Canada. Les matériaux employés pour la maçonnerie des remparts étaient si mauvais, qu'une partie des murailles croulaient d'elles-mêmes peu de temps après leur construction, et qu'il fallut combler les vides avec des fascines.

C'est dans cet état que se trouvaient les fortifications quand Louisbourg fut attaqué à l'improviste, en 1745, par une armée de plus de quatre mille miliciens de la Nouvelle-Angleterre, aux ordres du colonel Pepperell, soutenue par une flotte anglaise de dix vaisseaux. Cette expédition, conçue avec autant d'audace qu'exé-

---

[1] — Voir *Un Pèlerinage au pays d'Evangéline,* deuxième édition.

cutée avec bonheur, réalisa pleinement les espérances qui l'avaient fait naître ; tout sembla concourir à son succès : les éléments, l'imprévoyance du gouvernement français, l'incapacité du commandant [1], enfin les dissensions intestines.

Au mois d'octobre précédent, la garnison s'était mise en révolte parce que le commissaire s'obstinait à refuser la solde due aux soldats pour les travaux qu'ils avaient faits aux fortifications. La sédition fut apaisée par une demi-mesure de justice ; mais le sourd mécontentement qui subsista parmi les troupes paralysa la défense et fut une des causes de la perte de Louisbourg, qui entraîna celle du Cap-Breton. La ville capitula après quarante-neuf jours de siège, et resta au pouvoir des Anglais jusqu'en 1748, où elle fut restituée à la France par le traité d'Aix-la-Chapelle.

Au printemps de 1758, Louisbourg avait pour commandant un brave officier, dont le nom mérite d'être associé à ceux de Montcalm et de Lévis. A la suite de l'événement qui mit fin à l'histoire de cette forteresse, *le cher de Drucour* M. de Drucour faisait un triste tableau des quatre années qu'il y avait passées. Il aurait voulu, écrivait-il à un de ses amis de Paris, les effacer de sa mémoire. Le mauvais état de la place, l'impossibilité de l'améliorer, la question de la subsistance de la garnison et des habitants menacés de famine une fois par mois, étaient des sujets de continuels

---

1 — Duchambon, père du trop fameux Vergor.

embarras et d'anxiétés pour tous ceux qui étaient obligés d'y pourvoir. La cour de Versailles, effrayée des millions qu'avait coûté Louisbourg, et du nombre de soldats qu'exigeait sa défense, avait renoncé à l'idée d'en compléter les fortifications, qui plus que jamais tombaient en ruines.

La maçonnerie, dont le mortier avait été fait avec du sable de mer, n'avait aucune cohésion, et se disloquait continuellement sous l'action de la pluie et de la gelée [1]. Le mal était d'autant plus difficile à réparer que les fortifications étaient d'une grande étendue, n'ayant pas moins d'une demi-lieue de circonférence. Elles avaient la forme d'un quadrilatère irrégulier, et servaient d'enceinte à la ville qui occupait sur la pointe de Rochefort une élévation de vingt à trente pieds au-dessus du niveau de la mer. Les approches du côté de la rade et de l'Océan étant fort difficiles, la ligne la plus fortifiée était celle qui, au sud-ouest, regardait la terre ferme. Elle présentait, depuis la porte de l'ouest jusqu'au bord de la mer, un peu en deçà du cap Noir, un développement de douze cents verges flanqué d'un demi-bastion à chaque extrémité, et au centre deux bastions dont le principal, celui du roi, faisait partie de la citadelle ; en avant, s'ouvrait un fossé large et profond terminé par la pente d'un glacis qui allait rejoindre un terrain bas et marécageux d'un accès difficile. Un étang qui se déchargeait par le fossé dans la rade en passant sous

---

1 — Johnstone, *The campaign of Louisbourg*. — *Rapport de M. de Lahoulière.*

le pont-levis qui reliait la porte de l'ouest à la campagne, rendait cette partie inattaquable.

Ces ouvrages, où avait été savamment appliqué le système de Vauban, avaient le grave désavantage d'être à proximité de hauteurs d'où ils pouvaient être battus en brèche, à l'est du côté de la falaise qui domine l'Océan, et encore plus à l'ouest du haut des monticules qui s'échelonnent vers l'horizon. L'accès de la rade était défendu par deux batteries dont les feux se croisaient : la Grande Batterie ou Batterie Royale, placée en face de l'ouverture unique du port, et la batterie de l'île de l'Entrée.

Quatre mille habitants, la plupart pêcheurs, peuplaient la ville, dont les rues assez larges, bordées de maisons en bois, avaient une apparence simple mais régulière. Il n'y avait guère de constructions en pierre que les édifices publics, l'arsenal, les casernes, l'hôpital Saint-Jean de Dieu, le couvent de la congrégation de Notre-Dame et le château du gouverneur, le plus remarquable de tous, dominant le bastion du roi, avec sa chapelle attenante, servant d'église paroissiale.

Depuis la fin de l'hiver, la population de Louisbourg avait vécu dans l'attente d'une crise inévitable.

Durant les intervalles où le soleil d'avril dissipait les brumes et les brouillards de neige, plusieurs vaisseaux étaient aperçus au loin sur la ligne de l'horizon, s'approchant ou s'éloignant au gré des vents, et parfois venant cingler presque à portée du canon de la place. L'escadrille anglaise, aux ordres de Sir Charles Hardy, était déjà prête à intercepter les secours de France, destinés à Québec, et à faire le blocus de Louisbourg. Elle ne put cependant empêcher quelques vaisseaux français d'y arriver.

Dans la persuasion où était le chevalier de Drucour que la place était incapable de soutenir un siège, il adopta un système de défense qui devait servir de modèle à Montcalm devant Québec durant sa dernière campagne : celui d'empêcher une descente.

De chaque côté de la baie, le rivage de la mer est bordé de précipices et de rochers escarpés, contre lesquels grondent sans cesse les vagues, et qu'elles couvrent d'un vaste rideau d'écume aux heures de tempêtes. La côte est cependant accessible en plusieurs endroits à l'ouest de la ville, sur un parcours d'une lieue et demie entre le cap Noir, voisin du bastion de la Princesse, et l'anse de la Cormorandière. M. de Drucour y fit élever des travaux de défense et placer du canon sur les trois points les plus faibles : à la Pointe-Blanche, à la Cormorandière et à la Pointe-Plate, à mi-distance entre ces deux endroits. A la Cormorandière, la côte s'affaisse et se termine par une plage de gravier : c'est le lieu le plus favorable à un débarquement. L'armée de Pepperell y avait abordé en 1745. Drucour y fit faire un large abatis qui dissimulait huit pièces de canon. Les arbres renversés la tête du côté de l'Océan, et serrés les uns contre les autres, produisaient l'effet d'un champ de verdure percé çà et là de quelques touffes d'épinettes et de sapins. Les troupes pouvaient y attendre la descente de l'ennemi sans être vues.

La garnison de Louisbourg se composait de deux mille neuf cents hommes de troupes régulières, répartis entre les régiments de Bourgogne, d'Artois, de Cambis, et des Volontaires Etrangers [1], outre les citoyens de la place et quelques Indiens. Les murs de la ville et les batteries extérieures étaient armés de deux cent dix-neuf canons et de dix-sept mortiers. Cinq vaisseaux de ligne et six frégates, qui avaient réussi à échapper aux poursuites des flottes anglaises, ancraient dans la rade et s'apprêtaient à prendre part au siège [2].

A l'aurore du premier de juin, toute la ville fut mise en émoi par la nouvelle de l'apparition de la flotte

---

[1] — Comme les historiens varient sur ce chiffre, je donne le texte même de M. Marchault de Laboulière, commandant des troupes à Louisbourg. "La garnison, dit-il, consistait au commencement du siège en 2,900 soldats des troupes de terre ou de la colonie en état de porter les armes". *Lettre au ministre de la guerre, le maréchal de Belle-Isle, 6 août 1758.*

Le bataillon de Cambis était débarqué au Port Dauphin, peu de jours avant l'ouverture du siège. Les dernières compagnies étaient encore en marche le jour du débarquement des Anglais, et durent traverser la rade en chaloupe pour pénétrer dans la ville. Le régiment auquel ce bataillon appartenait, tenait son nom du vicomte de Cambis, qui le commandait.

[2] — C'était le *Prudent* et l'*Entreprenant*, de 74 canons ; le *Capricieux*, le *Bienfaisant* et le *Célèbre*, de 64 ; l'*Apollon*, de 50 ; la *Fidèle* et la *Chèvre*, de 22 ; l'*Echo*, de 26 ; la *Biche*, de 18 ; et l'*Aréthuse*, de 36. Ce dernier vaisseau avait pour commandant le brave Vauquelin, qui devait se couvrir de gloire devant Louisbourg, en attendant de s'immortaliser au second siège de Québec. Deux autres vaisseaux détachés de cette escadre, le *Bizarre* et la *Comète*, appareillaient pour la France.

anglaise. Une foule anxieuse, accourue aux remparts, avait les yeux fixés dans la même direction. La ligne de l'océan était en effet toute blanche de voiles qui grandissaient d'heure en heure, et augmentaient en nombre à mesure qu'elles approchaient.

La flotte, commandée par l'amiral Boscawen, était partie de Spithead le 19 février, sans attendre le général Amherst, retenu en Allemagne. Amherst était entré à Halifax au moment où l'amiral, lassé de l'attendre, appareillait pour l'expédition. Il avait été rejoint dans l'intervalle par les contingents de milices fournis par les colonies anglaises. Le 28 mai au matin, cent cinquante-neuf voiles, c'est-à-dire vingt-deux vaisseaux de ligne, dix-sept frégates, deux brûlots et cent dix-huit transports, portant douze mille hommes de débarquement, sortirent du havre d'Halifax, et mirent le cap sur Louisbourg [1]. Ils avaient été séparés durant le trajet par les vents contraires ; mais le 3 de juin les derniers transports avaient rejoint le reste de la flotte dans la baie de Gabarus.

Avant de quitter Halifax, Amherst avait pris ses dispositions pour la descente : il avait divisé ses troupes en trois brigades, dont le commandement désigné d'avance par Pitt lui-même, était confié aux brigadiers généraux

---

[1] — 11,936, d'après Entick, *General History of the late war* ; 11,112, d'après le *Journal* de Knox, sans compter l'artillerie, les rangers et les officiers. Or, selon Mante, *History of the late war in North America*, le corps des artilleurs était de 324 hommes, et celui des rangers de 538 ; ce qui forme un total de 11,974, auquel il faut ajouter le corps des officiers. Par conséquent, l'armée entière dépassait de beaucoup 12,000 hommes.

Whitmore, Lawrence et Wolfe. Le plus jeune de ces officiers, Wolfe, qui n'avait que trente et un ans, avait attiré tout particulièrement l'attention du grand ministre. Il avait connu sa belle conduite lors de l'infructueuse expédition contre Rochefort, et avait deviné en lui un capitaine capable de relever la gloire des armes anglaises.

James Wolfe était né à Waterham, dans le comté de Kent, d'une famille originaire de Limerick. Il avait montré dès l'enfance un goût si prononcé pour la vie militaire, qu'à l'âge de treize ans et demi il s'était embarqué avec son père, le lieutenant-colonel Edward Wolfe, pour l'expédition qui alla si inutilement se faire décimer devant Carthagène. Une maladie due à son faible tempérament, le rendit à sa mère avant le départ de la flotte. Il semble qu'une santé aussi délicate aurait dû le porter vers une carrière paisible ; mais sa jeune ambition avait été allumée par les récits de son père, qui avait conquis ses grades dans les armées de Marlborough et du prince Eugène ; il ne rêvait que la gloire militaire. Il avait seize ans lors de sa première campagne dans les Flandres. C'était alors un grand jeune homme mince, d'une constitution en apparence trop faible pour le métier de la guerre. Il était d'ailleurs franchement laid, avec des cheveux roux, un front et un menton fuyants, qui lui donnaient un profil semblable à un angle obtus, dont la pointe serait au bout du nez. Son teint ordinairement pâle mais diaphane, s'animait facilement et prenait une teinte rose au feu de la conversation ou de l'action. Rien ne révélait en lui le militaire, qu'une bouche ferme et des yeux d'où jaillissaient des éclairs à travers des prunelles d'un bleu d'azur. Avec tout cela, il y avait dans sa personne et ses manières quelque chose de sympathique qui attirait vers lui.

Il est représenté dans ses derniers portraits en uniforme écarlate, serré à la taille, à la façon anglaise. Le col à revers laisse voir la dentelle de la chemise. Ses cheveux noués retombent entre ses épaules, et sa tête est coiffée d'un chapeau tricorne galonné d'or. Des guêtres aux pieds, l'épée à la ceinture, il porte un crêpe au bras, car il était à cette date en deuil de son père. C'est ainsi que le représente également la statue exécutée peu de temps après sa mort, qui se voit à l'encoignure de la rue du Palais, à la haute ville de Québec.

Avec les talents et la passion qu'il avait pour son art, le jeune Wolfe ne pouvait manquer de monter rapidement en grade ; il prit part à la victoire de Dettingen, et s'y distingua par sa bravoure et son sang-froid. Au lendemain, il fut créé adjudant, puis lieutenant, et capitaine la campagne suivante. Un grand deuil l'atteignit alors ; il avait un jeune frère d'une santé plus faible encore que la sienne : tous deux s'aimaient comme des jumeaux. Edouard se battait à côté de lui ; ce ne fut pas une balle qui l'emporta, mais les fatigues de la guerre. James n'eut pas la consolation de recevoir son dernier soupir ; le devoir le retenait ailleurs. La lettre où il entretient sa mère de cette mort est toute baignée de larmes, et dévoile une âme sensible.

" Ce pauvre Ned ! il ne lui a manqué que la consolation de voir ses plus chers amis pour quitter ce monde avec la plus grande tranquillité. Il nous a souvent demandés. J'ai des heures de chagrin quand je réfléchis que j'aurais pu me trouver auprès de lui avant sa mort. Dieu sait que c'est pour avoir été trop exact et pour n'avoir pas su le danger où il était ! cela même ne m'eût pas arrêté si j'avais reçu la première lettre du médecin. Je sais que vous ne serez pas capable de lire ces lignes sans verser des larmes, comme j'en verse moi-même en les écrivant ; mais il y a une consolation même à céder de temps en temps à la douleur. Nous le devons à la mémoire de quelqu'un qu'on aime.

" J'ai gardé sa montre, sa ceinture, ses livres et ses cartes, que je conserverai en souvenir de lui.

" C'était un bon enfant, honnête, d'une excellente conduite, et remplissant son devoir avec la belle humeur d'un bon officier. Il a vécu et il est mort comme un fils digne de mon père et de vous ; pour moi c'est tout dire.

" Vous m'excuserez d'appuyer si longtemps sur ce cruel sujet ; mais en parlant ainsi, la vanité et la partialité n'ont aucune part. Je n'ai que le grand désir de rendre justice à sa mémoire. Il n'y a aucune époque de sa vie où j'aie appris à l'aimer davantage que depuis que vous m'avez répété qu'il languissait dans mon absence. Je me fais souvent un reproche de passer une heure de ma vie sans penser à lui, car pour un tempérament qui, comme le mien, est trop porté à la gaieté, il faut souvent se rappeler sa douleur.

" Je vous prie de nouveau d'excuser mon ennuyeuse longueur et la manière dont je vous écris, mais je connais votre indulgence ".

Wolfe avait la plus grande tendresse pour ses parents et un vrai culte pour sa mère. La correspondance qu'il entretenait continuellement avec elle est réellement touchante.

Du continent, Wolfe passa en Ecosse, et assista à la bataille de Culloden. Certains historiens lui font jouer après la victoire un rôle magnanime au détriment de son général. Le duc de Cumberland, traversant avec lui le champ de bataille, aperçut un Highlander qui, malgré de graves blessures, se tenait appuyé sur un bras et les regardait passer avec un sourire de défi :
— " Tuez-moi cet insolent vaurien qui ose nous regarder avec tant de mépris, dit le duc à Wolfe ".

— " Ma commission est entre les mains de Votre Altesse, répondit le brave officier, mais je ne consentirai jamais à devenir un bourreau [1] ".

A vingt-trois ans, il était déjà lieutenant-colonel. L'étude du latin, du français et des mathématiques absorbait toutes ses heures de loisir. Il eut vers ce temps un chagrin d'amour, qu'il chercha à oublier en se plongeant dans une suite de dissipations qui ne pouvaient durer, car elles n'étaient pas dans son caractère.

Stationné à Inverness, qui était alors un trou infect au milieu d'une population vaincue d'hier et encore frémissante du joug ; toujours en lutte avec une santé

---

1 — Cette anecdote est contestée par l'auteur de la vie de Wolfe.

déplorable, il sut se mettre au-dessus du découragement et gagner les bonnes grâces de tous, même des Highlanders. Il avait un fonds inépuisable de bonne humeur, ce que les Anglais appellent *good spirits*. Avec cela, avait-il coutume de dire, un homme peut passer à travers tous les obstacles. Il trouva cependant longs les cinq ans qu'il passa dans les montagnes d'Ecosse, car il appréhendait de se rouiller au milieu du vide intellectuel qui l'entourait.

" La crainte de devenir un franc vilain, écrivait-il à sa mère, et de m'habituer aux principes tyranniques du commandement absolu, ou de me laisser aller insensiblement aux tentations du pouvoir jusqu'à devenir hautain, insolent et insupportable, voilà autant de considérations qui me font désirer de quitter le régiment avant l'hiver prochain, afin que par la fréquentation d'hommes qui me sont supérieurs, je connaisse ce que je suis, et que par la conversation avec l'autre sexe, j'apprenne les bonnes manières et les grâces de l'esprit ".

L'hiver de 1753 le trouve à Paris, au centre de ce beau monde, dont les raffinements l'attirent. Il y est recherché, il s'en enivre, il fréquente la cour de Versailles, se fait présenter au roi. Il rend hommage à cette couronne, dont il va bientôt, de son épée, faire tomber le plus beau joyau. Mme de Pompadour, dans tout l'éclat de sa honte dorée, daigne lui sourire. " J'ai eu la bonne fortune, écrit-il, d'être placé près d'elle pendant un temps considérable.... Elle est extrêmement jolie, et par sa conversation je juge qu'elle a beaucoup d'esprit et d'intelligence ".

Wolfe était devenu courtisan pour le quart d'heure. Entre les exercices d'équitation et de français, il prenait des leçons de danse ; il s'applaudissait de pouvoir danser passablement le menuet, au dire de son professeur, lorsqu'un ordre brusque, qu'il n'eut que le temps de maudire avant son départ, le ramena en Angleterre. Cela lui fit perdre l'occasion d'aller observer les armées de l'Europe, comme il le projetait, avant son retour ; il y suppléa à force d'études.

A l'ouverture de la guerre de Sept Ans, sa bonne étoile le conduisit devant Rochefort, où il fit éclater sa supériorité sur les commandants de l'expédition. Ce fut, comme on l'a vu, le commencement de sa fortune militaire.

Le commandement que lui confia le ministre Pitt, en l'associant à l'expédition de Louisbourg, lui fut cependant peu sensible. Il le redoutait même, croyant y voir plus de mécomptes que de gloire, et au bout le terme de sa vie. Il était très mauvais marin, et sa santé toujours chancelante achèverait de se perdre sur mer. Des infirmités précoces lui présageaient d'ailleurs une vie bien courte, et il aurait voulu jouir, au moins quelques années, des joies du *home* qu'il n'avait pas connues, de la vie de famille pour laquelle il avait de fortes inclinations. Il aimait les enfants et il avait un amour en tête : Miss Lowther, fille d'un ex-gouverneur des Barbades. Vivre entre elle et un berceau, dans un petit cottage, au fond d'une campagne paisible, retirée et pittoresque, comme son lieu natal de Westerham, c'était là à peu près toute son ambition. Et il croyait y dire adieu en quittant la terre d'Europe.

" Puisque j'ai embrassé la profession des armes, mandait-il de Blackheath, en faisant ses préparatifs de voyage, je dois chercher toutes les occasions de servir, et c'est pour cela que je me suis jeté sur le chemin de la guerre d'Amérique, quoique je sache que la traversée seule menace mon existence, et que ma constitution en sera entièrement ruinée et abîmée. Je pars cependant sans aucun motif d'avarice ou d'ambition ".

A sa mère, il ajoutait avec un sentiment de mélancolie profonde, et en même temps avec une résolution désespérée : " Je ne mérite pas autant de considération ou d'intérêt que mon père et vous voulez bien me témoigner. Il désire un rang pour moi, et vous ma conservation. Tout ce que je souhaite pour moi, c'est que je sois prêt en tout temps à rencontrer le sort qu'on ne peut éviter, et à mourir avec grâce et honneur quand l'heure en viendra, soit maintenant, soit plus tard. Une petite part des bonnes choses de ce monde satisferait amplement mes plus grands désirs. Je ne suis pas tenté d'attacher une valeur indue à l'existence, ni je ne souhaite d'être jeté sur le chemin de certaines épreuves pour lesquelles ma nature n'est pas prête. Je veux dire que j'aurais du regret de me voir élever à un poste à la hauteur duquel je ne serais pas. Réflexion faite, le service me coûte cher. Deux cents livres pour la dernière affaire ; cinq ou six cents pour celle-ci, et un emploi que je suis dans le cas de résigner ; de façon que si nous ne réussissons pas, ma position sera désespérée, et mes finances épuisées. Les dames d'ailleurs mépriseront un prétendant battu ; ainsi, d'une manière ou d'une autre, c'en est fait de moi. Cependant je cours hardiment, de tout cœur et avec joie, sur le chemin de la ruine ".

Le capitaine Knox, qui vit Wolfe pour la première fois à Halifax, disait qu'il y avait de l'Achille dans ce jeune brigadier !

Impétueux, irascible, se laissant parfois aller à des emportements occasionnés par sa nature souffreteuse, d'un esprit plutôt celtique que saxon, désintéressé, plus dévoué à sa patrie qu'à son ambition, modèle de piété filiale, prompt aux épanchements et à l'amitié qu'il savait garder ; avec cela exact au devoir, ferme sur la discipline, soldat avant tout, et sachant par suite se faire aimer de l'officier et du soldat, tel était en résumé le caractère de Wolfe.

La traversée de l'Océan avait été pour lui, comme il l'avait prévu, un supplice. Après la prise de Louisbourg, il écrivait à sa mère qu'il aimerait beaucoup mieux faire un siège que de passer quatre semaines en mer.

Une partie de la flotte avait devancé le vaisseau qui le portait ; enfin, le 2 juin, vers midi, le voile de brume épaisse qui l'enveloppait, se déchira et découvrit les falaises de l'île hérissées d'arbres coniques et sombres, avec la forteresse de Louisbourg à leurs pieds, ceinte de murailles grises, au-dessus desquelles flottaient les couleurs de France. Le soir même, Amherst et Wolfe longèrent la côte pour en reconnaître les points accessibles, et fixèrent la descente au lendemain, à l'aube du jour ; mais une succession de brume et de gros vents la retarda jusqu'au 8.

La veille de ce jour, à la nuit fermée, l'amiral Durell alla examiner la mer au bord du rivage, et s'assura que l'approche en était possible. A minuit, chacune des trois brigades prit place dans les chaloupes, et attendit l'ordre d'avancer. Celles de Whitmore et Lawrence devaient faire de fausses attaques, la première à la Pointe-Blanche, la seconde à la Pointe-Plate. Un quatrième corps, composé du 28me de ligne, devait achever de tromper l'ennemi, en passant devant la rade de Louisbourg, et simulant une descente à une lieue plus haut dans la baie de Laurembec, tandis que la brigade de Wolfe tenterait le débarquement à la Cormorandière. Chacune de ces brigades était plus nombreuse que toute la garnison de Louisbourg. Celle de Wolfe, choisie parmi l'élite de l'armée, était composée du 78me régiment des Highlanders, qui ne comptait pas moins de mille quatre-vingt-quatre hommes, d'un corps d'infanterie légère de cinq cent cinquante hommes, outre douze compagnies de grenadiers et cinq de rangers.

Plusieurs vaisseaux étaient déjà embossés à portée de canon vis-à-vis des trois endroits menacés. Dès que les premières lueurs du jour eurent dessiné nettement les lignes de la côte, ils donnèrent le signal de l'attaque par une furieuse canonnade dirigée contre les postes français. Au même instant tous les équipages des chaloupes firent force de rames vers la terre. Du haut des falaises, les détachements français échelonnés de distance en distance, embrassaient d'un même coup d'œil tout ce mouvement. Le poste de la Cormorandière n'était défendu que par un millier de troupes régulières aux ordres du lieutenant-colonel de Saint-Julhien, commandant du régiment d'Artois, et quelques Micmacs ; les autres postes d'un abord moins facile, étaient pour cela moins gardés [1]. Quand ils virent s'avancer contre eux cette triple nuée d'embarcations chargées d'innombrables soldats, ils furent déconcertés. Malgré les difficultés que présentait la côte, elle était accessible sur une trop grande étendue pour qu'elle pût être bien gardée par des forces si inférieures en nombre. Les troupes le comprirent et perdirent toute confiance.

L'avant-garde de Wolfe devança les deux autres brigades, et s'approcha pour mettre pied à terre sur la grève de l'anse de la Cormorandière ; mais dès qu'elle fut à la portée du fusil, elle fut assaillie par des décharges de mousqueterie et de canons si bien nourries, que Wolfe reconnaissant l'impossibilité d'une descente en cet endroit, agita en l'air son chapeau pour signifier aux premières embarcations de reculer. Mais les lieutenants Hopkins et Brown qui les commandaient, crurent que c'était au contraire un ordre d'avancer, et poussèrent à toutes forces jusqu'à une pointe de rocher à droite de l'anse, derrière laquelle ils trouvèrent un abri contre les projectiles. Cet escarpement qui paraissait

---

1 — Il y avait à l'anse de la Cormorandière.... 985 soldats.
      " à la Pointe-Plate................... 620 "
      " à la Pointe-Blanche .... 250 "

                                  Total............. 1855

Journal de Drucour. — Journal non signé.

inaccessible n'était pas gardé. Les braves officiers, suivis de quelques soldats, s'y élancèrent, et s'accrochant aux broussailles, commencèrent à le gravir. Le vent avait fraîchi, et la mer s'y brisait avec violence. Quelques embarcations y furent crevées ou renversées, et quelques soldats noyés. Malgré cela, une partie de l'infanterie légère eut bientôt gravi la hauteur où elle s'établit solidement derrière les taillis et les angles des rochers. Wolfe, apercevant le succès de cette audacieuse tentative, lança toute sa brigade dans cette direction, et fit prendre les devants à son canot qui toucha un des premiers le rivage. Aidé d'une canne qu'il tenait à la main, il sauta de récif en récif aux applaudissements de sa troupe, qui le distinguait à sa taille haute et mince. Il escalada la falaise et rangea ses troupes à mesure qu'elles arrivaient, en ordre de bataille, autant que le terrain le permettait. Elles ne rencontrèrent qu'un petit nombre de soldats et d'Indiens qui firent le coup de feu à travers les taillis, et leur tuèrent ou blessèrent quelques hommes.

Le vent qui poussait la fumée du combat vers le rivage avait dérobé ce mouvement aux Français [1].

---

1 — *Journal du siège de Louisbourg*, non signé. Un autre *Journal* également sans signature, reproche au commandant de la Cormorandière, M. de Saint-Julhien, de n'avoir pas agi avec assez de célérité. " Au lieu, dit-il, de faire avancer son aile gauche, qui était la plus rapprochée de l'ennemi, il détacha de l'aile droite les grenadiers d'Artois et de Bourgogne qui ne purent arriver à temps.... L'on pourrait faire une critique bien désavantageuse des manœuvres de cette malheureuse journée ".
Outre les deux relations manuscrites citées plus haut, lesquelles suffiraient pour guider dans le récit de ce siège, j'ai sous les yeux le *Journal* même du commandant de Louisbourg,

Lorsqu'ils s'en aperçurent, Wolfe avait déjà ordonné aux premières compagnies de pousser de l'avant et de charger à la baïonnette.

M. de Saint-Julhien accourut avec une partie de ses troupes, mais déjà les Anglais étaient, en nombre, maîtres de la position. Les Français qui n'étaient pas préparés à un combat à l'arme blanche, ne firent qu'une faible résistance, et reculèrent jusqu'à leurs batteries. La nouvelle se répandit en ce moment parmi eux que la brigade de Whitmore avait opéré sa descente à la Pointe-Blanche, et menaçait de leur couper la retraite. Cette brigade, au contraire, avait rétrogradé avec celle de Lawrence, et pris terre sans beaucoup de résistance, sur le côté opposé de l'anse aux Cormorans, où Amherst les suivit avec le reste de ses troupes. Le détachement de M. de Saint-Julhien, assailli de droite et de gauche, fut obligé d'abandonner ses canons et de battre en retraite. Une partie regagna Louisbourg en suivant les bords de la mer, le reste en faisant un circuit à travers

---

le chevalier de Drucour, et celui du capitaine de Tourville, commandant du vaisseau le *Capricieux*. Chacune de ces relations contient de longs et minutieux détails sur les opérations du siège. Le *Journal* de Drucour à lui seul couvre plus de cent pages in-folio. Quoique ces relations soient évidemment écrites indépendamment les unes des autres, elles s'accordent sur les points essentiels.

Une *Relation de la descente des Anglais dans l'Ile-Royale, le 8 juin* 1758, fait partie de la collection du chevalier de Lévis. J'ai de plus des copies d'un grand nombre de lettres d'officiers civils et militaires qui ont pris part à la défense de Louisbourg, entre autres de Drucour, Lahoulière, Desgouttes, Saint-Julhien, Franquet, Prévost, Courserac, etc. Cette multitude de pièces fournissent une surabondance de renseignements qui permettent de les contrôler les uns par les autres.

les bois. Les Anglais s'emparèrent successivement des batteries de la Pointe-Plate, de la Pointe-Blanche, et poursuivirent les fuyards jusqu'à l'entrée de la clairière ouverte autour de la place, où ils furent arrêtés par le feu des canons que le chevalier de Drucour fit tirer des remparts pour protéger la rentrée de ses troupes [1].

Cent neuf hommes tués, noyés ou blessés du côté des Anglais ; cinquante tués et soixante-dix prisonniers du côté des Français, voilà tout ce qu'avait coûté cette journée qui décida du sort de Louisbourg. " Triste et fatale journée pour l'Etat ", écrivait à Montréal un témoin de cet échec, l'ingénieur Franquet qui, mieux que personne, connaissait les défauts de la forteresse, et prévoyait sa chute inévitable.

Amherst choisit pour l'emplacement de son camp une rangée de hauteurs inégales, entre lesquelles coule un ruisseau qui se décharge dans la mer au fond d'une petite anse située à l'est de la Pointe-Plate. Cette anse, d'un abord facile, moins éloignée de Louisbourg que la Cormorandière, était tout indiquée comme le point de communication entre la flotte et l'armée. Le débarquement des tentes, des munitions et du matériel de siège y fut commencé le jour même.

Durant la nuit, la rade de Louisbourg fut illuminée par des jets de flammes qui s'étendaient tout le long du rivage, depuis la ville jusqu'au delà de la Grande Batterie. M. de Drucour avait résolu d'abandonner cette position, et faisait incendier tous les édifices qui l'entouraient :

---

[1] — *Lettre de M. de Saint-Julhien*, 9 juin 1758. — Cf. Johnstone, *The campaign of Louisbourg*.

maisons de pêcheurs et autres constructions qui auraient pu servir d'abri aux ennemis. Les jours qui suivirent, le débarquement fut retardé par la fréquence des bourrasques et des brumes qui rendaient l'atterrissage presque impossible. Un grand nombre d'embarcations furent crevées ou démolies dans le cours des opérations.

Ce ne fut que le 18 que les grosses pièces d'artillerie purent être amenées. Dans l'intervalle, l'installation du camp sur une ligne irrégulière de deux milles de longueur se fit avec activité. Le terrain débarrassé des arbres fut nettoyé, et un réseau de chemins tracé du rivage aux tentes. A un demi-mille en avant du camp, trois redoutes le protégeaient contre les sorties des assiégés ; à quelque distance de l'aile gauche, formée de l'infanterie légère, deux *blockhouses* solidement assis sur des éminences d'où l'œil domine au loin les ondulations du terrain, étaient gardés par des piquets de soldats qui pouvaient signaler d'avance l'approche des partis de Canadiens et de sauvages qu'on savait venir de l'intérieur de l'île ; enfin une dernière redoute construite à la Cormorandière garantissait les derrières du camp contre une surprise du côté du rivage.

La destruction de la Grande Batterie, rendue nécessaire depuis la descente des Anglais, avait amené l'abandon des autres postes extérieurs, à l'exception de l'île de l'Entrée. Drucour s'était vu forcé, par la faiblesse de sa garnison, de concentrer sa défense dans l'intérieur des murs. Les Anglais se trouvaient ainsi maîtres de la campagne. Wolfe, que sa bouillante ardeur recommandait pour les coups hardis, s'avança à l'ouest de la ville avec douze cents hommes, rangea les coteaux qui s'arrondissent autour de la rade, et vint s'emparer du promontoire qui, au nord-est, resserre l'entrée de cette rade [1]. Les Français avaient construit sur un escarpement qui domine les environs, une batterie qu'ils venaient d'abandonner après l'avoir enclouée. Wolfe la rétablit et en monta d'autres le long du rivage pour canonner l'île de l'Entrée et les vaisseaux français. La flotte anglaise qui l'appuyait du côté de la mer, lui fournissait par la baie de Laurembec tous les approvisionnements de bouche et de guerre dont il avait besoin ; du côté de terre, une chaîne de postes, fortifiés par des redoutes, maintenait ses communications avec l'armée.

Dans la nuit du 18, il démasqua ses batteries et ouvrit un feu formidable contre la flotte française, qui y répondit avec une égale vigueur. Cette canonnade, dont le bruit fit trembler les échos de la rade toute la nuit et tout le jour suivant, produisit cependant peu d'effet, soit d'un côté, soit de l'autre. A l'ouest de la ville, le canon des remparts n'avait cessé d'inquiéter les mouvements des ennemis qui, à cette date, n'avaient pas encore ouvert la tranchée. Ils s'étaient occupés à perfectionner leurs travaux de défense et à ouvrir des chemins pour les pièces de siège, ce qui n'était pas très facile dans ce terrain rocailleux, coupé de marécages, et exposé en partie au feu de la place. Une sortie forte de trois cents hommes avait été dirigée en

---

[1] — Ce promontoire sur lequel s'élevait un phare était appelé la Tour de la Lanterne.

plein jour sur une des redoutes en construction, et avait soutenu un vif engagement contre des forces supérieures devant lesquelles elle avait dû se retirer.

Le gouverneur de Louisbourg fondait des espérances sur la lenteur qu'il croyait remarquer dans les opérations du siège ; il se flattait que les secours qu'il avait demandés au marquis de Vaudreuil arriveraient à temps. M. de Boishébert était en effet débarqué au Port-Toulouse, à l'extrémité méridionale de l'île, et s'avançait avec un corps considérable de Canadiens, d'Acadiens et de sauvages. Mais cet officier montrait en ce moment une incapacité, agissait avec une lenteur qui ressemblaient à de la trahison, et ne justifiait que trop l'opinion de Montcalm qui, comme on l'a vu, aurait préféré pour cette expédition un commandant d'une autre trempe.

Si Boishébert avait eu l'activité qu'on attendait de lui, il aurait eu le temps d'arriver à Louisbourg avant la descente des Anglais, après avoir grossi sa troupe sur son chemin d'une foule d'Acadiens qui ne demandaient qu'à combattre, et qui, au dire de l'abbé Maillard, auraient porté son détachement à quinze cents hommes, Français et sauvages. Ce missionnaire, qui était alors sur l'île du Cap-Breton, fait retomber en grande partie sur M. de Boishébert la responsabilité de la chute de Louisbourg, car si le chevalier de Drucour avait eu à sa disposition quinze cents hommes de plus, il aurait pu peut-être empêcher le débarquement du 8 juin.

Dans une lettre écrite à Québec, trois semaines après la capitulation, l'abbé Maillard a raconté les mouvements de l'expédition dont il avait été témoin, et tracé un portrait peu flatteur de son chef.

" Voici ce que c'est que M. de Boishébert, écrit-il : Jeune homme de vingt-neuf à trente ans ; fils unique d'une dame qui faisait dans tout le Canada la pluie et le beau temps, sous le généralat de M. de Beauharnois [1] ; protégé et favorisé plus que personne dès ses plus tendres années, pour aller commander dans des postes où il avait plus à s'enrichir par le commerce qu'à s'illustrer par des faits militaires ; toujours et constamment favori de la fortune jusqu'aux temps présents ; par conséquent richissime, et qui par rapport à cet état heureux où il se trouve, passe pour Achille sans du tout l'être ; d'un génie si mince, qu'à peine lui en connaît-on ; uniquement appliqué à ce qui se nomme affaire de commerce et de trafic en tout genre ; dépensant considérablement au roi, sans avoir encore réellement rien fait pour son service ".

Cinq jours après l'ouverture du siège, le chevalier de Drucour avait envoyé un exprès à l'abbé Maillard, avec une lettre dans laquelle il le conjurait de presser la marche de M. de Boishébert, ajoutant qu'à son entrée à Louisbourg il recevrait la croix de Saint-Louis, que le roi avait envoyée par les derniers vaisseaux pour l'en décorer. " Quand je lui eus fait lecture de cette lettre, continue l'abbé Maillard, j'ajoutai en présence de tous ses officiers : " —Monsieur, vous voyez quelle confiance

---

[1]—Geneviève de Ramezay, épouse de Louis-Henri Deschamps de Boishébert, seigneur de la Rivière-Ouelle. Son fils, né en 1727, était filleul du marquis de Beauharnois.

a en vous M. notre gouverneur ; votre faible détachement se trouve ici tout à coup accru du triple ; tous les sauvages qui vous attendent depuis longtemps vous suivent ; et tous les jeunes gens, jusques aux pères de famille du Port-Toulouse, etc., vous suivent aussi. Nous avons eu idée que vous ne voudrez pas autrement avoir la croix qui vous attend à Louisbourg, que comme David eut Michol.

" La réponse qu'il me fit n'est pas digne de vous être écrite ".

Boishébert ne chercha que des prétextes pour temporiser et licencier son camp. Il en trouva un dans le manque de provisions, quoiqu'il en eût suffisamment, et que Drucour lui eût dépêché deux goélettes chargées de vivres et de munitions dans la baie de Miré, d'où le commandant lui avait écrit [1]. Le gouverneur lui envoyait en même temps la croix de Saint-Louis avec une lettre pressante, dans laquelle il lui annonçait une sortie du moment qu'il apercevrait certains signaux convenus en arrière du camp anglais. Boishébert n'en fit rien, malgré les murmures de ses soldats, des Acadiens surtout, dont le sort dépendait de Louisbourg, et des sauvages mêmes. " — Nous vivrons des bestiaux que nous saurons bien trouver et qui t'ont échappé, lui dirent les Micmacs. Munis-nous de fusils, de plomb et de poudre, et laisse-nous faire la petite guerre ".

---

1 — *Journal de Drucour.* — *Journal anonyme.* — *Prévost au ministre,* 13 juillet.

" Boishébert leur tint alors de si tristes propos, qu'ils concertèrent entre eux de revenir à la mission qui n'est qu'à huit lieues de là ; mais auparavant, d'envoyer ceux d'entre eux qui étaient armés, à la découverte du côté de Gabarus, de Laurembec et dans le grand chemin de Miré [1] ".

Les deux premières bandes trouvèrent les Anglais si bien gardés, qu'elles ne purent faire coup ; mais celle qui avait pris le chemin de Miré à Louisbourg, au nombre de trente-deux hommes auxquels s'étaient adjoints vingt-cinq Acadiens, surprit un détachement de six cents Anglais marchant à la découverte. Elle s'était rangée de chaque côté d'un impénétrable taillis, les avait attendus au passage, et mis en fuite en faisant sur eux une décharge qui leur avait tué cinq hommes et blessé plusieurs autres. Les Anglais, qui appréhendaient les sauvages plus que la foudre, raconte l'abbé Maillard, s'étaient crus traqués par une armée de ces barbares, et avaient été saisis d'une panique irrépressible. Les Micmacs et les Acadiens s'étaient alors mis à leur poursuite et avaient fait trois prisonniers, dont un sergent, de qui ils tirèrent tous les renseignements qu'ils voulurent. Ce coup de main, rendu inutile par la lâcheté de Boishébert, servit du moins à démontrer ce qu'il aurait pu faire, s'il avait voulu profiter du courage et de la bonne volonté de ses troupes.

Le jour même que Drucour avait expédié un message à l'abbé Maillard, il avait dépêché au marquis de

---

1 — *Archives du séminaire de Québec. Lettre de l'abbé Maillard*, sans adresse, mais probablement écrite à l'abbé Jacrau, son correspondant ordinaire.

Vaudreuil la frégate l'*Echo* qui avait réussi à sortir du port à la faveur d'une brume épaisse, sans toutefois échapper à la vigilance des vigies anglaises. Deux des meilleurs voiliers de l'amiral Boscawen : le *Scarborough* et la *Junon* lui donnèrent la chasse, l'atteignirent et vinrent triomphalement passer devant Louisbourg avec leur prise, pavoisée des couleurs britanniques.

Amherst s'était enfin décidé à ouvrir la tranchée : il lui avait fallu plus de temps pour s'y mettre que n'en avait pris Montcalm pour débarquer devant le fort George, l'assiéger et le prendre. Dans la journée du 17, on l'avait vu parcourir à cheval, en compagnie de l'ingénieur en chef, le colonel Bastide, et de deux autres officiers, les environs de la ville pour déterminer l'emplacement d'une première parallèle. Le havre de Louisbourg s'étend à une assez grande distance à l'ouest du site où était la ville ; il forme à son extrémité par le prolongement d'une langue de sable, une espèce de lac appelé Barachois. Tout auprès s'élève un monticule connu sous le nom de la Hauteur-Verte, que les Anglais traduisirent par celui de *Green Hill*. Cette colline, distante d'environ un kilomètre des remparts, fut choisie comme point d'appui pour tracer une parallèle dans la plaine marécageuse, couverte de mousse, de nénuphars et de joncs, qui se prolonge à l'est et au sud. Un épaulement construit de fascines, de gabions et de terre, haut de neuf pieds, large de soixante, sur une longueur de quinze cents pieds, fut élevé afin de protéger les travailleurs.

Durant le cours de ces ouvrages faits en grande partie pendant la nuit et les heures de brume, Wolfe, toujours de l'autre côté de la rade, avait augmenté ses batteries de grosses pièces, et recommencé contre l'île de l'Entrée et la flotte un feu destructeur qui dura nuit et jour, jusqu'à ce que la batterie de l'île fût réduite au silence. Toutes les pièces avaient été démontées, les parapets démolis, les murailles ne présentaient plus qu'un amas de ruines. La flotte, gravement endommagée, avait été forcée de lever l'ancre et de se rapprocher de la ville, malgré les protestations et le murmure général de la garnison, qui déjà avait accusé de pusillanimité le commandant Desgouttes et ses principaux officiers, parce qu'après la descente des Anglais ils avaient manifesté l'intention de reprendre la mer, pour éviter la destruction de leurs vaisseaux [1]. La rade de Louisbourg se trouvait désormais ouverte à la flotte anglaise. Il ne restait plus qu'une dernière ressource pour l'arrêter : c'était de couler des vaisseaux dans l'étroite passe qui relie le bassin à l'Océan. Drucour profita de quelques heures de brume pour y faire amener quatre frégates : l'*Apollon*, la *Fidèle*, la *Chèvre* et la *Biche*, qu'il fit couler bas au milieu du chenal, après avoir lié ensemble leurs mâts coupés à fleur d'eau. Le lendemain, il y fit également couler la *Diane* et le navire *La Ville de Saint-Malo*, ce qui réduisit la

---

1 — " De si belles batteries flottantes eussent dû être continuellement en mouvement pour empêcher l'établissement de celles que les assiégeants forment autour de la rade et vis-à-vis de la place ". *Journal du siège*, non signé.

" Il (le marquis Desgouttes), me paraît plus occupé de ses intérêts personnels et de sa propre conservation que de concourir à notre défense ". Autre *Journal*, non signé.

flotte française enfermée dans la rade à cinq vaisseaux de ligne et une frégate.

L'intrépide commandant de l'*Aréthuse*, Vauquelin, était venu s'embosser depuis plusieurs jours près du Barachois, d'où il entretenait un feu meurtrier sur les assiégeants. Il leur tuait beaucoup de monde en croisant ses feux avec ceux de la place, et détruisait chaque jour une grande partie des travaux qu'ils avaient faits pendant la nuit.

Drucour essaya de tirer parti de la forte position occupée par l'*Aréthuse* en faisant une sortie dans la matinée du premier juillet. Il s'avança le long du Barachois et soutint un combat acharné avec l'infanterie légère, accourue en nombre supérieur aux ordres de Wolfe, qui finit par le ramener sous les murs de la ville. Wolfe, dont le coup d'œil militaire était rarement en défaut, comprit tout l'avantage qu'il pouvait tirer du moment de confusion qui s'ensuivit, et de l'ardeur qu'il venait de communiquer à ses troupes. Il revint en hâte sur ses pas, tourna la pointe du Barachois et s'empara à son extrémité nord d'une éminence qui commande de la rade et la ville. En quelques jours, il y construisit une redoute et une batterie qui forcèrent l'*Aréthuse* à abandonner sa position, et lancèrent sur la ville et les vaisseaux un feu plongeant qui donna une supériorité définitive aux assiégeants. Ils allaient en prendre une bien plus grande les jours suivants, en démasquant au sud-est de la ville de nouvelles batteries de canons et de mortiers, dont Wolfe avait surveillé l'érection, et qui battirent en brèche les deux bastions du sud, ceux de la Reine et de la Princesse, et jetèrent une pluie de bombes dans l'intérieur des murs. Le courage des assiégés n'était cependant pas encore ébranlé : il était soutenu par l'héroïsme du gouverneur et de sa femme, non moins brave que son mari. Mme de Drucour, digne émule de Mlle de Verchères, donnait l'exemple de l'intrépidité à la garnison en paraissant chaque jour sur les remparts, et tirant de sa propre main plusieurs coups de canon.

Durant la nuit du 9 juillet, un détachement d'un millier de soldats sortit de Louisbourg par les portes de l'est et du sud, et, favorisé par l'obscurité augmentée de brouillards, longea la falaise entre le cap Noir et la Pointe-Blanche, s'approcha, sans être aperçu, de la redoute érigée près des batteries ennemies, et surprit les sentinelles. La redoute fut sur le point d'être emportée. Lord Dundonald qui y commandait, fut tué avec plusieurs des siens ; un plus grand nombre furent blessés, quelques-uns faits prisonniers, entre autres le capitaine Bontein, du corps des ingénieurs, et le lieutenant Tew. Les Anglais, avertis par le bruit du combat, amenèrent des forces écrasantes qui obligèrent les Français à la retraite. Ils la firent en bon ordre, emmenant leurs blessés et leurs prisonniers. Ils avaient perdu une vingtaine d'hommes, parmi lesquels un brave officier, le capitaine Chauvelin, sans compter plusieurs blessés et cinq prisonniers.

Dans la nuit du 11 juillet, une grande lumière reconnue pour un signal, illumina la forêt qui bordait l'horizon du côté de la route de Miré. C'était en effet Boishébert qui annonçait son approche. Honteux du succès obtenu par une cinquantaine d'Acadiens et de sauvages, il avait rougi de son inaction, et s'était porté en avant avec deux ou trois cents hommes. Cette tentative qui, au mois précédent, aurait peut-être pu sauver Louisbourg, était dérisoire en ce moment ; car les assiégés étaient enfermés dans les murs de la ville, dont les brèches béantes allaient bientôt être prêtes pour l'assaut. Les Anglais, qui avaient aperçu le signal de Boishébert, se portèrent à sa rencontre avec des forces supérieures, et dispersèrent sa troupe après une légère escarmouche.

L'abandon du Barachois avait réduit à l'inaction, ou du moins à peu d'utilité pour la place, l'*Aréthuse* comme le reste de la flotte, dont la perte était certaine depuis que le sort de Louisbourg était fixé. La plupart des officiers et des matelots débarqués à terre, se battaient vaillamment à côté de la garnison, dans la seule espérance de retarder de quelques jours la capitulation. Vauquelin, incapable de rester inactif, proposa au commandant Desgouttes un coup d'audace dont le succès pouvait sauver l'*Aréthuse*. Durant la nuit du 15, il déploya ses voiles par une brume intense, se lança à travers la barre de chaînes et de mâtures qui fermait l'entrée du port, la franchit heureusement et prit la route de France. Il n'avait cependant pu échapper à l'œil perçant des vigies anglaises. Sir Charles Hardy mit à sa poursuite plusieurs de ses vaisseaux ; mais l'audacieux Vauquelin, aussi habile pilote que vaillant soldat, couvrit de toile sa fine voilière et devança ses ennemis. On apprit plus tard qu'il était entré sain et sauf dans le port de Brest.

Plusieurs fois durant le siège, il y eut des échanges de courtoisie entre les deux chefs ennemis. Le chevalier de Drucour fit un jour cesser le feu et déployer le drapeau parlementaire sur les remparts. Le général Amherst de son côté fit suspendre la canonnade, et vit venir un officier français qui lui remit une lettre, dans laquelle le gouverneur, après les compliments d'usage, lui disait qu'il y avait dans Louisbourg un chirurgien d'une rare habileté, dont les services étaient à la disposition de tout officier anglais qui le demanderait. En retour, Amherst lui envoya des lettres et des messages pour les parents et amis de quelques officiers prisonniers dans son camp ; il y joignit ses compliments pour Mme de Drucour, en lui exprimant son regret de l'avoir exposée aux horreurs d'un siège, et en accompagnant sa lettre d'un superbe cadeau d'ananas, récemment apportés des Antilles. Mme de Drucour s'empressa de reconnaître cette politesse par l'envoi d'un panier de champagne. Une heure après ces échanges d'amitiés, le canon grondait tout le long des deux lignes ennemies, qui échangeaient des boulets et des bombes.

Les Anglais, désormais sûrs de la chute prochaine de Louisbourg, poussaient leurs travaux avec une ardeur extrême. Chaque jour était marqué par un nouveau progrès, malgré la pluie de projectiles que jetaient les Français dans leurs tranchées. Quelques-unes de leurs batteries n'étaient plus qu'à cinq cents verges de la porte de l'ouest. A cette courte distance, le service des pièces devenait très difficile à cause de la multitude de francs-tireurs que Drucour entretenait en avant des glacis, et qui, cachés dans les plis du terrain ou dans des trous pratiqués en terre, visaient sans cesse et souvent abattaient les canonniers sur leurs pièces.

Wolfe résolut de les déloger, et le 16, à la tombée de la nuit, il s'élança dans la plaine ouverte avec un fort détachement et les rejeta dans les fossés. Il courut de là s'emparer du coteau nommé la Hauteur-de-la-Potence, qui n'était qu'à trois cents verges du Bastion du Dauphin. Favorisé par la nuit qui s'avançait et par l'abri naturel qu'offrait le coteau, il commença à s'y retrancher, et s'y maintint malgré la grêle de fer et de plomb lancée des remparts. Toute une nuée de sapeurs l'avaient suivi, et eurent bientôt ouvert une deuxième parallèle aux clartés intermittentes du canon et de la mousqueterie. Au jour ils étaient à couvert et assistés de nouvelles escouades de travailleurs, qui terminèrent en quelques jours une tranchée de six cents verges de longueur avec ses boyaux de communication. Les pièces de gros calibre dont elle fut armée, commencèrent à tonner contre les fortifications avec un effet effroyable, abattant des pans entiers de murailles et ruinant les batteries. Au reste, ces fortifications étaient tellement mauvaises que la seule commotion produite par le canon de leurs batteries les faisait crouler. Les Anglais eux-mêmes s'en étaient aperçus dès les premiers jours du siège [1]. Leur feu devenait de jour en

---

[1] — "Les Anglais ont non seulement appris, mais vu de leurs propres yeux, que ce qui entoure la ville, n'est en beaucoup d'endroits que mauvaise besogne faite à la hâte, qu'ils voient que le canon que les Français tirent sur eux fait tomber les embrasures". Rapport du sergent anglais fait prisonnier par les Micmacs, et noté par l'abbé Maillard dans la lettre citée plus haut.—Johnstone, *The campaign of Louisbourg*.

jour plus chaud sur toute la ligne de leurs batteries, tandis que celui des Français, dont la plupart des canons étaient démontés, se faisait plus rare.

Le 21, une troisième parallèle fut commencée à l'extrémité est de la seconde, et poussée obliquement vers la rade jusqu'à deux cents verges des remparts. Un des boyaux de l'extrême gauche arrivait même à cent verges de la porte de l'ouest, d'où les Français entendaient distinctement le bruit des piques et des pioches durant les intervalles des détonations.

On était à la fin de cette journée, une des plus rudes du siège. Le soleil venait de se coucher derrière les cimes vertes de l'île. Assiégés comme assiégeants, accablés de fatigue, laissaient tomber leurs instruments de travail et dérougir leurs pièces, pour respirer la brise fraîche qui montait de la mer, lorsque tout à coup une détonation épouvantable fit trembler la forteresse et tout le rivage ; un immense jet de flammes monta du milieu des vaisseaux français ancrés dans le port : c'était le *Célèbre* sur lequel venait de tomber une des dernières bombes, qui avait mis le feu à la soute aux poudres. L'explosion avait fait voler en éclats ses œuvres mortes, et jeté une si grande quantité de débris enflammés sur l'*Entreprenant* et le *Capricieux* mouillés auprès, qu'en un instant leurs cordages et leurs voiles furent en feu du haut en bas de leurs mâtures, et que malgré les efforts inouïs du petit nombre d'hommes restés à bord, il fut impossible de l'éteindre, d'autant plus que les Anglais ouvrirent un feu à boulets rouges sur les trois vaisseaux pour entretenir l'incendie. Pendant la nuit entière, le triple brasier répandit ses sinistres lueurs sur toute la rade, et ce fut à grande peine que les marins purent sauver les deux seuls vaisseaux restés intacts dans le port : le *Prudent* et le *Bienfaisant* ; car les canons chargés des navires en feu lançaient des boulets de tous côtés, à mesure que l'incendie les atteignait. Le vent qui soufflait de l'est, activé par ce vaste foyer de flammes, les fit dériver jusqu'au Barachois où leurs carcasses brûlaient encore au lever du soleil. Du haut des remparts, les citoyens de Louisbourg avaient suivi d'un œil consterné les progrès de ce désastre, qui leur présageait la ruine finale.

La garnison continua cependant de faire vaillamment son devoir, encouragée par Drucour et ses officiers, qui avaient à cœur de prolonger le siège jusqu'à la dernière extrémité, afin de sauver, sinon Louisbourg, du moins le Canada pour cette année ; car le mois de juillet passé, la saison serait trop avancée pour que la flotte anglaise risquât une attaque contre Québec.

Du côté du cap Noir, les tirailleurs français tenaient encore la campagne ; mais à l'ouest, les Anglais avaient fini par se frayer une voie jusqu'au pied des glacis, d'où ils faisaient le coup de feu sur tout ce qui paraissait dans le chemin couvert.

Une autre catastrophe suivit de près celle de la flotte. Le matin du 22, pendant que les coques des trois vaisseaux achevaient de se consumer, une bombe tomba sur le toit du château du gouverneur, qui avec le bastion formait la citadelle. La bombe pénétra jusque dans l'étage inférieur, où elle éclata dans la chambrée des soldats, et mit le feu dans tous les appartements voisins [1]. En quelques minutes, le centre de l'édifice et la chapelle qui le terminait au nord-ouest furent en flammes. Les Anglais, en apercevant le feu et la fumée au-dessus du toit, firent pleuvoir dans cette direction une quantité prodigieuse de projectiles. Malgré cela, les citoyens aussi bien que les soldats et les marins, se jetèrent au milieu du danger et parvinrent, à force de travail, à sauver l'aile du château occupée par le gouverneur et sa famille.

De chaque côté du Bastion du Roi régnait une rangée de casemates attenant à la muraille qui reliait le bastion à la courtine ; celles de droite servaient aux officiers blessés ; celles de gauche aux femmes et aux enfants qui y étaient entassés les uns sur les autres, faute de plus amples refuges. Devant les ouvertures étaient empilées une quantité de grosses pièces de bois destinées à les protéger contre les éclats d'obus. Au plus fort de l'incendie, le feu poussé par un vent violent, faillit prendre à ces monceaux de combustible, et la fumée s'engouffra dans les casemates, menaçant de suffoquer la multitude qui s'y trouvait enfermée. Les femmes et les enfants affolés et poussant des cris, se précipitèrent au dehors en courant de côté et d'autre, pour chercher un abri contre l'ouragan de fer qui tombait du ciel.

Les désastres se succédaient désormais sans interruption. Il n'en pouvait être autrement : un millier de boulets, de bombes, de grenades, de projectiles de toutes sortes, pleuvaient chaque jour sur la ville, sans compter

---

1 — *Journal de Drucour.*

les fusées qui mettaient le feu qu'on ne fournissait pas à éteindre : c'était l'image de l'enfer. Les citoyens, sans autre abri que leurs caves, vivaient dans des transes continuelles. Les marins, presque tous à terre depuis la destruction de la flotte, avaient d'abord logé sous des tentes ou des appentis improvisés ; mais les alertes y étaient devenues trop fréquentes pour qu'il fût possible d'y fermer l'œil. On se gabionnait comme on pouvait le long des murailles ou des parapets, contre lesquels on appuyait, en guise de toiture, des pièces de charpentes reliées ensemble. En face du Bastion de la Princesse avaient été construites, au temps de l'occupation anglaise, de vastes casernes en bois occupées pendant le siège par la garnison. C'était, au dire d'un des assiégés, un véritable château de cartes aussi inflammable qu'un paquet d'allumettes. Le séjour en était devenu tellement dangereux que le gouverneur l'avait fait évacuer. Les soldats en étaient réduits comme les marins à se créer des abris dans tous les recoins. Dans la nuit qui suivit l'incendie du château, un obus chargé de matière combustible éclata en plein milieu des casernes, et en fit en moins d'une heure un immense bûcher, sur lequel les Anglais concentrèrent leur canonnade. Les débris enflammés volaient de toutes parts et exposaient la ville à une conflagration générale. Citoyens et soldats étaient sur pied et couraient partout où se montrait le péril. Pour achever cette scène d'horreur et de confusion, au plus fort du danger, pendant que l'orage de projectiles grêlait autour de l'édifice croulant, les régiments anglais, qu'on apercevait aux lueurs sinistres qui se projetaient sur la campagne, se rangèrent en bataille en face des glacis comme pour monter à l'assaut.

De tous les assiégés, les plus à plaindre étaient les malades et les blessés, dont le nombre s'élevait au tiers de la garnison. Vers le commencement du siège, le chevalier de Drucour avait demandé au général anglais d'épargner l'hôpital et les maisons adjacentes où il y avait déjà des malades. Amherst répondit en offrant pour ambulance l'île de l'Entrée ou la côte voisine, mais que pour l'hôpital il ne garantissait rien. Soit que ses ordres ne fussent pas exécutés, soit qu'il n'en donnât point, l'hôpital ne fut pas plus à l'abri que le reste de la ville. A toute heure du jour et de la nuit, les pauvres malades, étendus partout sur des matelas et incapables de bouger, entendaient des cris d'alarme et demandaient en vain du secours. Les chirurgiens, au milieu de leurs opérations, tressaillaient aux cris de " Gare à la bombe " ! et s'éloignaient de leurs patients, dont souvent un éclat de fer venait terminer les souffrances. Le chirurgien des Volontaires Étrangers fut tué au milieu d'une opération, et deux religieux de la charité qui l'assistaient blessés dangereusement [1].

Le 26, entre minuit et une heure, pendant qu'une brume impénétrable couvrait le port, une flottille de berges montées par six cents soldats et marins anglais, glissa dans un profond silence le long de l'île de l'Entrée, et passa à portée de voix de la ville sans être aperçue. Afin de détourner l'attention de ce côté, Amherst faisait

---

1 — *Journal anonyme.*

tirer ses batteries à toutes volées, et marcher ses troupes armées d'échelles comme pour l'assaut. Le gouverneur était accouru au Bastion du Roi, et le commandant des troupes, M. de Lahoulière, au Bastion du Dauphin. La

Lahoulière

garnison tout entière bordait les remparts. " Nous tirions à mitraille du peu de pièces que nous avions ", dit M. de Drucour. Pendant ce temps-là, la flottille divisée en deux escouades s'approchait des deux vaisseaux, le *Prudent* et le *Bienfaisant*, dont les fanaux trahissaient la présence, tandis qu'autour d'eux tout était brouillard et ténèbres. Les berges arrivèrent jusque sous les flancs des vaisseaux sans être aperçues : ce ne fut qu'à l'instant où elles accostèrent que les sentinelles jetèrent le cri d'alarme, auquel les Anglais répondirent par de formidables hourras en montant à l'abordage. Les équipages, dont la plus grande partie était à terre, n'eurent pas le temps de se reconnaître, et ne firent qu'une faible résistance. Au bruit du combat, les batteries du rivage et celle de la pointe de Rochefort, firent feu au risque de tuer quelques-uns des leurs. Puis tout rentra dans le silence au milieu du port. Une heure après, une grande lueur perça le voile de brume qui l'enveloppait : le *Prudent* se trouvant échoué à marée basse, les Anglais y avaient mis le feu, et ils touaient le *Bienfaisant* hors de la portée du canon, et l'ancraient sous la protection de leurs batteries au nord-est de la rade [1].

Ce dernier désastre hâta le dénouement. Le situation de la ville était lamentable ; il n'y avait pas une maison qui n'eût reçu quelques projectiles. Le tiers de la garnison, comme on vient de le voir, était aux ambulances ; on ne rencontrait pas un habitant qui ne fût en deuil de quelques parents ou amis. Les officiers, les soldats accablés sous un travail de jour et de nuit, n'avaient pas un réduit sûr pour prendre une heure de repos ; et pourtant ils montraient encore de l'ardeur. Toute la ligne des remparts du côté de terre n'était plus qu'un monceau de ruines, si bien qu'après la capitulation, la foule circulait par les brèches tout autant que par les portes. Les pièces d'artillerie démontées gisaient parmi les décombres à côté de leurs affûts ; il ne restait plus que quatre canons en état de servir, et

---

[1] — " L'on ne saurait s'empêcher de blâmer la conduite des officiers qui étaient de garde à bord ; l'un avait 130 hommes d'équipage et l'autre 150. Ils furent surpris endormis ; et par surcroit de précaution, les batteries qui battent le fort leur étaient confiées depuis l'incendie des autres. On les trouva abandonnées. Nous n'avons tiré de cette partie de nos forces que le mortifiant déplaisir d'être témoins d'une conduite pitoyable ". *Journal du siège*, non signé.

Le chevalier de Drucour, dans son *Journal*, rend plus de justice à la flotte : " Une demi-heure après m'être rendu au Bastion du Roi, on est venu me dire que les deux vaisseaux de la rade étaient attaqués ; j'ai couru à la *grave* d'où j'ai vu un instant après le feu dans le *Prudent* ; quant au *Bienfaisant*, il y avait trop de brume pour l'apercevoir... Nous avons su par l'officier qui était à bord du *Prudent*, que, sans avoir eu connaissance des chaloupes qui venaient pour l'enlever, étant à faire pomper, les gaillards et passavants avaient été dans un instant couverts d'Anglais qui les ont fait descendre en bas et fermer les écoutilles ".

leurs coups intermittents ressemblaient moins à une défense qu'au glas funèbre de la cité expirante. Les ennemis de leur côté étaient parvenus jusqu'au pied des glacis ; sur les hauteurs de la gauche, leur feu enfilait le chemin couvert ; tandis que de celles de la droite, leurs batteries balayaient toute la ligne des fortifications de l'ouest à l'est. Le matin du 26, la dernière pièce avait été réduite au silence.

La veille, le chevalier de Drucour, accompagné de l'ingénieur Franquet et des officiers supérieurs, passa une partie de la journée à faire le tour du chemin couvert pour se rendre un compte exact de l'état des fortifications. De bonne heure le lendemain, un conseil fut convoqué, auquel assistèrent les commandants de terre et de mer, Lahoulière et Desgouttes. Franquet, dont le point d'honneur était engagé parce qu'il avait surveillé les derniers travaux faits à la forteresse, fut le seul à soutenir que le siège pouvait être prolongé. Il s'ensuivit une longue et vive altercation ; mais on finit par s'accorder à demander unanimement la capitulation.

A dix heures du matin, le drapeau blanc fut arboré devant le Bastion du Dauphin, et un officier de l'armée régulière, M. Loppinot, fut envoyé au camp anglais, avec une lettre dans laquelle M. de Drucour offrait de se rendre aux mêmes conditions que celles accordées aux Anglais à la prise de Mahon. Amherst et Boscawen tenaient conseil en ce moment même, et venaient de décider de forcer l'entrée du port et de bombarder la ville par mer et par terre. Le général répondit avec une dureté indigne de la belle défense des Français. Il exigea que la garnison se rendît prisonnière de guerre, ajoutant que si, dans une heure, il n'avait pas de réponse il ferait donner l'assaut.

La lecture de cette lettre souleva un mouvement d'indignation dans le conseil. Le gouverneur chargea le lieutenant-colonel des Volontaires Etrangers, M. d'Anthonay, d'aller demander de meilleurs termes ; mais Amherst ne voulut pas le recevoir.

— " Eh bien ! répondit fièrement Drucour, nous subirons l'assaut ". Et il envoya M. Loppinot porter au camp anglais la note qui contenait ce défi. Cet officier venait de sortir, lorsque arriva au château le commissaire-ordonnateur, M. Prévost, avec une requête des citoyens, suppliant en grâce le gouverneur d'accepter la capitulation. Cette requête représentait en substance que le conseil ne se composait que d'hommes de guerre obligés par état d'affronter tous les périls les plus extrêmes, et n'envisageant que la gloire de la France et l'honneur de ses armes, mais qu'il y avait dans Louisbourg quatre mille citoyens, non moins utiles au pays que ses soldats, et qui avaient droit d'être écoutés. La garnison s'était vaillamment défendue et avait fait tout ce qu'exigeait l'honneur militaire, mais il était évident qu'elle ne pourrait repousser un assaut. Que deviendraient alors les quatre mille citoyens et les douze cents malades enfermés dans les hôpitaux ? Ils seraient livrés à la rage d'un vainqueur irrité et avide de pillage, qui les massacrerait peut-être jusqu'au dernier, pour venger le malheur arrivé à la prise de William-Henry. L'humanité, autant que l'intérêt bien entendu de la France, exigeaient qu'on acceptât la capitulation.

En présence de cette requête si bien motivée, le gouverneur ne put se refuser à revenir sur sa décision ; et de l'avis du conseil, il ordonna au chevalier de Courserac de courir après M. Loppinot, et de lui redemander sa lettre. Ce messager, conseillé probablement par M. Prévost, ne s'était pas pressé de partir ; car il avait à peine franchi le pont-levis, quand il fut rejoint par M. de Courserac. D'Anthonay et Duvivier major du régiment d'Artois, et le même M. Loppinot, furent dépêchés aux quartiers généraux anglais avec pleins pouvoirs de conclure la capitulation.

Ils revinrent au château à onze heures de nuit avec les articles convenus, auxquels le chevalier de Drucour apposa sa signature.

Ces articles portaient que la garnison de Louisbourg serait prisonnière de guerre et transportée en Angleterre sur les vaisseaux de Sa Majesté britannique ; que les îles du Cap-Breton et Saint-Jean (Prince-Edouard) passeraient sous le domaine de la même couronne ; que les blessés et malades des hôpitaux auraient les mêmes soins que ceux des Anglais ; que la population de la ville qui n'avait pas porté les armes, serait transportée en France ; qu'enfin, le lendemain matin, à huit heures, la porte Dauphine serait livrée aux troupes anglaises, et qu'à midi, la garnison livrerait ses armes et ses couleurs sur la place de l'Esplanade.

A huit heures précises du matin, les lignes rouges des soldats anglais défilèrent, musique en tête, sur le pont-levis de la porte Dauphine, et se rangèrent autour du bastion. Les salves d'artillerie de la flotte et du camp saluèrent le drapeau britannique qui montait au-dessus des remparts. Dans l'intérieur de la ville, les régiments français débouchèrent à travers les décombres, sur l'Esplanade, où ils s'alignèrent sous leurs uniformes usés, gris de poussière et maculés de sang, seule marque de leur héroïque défense qu'on n'avait pu leur arracher. Mornes et silencieux, les traits accablés, la rage et le mépris au cœur, les soldats jetèrent leurs armes au milieu de la place.

Le même jour, Wolfe écrivait à sa mère : " Je suis entré à Louisbourg ce matin pour rendre mes devoirs aux dames, mais je les ai trouvées si pâles et si amaigries par leur long emprisonnement dans les casemates, que ma visite a été très-courte. Les pauvres femmes ont été terriblement effrayées, et elles avaient raison de l'être ; mais aucun malheur réel ne leur est arrivé, soit pendant, soit après le siège. Dans un jour ou deux, elles auraient été entièrement à notre merci. J'étais résolu de sauver autant de vies et d'empêcher autant de violences que possible, parce que j'étais sûr qu'une telle conduite, digne d'un militaire, aurait votre approbation. Louisbourg n'est qu'une petite place où il n'y a qu'une seule casemate, à peine assez grande pour abriter les femmes ".

Mme de Drucour, dont le courage avait excité l'admiration des Anglais autant que des Français, fut entourée d'hommages et de respects. Les principaux officiers voulurent lui faire leur cour ; en un mot, raconte un témoin oculaire, " elle obtint tout ce qu'elle voulut ".

L'embarquement des prisonniers de guerre pour l'Angleterre fut suivi de près du départ des habitants dirigés sur la France. La ville déserte où l'on ne voyait plus que des toitures défoncées et des murs éboulés, fut confiée à la garde de quatre régiments anglais, dont les soldats, oisifs, mourant d'ennui dans cet isolement complet, ne soupirèrent plus qu'après la ruine totale et l'abandon de cette forteresse perdue dans les brumes du pôle. Deux ans après, il ne restait plus pierre sur pierre de ce qui avait été Louisbourg. Le temps s'est chargé depuis de couvrir ce que la pioche et la mine n'avaient pu niveler.

La tactique de Drucour en prolongeant le siège avait réussi: l'amiral Boscawen et Amherst avaient compris que la saison était trop avancée pour tenter une expédition contre Québec. Wolfe, qui avait attiré tous les regards de l'armée par sa brillante conduite, et dont l'impétueuse nature était impatiente du repos, aurait souhaité plus d'audace. Déjà il avait écrit à son père. " Nous avons été bien lents dans nos opérations [1]; j'espère toutefois que nous aurons encore assez de beau temps pour frapper un autre coup,... le plus tôt sera le mieux ".

Et dans une lettre à son oncle, le major Walter Wolfe : " Si nos forces avaient été bien conduites, c'eût été la fin de la colonie française dans l'Amérique du Nord ; car nous avons, outre nos matelots et nos troupes de mer, près de quarante mille hommes sous les armes ".

---

[1] — " Ils (les officiers anglais) ont avoué qu'ils avaient fait beaucoup plus d'honneur à la place qu'elle ne méritait, et qu'elle ne valait pas de si grands travaux et autant de précautions qu'ils avaient prises pour en faire le siège ". *Journal de Drucour*. Louisbourg ne renfermait, selon ce gouverneur, que deux mille cinq cents hommes de garnison et trois cents citoyens armés.

Enfin le 7 d'août, il disait ironiquement dans une lettre à son père : " Nous cueillons des fraises et autres fruits sauvages de ce pays, sans avoir l'air de nous occuper de ce qui se passe dans les autres parties du monde ".

Wolfe ne fut tiré de cette inaction que pour être chargé d'une besogne qui révoltait sa noble nature : celle d'incendier et de détruire les établissements français du golfe Saint-Laurent, depuis Miramichi jusqu'à Gaspé ; d'en enlever les habitants et de les embarquer sur des navires qui les transporteraient en Europe. Lord Rollo était parti avant lui, avec plusieurs vaisseaux pour exécuter les mêmes ordres sur l'île Saint-Jean. Ces mesures plus nuisibles qu'utiles à l'Angleterre étaient d'autant plus barbares qu'elles étaient prises contre les restes de l'infortunée population acadienne qui, trois ans auparavant, avait été expulsée de ses foyers par les Anglais eux-mêmes [1].

" Sir Charles Hardy et moi, écrivait Wolfe à son père, le 21 d'août, nous nous préparons à voler aux pêcheurs leurs filets et à brûler leurs chaumières. Quand ce grand ouvrage sera fini, je retournerai à Louisbourg et de là en Angleterre, à moins que d'ici là il ne m'arrive des ordres qui me retiennent ".

D'après le rapport même de Rollo, il n'y avait pas moins de quatre mille cent habitants dans l'île Saint-Jean, avec dix mille têtes de bétail et beaucoup de terres en culture. Il y avait également une population

---

[1] — Voir pour de plus amples détails sur ce sujet *Un Pèlerinage au Pays d'Évangéline*.

considérable et de beaux établissements au sud du Cap-Breton, à L'Ardoise, au Port-Toulouse, dans l'île Madame, etc. " Presque tous ces habitants, écrit l'abbé Maillard, restent dans l'Ile-Royale dans l'espérance que l'Anglais aura pitié d'eux, et qu'il les souffrira sur leurs habitations.... Je suis actuellement à Miramichi, où je ne vois que misère ou pauvreté des plus grandes. Toutes les familles qui s'y sont rangées y meurent de faim. Elles sont toutes sur le point de quitter ce triste lieu pour aller se cantonner dans différents endroits, où elles espèrent tout doucement vivre de poisson et de gibier. Les habitants de l'île Saint-Jean sont tous bien déterminés à ne pas quitter leur île, quoi que leur fassent les Anglais, aimant mieux s'y maintenir comme ils pourront, que d'aller certainement mourir de faim à Miramichi. Les prêtres restent avec eux. Leur commandant, M. de Villejoin, a mis cette île en fort bon état; les jardins y sont beaux, et la récolte sera bonne. Les Anglais, depuis trois semaines que Louisbourg est à eux, n'y sont pas encore venus. On les y attend pour faire accommodement avec eux, ou pour fuir dans les bois si ces rogues vainqueurs veulent les traiter mal ".

Le fer et le feu furent promenés sans merci d'une extrémité à l'autre de cette région. Tous les villages et jusqu'aux moindres constructions aperçus de l'ennemi furent rasés, les familles qu'on put atteindre enlevées, les autres chassées dans les bois, où une partie périt de misère. Le reste ne survécut que pour être soumis à de nouvelles déportations.

A son retour à Louisbourg, Wolfe ne put s'empêcher d'exprimer à Amherst la répugnance qu'il avait éprouvée à exécuter l'odieuse besogne dont il l'avait chargé. Ce général venait d'arriver à New-York, où il s'était hâté de se rendre avec une partie de ses troupes, en apprenant la défaite d'Abercromby. " Vos ordres ont été exécutés, lui écrit Wolfe. Nous avons fait beaucoup de mal, et répandu la terreur des armes de Sa Majesté dans toute l'étendue du golfe ; mais nous n'avons rien ajouté à sa réputation ".

En Angleterre, où la prise de la forteresse française avait soulevé l'enthousiasme public, le surnom de héros de Louisbourg était sur toutes les lèvres, quand Wolfe arriva à Londres, où il reçut les compliments de Pitt et les embrassements de sa mère. Sa santé était plus que jamais altérée par les fatigues de la guerre et de la traversée ; il ne lui restait cependant que trois mois avant de s'embarquer pour sa dernière et immortelle campagne.

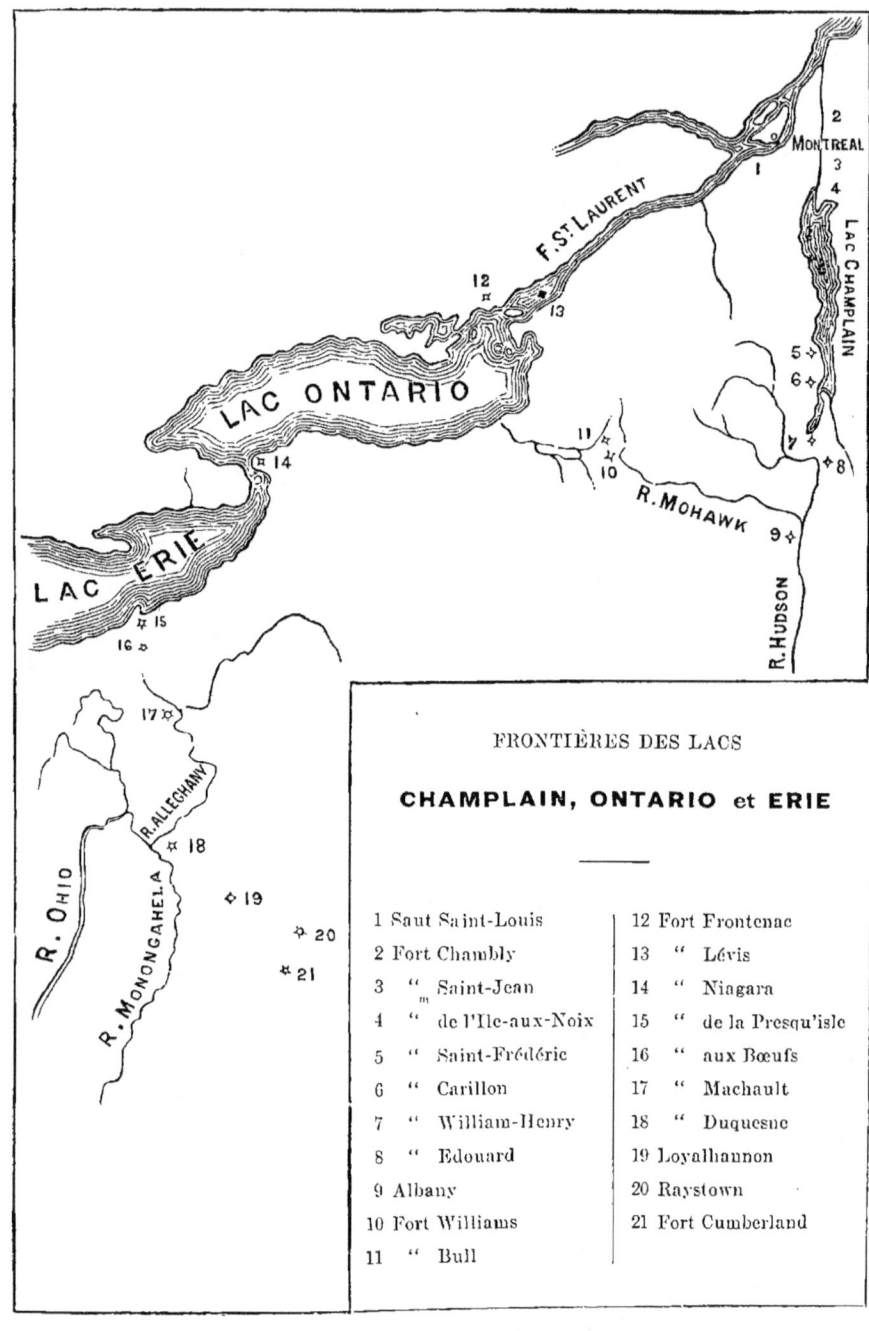

CHAPITRE QUATORZIÈME

1758

Ambassade de M. de Longueuil. — Conseil avec les Iroquois. — M. de Noyan. — Marche de Bradstreet sur Frontenac. — Siège, prise et destruction de ce fort. — Alarme à Montréal. — Vaudreuil mande Montcalm. — L'ingénieur Pontleroy à Frontenac. — Lettres de Montcalm à sa famille. — Le fort Duquesne et son historien. — Atrocités des sauvages. — Forbes, son caractère. — Sa marche sur Duquesne. — Frédéric Post. — Sa mission chez les tribus de l'Ohio. — Défaite du major Grant. — Expédition du capitaine Aubry. — Seconde mission de Post. — M. Des Ligneris fait sauter le fort Duquesne. — Le champ de bataille de la Monongahéla.

L'expédition confiée au chevalier de Lévis, à l'ouverture de la campagne, pour aller faire une diversion du côté d'Albany, en passant par le pays des Iroquois, avait eu un double objet : d'abord d'attirer dans cette direction une partie des forces anglaises, qui menaçaient Carillon par le lac George, ensuite de s'assurer, sinon la coopération, du moins la neutralité des Cinq-Cantons. Cette démonstration, comme on l'a vu, avait été trop tardive pour diviser les masses formidables qui s'apprêtaient à envahir le Canada par le lac Champlain, et

Vaudreuil avait dû rappeler le corps d'armée en marche pour l'envoyer au secours de Montcalm. Cette volte-face inopinée, qui décida de la victoire de Carillon, offrait d'un autre côté de graves dangers : outre qu'elle mettait en question la neutralité des Iroquois, elle ouvrait toutes grandes les frontières de l'Ouest. Il aurait mieux valu que Vaudreuil n'écoutât qu'en partie les appels de Montcalm, et qu'il laissât continuer jusqu'à Frontenac environ cinq cents hommes du détachement qui auraient mis ce fort à l'abri d'un coup de main. Vaudreuil ne songea qu'au moins important des deux objets : l'alliance des Cinq-Cantons. M. de Longueuil, fils de l'ancien gouverneur de Montréal[1] et gouverneur lui-même des Trois-Rivières, dont la famille avait été adoptée par cette nation, partit de Lachine le 11 juillet, avec neuf canots chargés de présents, consistant en marchandises de toutes sortes : étoffes, soieries, couvertes, poudre, plomb, fusils, etc. Cet officier expérimenté, qui comprenait tout ce que cette mission, entreprise en un pareil moment avec une simple escorte, avait de difficile et de périlleux, ne l'avait acceptée que par un sentiment de patriotisme et de dévouement au gouverneur. Comme il remontait le lac Saint-Louis, le lendemain, avec sa flottille, l'esprit préoccupé des sombres pensées que lui suggérait l'inutilité de sa démarche, il vit venir derrière lui un canot qui faisait force d'avirons pour le rejoindre. C'était un exprès dépêché par le marquis de Vaudreuil pour lui annoncer la plus heureuse nouvelle qu'il pouvait sou-

---

1 — Gouverneur du Canada par *interim* de 1725 à 1726.

haiter : la victoire de Carillon. Le gouverneur lui envoyait en même temps de plus pressantes instructions.

Arrivé au lac Ontario, Longueuil, qui savait comment frapper l'imagination indienne, alla dresser ses tentes sur les ruines du fort Chouaguen. C'est sur le théâtre de cette victoire française qu'il voulut recevoir les ambassadeurs iroquois. La députation des Onontagués, au nombre de vingt-trois guerriers, ayant à sa tête le grand chef nommé Schinoniata, c'est-à-dire le chef, annonça son approche par trois salves de mousqueterie, auxquelles répondit l'escorte. M. de Longueuil se tenait devant sa tente entouré du pompeux étalage de ses présents.

" — Mon Père, lui dit le chef, nous regardons ce jour-ci comme heureux, puisque nous te voyons. Nous avons appris ton arrivée par tes envoyés qui nous ont dit que tu nous demandais de venir au-devant de toi ; c'est pourquoi nous sommes venus avec tous les guerriers du village ".

Schinoniata prit alors un collier de rassades, et le présentant à M. de Longueuil, il ajouta : " — Mon Père, tu nous as demandé par tes envoyés en quel endroit nous parler ; nous n'en voyons pas de meilleur que notre village ; là, tu nous parleras sur nos nattes. Nous écarterons les broussailles sur ton chemin, et s'il y a des gens mal intentionnés qui en veulent à tes jours, tu disposeras de tes enfants et ils mourront avec toi ".

M. de Longueuil répondit aux députés : " — Mes frères, je vous remercie d'être venus jusqu'ici au-devant de moi ; mon intention a toujours été de me rendre à votre village pour aller vous voir, et porter la parole de votre Père. Vous êtes les maîtres du départ et d'en fixer le jour et l'heure ".

La conférence fut alors ajournée jusqu'à la nuit close ; car la mère du chef étant morte, il fallait attendre le deuil des ténèbres pour sécher par des présents les larmes de Schinoniata. Le feu du conseil fut ensuite allumé. Dans l'intervalle, Longueuil avait fait secrètement agir auprès des Indiens pour que la conférence se terminât sans qu'il allât plus loin. Ce fut pendant ces négociations qu'il apprit que les Anglais s'avançaient en force par la rivière Mohawk et menaçaient le fort Frontenac [1].

" — Mon Père, lui dit le chef, nous souhaiterions te voir dans nos villages ; mais nous sommes trop près de l'Anglais, il est fort, et tu pourrais être insulté. Nous porterons exactement tes paroles à notre village, et nous enverrons notre réponse à Ononthio ".

Les présents furent acceptés, et pendant que les sauvages regagnaient leurs bourgades, M. de Longueuil reprit le chemin de Frontenac pour y annoncer l'inquiétante nouvelle qu'il venait d'apprendre.

M. de Noyan, qui avait le commandement de ce fort, était un gentilhomme de Normandie, âgé et infirme, mais conservant dans sa vieillesse toute son énergie et sa liberté d'esprit, capable de faire honneur à un poste qu'on lui donnerait à défendre avec des forces suffisantes. " Cet officier, disent les *Mémoires sur le Canada*, était savant, poète et se mêlait de médecine Sa verve avait été piquante, ce qui lui avait attiré quel-

---

[1] — *Mémoires sur le Canada.*

ques ennemis: entre autres le marquis de Vaudreuil, qui n'était ni savant ni bel esprit, et qui n'aimait pas à l'apprendre par des épigrammes".

M. de Noyan avait accepté le poste de Frontenac, quoique au-dessous de son grade [1], parce que ce commandement lui fournissait l'occasion de relever sa fortune qui était en ruines.

Quelques jours après le départ de M. de Longueuil, M. de Noyan, averti par le chef iroquois de la Présentation que le puissant corps d'armée dont il venait d'apprendre l'approche, n'était plus qu'à quelques jours de Frontenac, dépêcha courrier sur courrier à M. de Vaudreuil pour lui demander du secours. L'alarme à Montréal fut alors aussi grande qu'elle avait été tardive. On battit la générale, et on ordonna une levée de quinze cents hommes de milice, dont le commandement fut confié à M. Duplessis-Fabert, major de la ville.

Le lieutenant-colonel Bradstreet, qui était en marche sur Frontenac, avait médité cette revanche pendant la déroute de l'armée anglaise après la journée de Carillon. Cet officier, qui tenait du major Rogers pour la hardiesse, avait déjà soumis ce projet à Lord Loudon qui l'avait accepté, puis à Abercromby, qui, malgré les instances de Lord Howe, l'avait ajourné. Bradstreet profita du moment où ce général dévorait en silence la honte de sa défaite à la tête du lac George pour relever par cette entreprise le moral de l'armée. Il en montra

---

1 — M. de Noyan avait été lieutenant de roi aux Trois-Rivières.

l'opportunité plus grande que jamais, par le fait reconnu de tous les éclaireurs, que les milices canadiennes accouraient en masse au secours de Montcalm. Frontenac, dont les fortifications ne valaient rien, ne devait renfermer en ce moment qu'un petit nombre de défenseurs. Le conseil de guerre réussit à vaincre l'opposition d'Abercromby, et Bradstreet partit avec trois mille hommes, la plupart miliciens, et quarante-deux sauvages conduits par Tête-Rouge, chef onontagué [1]. Il remonta la rivière Mohawk, et le 21 d'août ses tentes étaient dressées dans le même désert morne et désolé de Chouaguen, où peu de jours auparavant M. de Longueuil avait replié les siennes en prenant congé de l'ambassade iroquoise.

La flottille de bateaux et de berges longea, sans rencontrer un seul ennemi, la rive sud du lac Ontario, et vint aborder le 25 dans la baie de Cataracoui, à moins d'un mille du fort Frontenac. Ce fort, bâti autrefois par le comte de Frontenac qui lui avait donné son nom, n'était qu'une misérable bicoque formée de quatre bastions carrés, armés de quelques canons et reliés par des courtines de cent vingt pieds chacune, percées de meurtrières. Les murs, qui en étaient vieux et ruinés, n'étaient protégés ni par des fossés ni par des palissades.

Lors de l'expédition contre Chouaguen, le fort Frontenac avait servi de base d'opérations à Montcalm, qui avait fait élever sous la protection du canon des remparts un camp retranché donnant sur le lac. Ce camp retranché existait encore, mais il était plus nuisible

---

1 — 3800 d'après Stone, *Life of Sir W. Johnson*, vol. 2, p. 75

qu'utile, faute de troupes pour le défendre. La garnison se réduisait à une trentaine de soldats de la marine et quelques Canadiens, en tout quatre-vingts hommes [1]. La négligence de M. de Vaudreuil à fortifier et à protéger ce poste était d'autant plus impardonnable qu'il était l'entrepôt de toutes les fournitures destinées aux postes de l'Ouest. Ses magasins étaient en ce moment remplis de marchandises, de vivres et de munitions de guerre.

Toute la flotte du lac Ontario se trouvait réunie dans le port ; mais des neuf vaisseaux qui la composaient, il n'y avait d'armées que deux barques : la *Marquise de Vaudreuil*, de seize canons, et la *Hurault* de huit, avec dix ou douze hommes d'équipage chacune. " Les autres étaient sans agrès [2] ".

Dès que M. de Noyan avait appris l'approche des Anglais, il s'était employé jour et nuit avec sa garnison à faire les réparations les plus urgentes, et à mettre en état de service le peu de pièces d'artillerie qui se trouvaient sur les remparts.

Le 25 au soir, le colonel Bradstreet avait terminé le débarquement de ses troupes et de ses munitions. Dans la journée du 26, plusieurs canons débarqués dès l'aurore, commencèrent à battre le fort en brèche. M. de Noyan répondit aussi bien qu'il le put avec la poignée d'hommes dont il disposait. Les pièces étaient tellement détériorées que quelques-unes crevèrent et tuèrent des canonniers.

---

1 — *Journal de Montcalm.*
2 — *Journal de Montcalm.* En 1756, la première de ces barques était montée de vingt canons et la seconde de quatorze Voir p. 108.

Durant la nuit, une trentaine de berges anglaises avaient tenté de s'emparer des deux barques armées ; mais elles avaient été vaillamment repoussées par les équipages. Les Anglais avaient profité de la même nuit pour élever, à deux cents verges de la place, deux retranchements ouverts d'embrasures armées de canons, qui commencèrent au jour à faire feu sur les remparts. Ils vinrent alors en colonne, soutenus de quatre pièces de douze et de deux mortiers, s'établir dans le camp retranché dont ils firent aisément une parallèle, et d'où ils tirèrent à une courte portée.

Le matin du 27, une batterie érigée durant la nuit précédente fit un feu écrasant sur la place. Les barques s'approchèrent pour la démonter ; mais elles furent si cruellement maltraitées qu'elles durent se retirer.

Avant midi, la brèche était devenue praticable au bastion de la droite ; une partie des canons avaient été démontés, et la poudrière découverte.

Une plus longue résistance en de telles conditions eût été insensée, et M. de Noyan arbora le drapeau parlementaire. Toute la garnison, dont le chiffre total, en y comprenant les voyageurs, les artisans et les journaliers, ne s'élevait qu'à cent cinquante hommes, fut faite prisonnière de guerre et renvoyée immédiatement à Montréal, à la condition que le même nombre de prisonniers anglais, y compris le colonel Schuyler, captif depuis la prise de Chouaguen, seraient mis en liberté et conduits sous bonne escorte aux avant-postes du général Abercromby. Toute la flotte du lac Ontario tomba au pouvoir des Anglais. Les équipages avaient eu le temps de s'échapper avant la signature de la capitulation. Pas un Anglais n'avait été tué durant le siège. Le colonel Bradstreet se fit honneur par ses bons procédés à l'égard des prisonniers français. Il n'y eut qu'un blessé, dont la jambe avait été emportée par un boulet, qui fut scalpé par Tête-Rouge. M. de Noyan fut blâmé de ne pas avoir brûlé et rasé le fort à la première nouvelle de l'approche de trois mille Anglais, et de n'avoir pas pris le large et regagné Niagara avec les barques qu'il aurait pu armer, après avoir mis le feu aux autres.

Bradstreet, conformément aux ordres qu'il avait reçus d'Abercromby, fit sauter le fort et incendier les magasins avec les approvisionnements, toutes les constructions qui se trouvaient à l'intérieur et l'extérieur du fort, ainsi que les vaisseaux, à l'exception de la *Marquise* et d'un brigantin, dont il se servit pour le transport du butin. Quand, après sa facile victoire, son escadrille, chargée de dépouilles, sortit de la baie de Cataracoui, il ne restait plus du fort Frontenac et de sa petite bourgade que des monceaux de ruines fumantes.

L'expédition ne séjourna à Oswego que le temps de décharger les deux vaisseaux et d'y mettre le feu ; puis elle reprit la route d'Albany.

La perte de Frontenac était presque aussi désastreuse dans ses conséquences que celle de Louisbourg. Outre que les frontières du Canada se trouvaient désormais ouvertes à l'ouest aussi bien qu'à l'est, le lac Ontario ne lui appartenant plus, les communications avec les pays d'en haut étaient interrompues, et du même coup était anéantie notre puissance sur les tribus sauvages. Celles qui inclinaient de notre côté allaient devenir neutres, et celles qui chancelaient, lever la hache contre nous. Le fort Duquesne, plus faible encore que Frontenac, et privé de tous secours, devait forcément être abandonné à l'approche de l'armée formidable qui le menaçait. Il ne resterait plus à la France dans toutes ces immenses solitudes qu'un seul appui important : le fort Niagara, qui allait être défendu, il est vrai, par un officier d'intelligence et de cœur, le capitaine Pouchot, mais à qui il aurait fallu de puissants secours que Vaudreuil, complètement abandonné par Versailles, était absolument incapable de lui fournir. Un officier français, écrivant à sa famille à la fin de la campagne, résumait en un mot ce qui se disait tout bas d'une extrémité à l'autre de la colonie, et ce que l'on criait bien haut au delà de la frontière : *Finis novæ Franciæ*.

M. Duplessis-Fabert n'était encore qu'au village de la Présentation lorsqu'il apprit la reddition du fort Frontenac. Le messager qu'il dépêcha à Montréal pour demander de nouveaux ordres trouva M. de Vaudreuil tout déconcerté, appréhendant avec raison que Bradstreet, fier de sa victoire, n'eût remonté le lac Ontario et mis le siège devant le fort Niagara. Il fit dire à M. Duplessis d'y envoyer à marche forcée cinq cents hommes d'élite, sous le commandement de M. de Montigny, le même officier que Montcalm qualifiait d'admirable, mais pillard [1].

---

1 — " M. de Montigny était laid de visage, mais recommandable par sa valeur ; il était brutal et emporté, et d'un intérêt qui lui aurait tout fait sacrifier pour sa fortune ". *Mémoires sur le Canada*.

Quoique les habitants de Québec et des Trois-Rivières fussent en pleine récolte, le gouverneur en fit monter quinze cents qu'il dirigea sur la Présentation. Un autre corps de milice de deux mille hommes allait bientôt grossir la petite armée de Montcalm, menacée d'une nouvelle attaque.

La nouvelle de la perte de Frontenac arriva à Carillon le même jour qu'un courrier de Québec confirma la prise de Louisbourg (6 septembre). Ces deux coups de foudre éclatant à la fois, trouvèrent Montcalm aussi impassible que Lévis. On verra par quelques-unes de leurs lettres combien peu le courage de ces deux hommes en fut ébranlé.

Vaudreuil manda Montcalm en toute diligence pour conférer avec lui sur les mesures à prendre.

" Le médecin après la mort " ! s'écriait le général en partant [1]. Le soir même, à neuf heures et demie, le canot qu'il montait, suivi de quelques-uns de ses officiers, parmi lesquels Pontleroy et Bougainville, glissait silencieusement dans l'ombre projetée par le promontoire de Carillon, et disparaissait vers le nord, dans les vapeurs que les fraîcheurs de septembre faisaient monter du lac Champlain. Les voyageurs pouvaient encore voir en se retournant les lumières qui brillaient aux casernes du fort Carillon, où les officiers ignoraient le départ de leur général. Montcalm avait ordonné le secret sur son voyage, de crainte que les ennemis, toujours en nombre supérieur à la tête

---

[1] — *Lettre à sa mère, la marquise de Saint-Véran*, 13 octobre 1758.

du lac George, apprenant son absence, n'en profitassent pour descendre à l'improviste et essayer de prendre une revanche du 8 juillet.

Montcalm présenta au gouverneur trois mémoires sur la défense des trois points principaux par où le Canada pouvait être attaqué : le lac Ontario, le lac Champlain et Québec. Ses vues s'accordèrent en somme avec celles de Vaudreuil et avec les mesures que celui-ci venait de prendre. Leurs relations parurent moins tendues, et les amis de l'union et de la concorde eurent quelque espoir d'un rapprochement. Le premier à s'en réjouir, le chevalier de Lévis, mandait au prince de Bauveau : " M. de Montcalm a demandé son rappel au mois de juillet par un mécontentement avec M. de Vaudreuil ; depuis ce temps, ils sont de meilleure intelligence, et il a demandé à rester.... Quant à moi, j'ai trouvé le moyen de bien vivre avec tout le monde [1] ".

Sur l'avis de Montcalm, l'ingénieur Pontleroy alla immédiatement examiner ce qui restait du fort Frontenac, afin de juger s'il était susceptible d'être réparé. Mais, remarque l'auteur des *Mémoires sur le Canada* avec sa méchanceté ordinaire, " cet ingénieur, à qui il fallait continuellement une vache laitière pour le nourrir, ne trouva lieu ni de rétablir le fort ni de le rebâtir ; d'autre part il craignait un séjour où sa vache aurait pu lui manquer [2] ".

Quoi qu'en dise l'auteur anonyme de ces malices, quelques travaux furent faits au fort Frontenac, et deux

---

[1] — *Lettres du chevalier de Lévis*, p. 209.
[2] — *Mémoires sur le Canada*.

barques destinées à porter du canon y furent mises sur les chantiers.

Montcalm se croyant toujours sur le point d'être attaqué, avait précipité son retour à Carillon, où il était arrivé dans la nuit du 16, après dix jours d'absence seulement. Le chevalier de Lévis avait fait ériger une seconde ligne de retranchements en arrière de la première, afin de protéger l'embarquement de l'armée en cas d'une retraite. L'arrivée à New-York de plusieurs régiments amenés de Louisbourg par le général Amherst, dont un déserteur révéla la marche vers le camp d'Abercromby, acheva de convaincre Montcalm d'un prochain retour de l'ennemi ; mais il était si bien préparé à le recevoir derrière les nouvelles fortifications, auxquelles il n'avait cessé de faire travailler avec une activité incroyable, qu'il fit arrêter à Saint-Frédéric les deux mille miliciens que lui avait envoyés le gouverneur. " Je ne doute pas, écrivait de son côté Lévis, le 8 septembre, que si les ennemis viennent nous attaquer de vive force, en quelque nombre qu'ils puissent être, nous ne les battions comme nous avons déjà fait [1] ".

Les berges anglaises qui sillonnaient le lac George, et venaient quelquefois faire le coup de fusil jusqu'aux avant-postes français, tenaient l'armée dans de continuelles alertes.

" Le 29 septembre, le camp de la Chute s'est replié sur nous et les troupes de la marine sont rentrées dans la ligne ; la garde des retranchements a été augmentée ;

---

[1] — *Lettre du chevalier de Lévis au maréchal de Belle-Isle*, p. 202.

deux cents hommes aux ordres d'un capitaine de grenadiers, vont toute la journée patrouiller à la Chute et aux environs; une compagnie de volontaires s'établit pour le jour au Portage, d'où elle éclaire les deux rives du lac Saint-Sacrement; à l'entrée de la nuit tout le monde se retire dans les retranchements, que des patrouilles de nuit mettent à l'abri de toute surprise [1]".

" Notre situation est critique, écrivait Montcalm à sa mère, le 16 octobre, et plus nous irons, plus elle le doit devenir, mais nulle inquiétude. Dieu surtout et l'honneur seront toujours conservés de ma part en tout événement. Comme je resterai en campagne jusqu'au 15 novembre, et que les vaisseaux partiront de Québec, qui est à cent vingt lieues d'ici, du 4 au 6, voici ma dernière lettre de cette année. J'ai toujours cru que l'ennemi viendrait m'attaquer une seconde fois, mais je commence à croire, vu la saison avancée, qu'il n'en sera rien.

" Je viens de recevoir, il n'y a que quelques jours, vos deux lettres du 18 mai et 26 ; j'en ai reçu une de 16 pages de mon fils, bien écrite, un peu style du siècle ; les détails militaires bien.

" M. de la Bourdonnaye m'écrit que le chevalier est grand comme un chêne, un peu effilé. Croyez-vous que je ne suis pas inquiet de n'avoir aucune nouvelle ? Ma santé assez bonne, malgré des fatigues grandes.

" Bougainville passe en France ; Dieu veuille qu'il y arrive, en ce cas il nous écrira ; M. Doreil, commissaire-

---

1 — *Journal de Montcalm.*

ordonnateur, y passe aussi. Dans les circonstances il fallait des lettres vivantes. Parviendront-elles ?

" J'ai grand besoin de repos, je dois dix mille écus et je vieillis bien. Je compte n'être à Montréal qu'avec les glaces du 20 au 25 novembre. Je vais me reposer jusqu'à Noël ; de là à Québec, janvier et février ; mars, avril, à Montréal ; sans doute revenir ici où une affaire qui sera décisive. Les Anglais sont au moins six contre un. Quelle différence de moyens ! ...

" J'embrasse tendrement la très chère que j'aime au delà de toute expression. Je ne vous envoie rien cette année ; je n'ai pas eu le temps d'y songer. J'embrasse ma fille et suis entièrement à vous, ma mère, avec autant d'attachement que de respect ".

Le 27, il ajoutait à sa femme : " Enfin, ma très chère et bien aimée, les ennemis commencent à abandonner leur camp de la tête du lac Saint-Sacrement, et défilent pour leurs quartiers, suivant quelques déserteurs. J'ai actuellement quatre partis dehors qui m'en donneront des nouvelles. Je me dispose à commencer de faire défiler nos bataillons, troupes de la colonie, etc., du 1er au 8 que je ferai l'arrière-garde et je laisserai mes deux forts de Carillon et Saint-Frédéric que j'ai couverts, toute la campagne, avec des forces bien inégales, avec leurs garnisons bien approvisionnées et de bons blindages. En voilà, Dieu merci, jusqu'aux premiers jours de mai, car si Dieu n'y met la main, il faudra se battre courageusement la campagne prochaine.

" Nous avons, le 13 septembre, battu une avant-garde de neuf cents hommes à la Belle-Rivière ; c'est à trois cents lieues d'ici ; mais nous sommes inquiets que les six mille n'aient pris leur revanche.

" Adieu ! mon cœur, aimez-moi, je songe fort à vous, je vous aime beaucoup et ma mère. J'embrasse ma fille. Quand reverrai-je mon Candiac ? Il faut que ma santé soit bonne, mais elle s'use par le travail, car il faut être ici tout, et de tout métier. Je t'aime plus que jamais ".

Au moment où Montcalm, rassuré sur " la partie de Carillon ", reportait sa pensée inquiète du côté de la Belle-Rivière, le commandant du fort Duquesne, M. Des Ligneris, un des héros de la Monongahéla, venait de faire revivre le souvenir de cette glorieuse journée par un coup d'éclat accompli sur les bords de cette même rivière, où blanchissaient, sans sépulture, les ossements des soldats de Braddock. Le marquis de Montcalm, à qui la première annonce de ce succès était parvenue, s'en réjouissait, sans toutefois se faire illusion sur la position de M. Des Ligneris.

Quand on a visité le site où la rivière Monongahéla se jette dans l'Ohio, on n'est pas surpris que les Français aient donné à ce dernier cours d'eau le nom de Belle-Rivière. Dans cette partie de son cours, elle longe à droite une chaîne de montagnes fort élevées, abruptes, dont l'aspect est presque aussi sauvage aujourd'hui qu'au siècle dernier. C'est à l'endroit même où s'élève actuellement la grande et industrieuse ville de Pittsburg, que le marquis Duquesne avait fait élever, en

1754, un petit fort auquel il légua son nom. Ce gouverneur avait eu un double but en choisissant ce point stratégique, et en y entretenant une garnison avec des comptoirs : c'était d'abord de tenir en échec les Anglais qui commençaient à descendre le versant des Alleghanys pour y faire des établissements ; ensuite d'accaparer le commerce des nombreuses tribus sauvages de cette région contre les trafiquants anglais, qui essayaient de s'en emparer, avec moins d'influence sur les Indiens, il est vrai, mais avec beaucoup plus de ressources matérielles.

Le premier et unique historien du fort Duquesne est un aventurier français qui prit part à sa fondation, et y séjourna presque tout le temps jusqu'à l'automne qu'il fut détruit. Cet annaliste était un jeune homme intelligent, instruit et observateur. Son récit n'a qu'une valeur médiocre quand il parle de faits qui se sont passés loin de lui ; mais il a une importance réelle lorsque l'auteur raconte ce dont il a été personnellement témoin [1].

Son manuscrit n'a été connu que tout récemment, et aucun historien ne l'a encore cité. Le genre de vie des

---

[1] — *Voyage au Canada fait depuis l'an 1751 à 1761*, par J.-C. B.— Il existe deux exemplaires manuscrits de cet ouvrage, l'un appartenant à la bibliothèque Nationale à Paris, l'autre à M. le marquis de Bassano. J'ai fait faire une copie de ce dernier exemplaire en 1886, et j'en ai ensuite permis l'impression dans le *Courrier du Canada* de Québec, à la condition qu'il en fût tiré un certain nombre d'exemplaires en brochures. Malheureusement, me trouvant aux Antilles à cette date, je n'ai pu surveiller cette impression, et il s'y est glissé plusieurs incorrections. La même année, M. Parkman a signalé dans le journal *The Nation* l'existence du manuscrit qui lui

blancs dans ces lointaines solitudes et leurs rapports avec les Peaux-Rouges y sont présentés *de visu* avec une saisissante vérité.

L'auteur servit en qualité de canonnier dans l'expédition envoyée pour fonder le fort Duquesne. Huit cents hommes, aux ordres du capitaine de Contrecœur, avaient remonté le Saint-Laurent à la fin de l'hiver, " étant souvent obligés, dit l'auteur, de passer des rivières dans l'eau, en dérangeant les glaces trop faibles pour se hasarder à passer dessus, ce qu'il fallait faire en se déshabillant et portant ses hardes sur la tête, et après être passés se rhabiller bien vite et courir pour se réchauffer, ce qui arrivait quelquefois trois fois dans une journée ". Après avoir laissé cent hommes au fort Niagara et deux cents au fort de la Rivière-aux-Bœufs, l'expédition descendit cette rivière " sur des bateaux et des pirogues tout chargés de vivres et de munitions. Nous fûmes obligés de naviguer à petites journées sur cette rivière à cause qu'elle était embarrassée de plusieurs arbres qui y étaient tombés, soit de vétusté ou par des ouragans qui sont assez fréquents dans ces environs, où les tourbillons de vent déracinent souvent les arbres. Environ à dix lieues plus bas que l'embou-

---

avait été communiqué à la bibliothèque Nationale. Il prétend à tort que l'ouvrage n'a été écrit que trente ou quarante ans après que l'auteur anonyme fut de retour en France. Celui-ci dit au contraire dans sa préface que " la partie historique et descriptive de ce voyage a été traitée sur les lieux mêmes ", et que seulement il l'a " revue avec attention depuis son retour en France ". M. Justin Winsor, dans son *Narrative and Critical History of America*, Vol. V. p. 611, indique le *Voyage au Canada* d'après M. Parkman, et répète la même assertion erronée.

chure de la Rivière-aux-Bœufs, et sur le bord de l'Ohio, en le descendant, nous aperçûmes un fort anglais… qui n'était qu'une enceinte en pieux debout ", armée de quatre pièces de canon et gardée par cinquante hommes. Sur une simple sommation, le commandant, qui était un trafiquant de fourrures, le capitaine Trent, livra son fort qui fut rasé.

Le fort Duquesne, dont la construction fut commencée le 8 avril, était " en bois équarri d'une épaisseur de douze pieds du côté de terre ; l'épaisseur remplie de terre avec un fort parapet et trois bastions garnis chacun de quatre canons, avec un profond fossé en dehors et un pont-levis au nord, qui est le côté haut de l'Ohio. La partie du fort qui est du côté de l'eau à l'ouest n'était qu'un corps d'arbres piqués en terre comme des pieux et une boulangerie du même côté. Dans l'intérieur étaient quatre corps de bâtiments séparés : celui de droite, en entrant par le pont-levis, est le logement du commandant ; vis-à-vis, à gauche, sont le corps de garde et la caserne ; dans le fond, en face de l'entrée, est le magasin des vivres et des marchandises ; et à côté, au bord de l'eau, est le logement des canonniers ".

Les successeurs de M. de Contrecœur, MM. Dumas et Des Ligneris, complétèrent les premières fortifications, et commencèrent des ouvrages extérieurs qui n'étaient pas encore finis lors de l'abandon de la place [1].

L'assassinat de Jumonville survenu peu de temps

---

1 — *Olden Time, Lettre du capitaine Haslet*, 26 novembre 1758.

après la fondation du fort Duquesne, et la revanche qu'en prit son frère Coulon de Villiers, sur Washington, furent le signal des incursions de sauvages qui ensanglantèrent les frontières jusqu'à la fin de la guerre, et dont le récit seul fait frémir [1]. L'ordre suivant donné à trois officiers partisans du Détroit, les frères Baby, indique comment étaient organisés ces partis de guerre, et les précautions que prenaient les commandants pour empêcher les horreurs auxquelles se livraient les sauvages : " Aussitôt après le présent ordre reçu, ils (les frères Baby) partiront avec un parti de Chaouénons et de Loups, pour aller à la rencontre des Anglais. Si l'ennemi n'a pas dépassé la hauteur des terres, ils s'en reviendront sans frapper, et empêcheront autant qu'il leur sera possible, les sauvages de le faire. Si au contraire, ils les trouvent en armes sur les terres du roi, ils les repousseront par la force, mais auront attention pour que les sauvages n'exercent aucune cruauté envers les prisonniers. Fait au fort Duquesne, le 18 juin 1755. (Signé) Contrecœur ".

Trois semaines après cette date, avait lieu la bataille de Monongahéla, dont l'auteur des *Mémoires* cité plus haut, qui s'y trouvait présent, fait le récit à sa manière.

" Le 9 juillet, au matin, dit-il, on se mit en marche au nombre de onze cents hommes, dont trois cent cinquante Français et sept cent cinquante sauvages [2], le

---

1 — L'auteur du *Voyage au Canada* faisait partie de cette expédition, dont il a laissé un récit fort curieux.
2 — Il y avait, d'après le rapport officiel expédié à la cour, six cent trente-sept sauvages et deux cent cinquante-quatre Français.

tout sous le commandement des capitaines Beaujeu, Dumas, Le Mercier et autres. Il resta au fort le commandant Contrecœur avec cent hommes de garnison et autant de sauvages. L'armée marchant à la rencontre de l'ennemi était sur trois colonnes dans les bois, ayant toujours des découvreurs en avant; à midi, nous fîmes halte sur la nouvelle qu'une partie de l'armée ennemie avait passé la rivière avec son artillerie, et qu'elle faisait halte en attendant son arrière-garde et ses caissons. Nous n'étions alors qu'à un quart de lieue. L'ordre fut aussitôt donné de doubler le pas et d'attaquer de suite l'ennemi de front et de côté, ce qui ne tarda pas de s'effectuer : les sauvages firent le cri de guerre, et les Français commencèrent par une décharge générale qui fut imitée des sauvages. L'ennemi, surpris, se rangea en bataille, fit jouer son artillerie, dont de Beaujeu fut tué à la première décharge ; les sauvages épouvantés du bruit du canon auquel ils n'étaient point accoutumés, prirent un moment la fuite ; mais le capitaine Dumas ayant pris le commandement aussitôt après la perte du sieur de Beaujeu, et ayant encouragé les Français, les sauvages voyant cette fermeté et n'entendant plus les canons, dont les Français s'étaient emparés, revinrent charger l'ennemi à l'exemple des Français et le forcèrent après deux heures de combat, de battre en retraite... et repassèrent à la hâte la rivière, où ils perdirent du monde par la fusillade qui ne cessait de pleuvoir sur eux.

" L'ennemi dans sa déroute perdit son artillerie, ses caissons et quinze drapeaux, ainsi que sa caisse militaire. Les canons, au nombre de neuf, furent encloués sur le champ de bataille au moment de leur prise. Le général Braddock fut blessé dans cette affaire, et emmené par les fuyards dans un carrosse qu'il avait à l'arrière-garde, de l'autre côté de la rivière. C'était bien un objet de luxe qui n'était d'aucune utilité dans les bois et les montagnes, et où pour la première fois on en avait vu.

" Après cette défaite de l'ennemi, qu'on ne jugea pas à propos de poursuivre, on pilla les caissons au nombre de seize, chargés de munitions, de vivres et de rhum, dont quelques sauvages s'étant enivrés, ce qui obligea les Français de crever les barils pour éviter un désordre qui n'aurait pas manqué d'arriver sans cette sage précaution. Les sauvages tombèrent les premiers sur la caisse militaire, et ne connaissant pas le prix de l'argent, ils l'éparpillèrent à droite et à gauche dans les bois ; les Français s'amusèrent à le ramasser et à fouiller les morts, parmi lesquels se trouvèrent cent cinq officiers, sur la dépouille desquels on s'attacha de préférence. On passa la nuit à garder le champ de bataille dans un silence profond, et cela dans l'incertitude de l'apparition de l'ennemi. Comme on était deux à deux assis au pied de chaque arbre, auprès de celui où j'étais, moi deuxième, se trouva un homme qui se mit à bâiller et à parler sauvage en jurant contre les Anglais ; d'abord, à son bâillement nous le crûmes un Anglais blessé, mais, à son parler, nous ne doutâmes plus qu'il ne fût un sauvage qui se fût endormi par ivresse ; cependant craignant, s'il nous entendait remuer, qu'il ne nous soupçonnât ennemis, et que dans cette idée il se jetât sur nous à coups de casse-tête, nous résolûmes de rester sur la défensive. Peu après, comme cet homme parlait toujours, nous lui dîmes tout bas : " — Camarade, nous sommes tes frères les Français, nous avons battu les Anglais avec toi, tous tes frères sont ici pour garder le champ de bataille jusqu'à ce qu'il soit jour ; il paraît que tu as du bon rhum qui t'a fait du mal et t'a endormi, tu es comme nous parmi les morts, ne fais pas de bruit pour ta sûreté, car on pourrait te croire ennemi et te tuer ". Ce sauvage, qui était un Chaouénon, nous répondit : " — *Qui hélà* ", (c'est-à-dire cela est vrai.) Mais je veux m'en aller et ne pas rester parmi ces chiens de morts ". Nous lui persuadâmes d'attendre le jour, et il se décida à rester avec nous. Le jour étant venu à paraître, on battit la générale, tout le monde fut aussitôt sur pied, le sauvage nous présenta la main pour marque d'amitié, et s'en fut rejoindre ceux de sa nation qui étaient aux environs. Les Français rassemblés, et l'ennemi ne paraissant pas, nous reprîmes le chemin du fort Duquesne avec les dépouilles ".

L'auteur de ce récit laisse entendre que les vainqueurs couchèrent sur le champ de carnage. La vérité est que la plupart entrèrent à la nuit au fort Duquesne. Il n'y eut guère que les sauvages qui s'enivrèrent, et peut-être un certain nombre de Français avec eux, qui y passèrent la nuit.

Le fort Duquesne étant le point de départ et d'arrivée des partis de chasse et de guerre, il regorgeait souvent d'Indiens, dont les tentes dressées dans la clairière, formaient un village autour des remparts. Selon la coutume des Peaux-Rouges, chaque parti de guerre annonçait son approche par de formidables cris qui faisaient tressaillir les échos, et dont l'intonation et le nombre indiquaient le chiffre des prisonniers et celui des guerriers tués dans l'expédition. Heureux les captifs s'il n'y avait pas alors d'autres sauvages autour du fort ! car s'il s'en trouvait, tous s'empressaient de s'armer de bâtons et se rangeaient sur une double haie au milieu de laquelle les malheureuses victimes étaient obligées de courir, au risque d'être assommées par les coups qui les attendaient à chaque pas. C'est dans ce pitoyable état qu'ils entraient au fort. Ordinairement, quelques-uns des prisonniers étaient donnés au commandant à titre de compliment ; d'autres étaient rachetés par des présents ; mais le reste était emmené au village pour servir d'esclaves, ou impitoyablement attaché au poteau, sans que ni les prières, ni les cajoleries, ni les présents, ni les menaces pussent toucher leurs bourreaux.

Une bande de soixante Outaouais revint un jour de la Virginie avec trente chevelures et vingt-cinq prisonniers, qui reçurent la bastonnade à leur arrivée au fort. Dix furent donnés au commandant qui voulut racheter les autres, mais les sauvages refusèrent de les vendre. Les Outaouais avaient perdu deux des leurs durant l'expédition. " Ils tinrent conseil entre eux, et il fut résolu que pour venger la mort de leurs deux hommes, ils adopteraient deux de leurs prisonniers en remplacement de leurs morts, et qu'ils en brûleraient deux autres, et donneraient le surplus à leurs villages. Ce jugement fut exécuté le lendemain contre les deux condamnés au feu. Les sauvages voulaient faire l'exécution devant le fort. Le commandant s'y étant opposé, n'ayant pu racheter les deux malheureuses victimes, leurs bourreaux les conduisirent de l'autre côté de l'Ohio, vis-à-vis et à la vue du fort où plusieurs sauvages, avec des femmes et des enfants, s'étaient rassemblés et avaient fait de grands feux pour faire du brasier. Les deux victimes étant arrivées sur le lieu du sacrifice, on les attacha à un jeune arbre qu'on avait courbé la tête en bas, et là, les mains derrière le dos et attachées à leur arbre, on jeta du brasier ardent sur leurs pieds à la distance qu'ils pouvaient parcourir, et qui se soulevaient aisément par la flexibilité de la tête de chacun des jeunes arbres qui ne demandait qu'à se redresser et qui en était empêché par le poids de l'homme.

" Pendant cette atrocité, dont les sauvages seuls paraissent donner l'exemple, les bourreaux chantèrent autour des victimes en les engageant à braver la mort. Leur souffrance ne fut cependant que le prélude d'une plus grande qui fait frémir l'humanité, et qui n'est rapportée que pour faire connaître la barbarie que les sauvages exercent. Il est cependant une vérité dont on doit être persuadé, c'est que ce ne sont pas toujours les hommes qui inventent ni qui exécutent le plus cruellement les supplices; ce soin est très souvent laissé aux femmes, parce qu'ils les croient plus ingénieuses et plus raffinées pour inventer les souffrances, auxquelles elles ne manquent pas de s'exercer pour plaire aux hommes. C'est ce qui se fit voir en cette occasion, où les femmes firent preuve de scélératesse, en faisant rougir des baguettes de fusils et les enfonçant ensuite dans les narines, dans les oreilles. Après, elles leur brûlèrent avec des tisons différentes parties du corps ; les enfants de leur côté leur décochèrent des flèches dans les cuisses et dans les bras, et cela après quelques moments d'intervalles ; les femmes revinrent ensuite brûler le bout des doigts dans des pipes pleines de tabac, puis couper le nez et les oreilles aux trop souffrantes victimes. Il faut s'arrêter ici pour ne pas mettre à jour tout ce que l'imagination la plus barbare peut inventer de plus atroce, et se contenter de dire que les cris, les plaintes et les jurements lancés pendant ces tourments excitèrent la risée des bourreaux.

" Il arriva un événement au milieu de ces souffrances : c'est que les deux victimes se trouvèrent naturellement détachées de leurs liens toutes à la fois à force de se débattre, et aussitôt, avec un courage qui tenait du désespoir, elles coururent ensemble se jeter dans la rivière. Quelles que fussent leurs intentions, elles ne purent réaliser leur projet, car les sauvages s'étant aussitôt jetés à la nage après elles, les rattrapèrent et les ramenèrent au lieu du supplice où, la la force et le courage leur ayant manqué, elles tombèrent par terre ; alors les sauvages, hommes, femmes et enfants, leur jetèrent sur le corps le bois allumé dont elles furent en un instant couvertes et bientôt réduites en cendres. Ainsi se termina cette barbare exécution ".

Qu'on se figure l'horreur et l'épouvante qui se répandaient sur les frontières voisines, quand le récit de pareils faits y était rapporté par les prisonniers qui en avaient été témoins. Les populations des campagnes, saisies de panique, abandonnaient leurs cultures et leurs bestiaux, et s'enfuyaient vers les villes dont l'enceinte seule leur paraissait un asile sûr.

Il y avait trois ans que duraient ces déprédations, quand Vaudreuil écrivait à M. de Massiac, alors ministre de la Marine : " M. Des Ligneris, conformément à mes ordres, a toujours la plus grande attention à faire harceler les Anglais ". Il énumérait ensuite le nombre de prisonniers emmenés et de chevelures levées par divers partis de guerre, puis il ajoutait : " Les Loups des montagnes vinrent avertir, le 10 juin, l'officier que M. Des Ligneris avait au village de la Fourche, que les Anglais devaient se mettre en marche vers le temps de la récolte pour venir assiéger le fort Duquesne.... Il résulte, du rapport des prisonniers, continue-t-il, qu'ils ont une quantité prodigieuse de sauvages qui se rassemblent au fort Cumberland, et qu'ils ont ouï dire que les Anglais se mettraient bientôt en marche.

" J'ai prévu, malgré notre triste situation, à la sûreté de la Belle-Rivière. Le convoi des Illinois y est heureusement arrivé. Du reste, j'ai envoyé à M. Des Ligneris environ trois cent cinquante Canadiens [1]; il recevra tous les secours des postes qui sont à proximité tant en Français que sauvages. Je m'attache actuellement à faire passer abondamment des vivres dans cette partie [2] ".

---

1 — Aux ordres de M. de Saint-Ours.
2 — *Lettre au ministre*, 28 juillet 1758.

L'armée qui marchait sur le fort Duquesne était composée de troupes levées dans les Etats de Pensylvanie, de Virginie, du Maryland et de la Caroline du Nord, d'une partie du régiment de Royal-Américain et de douze cents montagnards d'Ecosse, formant un effectif de six à sept mille hommes. Le général Forbes, qui commandait cette armée, avait des traits de ressemblance avec le général Wolfe. Ruiné de santé comme lui, il était comme lui impétueux, irascible et d'une fermeté de caractère qui lui avait valu le surnom de Tête-de-Fer (*Head of Iron*). Il fit cette campagne au milieu de souffrances qui le réduisaient parfois à l'" agonie ", et d'une faiblesse qui l'obligeait à se faire transporter dans une litière.

La lenteur des mouvements de son armée, due au défaut d'organisation et à la mauvaise qualité des milices provinciales, cette lenteur qui avait été auparavant une cause de défaite, fit précisément le succès de cette expédition, qui au reste se réduisit à une simple marche à travers la forêt.

Pendant que Forbes, à Philadelphie, s'occupait d'organiser l'expédition, et que Washington, au fort Cumberland, rassemblait ses Virginiens, le lieutenant-colonel Henry Bouquet, officier suisse d'un courage et d'un mérite éprouvés qui commandait l'un des quatre bataillons du Royal-Américain, s'était avancé jusqu'au petit village de Raystown, aujourd'hui Bedford, où il formait l'avant-garde de l'armée. Ce ne fut qu'en juillet que Forbes, toujours en proie à d'atroces souffrances, atteignit Carlisle, lieu de ralliement assigné à ses divers corps. Il trouva là tous les éléments d'un désastre : des miliciens de la plus grossière espèce, au dire de Forbes lui-même, dont plusieurs n'avaient jamais tiré un coup de fusil, n'ayant pas la moindre idée de la discipline militaire, encore moins de la guerre d'embuscade et de surprise qu'ils allaient entreprendre ; des officiers dont la plupart ne valaient pas mieux, choisis parmi les hôteliers, les maquignons, les trafiquants ; point ou presque point de sauvages pour éclairer la marche de ces masses toutes prêtes pour une panique, et dont la discipline allait se réduire à peu près à se frayer une route à travers un pays de montagnes. Il est certain que si elles se fussent présentées à cette date sous les murs du fort Duquesne, M. Des Ligneris aurait eu quelque chance de renouveler la journée de Monongahéla. Mais Forbes, instruit par le désastre de Braddock, se garda bien de s'aventurer avec la même témérité. Étranger comme lui aux guerres d'Amérique, il sut mieux profiter des conseils du jeune mais sage Washington, dont le nom et l'expérience commençaient à faire autorité. Il ne crut cependant pas devoir suivre l'avis qu'il lui donna de prendre la route tracée par Braddock, et préféra en frayer une plus courte par la Pensylvanie. Au lieu de se faire suivre d'une longue traînée de bagages aussi encombrants que dangereux pour le moment du combat, il établit de distance en distance des postes fortifiés, munis de tous les besoins de l'armée, afin qu'arrivé à proximité du fort Duquesne, il pût y pousser une pointe vigoureuse et décisive. Ces opérations lentes, mais sûres, lui donnaient de plus le temps de s'aboucher avec les tribus sauvages, qui jusque-là avaient répandu tant de carnage et de dévastations sur les établissements anglais, mais que les derniers événements commençaient à faire vaciller.

Un des principaux agents de pacification était en ce moment un nommé Christian-Frédéric Post, de la secte des frères moraves ou hernutes, qui avaient fondé une mission dans la Pensylvanie. C'était un homme simple et droit, une de ces belles âmes vers lesquelles on se sentait attiré, qui pratiquait avec une exaltation pieuse les doctrines rigides de sa secte. Sous l'empire d'une douce illusion commune à tous les frères moraves, il croyait à la paix universelle, et regardait la guerre comme un crime, à l'encontre des missionnaires catholiques qui, l'envisageant comme légitime en elle-même, se contentaient d'inspirer aux Indiens l'horreur des cruautés qu'ils commettaient, et de leur enseigner à la faire selon la manière des Européens. Post avait vécu parmi les sauvages, principalement parmi les Loups, savait bien leurs langues, avait épousé une squaw qu'il avait convertie à sa doctrine, et s'était créé des amis parmi eux [1]. Le gouvernement de la Pensylvanie, à l'instigation de Forbes, venait de le charger de la dangereuse mission d'aller visiter les tribus de l'Ohio, et de les inviter à une grande convention, afin d'y signer un traité de paix.

---

[1] — Les frères moraves sont un des rares exemples offerts par les sectes des colonies anglaises d'un véritable zèle pour le salut et la civilisation des aborigènes. Si au lieu d'être une minime exception, cette conduite eût été, là comme ici, la règle générale, la destinée de ces peuples en eût été singulièrement modifiée ; mais la colonisation de l'autre côté de la frontière a toujours signifié leur anéantissement. La colonie morave avait voulu rester neutre comme les Acadiens,

Post se mit en route avec le courage calme d'un apôtre, sachant bien que s'enfoncer dans la forêt en un pareil moment, c'était se jeter dans la fosse aux lions. Il dit aux Indiens qui hésitaient à l'accompagner : " Si je péris dans mon entreprise, ce sera autant pour le bien des sauvages que pour celui des Anglais. Voilà pourquoi je suis résolu d'aller de l'avant, tenant ma vie entre mes mains, comme quelqu'un qui est décidé à la sacrifier pour leur bien. Après que j'eus prononcé ces paroles, ajoute-t-il, trois se levèrent et s'offrirent à me suivre [1] ".

L'âme du sensible Post fut navrée en traversant les frontières dévastées de la Pensylvanie, dont les Indiens avaient fait un désert. Le long de la route s'étalaient d'affreux vestiges de leur passage. En un endroit, il trouva accrochés à un buisson trois cerceaux sur lesquels ces barbares avaient fait sécher leurs scalpes. A l'un d'eux pendaient encore de longs cheveux blancs. En différentes clairières étaient plantés en terre des poteaux peints en rouge, auxquels les prisonniers au retour des incursions étaient garrottés pour la nuit. " C'est un triste et lamentable spectacle, notait

---

à l'origine de la guerre, et elle subit à peu près le même sort. Décimés d'abord par les alliés des Français, qui les traitèrent en ennemis, parce qu'ils ne levaient pas la hache comme eux, les Moraves furent soupçonnés de connivence avec les partisans de Pontiac, lors de sa fameuse conspiration (1760-1763). Plusieurs furent massacrés, le reste déporté de ville en ville et traité avec la dernière inhumanité. Le petit nombre de ceux qui échappèrent aux maladies, suite des mauvais traitements, finirent par se fixer sur les bords de Susquehanna, où leurs descendants existent encore aujourd'hui.

1 — *Frederic Post's Journal.*

Post, que de voir les moyens dont ils se servent, selon leurs coutumes sauvages, pour tourmenter leurs victimes ".

Après trois semaines de pérégrinations, durant lesquelles n'ayant que la chasse pour vivre, il se coucha plusieurs fois sans manger, il arriva (7 août) en vue du fort Machault[1] situé au fond d'une gorge sur une pointe formée par un détour de la Rivière-aux-Bœufs. Il n'y avait pour toute garnison que six Français et un officier aveugle d'un œil. Sur l'assurance que reçut Pisquetumen, le chef de ses guides, qu'il ne serait pas molesté, Post pénétra dans le fort, où les Français firent aux sauvages toute espèce de questions pour savoir si les Anglais allaient venir les attaquer, " ce dont, dit-il, ils étaient très inquiets ".

Il ne craignit pas de se hasarder jusqu'aux portes mêmes du fort Duquesne, en entrant dans le village de Kachekacheki, importante bourgade des Loups ou Mohicans, formée de quatre groupes de cabanes, pouvant mettre sur pied deux cents guerriers.

Quinze Français, sous la conduite d'un officier qui, au dire des sauvages " était un fin renard ", y étaient employés à construire quelques maisons. Post y fut reçu avec de grandes démonstrations de joie, du moins apparentes, par le grand chef King Beaver, qui l'invita à diner à côté de l'officier français. Les hommes du conseil l'accompagnèrent ensuite jusqu'au village voisin, où une réception toute différente l'attendait. Toute la population l'entoura avec des signes de

---

1 — Appelé par les Anglais fort Venango.

menaces. Les guerriers brandissant leurs couteaux avec des cris, des regards féroces, des traits contractés par la rage, se jetaient sur lui en présentant leurs poitrines nues, comme pour chercher un prétexte pour l'assassiner, et lui disant qu'il n'en avait pas pour longtemps à vivre. Heureusement que parmi eux se trouvèrent quelques Indiens qui l'avaient déjà rencontré et qui, en le saluant amicalement, écartèrent les couteaux. Le frère morave, qui savait habilement manier l'esprit des sauvages, et qui exerçait une grande puissance par son air inspiré, sa contenance calme et pleine de douceur, finit par apaiser son farouche entourage. Ils consentirent à écouter son message, mais insistèrent pour qu'il se rendît avec eux au fort Duquesne, où, disaient-ils, il y avait des sauvages de huit différentes nations qui voulaient l'entendre. Post eut beau s'opposer à cette périlleuse démarche, il lui fallut s'y résigner.

" Nous arrivâmes, dit-il, dans l'après-midi, en vue du fort dont nous étions séparés par la rivière. Tous les chefs indiens qui s'y trouvaient traversèrent immédiatement et m'entourèrent, pendant que King Beaver me présentait à eux en disant: " Voici notre frère anglais qui nous a apporté de grandes nouvelles ". Deux se levèrent et me signifièrent qu'ils étaient contents de me voir; mais un vieil Onontagué sourd se leva et témoigna son mécontentement. Ce sauvage est détesté des autres; il n'avait rien entendu dire de ce qui s'était passé. Il demeure ici depuis très longtemps, vit constamment dans le fort, et est extrêmement attaché aux Français.

— " Je ne connais pas, dit-il, ce Swannock (cet Anglais), peut-être le connaissez-vous. Moi, Chaouénon, et mon Père (le commandant français), nous ne le connaissons pas. Je me tiens ici (et en disant cela il frappait la terre du pied) comme un homme sur son propre terrain. Voilà pourquoi, moi, Chaouénon, et mon Père, nous n'aimons pas qu'un Swannock vienne sur notre terrain.

" Alors il se fit un long silence pendant que le calumet passait de bouche en bouche ".

Les Français venus avec leurs sauvages demandèrent qu'on leur livrât le frère morave, mais sa suite s'y opposa.

Dans l'après-midi du lendemain (25), il arriva au fort trois cents Canadiens qui annoncèrent que six cents autres allaient bientôt les suivre, avec quarante bateaux chargés de munitions. Post fut averti par les siens de ne pas s'éloigner de leurs feux, car, disaient-ils, les Français avaient offert une grande récompense pour sa chevelure. "Alors, ajoute Post, je me tins constamment aussi près du feu que si j'y avais été enchaîné ".

Le jour suivant, une grande foule d'officiers français et d'Indiens, au nombre de trois cents, traversèrent la rivière. " Les officiers avaient apporté avec eux une table, des plumes, de l'encre et du papier ; je parlai au milieu d'eux avec une conscience libre, et je vis bien par le regard des Français qu'ils n'aimaient pas ce que je disais ".

Le frère fit alors un long discours, dont il accompagna chaque point par un collier qu'il jetait en terminant au milieu de l'assemblée. Il invita les différentes nations à renouer les anneaux de l'amitié d'autrefois, et à rester neutres comme les frères moraves, afin de ne pas encourir la vengeance des Anglais, dont une grande armée, déjà proche, allait chasser tous les Français du pays.

Les fières paroles du vieillard onontagué avaient résumé d'avance la réponse des autres guerriers, gagnés déjà par les présents de M. Des Ligneris [1]. Post en était dans l'étonnement : " Il n'y a pas, dit-il, de peuple plus fier ni d'un esprit plus élevé que les Indiens ".

" Ils se croient, ajoute-t-il, les hommes les plus sages et les plus prudents du monde, et qu'ils peuvent écraser à la fois les Français et les Anglais, quand il leur plaira. A leurs yeux les blancs ne sont rien ; cependant ils en sont extrêmement jaloux. — Mon frère, disent-ils, les blancs s'imaginent que nous n'avons pas de cervelle dans la tête, et que eux seuls sont grands et forts. Nous ne sommes qu'une poignée comparés à vous, mais regarde, quand vous courez après le coq des bois, vous ne pouvez pas toujours le trouver ; il est si petit qu'il se cache dans les buissons. Et quand vous chassez le serpent à sonnettes, vous ne pouvez pas le découvrir ; pourtant il peut vous mordre avant que vous ne l'ayez vu. Dieu vous a donné les êtres apprivoisés, nous ne voulons pas vous les enlever. Il nous a

---

[1] — " Les chefs des différentes nations qui écoutaient cette parole ne daignèrent pas y répondre ; ils conseillèrent aux Loups de leur livrer cet Anglais pour le mener à M. Des Ligneris,... les assurant qu'ils ne lui feraient pas de mal, parce qu'il était venu accompagné d'un Loup des Montagnes... Mais M. Des Ligneris s'aperçut bien que ce n'était pas leur dessein ". *Vaudreuil au ministre*, 15 octobre 1758.

donné le chevreuil et les autres bêtes sauvages, dont nous avons besoin pour vivre. Vous autres, vous êtes venus ici uniquement pour tromper les pauvres Indiens, et leur enlever leurs terres ".

C'était là le thème sur lequel ils revenaient continuellement. Leurs malheureux restes qui s'éteignent aujourd'hui sur les frontières de l'Ouest sont là pour dire jusqu'à quel point ils avaient raison.

Malgré ces défiances, la mission de Post, favorisée par les circonstances du moment, exerça une influence sensible sur les tribus de l'Ohio.

Averti que plusieurs partis étaient déjà en campagne pour lui couper la retraite, il s'échappa furtivement le lendemain, dès le lever du jour, avec six Indiens. C'était un dimanche. Comme il s'éloignait, il entendit tirer les canons du fort. " Je comptai dix-neuf coups et j'en conclus que c'était la coutume d'annoncer ainsi le jour du Seigneur ".

De retour à Augusta, son enthousiasme religieux se répandit en actions de grâces envers Dieu, qui l'avait arraché comme miraculeusement de la griffe des tigres.

" Trente-deux nuits j'ai dormi dans la forêt, sans autre couverture que la voûte des cieux. La rosée m'a parfois pénétré jusqu'aux os. Louange et gloire à Dieu qui m'a fait sortir du nuage épais, lourd et noir où j'étais enfoncé, et m'a remis dans la grande lumière ".

Par une claire journée du mois d'août, un groupe d'Indiens et de blancs gravissaient une hauteur connue depuis sous le nom de Grant's Hill, voisine du fort Duquesne. C'était un détachement d'éclaireurs du général Forbes, aux ordres d'un officier virginien.

Cachés derrière d'épais buissons, ils purent observer à loisir la place et le camp qui l'environnait. Le drapeau de France flottait au-dessus d'une enceinte de remparts, de très petites dimensions, mais paraissant bien fortifiés et armés. En face du fort et à sa gauche, les rivières Ohio et Monongahéla traçaient deux traits de lumière sur le fond obscur du paysage. En deçà des fossés, sur les glacis et dans l'éclaircie du terrain, plusieurs tentes entourées d'un village de wigwams étoilaient le gazon. Au delà du fort Duquesne, en remontant l'Ohio, s'échelonnaient le long de la berge une soixantaine de maisonnettes, tandis que sur l'autre rive une espèce de parallélogramme indiquait quelques travaux de fortifications. Dans l'intérieur du camp indien, d'où s'élevaient de légères colonnes de fumée, grouillaient des attroupements d'enfants et de squaws, et tout un peuple de guerriers et de blancs, voyageurs, soldats ou officiers, circulant dans le voisinage et dans l'enceinte du fort. Tout auprès, en arrière, et comme servant de cadre à ce coin de terre animé, se dressaient à pic et immobiles, dans leur majesté primitive, les escarpements de la rivière drapés dans leur vert manteau de feuillage chatoyant au grand soleil d'été.

Il parut évident aux éclaireurs que les troupes dont disposait M. Des Ligneris étaient beaucoup moins considérables que ne l'avait imaginé le général Forbes, d'après les rapports presque toujours mensongers des sauvages. Post avait appris à son passage qu'elles ne comptaient que quatorze cents hommes, ce qui était encore au-dessus de la vérité. Il est vrai que Bigot avait écrit à la cour qu'il se livrait trois mille cinq cents rations par jour au fort Duquesne; mais là, comme ailleurs, l'intendant laissait souvent les garde-magasins gonfler le chiffre des dépenses pour en partager avec eux les profits [1].

Forbes avait rencontré dans sa marche des difficultés qui lui avaient fait presque regretter de n'avoir pas suivi l'avis de Washington. Au commencement de septembre, son avant-garde était encore à seize lieues du fort Duquesne, à un endroit nommé Loyalhannon, où Bouquet faisait construire un camp retranché pour y mettre le dernier dépôt des provisions.

Le major Grant, du régiment des montagnards d'Ecosse, qui faisait partie de l'avant-garde, officier aussi brave que Braddock et non moins téméraire, impatient de se distinguer, arracha plutôt qu'il n'obtint du colonel Bouquet l'autorisation d'aller faire une reconnaissance et tenter un coup de main contre le fort Duquesne. Il partit le 10 septembre de Loyalhannon avec huit cent cinq hommes et trente-sept officiers, tirés des régiments des montagnards, du Royal-Américain et des troupes

---

[1] — A côté de ces actes de péculat, il est juste de signaler des traits de générosité et de patriotisme tels que celui-ci : "L'hiver dernier 1760, écrivait le marquis de Vaudreuil dans un certificat livré aux frères Baby, le commandant du Détroit étant dans le cas d'envoyer des présents aux nations de ces contrées (la Belle-Rivière), et n'en ayant point dans les magasins, ces messieurs qui étaient destinés pour cette affaire les ont faits eux-mêmes. Enfin ils ont saisi sans intérêt et avec empressement tous les moyens de se rendre utiles." La masse des cultivateurs canadiens abandonna ses récoltes et ses bestiaux en échange de papier monnaie presque sans valeur.

de milices, et suivit en bateaux le cours du Kiskiminitas, un des affluents de l'Ohio. Après trois jours de marche, il arriva à onze milles du fort Duquesne, où il fit halte jusqu'à trois heures de l'après-midi. Parvenu à deux milles du fort, il laissa ses bagages à la garde de cinquante-deux hommes, aux ordres du capitaine Bullet, et s'avança jusqu'à un demi mille à peu près du fort. A onze heures du soir, il était établi sur l'éminence qui, à partir de ce jour, allait s'appeler Grant's Hill. L'obscurité de la nuit et les vapeurs légères qui, s'élevant des deux rivières, enveloppaient le promontoire, avaient complètement dérobé sa marche aux Français. Le silence le plus profond régnait dans le fort aussi bien que dans le camp indien. Grant rassembla ses officiers et leur communiqua son plan d'attaque. Le major Lewis, du corps des Virginiens, devait descendre dans la plaine avec quatre cents hommes, et faire une brusque incursion sur le camp sauvage, y répandre la terreur et le désordre. Pendant ce temps, Grant avec son corps de troupes se mettrait en embuscade sur la hauteur. Lewis soutiendrait le premier choc des Indiens revenus de leur panique, et se replierait ensuite lentement vers la hauteur où, réuni à Grant, ils accableraient ensemble les assaillants par une attaque simultanée. Le corps de Lewis descendit la côte et se perdit bientôt dans la brumeuse obscurité. Peu après, les derniers bruits de pas et de froissements des broussailles s'éteignirent, et Grant avec ses compagnons attendit, au milieu d'un silence mêlé de confiance et d'anxiété. Les heures s'écoulèrent, et aucune rumeur ne rompit le calme de la nuit. Les premières blancheurs de l'aube commençaient à dessiner la cime des arbres, et pas un coup de fusil, pas un cri n'avaient retenti. Enfin, de nombreux bruits de pas parurent monter de la plaine en se rapprochant sans qu'on pût rien voir, car les vapeurs de la nuit s'étaient condensées en une épaisse brume. Au grand désespoir de Grant, c'était le corps de Lewis qui revenait, après s'être égaré au milieu des taillis ensevelis dans les ténèbres, et après avoir erré de droite et de gauche dans un état de confusion tel, qu'il avait fallu à la fin renoncer à l'attaque. L'éveil n'avait pas même été donné aux sauvages ni aux sentinelles. Le coup était manqué ; du moins Grant le crut. Il eût bien mieux valu renouveler la même tactique que d'exécuter le plan insensé qu'il adopta. Il commença par envoyer cinquante montagnards, sous la conduite de deux officiers, mettre le feu à un grand magasin bâti dans la clairière, à quatre arpents du fort. Il détacha ensuite deux cents hommes, moitié du Royal-Américain, moitié des Virginiens, avec le major Lewis, pour aller se mettre en embuscade, à l'endroit où il avait laissé ses bagages, s'imaginant que les Français seraient tentés d'aller en faire le pillage. Pendant cet intervalle, l'aurore avait paru et le brouillard s'était en partie dissipé. Grant commit alors l'imprudence de subdiviser sa petite armée déjà affaiblie, comme s'il eût cru que les Français n'étaient qu'une poignée dans le fort. Peu de jours auparavant, il y était arrivé un renfort de deux cent quarante hommes conduits par un officier d'une grande intelligence et d'une plus grande valeur, le capitaine Aubry, des troupes de la Louisiane. Le chiffre total de la garnison était en ce moment de mille Français [1].

Le capitaine Mackenzie fut envoyé avec quatre cents hommes, la plupart montagnards, pour côtoyer à gauche la rivière Monongahéla, en s'avançant vers le fort, tandis que le capitaine Macdonald, avec un faible détachement, marcherait à droite, au bord de l'Ohio, en faisant battre la générale, afin d'attirer l'attention des Français et leur faire croire que la principale attaque venait de ce côté. Grant espérait, par cette ruse, faire évacuer le fort et donner le temps à son principal corps de s'y avancer, et sinon de le surprendre, du moins de faire beaucoup de prisonniers. A peine les premiers coups de tambour eurent-ils éclaté, que d'immenses cris de guerre retentirent dans tout le camp indien et dans l'intérieur du fort, dont la garnison, dit M. du Vernys, fut sur pied et prête à marcher " en moins de six minutes ". Mais les sauvages, saisis de panique, ne songèrent d'abord qu'à se sauver de l'autre côté de la rivière avec leurs effets. Il fallut tous les efforts de M. du Vernys et de quelques autres officiers pour les amener au combat. Les Canadiens qui logeaient dans le village échelonné près de l'Ohio, réveillés par la lueur de l'incendie, étaient accourus pour l'éteindre et avaient découvert l'ennemi. Une troupe de deux cents d'entre eux essayèrent de couper la retraite au détachement de Macdonald, qui eut beaucoup de peine à se replier vers Grant, resté sur l'éminence avec une

---

[1] — *Lettre de M. du Vernys*, officier d'artillerie détaché au fort Duquesne, pièce annexée au *Journal de Montcalm*.

centaine d'hommes. Macdonald tomba raide mort, pendant cette fuite, avec plusieurs de ses soldats.

Le capitaine Aubry était sorti du fort avec un détachement de cinq cents hommes, et sans se laisser tromper par le bruit du tambour et des fifres, marcha droit contre le corps de Mackenzie en suivant le bord de la Monongahéla. Plusieurs des Français s'étaient armés si précipitamment qu'ils étaient sortis en chemise.

L'engagement de ce côté fut des plus vifs. Les Ecossais n'ayant jamais combattu en guérillas, soutinrent le choc dans la plaine ouverte avec leur intrépidité ordinaire. Les Canadiens se dispersant sur la lisière de la forêt, les décimèrent avec une effroyable rapidité.

L'étrangeté de cette situation toute nouvelle pour les montagnards, les hurlements des Indiens qui faisaient tressaillir les échos, la vue de ces monstres nus, à panaches de plumes, assommant les blessés et leur levant la chevelure, les glacèrent d'épouvante. Ils lâchèrent pied et s'enfuirent vers l'éminence dans un désordre indescriptible. Grant accourut pour les rallier et donna l'exemple du courage, mais ni les ordres ni les exhortations ne furent écoutés. L'imprudent major vit alors qu'il était perdu : il reprit le chemin coupé dans la forêt qu'il avait suivi la nuit précédente, espérant rejoindre ses bagages avec son arrière-garde, fortifiée du détachement du major Lewis. Mais quelle fut sa consternation de n'y trouver en arrivant que les cinquante hommes de Bullet ! Lewis entendant une fusillade prolongée qui se rapprochait, avait compris que le corps de Grant était en danger et battait en retraite. Il fit alors volte-face pour courir à son secours, et afin d'y arriver plus vite, il marcha en ligne droite à travers la forêt au lieu de suivre le détour que faisait le chemin, ne soupçonnant pas que les deux détachements allaient ainsi se croiser sans se voir. Il fut bientôt arrêté et assailli de front et de côté par des escouades de Canadiens et de sauvages.

Son détachement culbuté en désordre fut acculé à l'Ohio, où une partie de ses gens se précipitèrent affolés et se noyèrent ; quelques-uns réussirent à atteindre la rive opposée et s'échappèrent ; le reste prit la fuite vers les bagages. Ils y trouvèrent les débris du corps de Grant, et le piquet de Virginiens de Bullet qui se defendait vaillamment et protégeait la retraite. La plus grande partie de ce piquet se laissa abattre sans vouloir se rendre, et donna ainsi le temps aux fuyards de regagner les bateaux. Grant et Lewis furent faits prisonniers. Leurs ingénieurs étaient au nombre des morts. Des Ligneris avait dirigé l'action générale avec le même sang-froid qu'il avait montré devant l'armée de Braddock.

L'auteur du *Voyage au Canada* qui prit part à l'action, dit " qu'on fit trente-cinq prisonniers, dont sept par les sauvages qui les donnèrent au commandant du fort. Les Français n'eurent qu'un homme de tué et cinq blessés. Le motif de ce peu de perte de la part des Français, ajoute-t-il, c'est qu'ils combattaient derrière les arbres, tandis que l'ennemi, particulièrement les Ecossais, était à découvert ". Les Anglais qui mettaient toujours au plus bas le chiffre de leurs pertes, avouèrent qu'ils avaient eu deux cent soixante-treize hommes tués, blessés ou perdus.

Dans cette affaire, il n'y eut d'égale à la témérité de Grant que l'intrépidité des Canadiens. Pris par surprise, ils ne perdirent pas un instant leur présence d'esprit, ne se contentèrent pas de garder la défensive, mais " foncèrent " sur leurs assaillants qu'ils mirent en déroute. Les Anglais purent se convaincre, une fois de plus, que les Canadiens n'avaient pas de rivaux dans ce genre de guerre.

Les sauvages, selon leur coutume, regagnèrent leurs villages " après avoir fait leur coup, sans que l'on pût les arrêter [1] ".

Forbes, qui n'avait pas été prévenu de l'expédition, en fit des reproches à Bouquet, se bornant à ajouter que son ami Grant avait dû certainement perdre la tête.

M. Des Ligneris profita de l'entrain imprimé à ses troupes par ce succès pour lancer de nouveaux partis de guerre, afin de s'assurer de la marche de l'armée anglaise. Celui dont les exploits eurent le plus d'éclat, fut un corps de six cents hommes, Canadiens et Loups, qui, sous la conduite du capitaine Aubry, se porta sur le camp retranché de Loyalhannon. Il commença par enlever une énorme quantité de chevaux et tuer deux cents bestiaux ; il défit ensuite un détachement envoyé à sa rencontre, le poursuivit jusqu'à une première ligne de défense, dont il s'empara après en avoir chassé deux mille hommes, et tint bloqué pendant deux jours le camp retranché lui-même. Il ne se retira que devant

---

1 — *Lettre de M. du Vernys.*

les régiments soutenus de l'artillerie, après avoir enterré ses morts qui au reste étaient peu nombreux, et emporté ses blessés. Il avait fait douze prisonniers [1]. Les Anglais s'étaient imaginé avoir affaire à douze cents Français et deux cents sauvages [2]. Les troupes de l'expédition s'en retournèrent presque toutes à cheval.

Un peu plus tard, une autre bande de quarante-cinq Canadiens et sauvages, sous M. de Corbière, fit aux environs de Raystown une centaine de chevelures et sept prisonniers. " Ces événements, remarque le capitaine Pouchot, doivent paraître extraordinaires, mais on en concevra la possibilité si on considère que les Anglais ne se portaient en avant qu'en tremblant ; que lorsqu'ils étaient attaqués, ils ne pouvaient presque pas juger du nombre de leurs ennemis, parce que nos gens étaient toujours dispersés et cachés derrière des arbres. Les Anglais, au contraire, n'osant s'éparpiller dans un pays inconnu, demeurant toujours en corps, étaient écrasés par le peu d'hommes qui tiraient très juste [3] ".

Les deux expéditions de Grant et d'Aubry donnent la mesure des qualités respectives des deux armées. Grant, avec huit cents hommes des meilleures troupes anglaises, est abîmé et mis en complète déroute devant le fort Duquesne ; Aubry, avec six cents Canadiens et deux cents sauvages, va bloquer Loyalhannon, défendu par des forces écrasantes, tue ou enlève une grande

---

1 — *Journal de Montcalm.*
2 — *Olden Time,* vol. I, p. 180.
3 — Pouchot, vol. I, p. 173. De tous les officiers français, Pouchot était celui qui, ayant commandé longtemps au fort Niagara, pouvait peut-être le mieux juger de cette supériorité.

quantité d'animaux, et se retire triomphant sans être entamé ni poursuivi.

Forbes venait alors de convoquer à Easton, de concert avec le gouverneur de la Pensylvanie, William Denny, un grand conseil des sauvages, auquel assistaient les délégués des Cinq-Nations, d'une partie des Loups ou Mohicans et de plusieurs autres tribus. Le déploiement des forces que le général poussait devant lui, avait produit son effet sur l'imagination des Indiens qui, rôdant sans cesse du fort Duquesne au camp anglais, se rendaient plus que jamais compte de la faiblesse des Français, et sacrifiaient leurs sympathies à leurs intérêts. Durant les séances interminables du conseil, il y eut force discours, force protestations d'amitié, acceptation de branches de porcelaine ; enfin, il fut décidé d'envoyer un messager avec de nouveaux colliers aux tribus de l'Ohio. Le choix tomba naturellement sur Frédéric Post. Pisquetumen devait l'accompagner comme au premier voyage. — " Frère, s'écria l'Indien avec ivresse en le voyant, je suis heureux de te reprendre entre mes bras ; je ne te laisserai plus partir ". Mais le soir même, Pisquetumen était étendu ivre-mort sur la route. Impossible de partir ce jour-là. Arrivés au camp du général Forbes, ils furent reçus avec de grandes démonstrations d'amitié. Une escorte de cent hommes, aux ordres du capitaine Haslet, lui fut donnée pour l'accompagner jusqu'au pied des Alleghanys.

Une petite escouade qui le conduisit plus avant dans la forêt, fut en partie détruite à son retour par les guerriers d'une des tribus auxquelles le frère morave allait porter le calumet de paix. Son curieux *Journal*, qui rappelle les *Relations des Jésuites*, n'en reflète pas moins une grande tranquillité d'esprit.

Dans ces sauvages solitudes, la nature semblait menaçante comme les hommes. " Cette nuit, écrivait Post, les loups ont fait une terrible musique ". Une autre nuit, le cri sinistre des hiboux y faisait chorus.

Le 13 novembre " nous nous habillâmes aussi bien que possible, en costume sauvage.... Le lendemain soir nous entendîmes les gros canons du fort Duquesne. Chaque fois que je regardais du côté de cette place, j'éprouvais une sinistre impression ; cette vue seule me semblait horrible et noire ".

La réception faite à Kachekacheki avait été de mauvais augure. Le village était désert. Les guerriers, à la veille d'arriver de l'expédition contre Loyalhannon, n'avaient pas encore essuyé sur leurs haches le sang des Anglais. C'était ce parti qui avait mis en pièces la petite escorte de Post. Le sergent Henry Osten fait prisonnier dans cette rencontre, était condamné à être brûlé. L'affreux cri de guerre l'avait accueilli à son apparition, et il avait passé par la bastonnade avant d'entrer au village. Les esprits étaient d'ailleurs soulevés par un officier et quatre soldats français, revenus de l'expédition avec les sauvages. " Celui qui a seulement la moitié d'un œil, disaient les jeunes guerriers, peut voir que les Anglais n'ont pas d'autre intention que de nous tromper. Ne vaut-il pas mieux tout de suite casser la tête à ces messagers " ?

Post reçut l'avis de ne pas s'éloigner de la cabane où il logeait, car les guerriers étaient encore enivrés de carnage et de boisson. " Dieu, dit-il à ses compagnons, qui a fermé la gueule des lions prêts à dévorer Daniel, nous préservera de la fureur de ceux-ci ".

La nouvelle venait d'arriver que l'armée anglaise n'était plus qu'à une journée ou deux de marche du fort Duquesne, que les Français se préparaient à évacuer ce fort, et qu'ils en avaient démoli les maisons, dont ils avaient jeté les débris autour des remparts pour y mettre le feu.

Les craintes qu'avait exprimées Vaudreuil au ministre [1], peu de temps auparavant, s'étaient réalisées. Le général Forbes avait attendu pour paraître devant le fort Duquesne que les sauvages, ennuyés d'un trop long séjour, s'en fussent retirés. Les vivres et les munitions, seuls moyens de les retenir, avaient commencé à manquer depuis la prise de Frontenac. Le brave capitaine Aubry venait lui aussi de repartir avec son convoi pour les Illinois.

M. Des Ligneris, qui n'avait d'autre défaut que celui de s'enivrer quelquefois, s'était montré aussi actif qu'intrépide. Mais que pouvait-il maintenant avec les trois ou quatre cents soldats qui lui restaient, contre une armée de six à sept mille hommes, munie d'une puissante artillerie [2] ?

---

1 — *Vaudreuil à M. de Massiac, ministre de la marine,* 15 octobre 1758.
2 — D'après le *Journal* de Montcalm, il ne restait alors au fort Duquesne que " deux cents hommes, dont un tiers malade et quelques sauvages domiciliés "....Des Ligneris manquant de vivres et décidé à faire sauter son fort, avait renvoyé les troupes du Détroit que commandait M. de Bellestre, et la

" Je suis dans la plus triste situation qu'on puisse imaginer, écrivait-il. Je n'ai bientôt plus de vivres... ni même de quoi habiller la garnison ". Les sauvages le savaient.

Durant la soirée qui suivit l'arrivée de Post, seize de leurs chefs qui n'approuvaient pas les emportements des jeunes guerriers, mandèrent le frère morave à la cabane du conseil. Assis en rangs sur leurs nattes devant les deux feux qui réchauffaient la cabane et jetaient sur leurs visages tatoués des lueurs fantastiques, ils l'écoutaient lire les lettres du général Forbes, lorsque entra un messager de M. Des Ligneris. L'heure ne pouvait être plus mal choisie. Il fut invité à s'expliquer. L'officier déploya un collier, et parlant au nom du commandant : " — Mes enfants, leur dit-il, venez à moi, et écoutez ce que j'ai à vous dire. Les Anglais viennent avec une armée pour nous détruire tous, vous et nous. Hâtez-vous donc, mes enfants, d'accourir avec vos jeunes gens ; nous allons chasser les Anglais et les anéantir. Moi, qui suis votre Père, je vous donnerai toujours les meilleurs conseils ". Et il jeta le collier aux pieds d'un capitaine assis devant l'un des feux ; mais celui-ci ne voulut pas le relever. L'officier le jeta alors devant l'autre feu. Mais, ajoute Post, ils se le renvoyèrent à coups de pied de l'un à l'autre, comme si c'eût été un serpent. Le capitaine Peters prit un bâton et lança le

---

plupart des Canadiens qu'on lui avait envoyés de Montréal au printemps.
" M. Des Ligneris n'avait pas trois cents hommes, dont un tiers tout au plus était capable de se mettre en campagne ". *Vaudreuil au ministre*, 20 janvier 1759.

collier d'une extrémité à l'autre de la cabane, en disant :
" — Donnez-le au capitaine français, et laissez-le partir avec ses jeunes gens. Il se vante beaucoup de sa bravoure, voyons comment il va se battre. Nous avons souvent exposé nos vies pour lui, et à peine avons-nous eu un morceau de pain quand nous sommes venus le trouver ; et maintenant il voudrait que nous volions à son secours ! " Alors nous vîmes que le Français était mortifié à l'extrême, et devint aussi pâle qu'un mort. Les Indiens discoururent et s'amusèrent jusqu'à minuit, et l'officier français envoya un courrier au fort Duquesne ".

Le lendemain soir, les sauvages dansèrent jusqu'à minuit, en réjouissance de ce que leurs frères les Anglais arrivaient. Il y eut ensuite un grand conseil, où fut invité l'officier français. Post y raconta la délibération de la conférence tenue à Easton, et présenta les colliers et les messages de paix que lui avaient confiés le gouverneur Denny et le général Forbes.

" Les messages furent agréables à tous, hormis au capitaine français. Il secoua la tête avec un amer chagrin et changea souvent de contenance. Un des Indiens, Isaac Still, fit une charge violente contre lui, et le montrant du doigt : " Il est là assis ! dit-il ". Les autres Indiens ne relevèrent pas d'abord cette insulte ; mais quelques moments après, ils s'écrièrent tous ensemble en désignant l'officier : " Les Français nous ont toujours trompés " ! Il courba alors la tête et devint tout pâle et n'osa plus regarder personne en face. Les Indiens commencèrent à se moquer et à rire de lui. Il ne put en endurer davantage et s'en alla.

" A la vue du drapeau anglais que nous hissâmes en dépit des Français, nos prisonniers joignirent les mains en levant les yeux au ciel dans l'espoir que leur délivrance était proche. A cette vue mon cœur se fondit en larmes et en prières à Dieu pour qu'il écoutât leurs supplications et brisât les chaînes dans lesquelles ils gémissaient ".

Le soir même, la petite garnison du fort Duquesne, entassée sur des bateaux et des canots d'écorce, remontait la Belle-Rivière gonflée par des pluies torrentielles. Au-dessus de la flottille passaient des bandes de gibier d'automne, jetant par intervalles leurs cris stridents aux cimes des deux rives tachetées de blanc par les premières neiges. Tout à coup d'épouvantables détonations firent trembler les échos. Des Ligneris avait chargé, en partant, M. de Corbière de mettre le feu à toutes les constructions, et de faire sauter le fort, puis de venir le rejoindre par terre. Il fit rebrousser chemin à l'un de ses canots pour s'assurer que l'œuvre de destruction avait été bien accomplie. Son dessein était d'hiverner au fort Machault, en échelonnant ses troupes sur la ligne de forts qui reliaient ce poste avec Niagara.

L'avant-garde de Forbes qui n'était guère qu'à trois lieues de Duquesne, entendit distinctement les coups de tonnerre des mines. Les éclaireurs indiens vinrent avertir ce général que le fort était abandonné et incendié, et que des nuages de fumée flottaient au-dessus du promontoire. Telle était la terreur qu'inspirait encore le souvenir de la défaite de Braddock et celle de Grant, que le général n'en voulut rien dire à l'armée, et continua sa marche avec un redoublement de circonspection. Le soir, la tête de la colonne, composée des miliciens, s'engagea dans la trouée ouverte dans la forêt par où Grant avait retraité quelques semaines auparavant. Les soldats furent saisis d'horreur à la vue du spectacle qui s'offrit à leurs yeux. Des cadavres restés sans sépulture, à demi-dévorés par les bêtes sauvages jonchaient le sol. De chaque côté du chemin, des bâtons dépouillés de leur écorce étaient fixés en terre, et sur chacun d'eux les sauvages, en dérision des Ecossais qu'ils avaient surnommés les guerriers en jupes, avaient planté des têtes scalpées de montagnards avec leurs kilts autour du cou. Les provinciaux, par égard pour les Highlanders, ne voulurent pas murmurer trop haut ; mais quand ceux-ci aperçurent les horribles trophées, restes de leurs compatriotes, une explosion de rage partit de leurs rangs. Jetant leurs fusils et brandissant leurs claymores, ils bondirent en avant, ressemblant moins à des hommes, dit le capitaine Craighead, qu'à " des sangliers enragés " traqués par des chasseurs, et jurant d'égorger tous les Français et sauvages qu'ils rencontreraient. L'armée doubla le pas pour échapper à cette affreuse vue, et déboucha dans l'éclaircie au delà de laquelle fumaient encore les ruines de ce qui avait été le fort Duquesne. Quelques Indiens fouillant parmi les décombres étaient les seuls êtres animés sur ce coin de terre que les Anglais avaient eu tant de peines à conquérir.

M. Des Ligneris s'était donné bien garde de renouveler la faute commise par M. de Noyan à Frontenac, en laissant quoi que ce fût derrière lui qui pût servir à l'ennemi : il avait distribué aux sauvages tous les vivres et les munitions qu'il n'avait pu emporter.

Pendant que l'armée anglaise construisait à la hâte quelques huttes pour la petite garnison destinée à garder le promontoire, un triste mais curieux incident eut lieu sur le champ de bataille de Monongahéla, où Forbes avait envoyé le capitaine West avec un détachement de miliciens pour enterrer les ossements des soldats tombés dans cette fatale journée. Le major Halket, dont le père et un frère avaient été tués, accompagnait le détachement dans le vague espoir de retrouver les restes de son père, et de le reconnaître par une dent artificielle qu'il portait. Un des sauvages servant de guide avait fait le coup de feu à la bataille. Il avait vu tomber au pied d'un arbre qu'il pouvait, disait-il, reconnaître, un officier blessé, dont la description telle que faite par ce sauvage, avait singulièrement frappé le major Halket. L'Indien ajoutait qu'un jeune homme accouru au secours de cet officier était tombé mort en travers de lui. "Le capitaine West et ses compagnons, raconte un écrivain anglais, s'étaient rendus sur le champ de bataille en longeant le bord de la rivière. Les Indiens qui regardaient cette expédition comme l'accomplissement d'un rite religieux, précédèrent les troupes dans un profond silence. Les soldats étaient affectés des mêmes sentiments en parcourant le labyrinthe de la forêt. Ils furent saisis d'une douleur inexprimable lorsqu'ils aperçurent des squelettes couchés en travers sur des arbres renversés : preuves lamentables que les malheureux blessés qui s'y étaient assis étaient morts de faim en cherchant inutilement à regagner les habitations. Ils virent avec horreur des crânes et des os éparpillés sur le sol, indications évidentes que les cadavres avaient été dévorés par les bêtes sauvages.

" Enfin, arrivé à un détour de la rivière peu éloigné du théâtre du combat, l'Indien s'arrêta, regarda un instant autour de lui pour se rappeler la configuration du terrain, puis s'élança soudainement dans l'intérieur de la forêt. Un cri se fit bientôt entendre, et les autres guides firent signe aux troupes de les suivre. Comme elles approchaient du lieu où se tenait l'Indien, celui-ci montra du doigt un arbre auprès duquel l'officier avait dû tomber. Le détachement fit cercle autour de lui pendant qu'il enlevait l'épaisse couche de feuillage dont le sol était jonché. Deux squelettes renversés l'un en travers de l'autre furent bientôt mis à découvert. Le major Halket saisit un des crânes, et après un instant d'examen : " C'est mon père " ! s'écria-t-il, et il tomba à la renverse entre les bras de ses compagnons. Les soldats creusèrent une fosse, y déposèrent les ossements sur lesquels fut étendu un plaid écossais, et après l'avoir remplie, ils leur rendirent les honneurs militaires [1] ".

Le général Forbes avait épuisé le reste de ses forces dans cette expédition. Il ne s'arrêta que deux jours au fort Duquesne pour donner ses derniers ordres, et confier les deux cents hommes de garnison qu'il y laissait au commandement du lieutenant-colonel Mercer. Toujours étendu dans sa litière, portée entre deux chevaux, il reprit péniblement la route de Philadelphie où il languit tout l'hiver, et mourut aux premiers jours du

---

1 — *Olden Times* — Galt, *Life of Benjamin West*.

printemps. Sa conquête n'avait pas été plus brillante que celle de Bradstreet ; mais elle avait porté un coup plus décisif, en ralliant à la cause britannique les tribus sauvages. Depuis l'origine de la guerre, le fort Duquesne avait été l'épine la plus cruelle dans le flanc des colonies.

Quand Forbes l'eut arrachée, un immense soupir de soulagement partit des bords de l'Hudson et se répéta jusqu'aux sources du Roanoke. Le nom de Forbes rendu plus cher par une fin prématurée, fut béni dans toutes les familles et n'a pas été oublié.

La campagne de 1758 se termina avec la journée du 25 novembre. La petite armée française s'était noblement défendue sur toute la ligne des frontières, depuis Louisbourg jusqu'à Duquesne ; mais écrasée par le nombre, elle avait été enfoncée sur les deux ailes ; le centre seul avait résisté par un prodige de bravoure et un bonheur inespéré. Les trois portes par où l'Angleterre pouvait pénétrer au Canada n'en étaient pas moins ouvertes. Les petits forts de Carillon et de Niagara, abandonnés à eux-mêmes, ne pouvaient qu'arrêter quelques jours les masses qui allaient s'y porter. La défense n'était possible qu'au centre même de la colonie, en réunissant autour de Québec toutes les forces du pays. Montcalm et Vaudreuil, séparés par des haines désormais invétérées, s'accordaient sur un point et poussaient le même cri : la paix ! seul moyen de sauver la colonie.

NOTE. — Le commissaire des guerres, Doreil, dans une lettre au maréchal de Belle-Isle (31 août 1758), exposait aussi énergiquement que Montcalm et Vaudreuil l'état désespéré de la colonie et l'absolue nécessité de la paix : " Il ne s'agit plus de se flatter, Monseigneur, écrivait-il, le Canada est perdu, si la paix ne se fait pas cet hiver. Les Anglais ont, dès à présent, au delà de soixante mille hommes de troupes réglées ou provinciales en Amérique ; nous n'en avons pas cinq mille à leur opposer, terre et marine compris, dont il y en a près de mille répandus dans les différents postes et garnisons. Les colonies anglaises sont en état de mettre sur pied, indépendamment des troupes, plus de deux cent mille hommes ; et en faisant marcher le ban et l'arrière-ban du Canada, on n'en rassemblerait pas dix mille en état de porter les armes, ce qui, joint aux troupes réglées que nous avons, formerait un total de quatorze à quinze mille hommes ; et pour pouvoir s'en servir à la guerre, il faudrait abandonner tous les travaux, l'entretien des postes pour la traite des pelleteries, la culture des terres, par conséquent renoncer aux récoltes, seule ressource pour ne pas mourir de faim. Tel est le vrai point de vue dans lequel le Canada doit être considéré à présent. Il est donc de nécessité absolue, Monseigneur, de ne penser qu'à faire la paix ".

FIN DU TOME PREMIER

AUTOGRAPHES CONTENUS DANS CE VOLUME

	PAGES
Montcalm	27
Le chevalier de Lévis	33
Le Baron de Dieskau	56
Vaudreuil	72
Bougainville	81
Lotbinière	83
Bigot	100
Lapause	109
Senezergues	293
Roquemaure	311
Trivio	311
Le Chevalier Péan	337
Pontleroy	379
Le chle^r de Bernetz	393
De Montgay	393
Doreil	430
Le ch^{er} de Drucour	461
Le Vte de Cambis	465
St Julhien	476
Des Ligneris	524
Dumas	529

ERRATA

Page 8, ligne 8, au lieu de Foye,......*lisez* Foix.
Page 17, ligne 6, au lieu de aussi,......*lisez* ainsi.

TABLE DES MATIÈRES

TOME PREMIER

	PAGES
Avant-Propos	5
Introduction	11

CHAPITRE PREMIER

1756

La famille de Montcalm. — Son origine. — Louis-Joseph de Montcalm. — Ses premières années. — Son mariage. — Ses campagnes. — Il est choisi pour commander en Amérique. — Préparatifs de départ. — Le chevalier de Lévis nommé pour commander en second. — Sa jeunesse. — Sa carrière militaire. — Caractère de Montcalm et de Lévis. — Embarquement à Brest. — La traversée. — Arrivée et réception à Québec. — Premières impressions de Montcalm..................... 21

CHAPITRE DEUXIÈME

1756

La ville de Québec. — Parallèle entre la Nouvelle-France et les colonies anglaises. — Les coureurs de bois. — La société canadienne. — Coup d'œil rétrospectif. — Expédition de M. de Léry..................... 49

CHAPITRE TROISIÈME

1756

PAGES

Première entrevue entre Vaudreuil et Montcalm. — Intimité entre Montcalm et Lévis. — L'armée régulière. — Les troupes de la colonie. — Les milices. — Les sauvages auxiliaires. — L'ingénieur Desandrouins. — Bougainville. — Bourlamaque envoyé à Frontenac. — Arrivée de Montcalm et de Lévis à Carillon. — Description de ce fort. — Discipline établie par Montcalm. — Expédition de M. de Villiers. — Défaite du général Bradstreet. — L'intendant Bigot, son caractère 71

CHAPITRE QUATRIÈME

1756

Expédition contre Chouaguen. — Montcalm à la Présentation et à Frontenac. — Marche de l'armée. — Prise du fort Ontario. — Chute de Chouaguen. — Retour de Montcalm à Montréal. — Réjouissances publiques. 103

CHAPITRE CINQUIÈME

1756

Premiers indices de mésintelligence entre Montcalm et Vaudreuil. — Habiles manœuvres du chevalier de Lévis. — La vie militaire à Carillon. — Montcalm y tient un grand conseil de sauvages. — Expédition à la découverte et capture de prisonniers. — Cruautés des sauvages. — Exploit de M. de Villiers. — Levée du camp de Carillon.. 137

CHAPITRE SIXIÈME

1756-1757

PAGES

Bougainville et sa correspondance. — Animosités entre Canadiens et Français. — Mœurs canadiennes. — Les villes et les campagnes. — Disette à Québec. — Divertissements chez l'intendant Bigot. — Excursion de Montcalm et de Vaudreuil à Québec. — Jeux à l'intendance. — Maladie de Vaudreuil. — Robert Rogers, son embuscade, sa défaite. — Expédition de M. de Rigaud contre le fort William-Henry. — Son brillant succès.. 165

CHAPITRE SEPTIÈME

1757

Soulèvement des tribus sauvages en faveur de la Nouvelle France. — Affluence de leurs guerriers à Montréal. — Projet d'attaque contre William-Henry. — Montcalm va chanter la guerre au lac des Deux-Montagnes. — Lévis organise le camp de Carillon. — Expédition de Marin au fort Edouard. — Montcalm au camp de Carillon. — Les sauvages et leurs missionnaires. — L'embuscade du Pain-de-Sucre. — Succès et cruautés des sauvages. — Grand conseil au camp de la Chute. — Marche de l'expédition. — Arrivée devant William-Henry... 209

CHAPITRE HUITIÈME

1757

Description de William-Henry et de ses environs. — Approches du fort. — La flottille indienne. — Lévis à l'avant-garde. — Les travaux du siège. — Conseil avec les sauvages. — Message intercepté. — Une alerte. — Le capitaine Fesch. — Capitulation. — Evacuation du fort. — Premiers désordres. — La nuit dans le camp retranché. — Le colonel Young et les otages. — Première alarme. — Départ de la garnison. — Hésitations de Monro. — Le massacre. — Récit des témoins oculaires. — Désertions des sauvages. — Injustes remarques de Bougainville contredites par Lévis. — Démolition de William-Henry 253

CHAPITRE NEUVIÈME

1757

Lord Loudon renonce à attaquer Louisbourg. — Dispersion de la flotte de Holbourne. — Caractère de M. de Senezergues. — Les Indiens anthropophages à Montréal. — Montcalm à sa mère et à Lévis. — Disette dans la colonie. — Excursion de Montcalm au cap Tourmente. — Premier projet d'une défense de Québec. — Procès de Vergor et de Villeray. — Leur acquittement. — Bigot et ses complices. — Le triumvirat. — Le château Bigot.. 289

CHAPITRE DIXIÈME

1757-1758

Expédition de M. de Bellestre. — Le peuple réduit à la ration. — Sédition à Montréal. — Le jeu à Québec. — La rue du Parloir. — La vie à Carillon. — Le major Rogers à la Montagne-Pelée. — Sa défaite. — Aventures de deux officiers anglais........................... 325

CHAPITRE ONZIÈME

1758

La situation en Europe. — Mme de Pompadour et Marie-Thérèse. — Frédéric de Prusse. — William Pitt. — Son

TABLE DES MATIÈRES 571

PAGES

caractère. — Formidables armements qu'il dirige sur le Canada. — Etat désespéré de la colonie. — Arrivée des vaisseaux de France. — Ouverture de la campagne. — Montcalm à Carillon. — Abercromby à William-Henry. — Lord Howe. — Marche de l'armée anglaise. — Défaite de M. de Trépezec ; sa mort. — Hésitations d'Abercromby. — Montcalm se retranche devant Carillon. — Abercromby à la Chute. — Il se décide à attaquer les retranchements français. — Bataille de Carillon. — Enthousiasme de Montcalm... 361

CHAPITRE DOUZIÈME

1758

Animosité entre Montcalm et Vaudreuil. — Montcalm demande son rappel. — Expédition de M. de Courtemanche. — Joute entre les Abénakis et les Iroquois. — Expédition de Saint-Luc et de Marin. — Le major Putnam. — Bougainville au camp d'Abercromby...... 427

CHAPITRE TREIZIÈME

1758

Louisbourg. — Sa fondation. — Le chevalier de Drucour. — Il se prépare à empêcher une descente. — James Wolfe. — Ses premières années. — Arrivée de la flotte anglaise. — Attaque des retranchements français. — Wolfe s'en empare. — Premiers travaux du siège. — Boishébert et l'abbé Maillard. — Couardise de Boishébert. — Wolfe s'établit à la Pointe-du-Phare. — Il canonne et fait reculer la flotte française. — Amherst démasque ses batteries. — Le brave Vauquelin. — Sorties repoussées. — Héroïsme de Mme de Drucour. — Incendie de la flotte française. — Souffrances des assiégés. — Capture du *Prudent* et du *Bienfaisant*. — Capitulation. — Ravages des Anglais dans le golfe Saint-Laurent... 457

CHAPITRE QUATORZIÈME

1758

PAGES

Ambassade de M. de Longueuil. — Conseil avec les Iroquois. — M. de Noyan. — Marche de Bradstreet sur Frontenac. — Siège, prise et destruction de ce fort. — Alarme à Montréal. — Vaudreuil mande Montcalm. — L'ingénieur Pontleroy à Frontenac. — Lettres de Montcalm à sa famille. — Le fort Duquesne et son historien. — Atrocités des sauvages. — Forbes, son caractère. — Sa marche sur Duquesne. — Frédéric Post. — Sa mission chez les tribus de l'Ohio. — Défaite du major Grant. — Expédition du capitaine Aubry. — Seconde mission de Post. — M. Des Ligneris fait sauter le fort Duquesne. — Le champ de bataille de la Monongahéla.. 509

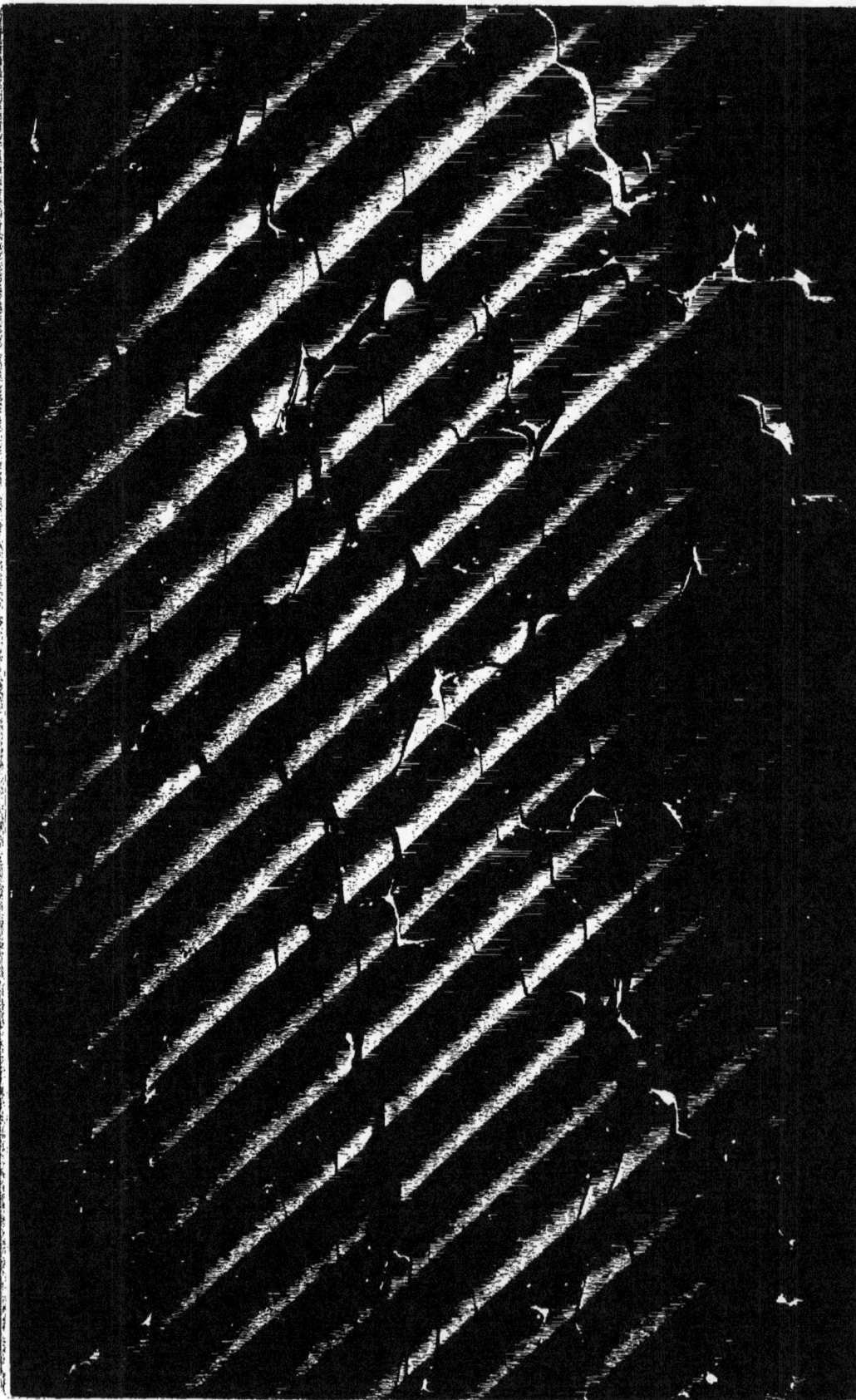

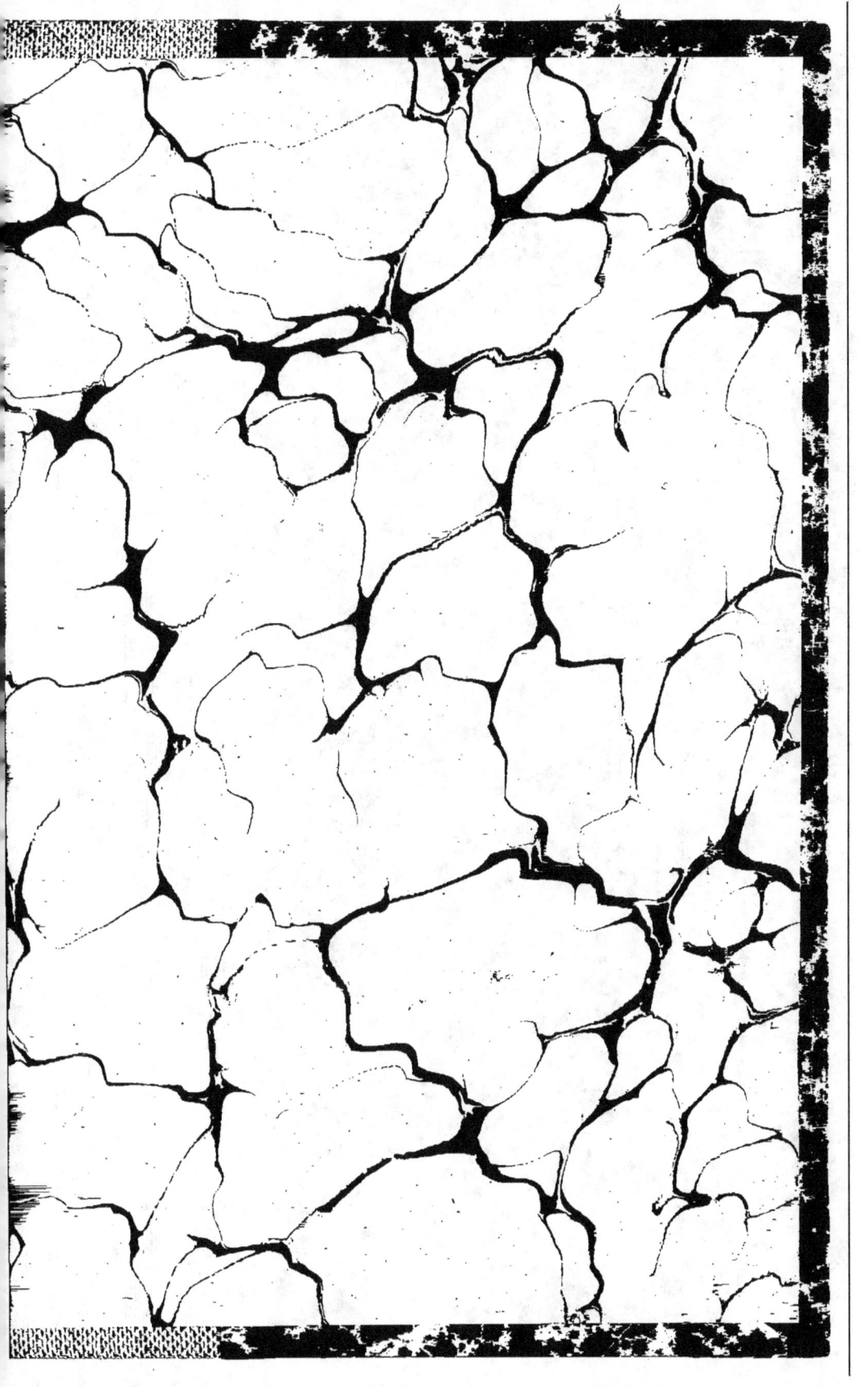

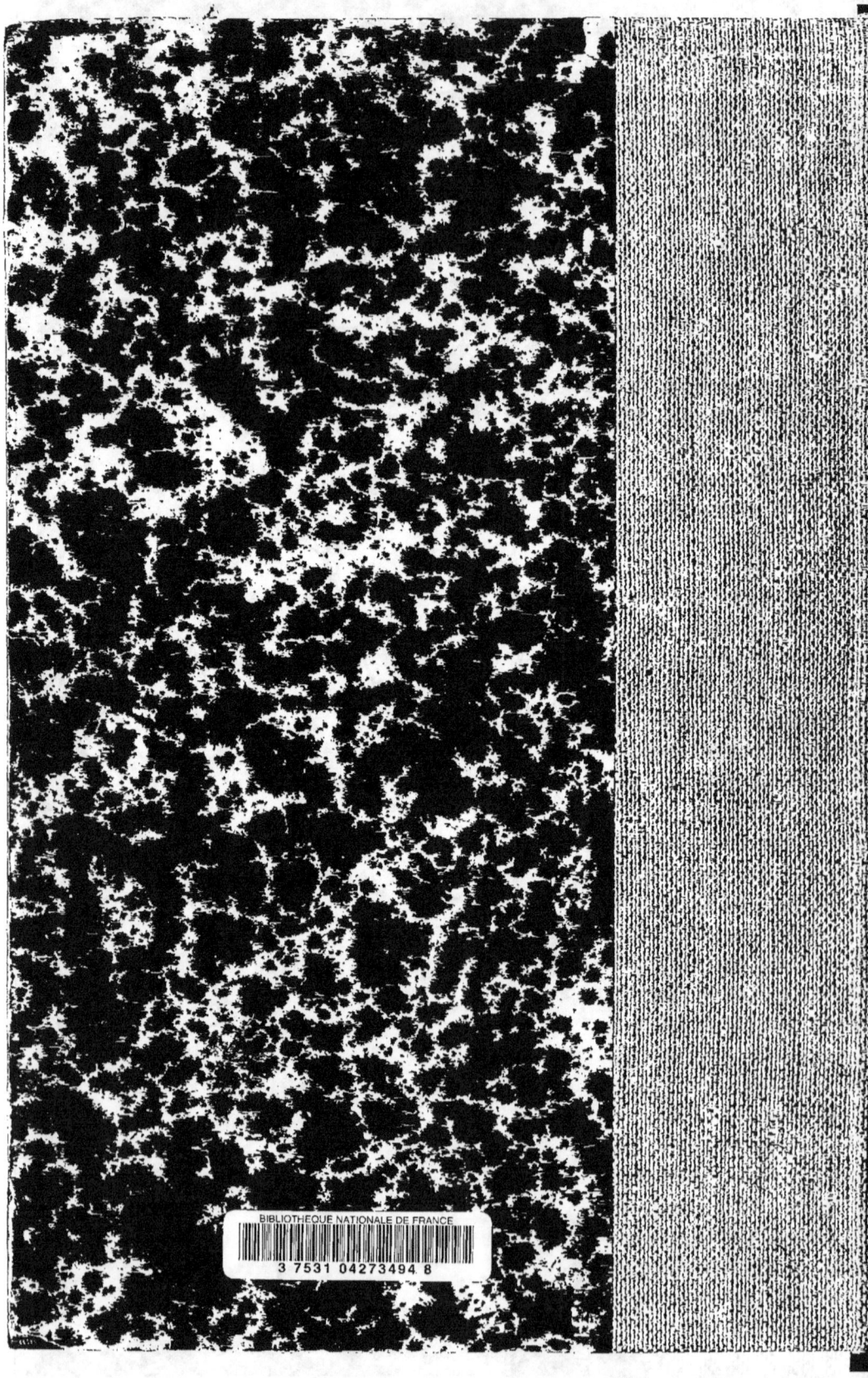

www.ingramcontent.com/pod-product-compliance
Lightning Source LLC
Chambersburg PA
CBHW070642240426
43663CB00048B/1484